北京高校高精尖学科“文化遗产与文化传播”建设项目资助

非物质文化遗产学术精粹

有关自然界和宇宙的知识和实践卷

杨利慧◎编

中国社会科学出版社

图书在版编目（CIP）数据

非物质文化遗产学术精粹．有关自然界和宇宙的知识和实践卷／杨利慧编．
—北京：中国社会科学出版社，2022.4
ISBN 978－7－5203－9903－6

Ⅰ.①非…　Ⅱ.①杨…　Ⅲ.①非物质文化遗产—保护—研究—中国　Ⅳ.①G122

中国版本图书馆 CIP 数据核字（2022）第 041254 号

出 版 人　赵剑英
责任编辑　张　林
特约编辑　张冬梅
责任校对　李　剑
责任印制　戴　宽

出　　版　中国社会科学出版社
社　　址　北京鼓楼西大街甲 158 号
邮　　编　100720
网　　址　http://www.csspw.cn
发 行 部　010－84083685
门 市 部　010－84029450
经　　销　新华书店及其他书店

印刷装订　北京君升印刷有限公司
版　　次　2022 年 4 月第 1 版
印　　次　2022 年 4 月第 1 次印刷

开　　本　710×1000　1/16
印　　张　27.5
字　　数　455 千字
定　　价　168.00 元

总　　序

20 世纪中期以来，面对迅猛发展的现代化和全球化浪潮的冲击，许多国家纷纷采取措施保护自己的传统文化，同时对出台国际化保护政策的呼声也越来越强烈。21 世纪初，为适应世界各国对其多元的文化遗产作为历史丰富性与人类文明多样性的见证而日益高涨的保护需求，联合国教科文组织于 2003 年正式颁布了《保护非物质文化遗产公约》（以下简称《公约》）。该《公约》在国际法中牢固确立了对于非物质文化遗产的保护理念，至今已得到超过 90% 的教科文组织成员国的批准，接近于全面批约。这项全球性的文化保护工程促使人们日益普遍地认识到：文化遗产不仅仅是物质的，还包括世代传承的丰富的非物质传统，它们是社区特性和社会凝聚力的重要载体，也应该得到保护和促进。

"非物质文化遗产"（以下简称非遗），根据《公约》（2003）的界定，是指被各社区、群体，有时是个人，视为其文化遗产组成部分的各种社会实践、观念表述、表现形式、知识、技能以及相关的工具、实物、手工艺品和文化场所。这种非物质文化遗产世代相传，在各社区和群体适应周围环境以及与自然和历史的互动中，被不断地再创造，为这些社区和群体提供认同感和持续感，从而增强对文化多样性和人类创造力的尊重。[①] 在《公约》的体系中，"非物质文化遗产"包括以下五类：1. 口头传统和表现形式，包括作为非物质文化遗产媒介的语言；2. 表演艺术；

① 联合国教科文组织：《保护非物质文化遗产公约・基本文件》（2018 年版），法国巴黎，2018 年，中文版，第 5 页，https：//ich. unesco. org，查阅日期：2021 年 4 月 6 日。

3. 社会实践、仪式、节庆活动；4. 有关自然界和宇宙的知识和实践；5. 传统手工艺。[①]

中国于2004年成为联合国教科文组织《保护非物质文化遗产公约》的缔约国，目前已迅速成为世界上拥有非遗项目最多的国家——截至2020年12月，中国被列入联合国教科文组织非物质文化遗产名录（名册）的项目共计42项[②]，拥有国家级非物质文化遗产代表性项目1372大项、3145子项[③]，另有数目繁多的省、市、县级非遗项目。中国非遗是中华民族世代相传的集体智慧和生活经验的结晶，是中华文明绵延赓续的重要载体和表现形式，是维护民族认同、维系国人文化认知、助力国家文化建设的根本力量。近年来，中国政府充分意识到非物质文化遗产的保护意义和教育功能，已多次强调非物质文化遗产的重要性，《关于实施中华优秀传统文化传承发展工程的意见》《关于加强和改进中外人文交流工作的若干意见》等文件中，均将非物质文化遗产的保护、发展纳入国家文化发展的战略中；刚刚通过的《中华人民共和国国民经济和社会发展第十四个五年规划和2035年远景目标纲要》也多处涉及非物质文化遗产的保护和发展，更明确提出要“深入实施中华优秀传统文化传承发展工程，强化重要文化和自然遗产、非物质文化遗产系统性保护，推动中华优秀传统文化创造性转化、创新性发展”，明确规定要“健全非物质文化遗产保护传承体系，加强各民族优秀传统手工艺保护和传承”（第三十四章第三节）。

中国的非物质文化遗产保护工作迄今已开展近二十年，相关研究成

---

① 联合国教科文组织：《保护非物质文化遗产公约·基本文件》（2018年版），法国巴黎，2018年，中文版，第5页，https：//ich. unesco. org，查阅日期：2021年4月6日。

② 《中国入选联合国教科文组织非物质文化遗产名录（名册）项目》，未注明发布日期，“中国非物质文化遗产网·中国非物质文化遗产数字博物馆”，http：//www. ihchina. cn/chinadirectory. html#target1，查阅日期：2021年3月23日。

③ 《国家级非物质文化遗产代表性项目名录》，未注明发布日期，“中国非物质文化遗产网·中国非物质文化遗产数字博物馆”，http：//www. ihchina. cn/project. html#target1，查阅日期：2021年3月23日。统计名录包括了四个批次。另，中国文化和旅游部近期对外公示了第五批国家级非物质文化遗产代表性项目名录推荐项目共337项。见中国文化和旅游部非物质文化遗产司：《文化和旅游部关于第五批非物质文化遗产代表性项目名录推荐项目名单的公示》，发布日期：2020年12月18日，http：//zwgk. mct. gov. cn/zfxxgkml/wysy/202012/t20201221_920077. html，查阅日期：2021年3月23日。

果十分丰硕。但是，尽管国内已有一些关注非遗研究和保护实践的论文选集①，总体而言，对相关成果的系统梳理和总结尚十分缺乏，致使其分散在各类学术刊物中，未能得到集中的展示，不利于对中国在非遗领域探索20年所取得的学术成就的总体把握。

有鉴于此，北京师范大学非物质文化遗产研究与发展中心和文学院民间文学研究所编辑出版了这套“非物质文化遗产学术精粹”丛书。该丛书一共7册，以《公约》的分类为基础，首次较为全面地梳理、总结并展示了中国学界在非遗理论与保护实践、口头传统、表演艺术、有关自然界和宇宙的知识和实践、传统手工艺以及社会仪式和节庆等方面的主要研究成果。所有论文均经过精心遴选，集中代表了20年来各领域的代表性成就。其中，“理论卷”着重探讨了非遗的概念与历史，以及社区、商业利用、性别平等等非遗发展中的重要横向问题，以及非遗语境下的学科思考、对中国实践的总结与反思等。其他卷，如“口头传统卷”“表演艺术卷”“社会实践、仪式与节庆活动卷”“有关自然界和宇宙的知识和实践卷”“传统手工艺卷”，则分别收录了该领域较高水平的研究文章。此外，丛书中也包括了2018年在北京师范大学召开的“‘一带一路’国家的非物质文化遗产保护与乡村振兴”国际学术研讨会的论文集。该次会议上，来自日本、韩国、美国、比利时、希腊、塞尔维亚、波兰、保加利亚、伊朗、越南和印度等10多个国家的非遗专家们，与中国学者一道，共同探讨非遗保护与乡村振兴实践中的规律，分享各国的有益经验，同时反思其中存在的问题。此次纳入丛书结集出版，不仅展现了国际相关领域的前沿探索成果，也对当前国际国内广泛开展的乡村振兴建设具有积极的启示和借鉴作用。

非遗的内容十分广泛，研究非遗的学科也很多。因此，本套丛书所收论文不仅涉及民俗学、人类学、民族学、考古系、艺术学、体育学等人文社会学科，还包括了数学、天文历法研究、医学等理工类学科的探索。各册中既有历时性的审视，又有共时性的对照；既有宏观的理论分析，也有具体的案例研究，以及在操作层面上的建言献策；既从多方面展现了中国自开展非遗保护工作以来所取得的成就，也揭示出其中交织

① 例如陶立璠、樱井龙彦主编：《非物质文化遗产学论集》，学苑出版社2006年版。

的复杂张力以及学界对其的深刻反思。在很大程度上，该丛书是“中国非遗研究 20 年”的一次成果检视。

本套丛书的出版得到北京高校高精尖学科“文化遗产与文化传播”建设项目的资助。该项目于 2019 年 5 月获批立项，由北师大文学院牵头，联合历史学院、艺术与传媒学院等共同建设，目的是依托北师大深厚的人文学科基础，统合校内外相关研究和教学力量，建设一个以中国优秀传统文化为基础、以非遗和区域文化为主体、以文旅融合及文化传播为特色的优势学科和新兴前沿交叉学科。同年 12 月，作为该项目的重要成果，北师大非物质文化遗产研究与发展中心成立，在继承和发挥北师大以往的民俗学学科优势的基础上，为强化非遗研究、人才培养和产教融合，搭建了一个新的国际化的交流合作平台。

2021 年对中国非遗工程而言具有特殊的意义：2021 年是中国昆曲入选联合国教科文组织《人类口传和非物质文化遗产代表作名录》20 周年，也是《中华人民共和国非物质文化遗产法》颁布 10 周年。值此之际，将中国学人的研究成果加以梳理、总结和集中展现，无疑有助于我们更好地认识非遗的本质与规律，增进本土非遗理论的建设，促进非遗保护与发展的实践，并更有效地为国际社会贡献中国经验和视角。

是为序。

杨利慧

2021 年 5 月 9 日

作者基本信息

（以文集中出现先后为序）

刘锡诚：中国文学艺术界联合会研究员
叶春生：中山大学中国非物质文化遗产研究中心教授

王加华：山东大学儒学高等研究院教授
刘宗迪：北京语言大学人文学院教授
张勃：北京联合大学北京学研究所研究员
季中扬：南京农业大学人文与社会发展学院教授
毕雪飞：浙江农林大学外语学院教授
扎西翁加：四川民族学院马克思主义学院讲师
阿牛木支：西昌学院彝语言文化学院教授
老板萨龙：四川省昭觉县语委工作人员

郑晓红：南京中医药大学中医文化研究中心教授
王凤兰：中国中医科学院研究员
何振中：中国中医科学院研究员
王伟杰：贵州民族大学民族文化产业发展研究中心副教授
韩红：辽宁中医药大学副教授
肖芒：三亚学院法学与社会学学院教授
钱永平：晋中学院晋中文化生态研究中心副教授
巴莫曲布嫫：中国社会科学院民族文学研究所研究员
甄艳：中国中医科学院中国医史文献研究所研究员
张鹏飞：贵州中医药大学人文与管理学院助教

刘锋：新疆大学体育教学研究部副教授
王华：郑州大学体育学院副教授
吕韶钧：北京师范大学体育与运动学院教授
陈小蓉：深圳大学体育文化研究所教授
李雨蒙：江西师范大学新闻与传播学院讲师
张士闪：山东大学儒学高等研究院教授
冉孟刚：贵州大学体育学院教授
高伟：中国杂技家协会《杂技与魔术》杂志社主编
罗帅呈：南昌工学院体育学院副教授
丁玲辉：西藏大学中国藏学研究所教授
王立芳：石家庄铁道大学马克思主义学院副教授

韩英：山东师范大学审计处高级会计师
韩品玉：山东师范大学古籍整理所副研究员
罗见今：内蒙古师范大学科学技术史研究院教授

江帆：辽宁大学文学院教授
张多：云南大学文学院副教授
黄龙光：《云南师范大学学报》（哲学社会科学版）副主编
白永芳：原云南大学民族研究院副教授

目　　录

理论性探讨

节气与历法

传统医药

传统体育、游艺与杂技

珠　算

其　他

理论性探讨

转变理念正当时

——有关文化理念的再思考*

刘锡诚**

摘　要：我国的非物质文化遗产保护，上上下下都面临着转变理念的问题。过往我们固守的文化理念过于狭窄了，联合国教科文组织文件中的许多项目，过去都不在文化工作的视野之内。地方上出现的重申报、轻保护，形象工程，开发性破坏等弊端，盖源自偏狭的文化理念。重表演艺术、轻民间知识等倾向依然存在。传统的手工技艺已得到初步重视，但是生产还是传统文化的两难问题，日益突出地摆在我们的面前。如何理解自然界和宇宙的知识和实践，我们至今依然噤若寒蝉，这是需要专门讨论的问题。非遗价值判断的标准，应看该文化是否与彼时彼地的社会需要和人类自身需要相适应。

关键词：转变；文化理念；再思考

昨天刚来到上海，就接到“论坛”主席、市文广局刘建副书记的邀请，要我来会上进行交流。世博会的概念很大，对我来说，需要好好学习、思考和理解。虽然匆匆地观摩了规模宏大的上海民博展览，也有些感想，但没有认真地准备，谈不上有成熟的意见。下面在本届民博会“主题论坛”的“民博—世博”——“中国元素”的框架下，就非物质

---

* 原文刊于《西北民族研究》2009 年第 2 期。

** 作者简介：刘锡诚，中国文学艺术界联合会研究员。

文化遗产保护工作的理念转变问题，谈一点个人的思考，完全是探索性的，就教于朋友们，欢迎批评指正。

一 过于狭窄的文化理念

2010 年将要举办的“上海世博会”，是全国人民瞩目的一件大事。从“民博会”到“世博会”，非物质文化遗产是一个不可或缺的中国元素和角色，因为一个民族、一个城市的非物质文化遗产，最能够体现其文化精神，展示其整体的、综合的文化性质和文化传统。关于非物质文化遗产的保护工作，进展到今天，我认为，摆在政府和学者面前的一个重要的、无法回避的问题，是转变理念的问题。

我们国家进行非物质文化遗产保护，是政府先接受了联合国教科文组织的理念，然后学者们才跟进的。对民间文化的保护、收集、登记、立档，中华人民共和国成立以来我们做过很多的工作，是有丰硕成果的，也是有历史经验的。但也要看到，长期以来我们所遵循的文化理念是非常狭窄的，甚至多少陷入了误区。国家文化行政主管机关的任务，实际上主要是专业艺术的管理，以创新为基本的出发点，而传统文化，特别是下层民间文化的收集、继承基本上没有进入政府工作的视野。2003 年 10 月 17 日，联合国教科文组织通过并公布《保护非物质文化遗产公约》（以下简称《公约》）。2004 年 4 月 8 日，我国政府（文化部和财政部 11 号通知）启动“民族民间文化保护工程”。2004 年 8 月 28 日，全国人大常委会批准《公约》。2005 年 3 月 26 日，国务院办公厅发布《关于加强我国非物质文化遗产保护工作的意见》，第一次在我国政府的文件中采用“非物质文化遗产”这一新的术语，用以取代过去惯用的“民族民间文化”，于是，一个新的术语和新的理念——非物质文化遗产——开始进入了我们的政治生活和寻常百姓中。从“民族民间文化”到“非物质文化遗产”，无论对各级政府主管机关及其工作人员，还是对学者和寻常百姓来说，都面临着一个转变文化理念的问题。

《公约》关于“非物质文化遗产”的界定中包括下列五项：第一项，口头传统和表现形式，包括作为非物质文化遗产媒介的语言；第二项，表演艺术；第三项，社会实践、礼仪、节庆活动；第四项，有关自然界和宇宙的知识和实践；第五项，传统手工艺。

以上五项构成了联合国教科文组织关于非物质文化遗产的概念。与联合国教科文组织的这个概念相对照，以往我国的情况大致是，第一项“口头传统”（即我们惯称的“民间文学”）、第三项“社会实践、礼仪、节庆活动”、第四项“有关自然界和宇宙的知识和实践”、第五项“传统手工艺”，都不在主管文化的文化部和各省文化厅（局）的视野之中。因此，是否可以说，政府的文化理念是极其狭窄的，大量本来应属于文化的东西被丢掉、被弃置了？从“政府主导”的角度说，我国是从2004年启动民族民间文化保护工程的，到2004年8月28日人大常委会批准《保护非物质文化遗产公约》，到2005年3月26日国务院办公厅出台《关于加强我国非物质文化遗产保护工作的意见》，毋庸讳言，我们是在理论准备严重滞后的情况下，开展这项工作的。几年来，我们取得了足以自豪的成绩，办了非物质文化遗产的成果展，组织了大型的表演艺术类非遗的演出，公布了第一批国家级非物质文化遗产名录……刚才刘书记讲到，这次温总理到日本访问带去的，不是以往通常的专业艺术表现团体的创新文艺节目，而是非物质文化遗产中的“表演艺术”项目，得到了日本朝野的高度评价，也在国际舞台上展示了中国各民族的非物质文化遗产保护的成果和魅力。尽管取得了这样的非凡成绩，但是，似乎也还不能说，我们在非物质文化遗产的理论研究和保护实践上已经相当到位了，已经从根本上改变了理论滞后的局面，全民的、特别是各级文化干部的“文化自觉”已经大幅度地得到提升了，已经适应和满足非物质文化遗产保护工作的正确理念了。学者们和媒体上表达的一些忧虑，如重申报、轻保护，形象工程，开发性破坏等越来越严重的倾向，正是缺乏“文化自觉”、缺乏正确的文化理念和非遗理念指导的反映。

二　重表演艺术的倾向

从政府的层面说，我们接受了联合国教科文组织的《公约》及其理念，但从几年来我们的实践来看，我们并没有完全转变理念，或者说，我们的保护实践与联合国的理念之间，还有一段不小的距离。譬如，我们比较重视非物质文化遗产中的“表演艺术形式”部分，而对像第三项

（如属于民俗的礼仪和节庆活动）、第四项（如图腾信仰、民间信仰）以及文化空间（如庙会祭典中俗神崇拜）等涉及意识形态的领域，则更多地持否定性态度，这不仅与联合国教科文组织《公约》的理念不符，而且仍然在坚持一种非唯物史观的文化观。在第一批国家名录的评审工作接近尾声时，曾经发生过一件令人震惊、又可引为教训的事情：一个经由省级专家组通过签字、由省文化厅报到文化部、国家专家评审组也已通过评审的民族民间叙事诗项目，却突然被一位领导出面干预，使这个讴歌民族起源和民族图腾的民族长篇叙事诗项目被拉了下来，从而湮没无闻。也许这位领导干部是出于好心，但他没有办好事。

重视表演艺术形式而忽视或轻视民俗生活和礼仪，忽视或轻视有关自然界和宇宙的知识等领域的非物质文化遗产，是我们长期以来固守的文化理念，这种狭窄的、多少有些误谬的文化理念，还多多少少残存在许多主持其事的文化工作领导干部的头脑之中。我们的祖先留给我们的丰富而珍贵的“民间知识”，如天象、农耕、田猎、游牧、航海、历算、风水、强身、祖先崇拜及民俗仪礼等方面的知识，曾经养育了我们一代代中华子孙，积累和丰富了中华传统文化，培育了被称为“礼仪之邦”的中华民族，但遗憾的是，这些领域很少得到各级文化部门的关注和发掘。不久前，在一次中医界讨论非遗的会上，听到中医科学院文献所柳长华所长说，主管非遗工作的文化部副部长周和平同志在巴黎看了外国的和我们的文化后，深夜给他打来电话，说我们申报的古琴和昆曲，都还是些小玩意儿，并不足以代表中国的传统文化，下一批我们申报世界非物质文化遗产时，首先要考虑的是中国的传统医药！（大意）这说明，领导层面文化理念的转变是多么重要！回忆 2005 年参与起草《中国民族民间文化保护工程普查工作手册》的时候，关于自然界和宇宙的知识和实践，在我们这些所谓专家的头脑里也还是非常朦胧的，大家苦思冥想，终于想出了一个“民间知识”的类别名称，中医、针灸应该算是非物质文化。那时，连中医药管理局的同志们对中医药保护和申报非遗名录也还并不是很积极的，时隔两年，现在，传统医药已经成了我国非物质文化遗产保护的一宗很大的、理应尽快申报世界非物质文化遗产的项目了。这说明从领导到学界，大家的理念都在转变之中，理念转变了，我们的实践也就能逐渐地比较切合实际了。

三　是生产，还是传统文化？

再说说对传统手工艺的认识。过去，传统手工业是在轻工业部二轻局的管辖之下，只是被看作一种生产，从合作社到国营工厂，从国营工厂到个体，分分合合，合合分分，都是以换取外汇多寡为标准，而并不被看作文化，人们没有把靠口传心授而得以传承的手工技艺，从手工业生产中提取和凸显出来。在这一领域中，文化主管部门及其所属研究机构，从来是缺席的，既缺乏这些方面的专业人才，也缺乏这方面的知识。几十年来，尽管政府做了很多工作，但传统手工技艺的传承所走过的道路是坎坷曲折的，许多珍贵的技艺在漫长的历史途程中已经悄无声息地消失了，现在还存活着的，也因种种原因而呈现出衰微的趋势，有的甚至处于濒危状态，传承断档和技艺消失的信息时有所闻。现在，传统手工技艺这一块的非遗保护已经初步铺开了，各方面专家都动员和团结起来了，积极性很高，是一件大好事。在工艺美术方面，近年来国家发改委主持评出了几批工艺美术大师，在这些具有工艺美术大师称号的人员中，有一些是对传承传统技艺有贡献的传承人。今年早些时候，文化部和商务部又联合发表文告，宣布“中华老字号”的保护就要进入非遗保护的范畴，号召和规范老字号申报国家名录的工作。在大城市里面有大量的“中华老字号”，有很多已经失传了，有些还具有生命力。笔者以为，老字号里面的手工技艺大体包括两大部分：一部分是制造业领域，如织造业、酿造业、手工艺等；一部分是饮食文化领域，如菜系、糕点、小吃等。中国的饮食文化有悠久的历史和可贵的传统，是中华传统文化的瑰宝。但饮食文化老字号究竟是应归到哪一类的非物质文化遗产中呢？大家颇有分歧。我个人同意这样一种见解：除了技艺比较复杂的项目（如全聚德的挂炉烤鸭和便宜坊的焖炉烤鸭等）理应归到传统手工技艺类里面，其他技艺相对简单而又与民俗生活联系密切的项目（如北京的豆汁等），也许置于民俗类里去更为恰当一些。这类问题，还有待文化部或商务部组织专家专题论证。说到底，传统手工技艺问题的核心，在于不仅是生产，还是传统文化。

四 关于自然界和宇宙的知识和实践

至于对“关于自然界和宇宙的知识和实践”的认识和处理，存在的问题则更为突出。我以为，到现在为止，我们仅仅是迈出了第一步，从领导角度看，态度仍然过于暧昧，行动过于迟缓。这个问题之所以比较突出，是因为在文化问题上，我们长期以来以“精华”与“糟粕”二元对立的方法论和当代价值观作为判断和评价文化的标准。历史证明，这种二元对立的方法论和以当代价值观来判断传统文化或非物质文化遗产的做法，是并不适当的，常常会阻碍我们对传统文化或非物质文化遗产的正确评价。

如上所说，“关于自然界和宇宙的知识和实践”，有一部分是有意识形态性的，但这里面也有相当大的一部分是不存在意识形态性的，如中国人关于天象、历算、航海、农耕、田猎等的传统知识。但遗憾的是，在2005年申报和评审的第一批国家名录中，仅“黎族钻木取火技艺”一项进入了，而且还将其放到了“传统手工技艺”类（Ⅷ—87）中，而不是归属于“民间知识”类。而许许多多成熟的农耕知识、天象知识等，没有被文化界从非遗的文化视角去加以研究。

中国的风水、气功等，是否应进入非物质文化遗产，我们至今似乎还噤若寒蝉。风水观念即使在现代社会中也仍然十分盛行。关于风水的学术研讨会，曾在人民大会堂召开，这件事曾在媒体和网络上一时引起过广泛的讨论。在一些知名的理工科大学的课堂上，开设有风水学的课程。有关风水的出版物汗牛充栋。总之，风水理论和风水实践，受到全社会的关注。人类与自然的关系，一是人企图控制和征服自然，让自然为人服务；一是人顺应自然，与自然和谐相处。只强调一面而排斥另一面，是片面的。风水观念之所以与人类相伴而长期不衰，反映了人类对适应自然、与自然和谐相处的不倦追求这样一种心理。当然，风水观念和习俗，在其传承发展过程中，或多或少地被迷信家所利用和改造，掺杂了和发展了许多消极的因素，这是应该注意研究和区分的。但在我们的“四级”非物质文化遗产名录的申报和评审中，对风水这种关于自然界和宇宙的民间知识，不置可否，以致迄无进展。这无疑是不正确的文化理念作祟。与风水问题相类似的另一个领域，是对于“气”的态度。在一次中医界研讨非物质文化遗产的会议上，笔者听到一位院士提出：“气”的观念是中西文化的重大差别之点，“气功”的文化性质问题，应予重新认识。

作为非物质文化遗产之一种，在对自然界和宇宙的认识上，民间的认识包含了许多智慧和真理，有待我们做认真的科学的发掘，当然，也可能有某些神秘思维的表征存在。须知，科学对自然的掌握和认识永远是有限的，科学没有达到的地方，从来都是神秘思维活跃的空间。对于杂糅着神秘思维的非物质文化遗产，我们不能简单地以“封建糟粕”为名予以抹杀，重复过去的“左”的错误，而应承认民众的选择，同时进行科学探讨和阐明。

当代还遍布城乡、为民众广泛承继的一些大型的“文化空间”，如有祭祀仪式和民间信仰内容的世俗节庆，以展示民族起源或民族图腾为宗旨的民族节庆，“庙会”“歌圩（会）”等，之所以很难迈过省级或国家级非物质文化遗产名录的门槛，其中一个重要的原因，就是它们涉及民间信仰和神秘思维这个禁区。而要把图腾信仰、灵魂观念、巫术与禁忌实践等涉及神秘思维的文化元素都阉割掉，那么，产生和发展于史前时代和农耕时代而在当今社会中仍然世代相传的非物质文化遗产也就不存在了，这样做也不符合唯物史观。近来，在对民间宗教的讨论中，学者们指出，民间宗教是建设和谐社会的重要组成部分，对民间宗教在建设和谐社会中的积极作用，应给予充分肯定，民间宗教不应成为评价非物质文化遗产的禁区。

以往我们对文化的理解太狭窄了。从政府的层面上看，大体只把表演艺术形式看作是文化或文化的主流。从学界的层面上看，大体只把以文字为载体的文献传统视为文化（所谓大传统）。两种文化立场，其共同的地方，就是都对口传心授的、世代相传的、没有文字记载的非物质文化遗产采取了漠然的态度。现在，我们面临着转变观念和理念的问题，各级政府要转变理念，学界也要转变理念，要逐步建立起有中国特色的文化观。到现在为止，我们没有一部自己的“文化论”，我们现在奉为经典的“文化论”，要么是20世纪40年代翻译过来的马林诺夫斯基的《文化论》，要么是当代西方（主要是美国）的文化人类学理论。这些著作固然可能给我们以方法的启迪或借鉴，但它们无法解决中国的文化问题。中国文化是多元一体的文化，历史悠久，多民族、多样式、多层面，其复杂性，没有任何国家和民族的文化可比拟，那些头脑睿智却没有调查研究过或体验过中国文化的外国学者所提供的“药方”，怎么可能解决中国文化的实际问题呢？而我们自己的本土的文化研究，如前所说，却大体是以文字为载体的文献的研究与阐发，以儒家文化为主流，丝毫不涉及“五四”文化先锋们所关注的平民文化和民间文学及现在所关注的非物质文化遗产，这种学术思潮，与正在我国和世界范围内掀起的以保护文化多样性和可持续发展为宗旨的非物质文化遗产保护潮流相悖。季羡林教授近来就“大国学”所发表的言论，不啻是对“新国学”派的一记重拳。

五 价值判断的标准

转变理念的另一问题，是在非物质文化遗产保护工作中，如何从过去我们约定俗成的“民族民间文化”理念，转换到“非物质文化遗产”这个新的理念。前面说过，我国的情况是政府与《公约》接轨在先，学者随后跟进。引进“非物质文化遗产”这个专名之初，我们还来不及做细致的研究工作，故有些学者说，“民族民间文化”与“非物质文化遗产”是两个同义的词语。仔细研究后，我们发现，这是两个不同含义的词语，体现着两种不同的理念。以往我国学术界关于民间文化的界定，大致是指下层民众以口传心授的方式世代相传的文化。我们的学界过去的主流意识是，主张文化有阶级性，从“五四”起几乎就持这样的观点，一直都没有太大的变化。到20世纪50年代，受苏联的影响，这种观点更加强化了，一度把民间文化（主要是民间文学）称为“人民创作”或“劳动人民的口头创作”。郑振铎的“俗文学”观，把城市的市井文化也归到民间文学中来，因而受到批判，说他是资产阶级的学术权威。联合国教科文组织的定义一出，完全颠覆了我们关于“民间文化”的传统观念和定义。联合国教科文组织《公约》关于非物质文化遗产的定义，根本不重视非遗作者和享有者的社会地位，而只强调口传心授、世代相传，以及在社区和群体中被创造、再创造并可持续发展这两个特点。当然，中国的国家建制中从来没有社区，只有省、地、县、乡（镇）、村，但是现在出现于非物质文化遗产保护的文件里，是借用了西方文化人类学的学术概念。这两个大特点（标准），跟我们过去对文化的理解很不一样，基本推翻了我们过去的民间文化理念。因此，在这次非物质文化遗产保护工作中，流落到或下降到民间的一些帝王文化、宫廷文化和宗教文化，几乎没有障碍地进入了国家非物质文化遗产名录。手工技艺类如景泰蓝、玉雕、牙雕、云锦、补绣、盘锦绣等，音乐类如北京智化寺京音乐、京西幡乐、中和韶乐等，皇封的一些皇会、老会、香会等，这些项目，在过去我们进行的“民间文化”调查和研究中，是不包括在内的。这在文化理念上是一个很大的变化。

文化是集体创造、集体享用的，文化的价值判断，唯一的标准，是该文化的产生、发展、兴盛、衰微是否与彼时彼地社会的需要和人类自身的需要相适应。凡是适应的，就是具有生命力的，也就是进步的；凡是不适应的，就会逐渐衰亡。企图用今天的价值观判断非物质文化遗产，不是唯物史观。就其文化性质而言，现在我们所说的非物质文化遗产，主要是农耕文明和漫长的宗法社会制度下的精神文化（当然也有小部分是史前社会或游牧社会的遗留），总体说来，这种以口传心授方式传承下来的群体文化，是我们民族传统文化的“基因库”和民族的文脉，包含着前人的智慧和经验，集中体现着我们的民族精神和民族性格，是十分可贵的。但时代的发展，特别是今天全球化、现代化、城镇化、信息化的飞速发展带来的社会转型，使原本适应于农耕社会条件的非物质文化遗产，逐渐地、部分地失去了生存和发展的条件，变得脆弱了，衰微了，有的消亡了，有的变异了。我们对非物质文化遗产实施保护，其目的是要用可能的方式和方法，留住我们民族的“根”，尽可能地保持住文化的多样性，使文化得以持续发展。文化多样性和可持续发展，是非遗保护的出发点和目的。这个理念是在全世界范围内被认同的。

理念的转变，是时代的要求，不仅直接影响到我国非物质文化遗产的保护，当然也会给从“民博”到“世博”的非物质文化遗产这个构成“元素”以新的视角。我们从民博会上看到许许多多非物质文化遗产的事象和物件，尽管每个都有夺目的亮点，但应该说，它们还都是一个个孤立的存在，并没有给观众一个开埠百多年来的大都会文化品格和文化氛围的完整而鲜明的印象。上海的非物质文化遗产，在上海的传统文化中，既保持着自己的独立品格和特点，给上海文化以影响和浸润，又明显地受到“海派文化”的有力影响或具有“海派文化”的某些特点，并以此与其他的区域文化相区别。新的非物质文化遗产理念给我们提供了新的视角，作为未来“世博会”的“中国元素”的代表性文化符号，中国和上海的非物质文化遗产，将会以完整而鲜明的形象与品格，给世人以深刻印象。

民俗学视角的“斯诺命题”

——“关于自然界和宇宙的知识和实践”的阐释[*]

叶春生[**]

摘　要： 长期以来，风水知识一直被视为迷信而不被重视，甚至被排斥，在非物质文化遗产保护运动的今天，希望作为中国传统文化重要组成部分的风水知识能得到有关部门的重视，积极探索、发掘其丰富的文化内涵。

关键词： 风水；非物质文化遗产；关于自然界和宇宙的知识和实践

联合国教科文组织《公约》把非物质遗产的内涵概括为口头传统的表现形式；表演艺术；社会实践、礼仪、节庆活动；关于自然界和宇宙的知识和实践；传统手工艺。“关于自然界和宇宙的知识和实践”，其中有许多神秘的不解之谜，按照西方自然科学“实证主义”的概念是无法解决的，而我国民众在实践中早已总结出丰富的经验，他们中有许多能人对自然界和宇宙了如指掌，像诸葛亮借东风那样预测天道的变迁，被群众称为“管天大爷”，更有能通晓天道人道的奇人。所谓星相学家、阴阳先生、风水大师、仙姑、神医、神针等等，绝非子虚乌有的传说，民间真有这样的神人。我们的专家苦思冥想，把这一项目归结为“民间知

---

* 原文刊于《文化遗产》2010年第1期。

** 作者简介：叶春生，中山大学中国非物质文化遗产研究中心教授、博士生导师，中国民俗学会副理事长。

识”，包含“天象、农耕、田猎、游牧、航海、历算、风水、强身、祖先崇拜及民间礼仪等方面的知识”①。其实，还有更为丰富的中医、针灸、气功、星相、灵异、巫术、征兆、物候、遥感、问米等等，单就传统中医药和风水两项，就是一笔很大的非物质文化遗产。目前关于中医药的申报，已经引起了有关部门的重视，而“风水”的理念，依然被视为雷区。

二

我以为，“关于自然界和宇宙的知识和实践”，最好的阐释就是“堪舆”，堪天舆地，宇宙、自然，尽在其中。一部《周易》，“上足以赅太极之理，下足以济生人之事。”（南宋徽州理学家胡方平语）郭璞的《葬书》，堪称风水著作的鼻祖，其核心“乘生气说”认为，凡宇宙间的大自然现象，新兴而生茁，与萧杀相对即为生气。这种生气，在天则周流六虚，在地则化生万物。天以生气为资，地以生气为载，生气聚于地中，即“五气行乎地中，发而生乎万物”。这不正好是“关于自然界和宇宙的知识和实践”的最贴切的阐释吗？更有伏羲的先天八卦，把天、地、风、雷、山、泽、水、火八类物象，配以乾、坤、巽、震、艮、兑、坎、离八种卦象，总结出天地定位、山泽通气、风雷相薄、水火不相射的自然规律，完全涵盖了教科文组织圈定的第四项内容，这就是我们的堪舆学，岂止看看风水这么简单。

可是这笔宝贵的非物质文化遗产，却一直得不到人们的重视，特别是领导层，由于长期以来极左思想的影响，生怕陷入“封建迷信”的歧途，稍有一点文化的领导也习惯于按照16世纪西方自然科学实证主义的标准来判断“科学”与“不科学”的观念，著名的科学史家李约瑟关于中国为什么产生不了“科学”也是根据这个理念来判断的。殊不知西方的学者现在已经发现，他们过去区分“科学”与“不科学”的标准是不科学的，波兰天文学家哥白尼的“日心说”之所以被教会视为“妖说”，把他烧死，不仅因为他的《天体运行论》打破了神说的统治，更重要的

① 刘锡诚：《转变理念正当时》，《西北民族研究》2009年第2期。

是他打开了人们的视野，使人们认识到，科学的发展是无止境的。今天人类所掌握的宇宙自然的奥秘远不及它本身的十分之一，一道斯诺命题就把许多大科学家都难倒了。“你是谁？你从哪里来？又到哪里去？”一直没有完满的答案。

这里牵涉到两个问题。一是沿用西方自然科学的老路，对一些神秘现象，如鬼屋、幽灵、妖精、放蛊等，组织多学科的考察，从哲学、社会学、宗教学、心理学、物理学、化学、医学、动物学、植物学等方面加以研究，解开其中之谜。日本学者井上圆了的《妖怪学》就是这么做的。柳田国男的“重出立证法”，沿用的就是西方“实证主义”的概念。他们对“风水”的看法也囿于对“科学”与“不科学”观念的理解有不同的表述，著名的风水研究家渡边欣雄写了几十万字的专著，但却说“日本没有风水”“没有风水先生”，他们不参与风水活动；而一些商社、神宫却堂而皇之地举办“地镇祭”（相当于我国的奠基礼）和竣工祭（相当于我国的落成典礼），专业的神官和主事单位的头目那虔诚的模样与日本的现代都市形成了强烈的反差，那与他们在接纳中国传统文化的同时，又企图以西方自然科学的方法加以实证有关，使传统变得理性和严谨了。

另一方面应该想到，中国的风水观念和西方自然科学的风水观念不同，是两种不同的思维模式。郭璞的《葬书》说得很清楚：“风水之法，得水为上，藏风次之”，“气乘风则散，界水则止，使之聚而不散，行之有止，谓之风水。”可见此中的“风水”，已不是我们日常生活中所云之空气流动所生成的“风”，以及江河洗涤饮用之“水”，而另有其深层的涵义。现在一些人试图以生态环境科学的理论来阐释，或者玩什么“科学批风水”，均未见本性，不得要领，还是西方自然科学实证主义的那一套。“风水学”不是西方概念中的那种“科学”，它是“玄学”，是一种玄虚的学问，靠感悟、体验、积累传承的学问，是不能用科学仪器像测定空气污染指数那样来测定的。如说一个地方“阴气”很重，“煞气”浓烈，重到什么程度？浓到什么成分？无法测定表述，只可感悟，它是相对于阳气、紫气、瑞气而言的一种不吉利的气场，那和物理学中的“气场”不一样，气功师往往以“采阴补阳”来强壮自身，避免阳气的过度消耗，这就是他们在发功以后常到坟场去“采阴”的缘由，此术也被用于春宫术中，《素女经》中也有婉转的表述。

二

在现实生活中这种靠实践积累传承的自然界和宇宙的知识实在太多了。广泛流传的气象谚语已被专家们用现代科学来解读，“天起鱼鳞斑，地下晒谷不用翻”（言阳光猛烈）；“云盖中秋月，雨打上元灯”（言大煞风景，也暗喻“中秋阴云密布，元宵必有风雨”）。“早上下雨下午晴，下午下雨到天明”，有时准，有时不准。但东莞市东坑镇的群众告诉我们，二月二“卖身节”（又称“遇仙节”）那天，如果早上下雨，下午一定放晴；如果是下午下雨，上午一定晴明，总之必有半个好天，让大家高高兴兴过节。面对天道自然的变数，老百姓也在不断探索积累，问题是我们的主事部门，还有我们的学界，都没有把这些民间知识当作一门学问，甚至还加以打压。面对地震、海啸频发的今天，我们的地震监测部门对民间物候的监测知识还多方辩解，以洗脱他们监测不力的责任。试想南亚海啸中当地土著早早就跑到山丘上去了，免除了没顶之灾，他们的知识不是最好的实证吗？

天地之大，宇宙无垠，有许多西方自然科学远远没有到达的地方。人类的起源本身就是一个谜，不少科学家都认为，如果让地球重新进化一次，人类出现的机率很小；整个宇宙的有序组合更是个谜。谁在指挥这庞大的宇宙星系运行？那遥远的星空，超大型的黑洞，互相牵扯的引力，各自运行的轨道，谁在安排？谁在操控？牛顿发现了万有引力，但却无法解释地球何以自转又公转，只好说：是上帝踢了它一脚。于是便有了神学，有了宗教。不管是“神”还是“上帝”，都只是人类文化史研究中的一个名词，一种符号，其本义是一种超自然的力量。而这些离奇古怪的神秘事象，天生就与我们民俗学结缘共生。因此我们不能不以二郎神般的“天眼”（气功修炼的“开天目”）看世界，以“灵感思维”来想问题。钱学森说：“人类的思维形式除了形象思维和抽象思维之外，还有灵感思维。”并指出，许多科学家、文学艺术家的灵感，往往出现在散步、洗澡或做梦之中，苦思冥想之后，忽然电光一闪，茅塞顿开，这就是灵感，它和人脑的综合功能有关。[①]

这也告诫我们，观察宇宙自然光有平常的心态是不够的，堪天舆地的知识在书斋里是学不到的。某市政府建了一座办公大楼，外形仿若白宫；又仿天安门，楼前华表、金水桥一应俱全，堂皇肃穆，给我的感觉是：没那么大的头，就别戴那么大的帽。再细看其背面，靠山中分两半，主峰偏右，空谷直射腰门，伤煞难免。我当时留下了一句话：主事者入住之日，就是他进牢狱之时。后果然应验。他们把华表拆了，情况有所改观。这里面有知识经验的传承，也有直观的感悟。有一次，一个学生把某市电视台的一个副台长带到家里，说有事要请教。刚一坐下，我就对他说：你不用问，我知道你想说什么，你有官非，有人告你，你回去把问题交代清楚，该退赔的退赔。就这样把他打发了。过了一个多星期，他又来了，进门就说：“没事了，都交代清楚了。”“那就好。”上次我凭什么断定他的问题呢？他一坐下，我看到他手脚汗毛异常（当时是夏天，他穿着短裤），脸颊晦气阴生，眉头紧锁。那是他给我的第一印象。这“第一印象”很重要。民间判断孕妇生男生女的一个办法就是在她身后猛呼她的名字，看她从哪一边回首，要的就是第一印象。香港风水大师林真，每天只看三个人，要的也是第一印象。堪舆也是那样，那个地方风水好不好，“第一印象”也很重要。当然，行家眼里的“第一印象”与普通人眼里的印象未必尽然。我们看山，势要雄，脉要远；水要活，九曲回环，方为上乘。所谓“风水宝地”，也和风水流年、地运、地脉相关。2006年，我曾经写过一篇关于深圳风水的文章，登在《国家地理》上，我提了这么一个论点：大家都说深圳是块风水宝地，为什么千百年来她却默默无闻，荒芜在南海边上？这里边有政通人和的因素，也有天道地运的玄机，所以我把它的标题定为《一半天意，一半人为》，还解读了市府大院里的一些风水趣事。促使我写那篇文章的意念来自上一年的孟冬，我到深圳参加一个会议，沿路生机勃发，草木争荣，树梢一片新绿，仅只“南国春来早”是不足以解释的，于是便去考察一二，得出以上结论，当地领导、群众也都认同。

---

① 钱学森：《关于形象思维问题的一封信》，《中国社会科学》1980年第6期。

三

在实际操作中，这种迷局的变数是很多的。

澳门葡京的风水是人们热议的话题。有的说葡京像个大鸟笼，进去的人有如笼中之鸟，那就任人宰杀了；有的说葡京的入口形似一只老虎，把赌客一个个吃掉，赌者十有九输；还有的说，自从 1974 年通往氹仔的大桥建成后，特别是它对面的中银大厦落成后克制了它的风水，使之一度陷入困境，后来它加建了西翼，才又打开了一条生路。事实也是如此，细心的游客还会发现，葡京对面的氹仔的半山上多了一扇曲摺的墙，像条摇摆的尾巴，那是新装的“龙尾”，以弥补新马路断其一爪、大桥断其龙脉的缺陷。我们知道，葡京原设计师是位金发碧眼的“老外”，他是不信风水的。但葡京总体是按照赌场“吉祥物”——青蝴蝶的形状设计的。入口的上盖就是一只张开翅膀的蝙蝠，中央赌厅天花板的周围，也是一只只飞翔着的蝙蝠，民间称为“青蝴仙子”，据说青蝴仙子很公平，既保佑庄家，也保佑赌客。那是当年叶汉先生主理澳门赌业时的理念，所以当时各赌馆地主护官牌上都写有四句话：“青蝴飞入，白碧（金钱珠宝）进来。五方地主，财神护佑。”这实际就是个风水局，不然为什么葡京稳操胜券，而赌客总是输家呢？现代人用“概率”数论解释说，赌钱有赢必有输，庄家资本雄厚，赢之不完；而一般赌徒心理，赢时舍不得离场，输时又想把本捞回，越输越红眼，终于输光了才肯离场。特别是那些“孤寒钱”（小注码）、“救命钱”（一注翻本），最易失财，就是这个道理。所以赌徒只希望：“青蝴多照，银纸会笑。青蝴走咗，实听呵嗬。”只好望之兴叹了。

雷州半岛还有一种祭仪，叫做“穿令”，即在元宵节期间，经过一定祭拜仪式后，穿令者在神轿上以一根手指般粗的银箭从自己的右边脸颊插进去，从左边脸颊穿出来，不流血，过后不留疤痕。人们抬着神轿，簇拥着他游村串寨，谓可保境安民。所到之处，万民顶礼膜拜，虔诚致敬。笔者近距离观看其过程，并尾随其游村压境，还访问了当事人的亲属和周围的村民，始终不得其解。因而想起葛洪《抱朴子》所记的以气禁火、禁水、禁毒蛇猛兽，甚至禁鬼神诸法，以及民间放蛊、下千斤、落降头等，都是这种类型。关注这些神秘事象，把它放到"宇观"和"胀观"的更大层面去分析，"宇观"者如相对论等虽然高深，但已为精英阶层所领悟；"胀观"者认为宇宙之外还有东西，天外还有天[①]，这不正是联合国教科文组织留给我们的课题吗？我们的老祖宗留给我们这方面的非物质文化遗产丰富得很，在都市，在乡村，现只是星星点点地在闪亮，要把它们凝集在一起，只囿于"民族民间文化"的理念太狭隘了。堪天舆地，巡天遁地，探寻自然界和宇宙的奥秘，中国民俗学者当此重任。

① 参见《钱学森致吴廷嘉的信》，《哲学研究》1989年第10期。

节气与历法

节点性与生活化：作为民俗系统的二十四节气*

王加华**

摘　要：作为农耕时代的特有产物，二十四节气在我国传统时代的民众生产、生活中发挥了极其重要的作用，具有实用性、节点性与生活化等几个方面的特点。其基本性质不单单是一种历法体系或者说时间制度，更是一个包含着丰富民俗事象的民俗系统。今天，要想更好地保护与传承二十四节气，就要充分发挥其作为民俗系统的特性，并使其“无孔不入”地介入现代民众的社会生活。

关键词：二十四节气；民俗系统；保护与传承；节点性；生活化

2016 年 11 月 30 日，我国的二十四节气被正式列入联合国教科文组织人类非物质文化遗产代表作名录，成为继昆曲、中国古琴艺术、书法、剪纸等之后的第 39 项跻身“世界级非遗”① 的项目。② 在多元保护主体、相关学界、新闻媒体等为此欢欣鼓舞之时，一个更为现实的问题亦随着名录的入选摆在了人们面前，即我们应该如何在当下更好地去保护与传

---

* 原文刊于《文化遗产》2017 年第 2 期。

** 作者简介：王加华，山东大学儒学高等研究院教授。

① “世界级非遗”的说法其实是不确切的，因联合国教科文组织的人类非物质文化遗产代表作名录并没有级别之分。但受我国非遗保护四级分类与保护体系的影响，凡入选教科文组织人类非物质文化遗产代表名录的项目，在绝大多数人的心目中也即是“世界级”了。

② 《盘点：中国目前有多少个世界级非遗》，中国日报网，网址：http：//china. chinadaily. com. cn/2016 –12/01/content_27539562. htm，2016 年 12 月 1 日。

承这一人类优秀非物质文化遗产项目呢？按联合国教科文组织《保护非物质文化遗产公约》的宗旨和《中华人民共和国非物质文化遗产法》的要求，遗产代表作名录的入选，不仅仅是一种“荣誉”，更是一种责任与义务。

作为一种源于农耕时代的人类非物质文化遗产，二十四节气在今天的存续与传承确实遇到了一定的问题，如何因应今天的社会形势，提出切实可行的保护与传承措施，成为一个亟待解决的现实问题。而要对二十四节气加以保护与传承，首先需要解决的即是其性质界定问题，即究竟何为二十四节气、其根本性质为何？对于二十四节气，我们传统上基本将其界定为一种历法体系或者说时间制度，但实际上二十四节气绝不仅仅是一种时间制度，更是一种包含有丰富民俗事象的民俗系统，并在传统中国人的日常生产、生活中发挥了极为重要的作用。认识到这一点，对于我们今天如何更好地去保护与传承二十四节气，具有极为重要的意义。

一　实用性、节点性与生活化：二十四节气的传统意义与价值

二十四节气最早起源于我国黄河流域，是人们长期对天文、气象、物候等进行观察、探索并总结的结果，是我国古代劳动人民独创的文化遗产，已有非常久远的历史。中国古人在长期的生产生活实践中逐步认识到，一年之中，太阳投射到地面上的日影长度总是呈现一定的规律性变化，于是人们便利用日影的长度变化来判断时间与季节，也即《吕氏春秋·察今》所言的“审堂下之阴，而知日月之行，阴阳之变”。以此知识为基础，至迟到西周时期，人们测定了冬至、夏至、春分、秋分这最初的四个节气。到春秋中叶，随着土圭的应用及人们测量技术的日益提高，又确立了立春、立夏、立秋、立冬四个节气。而到战国时期，完整的二十四节气已基本形成，到秦汉时期更是臻于完善，形成我们今天完整的二十四节气系统。①

① 沈志忠：《二十四节气形成年代考》，《东南文化》2001 年第 1 期。

作为一种人们通过观察太阳周年运动而形成的时间知识体系，二十四节气是一种标准的阳历历法系统。但是，在中国传统历法体系中，二十四节气并非一种独立的历法制度，而只是我国传统占主导地位的阴阳合历历法制度（俗称“阴历”“农历”“夏历”等）的组成部分之一。中国古人之所以要采用阴阳合历的历法制度，根本目的在于兼顾农业生产与日常社会生活的顺利开展。一方面，农作物生长与太阳的周年回归运动有关，因此依据太阳制定历法便于安排农时，由此形成传统历法的阳历成分，节气制度便是其重要体现；另一方面，月亮是夜空中最明亮的星体，具有周期性的朔望变化，因此用月相变化来纪日既醒目又方便，由此形成传统历法的阴历成分。具体而言，以“阴”作为日常社会生活开展的主要时间标准，如婚嫁、祭祀、节庆活动等；以二十四节气（“阳”）作为农事活动的主要时间标准。也就是说，在整个中国传统阴阳合历历法制度中，二十四节气其实并不占主导地位，而这可能是造成大部分中国人误认为二十四节气为阴历属性的最主要原因。

不过，虽然二十四节气系统并非完全独立的历法系统，在传统阴阳合历历法制度中也不占主导地位，但在传统中国人的社会生产与生活中却仍旧发挥了极其重要的作用。

首先，二十四节气具有极为重要的实际应用与指导价值，即是农业生产活动的时间指针，这也是二十四节气在传统时代最基础、最基本的功能与价值。传统中国一直是一个以农为本的国度，农业生产一直是国民经济的最主要部门与民众衣食生活的最主要来源，因此上至皇帝下至普通平民百姓，都对农业生产极为重视。农业生产由一系列工作环节所组成，如耕地、播种、灌溉、施肥、收获等。一年之中，从农作的播种到收获，各工作环节必须顺应农时而依次展开。而所谓农时，通俗来讲，也就是进行农事活动恰到好处的时节。只有把握好了农时，才能获得农业的丰收，有吃不完的粮食，所谓“不违农时，谷不可胜食也”①。于是“不违农时”、符合“时宜”也就成为农业生产最基本的要求之一。那么农时应该如何去具体把握呢？答案就是二十四节气。由于二十四节气是据太阳周年回归运动而来，因此能比较准确地反映气候的冷暖变化、降

① （战国）孟子：《孟子》卷一《梁惠王上》，崇文书局2015年版，第6页。

水多寡与季节变化等情况，而农业生产的进行恰是与冷暖变化等紧密相关的，所以以之为农业生产的时间指针是完全可行的，正如农谚所云："种田无定例，全靠看节气。"但是，二十四节气全部加起来也只有四十八个字，因此要发挥其农事指导作用，还必须要结合其他形式作为载体才能发挥作用，这其中最主要的就是农谚。从土壤耕作到播种、再到收获，可以说几乎每一个工作环节都有相关的农谚与之相对应，如华北地区广泛流传的小麦种植农谚："白露早，寒露迟，秋分种麦正当时。"当然，农谚不会自动创造与流传，还需要有经验的老农在其中具体发挥主导作用。①

其次，二十四节气亦是传统时代民众日常社会生活的重要时间节点，而这一点又是由农业社会的本性所决定的。一年之中，受自然节律的影响，农业生产活动从种植到收获也会表现出一定的节律性特征，也即农事节律。与此相适应，乡村社会生活也会表现出一定的节奏性，从年初到年末，各种活动各有其时。农业生产活动有涨有落，于是乡村社会生活诸活动也必然会随之起起落落，一年四季各有其时，各种活动也就会巧妙配合而又有序地分布于时间与空间之中。② 对此，美国人金氏曾说道："（中国）农民就是一个勤劳的生物学家，他们总是努力根据农时安排自己的时间。"③ 作为农事活动的基本时间指针，二十四节气也就成为了民众年度时间生活的重要节点与时间坐标，由此在一定程度上亦成为民众日常社会生活的时间指针。这一点在传统的月令性农书中即体现得非常明显。月令，即根据年度自然节律变化的行事记录，曾经是中国社会早期各阶层均需遵守的律令，反映了当时民众，尤其是社会上层的时间观念与王政思想，并具有多方面的实际意义与价值，是为一种时间政令、王官之时，具有强烈的规范与指导意义。④ 在其中，提及各月活动

① 王加华：《节气、物候、农谚与老农：近代江南地区农事活动的运行机制》，《古今农业》2005 年第 2 期。

② 对此，可参阅王加华《被结构的时间：农事节律与传统中国乡村民众年度时间生活——以江南地区为中心的研究》，上海古籍出版社 2015 年版。

③ ［美］富兰克林·H. 金：《四千年农夫——中国、朝鲜和日本的永续农业》，程存旺、王嫣译，东方出版社 2011 年版，第 7 页。

④ 萧放：《〈月令〉记述与王官之时》，《宝鸡文理学院学报》（社会科学版）2001 年第 4 期。

时，通常总会说到节气，然后是对应之农事活动，再然后是其他各项活动，从《礼记·月令》《淮南子·时则训》《四民月令》等，一直到明末清初的《补农书》，这一传统一直延续下来。正是认识到二十四节气在指导农业生产与民众日常生活时的方便性，因此很多人主张以节气历法系统来取代阴阳合历历法系统，这其中最著名的要算宋代博物学家沈括了，他曾以节气为标准制定了十二气历①。事实上，一直到20世纪90年代，仍有人在做这方面的呼吁。②

最后，二十四节气不只是一种时间制度，还具有异常丰富的民俗内涵，是民众多彩生活的重要体现与组成部分之一。一是节气与节日具有紧密的联系。在远古的观象授时时代，农事周期就是庆典周期，节气也就是节日，只是后来由于阴阳合历历法制度的创立与推行，节气与节日才发生了分离。③ 不过虽然如此，节气与节日也并非变得毫无关系，而是仍然保持了千丝万缕的联系：一些原本在节气日举行的活动，被挪移到了某个节日举行，如秋分祭月之于中秋节④；一些节气仍旧作为节日保留了下来，如“四立”与“二至”；有的在后世发展为极其重要的传统节日，如清明，中唐时期作为一个独立节日逐步兴起⑤，现今是与春节、端午、中秋并称的四大传统节日之一。二是几乎每个节气都有丰富多彩的节气习俗活动。总体来说，这些习俗活动可概括为如下几个方面：奉祀神灵，以应天时；崇宗敬祖，维护亲情；除凶祛恶，以求平安；休闲娱乐，放松心情。另外，基本上每个节气也都有特殊的饮食习俗，比较著名的如冬至饺子夏至面、立春咬春与尝春等。⑥ 再者，遵循传统“天人合一，顺应四时”的理念，以二十四节气为中心，亦形成了丰富的养生习俗，如立春补肝、立夏补水、立秋滋阴润燥、立冬补阴等，以求通过养

---

① 可参见（宋）沈括《梦溪笔谈·补笔谈》卷二《象数·十二气历》。

② 边福昌：《关于改革现行农历为节气历的探讨》，《河南大学学报》（自然科学版）1991年第1期。

③ 刘宗迪：《从节气到节日：从历法史的角度看中国节日系统的形成和变迁》，《江西社会科学》2006年第2期。

④ 萧放：《中秋节的历史流传、变化及当代意义》，《民间文化论坛》2004年第5期。

⑤ 张勃：《唐代节日研究》，中国社会科学出版社2013年版，第132—148页。

⑥ 王加华：《二十四节气：光阴的习俗与故事》，光明日报出版社2015年版，第84—135页。

精神、调饮食、练形体等途径达到强身益寿的目的。① 总之，围绕着二十四节气中的主要节点，形成了众多与信仰、禁忌、仪式、礼仪、娱乐、饮食、养生等相关的民俗活动。② 三是围绕二十四节气，产生了数量众多的民间故事、传说以及诗词歌赋等，集中表达了人们的思想情感与精神寄托。③

总之，通过以上之论述我们可以发现，二十四节气绝不仅仅是一种时间制度，而是具有极为丰富的民俗内涵，牵涉到人们社会生活的方方面面，并深深地融入其中，因此将其称之为“民俗体系”或者说“民俗系统”④ 应该更为合适。作为一种民俗系统，二十四节气之所以能在民众日常社会生活中普及与流行开来，与其具有实际的价值与意义有直接关系。概而言之，我们可以将其概括为实用性、节点性与生活化等几个方面。反过来，正是因为具有实际的功用，二十四节气才融入民众生活之中并发展成为一种“民俗系统”。二者相互建构，共同促进了二十四节气民俗系统的生成。

二 介入生活：二十四节气保护与传承的有效途径

就民俗传承的内容言之，我们可大体将其分为两个层面：一是民俗事象的实践传承，即与民众现实生活相联系，通过“活生生”的话语、行为及心理等进行传承，也即当下非遗保护中所提倡的“活态传承”。一

---

① 刘婷婷：《二十四节气养生》，中原农民出版社 2008 年版。

② 萧放：《二十四节气与民俗》，《装饰》2015 年第 4 期。

③ 对此，可参阅高倩艺编著《二十四节气民俗》，中国社会出版社 2010 年版；王加华《二十四节气：光阴的习俗与故事》，光明日报出版社 2015 年版；王景科主编《中国二十四节气诗词鉴赏》，山东友谊出版社 1998 年版；等等。

④ 乌丙安先生曾从民俗构成的角度对“民俗系统”概念做了相关论述与说明。他认为民俗现象从民俗质、民俗素、民俗链到民俗系列，逐级向上，最终构成为民俗系统。在此，民俗系统即对包罗万象之民俗现象最高层面的概括与系统性分类（乌丙安：《民俗学原理》，2001 年，第 13—32 页）。郑杰文亦曾对“民俗系统”做过相关论述，他认为作为民俗要素的精神和物质文化现象的存在形态及其间的有机联系，以及它们的发生、发展、流传、演变的历史过程，即构成为一个民族的特定民俗系统（郑杰文：《论民俗系统的二重性结构》，《民俗研究》1991 年第 4 期）。本文的“民俗系统”概念，更类似于郑杰文先生之界定，即在二十四节气的产生、发展与流变过程中，所形成的口头、行为、心理等多个层面的习俗形态及其有机联系。

是单纯的知识传承，可通过博物馆、书籍等途径进行。在这种情况下，所传承的不一定是现实生活中所实际践行的知识系统，就如同我们今天通过古籍而了解到的今已不存的古代知识一样。对二十四节气而言，据联合国教科文组织《保护非物质文化遗产公约》的宗旨，强调的肯定是活态之保护与传承。而要进行活态的保护与传承，就必须使其能真正地与民众生活相结合并发挥其实际价值与意义。传统时代，二十四节气之所以能逐渐发展成为一个庞杂的民俗系统，就是因其与民众生活的深入、紧密结合。基于此，介入当下民众之社会生活，应该是今后二十四节气保护与传承的最根本、最有效的途径。正如乌丙安先生在谈及传统工艺保护时所说的那样，让传统工艺“无孔不入”地走进现代生活才是振兴之道①。

问题在于，如何才能使二十四节气介入当下民众之社会生活而实现活态化传承呢？这又有多大的可行性呢？利好消息在于，正如安德明所指出的那样，同许多处于濒危状态的非物质文化遗产项目不同，二十四节气仍然在当下的民众社会生活中发挥着鲜活的作用。② 确实，如冬至吃饺子的习俗，各地多有所谓“冬至不端饺子碗，冻掉耳朵没人管”的俗谚，至少在笔者的家乡山东一带，每届冬至，基本家家吃饺子，各商场超市也总是早早即开始饺子的宣传与销售。这为二十四节气的活态传承提供了现实的社会基础。当然，也有观点认为——或许是更为流行的观点，二十四节气是传统农耕时代的产物，其主要作用在于指导农业生产，而当下我们正在经历急速社会变迁，正逐渐由农耕社会向工业与信息化社会转变，因此二十四节气已不再适应今天的社会需要；即使当下二十四节气仍有一定的“用武之地”，但随着将来社会的进一步变革，其也将日渐过时而失去效用。

诚然，二十四节气是传统农耕时代的产物，其最初的主要作用在于

---

① 张浙默：《乌丙安：让传统工艺“无孔不入”地走进现代生活才是振兴之道》，中国民俗学网，http：//www. chinesefolklore. org. cn/web/index. php？ NewsID = 15326，2016 年 12 月 15 日。

② 据谢颖：《“新的驿程”刚刚开始——中国民俗学会“二十四节气保护工作专家座谈会”综述》，中国民俗学网，http：//www. chinesefolklore. org. cn/web/index. php？ NewsID = 15508，2017 年 1 月 18 日。

指导农业生产的进行。而今天，随着社会的急速变迁，各方面已发生了极大变化。一方面，在整个社会生产体系中，农业生产的重要性已大大降低——虽然其仍是基础性生产部门。从清末民国时期开始，尤其是在20世纪80年代的改革开放之后，工业生产日益取代农业生产而成为最主要的生产部门。与传统农业生产不同的是，工业生产的进行不以自然节律的律动为基础而展开，主要依靠各种机械装置单调重复的动作。正如马克吉所言："农业的常规又是由自然的活动的节奏和周期，由因为阳光、湿度和降雨的分布不同而出现的农业季节更替以及土壤恢复和植物生长的生态周期所支配的……城市工业社会的社会和经济节奏远为不同。在工业社会中，职业的规则，日复一日，与自然现象没有什么关系了；它在很大程度上是由机器体系的速度所支配的，而机器体系的节奏并不遵循生活的节拍。"① 在这种情况下，作为自然节奏律动性体现的二十四节气自然也就不再适用了。另一方面，就现代农业生产来说，由于气象预报等现代科技手段的运用，人们对自然律动的把握亦日渐精确，可不必再完全依赖传统的二十四节气。同时，随着大棚、无土栽培、新的作物品种培育等现代农业技术的运用，反季节农业生产亦日益流行。这亦使得传统二十四节气日益失去其指导性功用。

虽然当下二十四节气农事指导作用的日益降低确实是不争的事实，但是，如前所述，二十四节气不单单是一种时间制度，更是一种民俗系统，其意义不只是为农业生产的进行提供时间指导，还与民众之社会生活紧密相连。因此，虽然今天二十四节气的农事指导作用降低了，但我们仍可以继续发挥其对民众社会生活的价值与意义。作为一种民俗系统，二十四节气是人为创造的产物，而民俗系统"是一个矛盾运动的动态过程，那么它必然处在永恒的发展和不断的更新中，非理性结构因素的消亡、合理性结构要素的流传、新鲜血液的不断增加，构成了民俗系统的稳固性与可塑性共存的特色"②。历史上，在二十四节气的产生、发展与流变过程中，其内涵一直在因应社会形势的发展变化而日益变化与发展。

---

① ［印］雷德哈卡马·马克吉：《时间、技术和社会》，［英］约翰·哈萨德编：《时间社会学》，朱红文、李捷译，北京师范大学出版社2009年版，第36页。

② 郑杰文：《论民俗系统的二重性结构》，《民俗研究》1991年第4期。

因此，在今天的社会形势下，我们仍然可以对其进行“再创造”，即“淡化”其对农业生产的指导作用，而强调其与民众社会生活的关系面向，让其充分介入现代民众的社会生活，即充分发挥二十四节气在民众仪式生活、休闲娱乐、饮食养生等方面的功用与价值。当然，这样说并不意味着二十四节气对今天的农业生产已没有任何指导意义了，实际上在广大农村地区，二十四节气仍是有其现实意义的①。

传统时代，二十四节气是民众年度时间生活的重要节点。虽然与节日有所不同，节气却也是民众日常生活中“非日常”的日子，且包含有丰富的仪式、娱乐、饮食等相关习俗，故而在一定程度上我们完全可以将其作为节日来看待。因此，在今天的社会生活中，要增强人们对二十四节气的认知与认同感，就要对其“节点性”与“非日常性”加以特别强调。但是，仅仅强调“节点性”还远远不够，还要强调节气的“神圣性”一面，即对每个节气所包含的仪式活动及其背后的精神文化内涵加以强调，而这应该是二十四节气在当下如何保持良好传承与发展的核心所在②。只有这样，才能真正唤起民众对二十四节气的认同感。二十四节气的精神文化内涵，首先，在于其所体现出的人与自然的和谐关系。对于今天的人们来说，这一点尤其具有现实意义。今天由于工业化的日益推进及对机器运作节奏的遵从，我们与自然日渐疏离，于是我们开始日益忽视“自然因素”对我们人类社会发展的价值与意义——日渐严重的雾霾问题本质上就是我们漠视自然的结果。因此，“这就是为什么我们需要在生活中加入像二十四节气这样的时间框架。现代人生活在钢筋水泥的森林中，漠视自然已经太久了，而要了解自然，二十四节气作为一个时间尺度是必不可少的”③。其次，二十四节气的精神内涵，还在于其与民众社会生活紧密结合中所体现出的崇宗敬祖、维护亲情以及除凶祛恶、以求平安等重要意义。因此，从更高的层面来说，作为民俗系统的二十

① 陈丹：《二十四节气在现代农业中应用须注意的问题》，《广西气象》2001 年第 2 期。

② 笔者曾以节日为例，对节日在当下社会中的节点性与神圣性重建做了相关论述。具体参见王加华《传统节日的时间节点性与坐标性重建——基于社会时间视角的考察》，《文化遗产》2016 年第 1 期。

③ 刘魁立：《中国人的时间制度——值得骄傲的二十四节气》，人民政协网，http：//www. rmzxb. com. cn/c/2016 - 12 - 12/1209211. shtml，2016 年 12 月 12 日。

四节气亦是中国传统文化的重要组成部分与重要载体，体现着中国人的天人关系、伦理孝道等多方面的文化内涵。从这个角度来说，今天二十四节气被列入联合国教科文组织人类非物质文化遗产代表作名录及我们加强对二十四节气在当下的保护与传承，就不仅仅是在传承一种文化遗产，还在于它让我们重新唤起对传统文化的认知，进而提升我们的民族自豪感，增强我们的民族认同，同时它也是世界认识中国的一个标志。①

二十四节气的保护与传承具有极为重要的意义与价值，而保护与传承的最佳途径则是让其“无孔不入”地介入现代民众的社会生活。但问题在于，如何才能实现无孔不入地介入呢？要做到这一点，仅靠二十四节气的自然发展或者相关保护主体的努力是远远不够的，还必须有新闻媒体、学校教育、国家政策等方面的强力辅助与支持。首先，要加强二十四节气的知识传承，这是开展实践传承的前提与基础。今天，越来越多的年轻人，即使是那些生活在乡村地区的年轻人，对于二十四节气也都是陌生的。在此境况下，要求他们在心理上认同并主动实践二十四节气习俗是完全不可能的。因此，必须要加强对青少年群体二十四节气知识的普及与推广，而这其中最有效的办法就是为中小学生编写二十四节气知识读本，加强相关知识与文化内涵的普及与教育。这其中，可将二十四节气与学生的实际学习生活相结合，制定校园生活的二十四节气，以使他们对二十四节气有直观的理解与把握。如立春，一年之计在于春，传统是农民准备春耕的时节，对于广大在校中小学生来说，此时通常正值寒假，也正是需要为接下来的学期生活做好准备的时候。② 其他诸如开设专题讲座、举办相关展览等，也是进行二十四节气知识传承的重要方式。其次，在知识传承的基础上，还需要加强人们对二十四节气习俗活动实践传承的引导。如每到一个节气，就通过广播、电视、网络等现代传媒手段，对该节气的起源发展、历史流变、文化内涵、仪式活动、饮食习俗、娱乐活动、养生实践等进行广泛宣传，在增强民众对二十四节

① 刘魁立：《中国人的时间制度——值得骄傲的二十四节气》，人民政协网，http：//www.rmzxb.com.cn/c/2016－12－12/1209211.shtml，2016 年 12 月 12 日。

② 对此，可参阅王加华《二十四节气：光阴的习俗与故事》第三章之“校园生活的二十四节气”，光明日报出版社 2015 年版，第 59—61 页。

气节日内容和文化内涵充分了解与理解的基础上，通过潜移默化的影响力，使民众在自觉与不自觉之间践行相关节气习俗活动，并使之成为自己生活的一部分。若有可能，或可通过国家立法的形式，将某些节气定为法定的庆祝日，就如同今天日本所做的那样[①]。另外，各行各业也可以结合自身特点，制定自己的二十四节气时间表，在实际工作与生活中践行二十四节气。如国网厦门供电公司，就根据国网公司部署，结合自身实际，制定了“二十四节气表”，并层层推广应用至部门、班组、个人，发挥了积极成效[②]。

当然，在对二十四节气进行生活化保护与传承的过程中，有两个维度必须要充分注意。一是二十四节气的异质性差异，即虽然我们要加强对作为民俗系统的二十四节气的整体保护，但也必须充分认识到，对民众的生活来说，并非每一个节气都是同质的，即并非所有节气都是具有同样意义的。一些节气，如“四立”“二至”等，由于产生较早且与民众生活关系紧密，习俗活动、文化内涵等也就更为丰富，至于清明更是发展为中国传统四大节日之一；一些节气，如小暑、大暑、小雪、大雪、小寒、大寒等，相对而言文化内涵与习俗活动就不那么丰富[③]，通常只是强调其于人的养生意义，如大暑进补、大寒进补等。因此，在具体的生活化保护与传承过程中，就不能一味强求地对每个节气都“一视同仁”地进行保护，虽然从观念上来说每个节气都是值得重视的。二是二十四节气的地域性差异，即对不同地区而言，同一个节气的意义可能是不一样的。如冬至，虽然在广大地区都有很大影响力，但在江浙一带却尤其重要，素有“冬至大如年”之说，此日人们会祭祖、全家团圆，并包馄饨、蒸年糕等，其情景就如同除夕守岁。再比如谷雨节气，在山东荣成等沿海地区就备受重视。此时“百鱼上岸”，为祈求出海平安、渔获丰收，人们便在谷雨这天举行隆重而盛大的祭祀海神仪式，由此形成了深

---

① 据浙江农林大学毕雪飞副教授于2016年12月20日在中国社会科学院举行的“二十四节气保护工作专家座谈会”上的谈话而知。

② 吴兆磊：《浅谈“二十四节气表”在基层班组的文化实践》，《中外企业家》2015年第28期。

③ 之所以如此，可能与这些节气通常处于农闲期有直接关系。农闲时期，人们没有多少农活可做，于是节气的农事指导意义也就不那么明显，由此导致了其文化意义与习俗活动的薄弱。

为当地民众重视的谷雨节，其隆重程度相比于春节是有过之而无不及。[①]因此，对二十四节气的保护与传承，不能采取“一刀切”的方式展开进行，而要结合各地实际，针对不同的节气采取不同的措施。

三 小结

以上我们主要对二十四节气在传统时代的价值与意义及其在当下的保护与传承问题做了简要论述。从中我们可以发现，对传统中国社会的民众来说，二十四节气绝不是如我们一般意义上所理解的那样，只是一种历法体系或者说时间制度，而更是一种包含有丰富民俗事象的民俗系统，具有实用性、节点性与生活化等几个方面的特点。二十四节气之所以被创造出来、广泛流布且内涵日益丰富，与其深深地融入传统民众的生产、生活之中具有直接关系。基于此，要想在当下更好地保护与传承二十四节气，使其如传统时代那样充分地介入现代民众的社会生活应该是一种最佳途径。与传统相比，随着我国由农业社会向工业社会的转变，今天的社会已发生了巨大变化，由此二十四节气所赖以存在的社会环境亦发生了极大变化，这直接导致了其在传统时代的基础性功用，即作为农业生产时间指针的作用日益降低。但作为一种人为创造的民俗系统，二十四节气的意义是表现在多方面的。因此，我们应该以一种发展的观点来认识并对待其在今天的传承与发展问题，即我们可以对其做进一步的“再创造”，“淡化”其对农业生产的指导作用，而强调其与民众社会生活的关系面向，充分发挥二十四节气在今天民众的日常生活、休闲娱乐、饮食养生以及民族认同、生态文明建设等方面的功用与价值。当然，要做到这一点，还必须充分依靠新闻媒体、学校教育、国家政策等方面的强力辅助与支持，如此才有可能使其“无孔不入”地介入现代民众的社会生活。另外，在具体进行保护与传承的过程中，不能“一刀切”，而要充分关照二十四节气的内部差异及地域差异等问题，相应采取不同的保护与传承措施。

---

① 谢宇芳等：《谷雨节：渔家狂欢节》，威海新闻网，http：//www.whnews.cn/mlweihai/2005－04/24/content_287534.htm，2005年4月24日。

二十四节气制度的历史及其现代传承*

刘宗迪**

摘　要：二十四节气源于物候历，即根据自然现象的季节变化划分时间，确定农时，现行的二十四节气名称大都与物候和气象有关，《诗经·七月》《夏小正》《礼记·月令》等文献关于物候和农时的记载保存了节气制度的原始形态，直到汉代，才演变为统一的太阳历。节气制度自始至终就是农事历法，与农耕生活相伴始终，在此意义上，它无法保护，也无须保护。但节气制度在漫长的历史演变过程中，被赋予了丰富的文化内涵，体现了中国人尊重自然秩序、追求天人和谐的古老智慧，这为它在现代化条件下的继续传承和文化创造提供了契机。

关键词：二十四节气；非物质文化遗产；物候历

二十四节气入选人类非物质文化遗产代表作名录，在整个社会引起强烈反响，同时，二十四节气文化的保护和传承也自然被纳入了学界和政府的议事日程。二十四节气制度源远流长，乡间农夫世世代代按照节气的循环安排生产和生活，并形成了丰富多彩的与节气制度相关的风俗文化，“春雨惊春清谷天，夏满芒夏暑相连，秋处露秋寒霜降，冬雪雪冬小大寒”，简单易记、朗朗上口的《二十四节气歌》妇孺皆知，乡下人家司空见惯的农历历书上依然清楚地标明着每一个节气到来的日子，节气制度作为中国人标识时间和岁月的独有标识，早已成为中国人日常生活

---

* 原文刊于《文化遗产》2017 年第 2 期。

** 作者简介：刘宗迪，北京语言大学人文学院教授。

和民俗活动不可分割的一部分。当前，城市化进程不断加剧，传统的乡土生活和自然节律离我们渐行渐远，“乡愁”越来越成为我们社会中一种普遍弥漫的集体情绪，二十四节气进入人类非遗代表作名录，在社会各界引发的巨大热情是可想而知的。但是，热情如同一阵风，很快就会退去，而基于全面而深入的了解之上的热爱才是文化得以传承的动力所在，也只有以对这一文化的正确了解为基础，对它的保护和传承才不至于走入歧途。二十四节气作为一种文化传统，有着漫长的历史，并正是在历史演变过程中才集聚了丰富的内涵。因此，了解二十四节气，首先要了解二十四节气的历史。实际上，尽管提起二十四节气来，中国人无人不知，但是要问起二十四节气的起源和历史来，大概就没有几个人能说出个所以然来了。

二十四节气自始至终是一种农耕历法。华夏民族是一个古老的农耕民族，而农耕生活与大自然的节律息息相关，二十四节气就是中国传统农业社会根据自然季节循环的节律、以物候、气象、天文等自然现象为标识划分农耕周期、安排农事劳作的时间制度，二十四个节气无非是对季节的进一步细分。由于草木的荣华凋零、鸟兽的迁徙蛰藏、雨露霜雪的四时变化等气象和物候最为直观，也最直接地反映了大自然的盛衰荣枯、季节轮回，因此，古人自然而然地形成以物候、气象等现象标识农事时令的做法，这就是所谓“节气”，实际上，现在的二十四个节气名称中，除了四立和四仲是依据太阳的回归运动而命名外，其他节气名，都是由其相应的物候或气象而得名：雨水表示空气的湿度逐渐增加，雨水开始增多了；惊蛰表示随着气温的进一步提高，冬眠的动物和昆虫开始苏醒；清明表示春和景明、天气晴和的阳春三月到来了……节气原本是一种“物候历”。

可以想象，最初，在不同地区，由于纬度、气候不同，季节到来的早晚和延续的长短不同，作物种植和生计方式不同，必定会形成本地特有的物候历。实际上，甚至就在不久以前，云南傈僳族还流行着一种分一年为十个“季节月”的自然历法，每月的时间长短不一，其名称顺序为：过年月（相当于公历一月），盖房月（二月），花开月（三月），鸟叫月（四月），火烧山月（五月），饥饿月（六月），采集月（七、八月），收获月（九、十月），酒醉月（十一月），狩猎月（十二月）。[①] 这些名称大都来自物候和农时，是典型的物候历。这种制度，你可以称之为季节月、物候月，但也不妨称之为“节气”，“节气”的字面意思无非就是“按气象的变化对时间分节”的意思。

因为物候的出现在不同年份有早晚，不同地区有参差，更由于观察上有误差，所以用物候划分时间，不可能易时易地都整齐划一，不同物候点之间的间隔也不会是均匀等分的，傈僳族的物候月时间长短不一，就足以说明这一点。正是因为物候历欠缺共度性和精确性，所以，随着天文学的发达和太阳历的出现，以物候定节气的做法必然被更具普适性和准确性的以太阳位置定节气的办法所代替，于是，最初的物候历也就被太阳历所代替了。现在的二十四节气，每一个节气在阳历中的日期基本是固定不变的，相邻节气之间的时间也是相同的，就是典型的太阳历。节气从参差不齐变成整齐划一，已成为一种纯粹的天文历，只有节气的名称中，还保存着古老的物候历的印记。

按照物候和气象的变化而休养生息是动物的本能，因此人类依据物候标识时间、安排生产生活的做法肯定非常古老，它肯定是人类最原始的知识之一。一般认为成书于西周时期的《诗经·豳风·七月》和《夏小正》，就包含着丰富的物候历内容，如《七月》所谓“春日载阳，有鸣仓庚”，“四月秀葽，五月鸣蜩。八月其获，十月陨萚”，“五月斯螽动股，六月莎鸡振羽”，“九月肃霜，十月涤场”，以及《夏小正》所谓“正月：启蛰；雁北乡；雉震呴；鱼陟负冰；囿有见韭；田鼠出；獭献鱼；柳稊；梅、杏、杝桃则华；鸡桴粥”[②] 之类记载，就是典型的以物候或气象现象标识农时，其中“正月启蛰”“九月肃霜”无疑是后来的立春、霜降两个节气的滥觞。战国后期成书的《礼记·月令》，其中的物候记载大多源于《夏小正》，但却较之《夏小正》的记载更为规整，其中除了四立（立春、立夏、立秋、立冬）和四仲（仲春之月日夜分即春分、仲秋之月日夜分即秋分、仲夏之月日长至即夏至、仲冬之月日短至即冬至）之外，

① 邵望平、卢央：《天文学起源初探》，《中国天文学史文集》（第二集），科学出版社1981年版，第5页。

② 王聘珍：《大戴礼记解诂》，中华书局1983年版，第24—30页。

孟春之月“蛰虫始振”，仲春之月“始雨水”，孟夏之月“农乃登麦”，仲夏之月“小暑至”，孟秋之月“白露降”，季秋之月“霜始降”等①，惊蛰、雨水、芒种、小暑、白露、霜降几个节气已经呼之欲出了。

如果说《七月》和《夏小正》反映的是与地方风土息息相关的民间物候历，那么，《月令》作为经由学者文人整理的时间制度，已经体现出来官方统一物候历标准的努力。到西汉时期的《淮南子·天文训》，二十四节气系统已经基本定型：

> 十五日为一节，以生二十四时之变。斗指子，则冬至。加十五日指癸，则小寒。加十五日指丑，则大寒。加十五日指报德之维，则立春，阳气冻解。加十五日指寅，则雨水。加十五日指甲，则雷惊蛰。加十五日指卯中绳，故曰春分则雷行。加十五日指乙，则清明风至。……

相邻节气之间皆相隔十五天，并用北斗斗柄指向的变化作为判断节气到来的标志，这已经是典型的天文历了。

值得注意的是，在《管子·幼官篇》中记载了一种与二十四节气大异其趣的三十节气制度：

> 春：十二，地气发，戒春事。十二，小卯，出耕。十二，天气下，赐予。十二，义气至，修门闾。十二，清明，发禁。十二，始卯，合男女。十二，中卯。十二，下卯。三卯同事。
>
> 夏：十二，小郢至，德。十二，绝气下，下爵赏。十二，中郢，赐予。十二，中绝，收聚。十二，大暑至，尽善。十二，中暑。十二，小暑终。三暑同事。
>
> 秋：十二，期风至，戒秋事。十二，小卯，薄百爵。十二，白露下，收聚。十二，复理，赐与。十二，始节赋事。十二，始卯，合男女。十二，中卯。十二，下卯。三卯同事。
>
> 冬：十二，始寒，尽刑。十二，小榆，赐予。十二，中寒，收

① 朱彬：《礼记训纂》，中华书局1996年版，第213—285页。

聚。十二，中榆，大收。十二，寒至，静。十二，大寒，之阴。十二，大寒终。三寒同事。[①]

每隔十二天为一个节气，全年共三十个节气，其中，春、秋两季各八个节气，夏、冬两季各七个节气，共合 360 天。一个太阳回归年为 365 天，多出的五天大概被作为“过年日”。这一种节气制度，与二十四节气制度不可通约，应该是一种为战国时期的齐国所特有的节气制度，暗示了上古时期节气安排的多样性。

总之，二十四节气制度作为一种农时制度安排，源远流长，它源于原始的物候记时制度，逐渐演变为规范统一的太阳历制度，惟其如此，它作为华夏王朝正朔的一部分，方得到有力的推行和广泛的普及，并因此获得了悠久的生命力，一直流传到现在。

需要指出的是，按照自然节律（天文、物候）安排农时是各农耕民族的普遍现象，因此，节气现象并非中国所独有。即使在中国境内，少数民族尽管大多接受了夏历的节气，但有些民族仍有自己因地制宜的农事节气制度。所以，那种为节气赋予强烈的民族主义色彩或国粹色彩，将之宣传为华夏民族所独有，天下独此一家，是有违自然常识和历史事实的，不值得提倡。有一种十分流行的说法，认为世界上只有中国才有二十四节气制度，而西方则只知道四个节气，即春分、夏至、秋分、冬至，并认为这体现了中国历法的优越性云云。西方历法确实只有四个节气，这种说法貌似很有道理。其实，此说纯属缺乏科学常识的文化自恋，西方固然不知道二十四节气，但西方历法作为阳历，其十二个月份就具有确定节气和农时的功能，因此本身就具有节气的功能，说穿了，二十四节气无非就是中国阴阳合历制度中的太阳历成分而已，换言之，西方的历法根本不需要在十二个月之外再画蛇添足地增加一个节气制度。

但是，毋庸置疑，世界上只有中国形成了如此广为流传的具有丰富文化内涵的节气制度，唯有中国文化在农事之外还保留了节气制度丰富的文化象征意味（如养生、占岁、游戏、祭祀、诗歌等），这除了中国农

---

① （唐）房玄龄注：《管子》，据上海古籍出版社影印《二十二子》本，1986 年，第 100 页。

耕文化源远流长之外，还与阴阳五行哲学的影响密不可分。但是，不管二十四节气被赋予多少文化象征意味和所谓的“诗意”，它归根结底是一种农耕时间制度安排，它的这一本质含义是不容抹杀和淡化的。

二十四节气既然与农业生产密不可分，那么，它就必然与农业活动相始终。只要农民还在耕地，他们就离不开节气，那些世代相传的农时谚语就会一直在乡村流传，农家墙壁挂着的月份牌上就一直会标注着节气。只要农村还在，节气就不会消亡，那种认为二十四节气正在消亡的说法，未免夸大其词。

有鉴于此，二十四节气无须“保护”，更不需要一些从来没有种过庄稼的学者、官员、媒体工作者奔走呼吁进行保护。只有当农业消亡，不再有农民种地，二十四节气丧失实际功能，它才会消亡，也必定会消亡，所以真正意义上的、作为农耕时间制度的二十四节气也无法保护。

尽管如此，二十四节气被列入人类非物质文化遗产代表作名录仍是有意义的。它除了增进全世界对中国传统文化的认知度之外，更进一步促进了中国青年一代对于以二十四节气为代表的中国农耕传统的了解和热爱，二十四节气中所体现的效法自然、顺应天时、与时偕行、天人和谐的传统智慧也会因其与现代生态思想的呼应而更加深入人心。

所以，二十四节气文化所需要的不是保护，而是“再创造”：在现代条件下，尤其是现代都市化和工业化的条件下，如何适应现代人的生活和精神需要，用新的表达形式和传播方式，对我们的农耕先民留给我们的这份珍贵的文化遗产中蕴含的传统智慧进行提炼、升华、传播、弘扬，在现代社会条件下赋予它新的意义和新的生命，借以寻回日益远离自然的现代人失落的“精神家园”，安顿现代人的“文化乡愁”，将二十四节气作为传播中国文化、讲好中国故事的一个重要内容，这是一项有意义的工作。而这一工作，不是单靠民俗学者或农业史学者所能完成的，更需要艺术界、文化创意界、传播界的共同参与。

总之，对于作为农耕历法的二十四节气的保护，我主张秉承顺其自然的态度；对于作为一种传统文化形式的二十四节气的弘扬，我主张秉承推陈出新的态度。二十四节气无须保护，无法保护，但二十四节气的丰富文化内涵，确为这个全球化、城市化和大众传媒化时代的文化创造展开了丰富的想象空间。

危机·转机·生机：二十四节气保护及其需要解决的两个重要问题[*]

张　勃[**]

摘　要：二十四节气是历史地形成的时间制度，在传统社会的国家事务、农业生产、日常生活等诸多方面发挥了重要作用，并形成了十分丰富的节气文化和实践活动。受社会变迁、中国人宇宙观和月令思维模式变化、历法变更、珍视不够等因素的影响，二十四节气在当代面临生存危机，具体表现在：时间表记意义大大降低；作为国家行政和举行国家祭祀礼仪的时间节点意义全面失落；习俗活动大量减少；作为农业生产指南的作用大大下降；作为日常生活风向标的功能不再突出等。2016年二十四节气入选联合国教科文组织人类非物质文化遗产代表作名录，是其发展史上的重要事件，也意味着可能迎来生命史上的一次重要转机。要促成二十四节气生机重振，需要加强宣传，采取多种保护措施，尤其要解决好保护的正当性问题，厘清保护主体及其担责问题。

关键词：二十四节气；人类非物质文化遗产

2016年11月30日，在埃塞俄比亚首都亚的斯亚贝巴，召开了联合国教科文组织保护非物质文化遗产政府间委员会第十一届常会，经过审议，将中国申报的“二十四节气——中国人通过观察太阳周年运动而形

* 原文刊于《文化遗产》2017年第2期。

** 作者简介：张勃，北京联合大学北京学研究所研究员。

成的时间知识体系及其实践”列入人类非物质文化遗产代表作名录。喜讯一经传出，立刻引发广泛关注。人们为人类非物质文化遗产代表作项目大家庭中再添新的中国成员感到由衷的自豪和高兴。然而正如文化部的一位官员所说：“申报的成功并不是使命的终结，而是非遗保护工作的又一个里程碑。”二十四节气申遗成功相当不易，然而二十四节气保护成功是比其更为艰难的工作。当前，我们需要深刻认识、解析二十四节气的生存危机，抓住保护工作的重要转机，以促成它的生机重振。

一　当下二十四节气的生存危机及其原因分析

（一）二十四节气是历史地形成的时间制度

柳诒徵曾在《中国文化史》中简要且精当地概述了中国古人测度时间的方法、过程和功用：

> 古人立国，以测天为急；后世立国，以治人为重。盖后人袭前人之法，劝农教稼，已有定时；躔度微差，无关大体。故觉天道远而人道迩，不汲汲于推步测验之术。不知邃古以来，万事草创，生民衣食之始，无在不与天文气候相关，苟无法以贯通天人，则在在皆表枘凿。故古之圣哲，殚精竭力，绵祀历年，察悬象之运行，示人民以法守。自羲、农，经颛顼，迄尧、舜，始获成功。……吾侪生千百世后，日食其赐而不知，殊无以谢先民也。①

二十四节气正是中国先人“察悬象之运行，示人民以法守”的产物，是通过观察天象尤其是太阳周年视运动，认知一年中时令、气候、物候等方面变化规律所形成的知识体系和社会实践，是中国传统时间制度的重要组成部分。

二十四节气的完整出现是一个历史的过程。早在《尚书·尧典》中即已记载：“日中星鸟。以殷仲春。……日永星火。以正仲夏。……宵中

① 柳诒徵编著：《中国文化史》（上），东方出版中心1988年版，第44页。

星虚。以殷仲秋。……日短星昴。以正仲冬。”① 当时的人们根据日影长短与黄昏时分出现在南中天的星象来确定季节、月份，并已经发现二十四节气中的二至（即日永、日短）和二分（即日中、宵中），也把握住了二至二分与季节变化的关系。2003 年发现的山西襄汾陶寺观象台遗址更以实物表明，至少 4000 年前我国已经有了相当成熟的测定节气的专门技术。根据考古发现，该观象台有 13 根夯土柱，呈弧形，长 19.5 米，半径 10.5 米。考古队在原址复制模型进行模拟实测，从观测点通过土柱狭缝观测塔儿山日出方位，发现从第 2 个狭缝看到日出为冬至日，第 12 个狭缝看到日出为夏至日，第 7 个狭缝看到日出为春分和秋分。② 而至少在春秋时期，立春、立夏、立秋、立冬也已经出现了。《左传·僖公五年》记载：“凡分、至、启、闭，必书云物，为备故也。”③ 又《昭公十七年》记载：“凤鸟氏，历正也；玄鸟氏，司分者也；伯赵氏，司至者也；青鸟氏，司启者也；丹鸟氏，司闭者也。”④ 其中的启、闭，即指四立。《淮南子》中则已经出现与后世基本相同的完整的二十四节气。汉武帝时，二十四节气被订入历法，此后一直成为中国传统历法的重要组成部分，并在国家事务、农业生产、日常生活方面发挥了重要作用，并形成了十分丰富的二十四节气文化和实践活动。

（二）当下二十四节气的生存危机

二十四节气在传统社会没有生存危机可言，当下却出了问题，成为需要有意识加以保护的文化遗产。具体而言，其生存危机表现在以下几个方面：

1. 二十四节气的时间标记意义大大降低。二十四节气首先是一种纪时方式，是中国人对于时间的一种切分方法，根据地球在黄道（即地球绕太阳公转的轨道）上的位置变化而确定，人们将从冬至日（或立春日）

① 《十三经·尚书》，中州古籍出版社 1988 年版，第 1 页。

② 中国社会科学院考古研究所山西队、山西省考古研究所、临汾市文物局：《山西襄汾县陶寺城址祭祀区大型建筑基址 2003 年发掘简报》，《考古》2004 年第 7 期，第 9—24 页；李维宝、陈久金：《中国最早的观象台发掘》，《天文研究与技术》2007 年第 3 期，第 301—306 页。

③ 杨伯峻编著：《春秋左传注》（修订本），中华书局 1990 年版，第 303 页。

④ 杨伯峻编著：《春秋左传注》（修订本），中华书局 1990 年版，第 1387 页。

到下一个冬至日（立春日）之间的时间划分为二十四个段落，并加以命名，它们分别相应于地球在黄道上每运动 15°所到达的一定位置。节气与岁（年）、时、月、旬、日、时辰、刻等一起构成了中国传统社会基本的时间单位。但现代社会，我们的纪时制度发生了深刻变化，年、时、月、星期（礼拜）、日、小时、分、秒等成为基本时间单位，至于二十四节气，许多人连完整的名称也说不出了。

2. 节气作为国家行政和举行国家祭祀礼仪的时间节点意义全面失落。“钦若昊天。历象日月星辰。敬授民时”①，是古代帝王的大事；而重要的节气日一直是国家行政的时间节点，是月令的重要内容。如根据《礼记·月令》对立夏日的记载：“先立夏三日。大史谒之天子曰。某日立夏。盛德在火。天子乃齐。立夏之日。天子亲帅三公。九卿。大夫。以迎夏于南郊。还反。行赏。封诸侯。庆赐遂行。无不欣说。乃命乐师。习合礼乐。命太尉。赞桀俊。遂贤良。举长大。行爵出禄。必当其位。”②又如关于立冬日的记载：“先立冬三日。太史谒之天子曰：‘某日立冬。盛德在水。天子乃齐。立冬之日。天子亲帅三公九卿大夫。以迎冬于北郊。还反。赏死事。恤孤寡。’”③ 此外，被视为“国之大事”的祭祀礼仪通常也在节气日举办，如冬至祭天、夏至祭地、春分朝日、秋分夕月、霜降祭旗等。以清代为例，自顺治帝到光绪帝，于 1644—1908 年 260 多年间在北京天坛共举行了 199 次冬至祭天活动。④ 而现在，国家政策的制定、颁布、实施一般不会选择“有意味”的时间，更不会将节气与其联系起来。至于国家层面的祭祀礼仪体系目前尚未建立，自然也与节气无关。

3. 节气日的习俗活动大量减少。在长期的历史发展中，节气积淀了相当深厚的文化内涵，每个节气都拥有或多或少的习俗活动，一些节气日还发展成为重要的节日，习俗活动十分丰富。但是如今堪称节日的节气日已为数不多，能够保留下来的习俗活动数量少且流行不够普遍。以

① 《十三经·尚书》，中州古籍出版社 1988 年版，第 1 页。

② 《礼记》（卷五），中华书局 2017 年版，第 47 页。

③ 《礼记》（卷五），中华书局 2017 年版，第 49 页。

④ 参见北京市地方志编纂委员会《北京志·世界文化遗产卷·天坛志》（北京出版社 2006 年版）提供的附表《清代皇帝祭祀天坛年表》，第 336—348 页。

立春日为例，历史上它曾是一个重要的节日，民间有“新春大如年”或“春朝大如年朝”的说法。“春日春风动，春江春水流。春人饮春酒，春官鞭春牛。”春日要举办盛大的迎春礼，这一活动至迟在东汉时期已经出现，到清代达到极盛，甚至民国时期在一些地方还十分繁荣，成为官民共同参与的大型礼俗活动。民国十年刻本四川《合川县志》记录了当地举行迎春礼的盛况：

> “立春”前一日，市中商贾醵金装扮春亭，庆贺春禧。雇小儿装扮各项角色，配成剧目，架木为兀，中坚铁心，布束小儿胸背，牢系铁尖。……计三十架……齐集厅署，候点某街某戏，岁有成例。各街富商炫装未满十岁儿童，冠一品顶戴，朝衣、朝服、朝靴；或扮小生，蓝衫头巾；或扮太子，雄冠雉尾，艳色花衣。衣冠先由成都买制。通行骑马调之。骑顶马在前，各春亭从之。沿街行，直出北门司空堤上小住。知州盛服，八抬明轿，承吏各执春花骑马，通着公服顶戴，阖街执事人等皆美服，至东郊迎春。捕厅先至，亦明轿四抬，知州后至。礼成，知州赏各春亭银牌，视人数有差。至是，芒神、土牛，鼓乐前导，各春官从之，各吏役从之，各春亭又从之。城乡观者，男女老少填街塞巷，拥护不通。古云：铜梁灯，合州春，最喧闹也。①

迎春之外，人们还要鞭春、送春，并有特定的饮食习俗、服饰习俗和社交习俗。这天人们要吃萝卜、生菜，“咬春”，“嚼春”，“啃春”，吃春饼春卷春盘，饮春酒；用春帖子、春牛图装饰房屋，剪春花、春燕、春蝶、春蛾儿打扮自己，给小孩子佩戴春鸡和春娃。亲朋好友要互相“拜春”，“会春客”，“享春福”……立春时节，我国北方许多地方仍然是千里冰封，万里雪飘，但经过人们特意的营造，天地间已洋溢着春天的气息。只是这些活泼生动且充满诗意的民俗活动如今已是难得见到了。

当代，清明节算是保留习俗活动最多的一个节气日，但是其习俗活

---

① 丁世良、赵放主编：《中国地方志民俗资料汇编·西南卷》，北京图书馆出版社 1991 年版，第 204—205 页。

动的丰富程度也远不能与清代之前相比。[①]

4. 节气作为农业生产指南的作用大大下降。农业生产最讲究不误农时，对准确把握播、耘、收、藏的时机提出了要求。二十四节气的产生与农业生产密切相关，形成之后又成为农业生产的重要指南。"种田无定例，全靠看节气"，"不懂二十四节气，白把种子撒下地"，"人随节气变，保证吃上饭"，诸如此类广泛流行于全国各地的农谚很好地揭示了这一点。"清明高粱谷雨谷，立夏芝麻小满黍"，"寒露蚕豆霜降麦，种了小麦种大麦"等，更显示了节气对农业生产的具体指导作用。然而，如今这种作用大大下降了，许多农业生产劳动者已经不再依赖二十四节气而是依赖天气预报。反季节果蔬的生产更与节气失去了联系。

5. 节气作为日常生活风向标的功能不再突出。在传统社会，节气不仅关乎生产，亦深系生活，往往对人们的衣食住行具有规范作用和提示意义。如《礼记·月令》载夏至时，君子要"齐戒。处必掩身。毋躁。止声色。毋或进。薄滋味。毋致和。节耆欲。定心气"[②]，对人们在夏至期间的生活起居均做了具体要求。又如刘侗、于奕正《帝京景物略》载明代北京的人们"立秋日相戒不饮生水，曰呷秋头水，生暑痱子"[③]。再如有谚语云："清明过十天，单裤单布衫"，告诉人们根据节气调整穿衣的多少；"小雪腌菜，大雪腌肉"，告诉人们根据节气安排饮食所需。但是现在许多人已不再关心节气与生活的关联。

伴随着二十四节气在时间制度、国家事务、农业生产、日常生活领域的普遍式微，我们对节气的认知和理解也已大打折扣。一位著名大学的天文系教授曾经这样说："24 个节气就是表示地球运动在公转轨道上 24 个不同的位置。一个节气，首先，是指地球在绕太阳的轨道上到达这一位置的瞬间；其次，它又指包含这个瞬间的一日。"天文系专家学者的理解尚且如此，一般民众的节气知识十分有限也就不奇怪了。

---

① 参见张勃《坚守与调适：城市化进程中清明节的传承与变迁》，《文化遗产》2016 年第 1 期。

② 《十三经·礼记》，中州古籍出版社 1988 年版，第 61 页。

③ （明）刘侗、于奕正：《帝京景物略》，北京古籍出版社 1982 年版，第 69 页。

（三）二十四节气出现生存危机的原因

二十四节气在当前出现危机是多种因素综合作用的结果。

首先，它与近现代以来深刻的社会变迁密切相关。中国长期以来以农立国，二十四节气在农业生产方面发挥着重要作用，人们很大程度上是通过农业生产对节气的依赖性来认识节气并利用节气的。随着农业社会向工业化社会乃至后工业化社会的变迁，城市化进程的加快，越来越多的人脱离了农业生产，进入第二、第三产业，第二、第三产业依赖于更加精细的时间制度，与季节、时令转变的关系相对疏离，二十四节气的时间标记功能、对农业生产、日常生活的指示功能均在很大程度上弱化。

其次，它与中国人宇宙观和月令思维模式的变化密切相关。传统社会中国人的宇宙观是以阴阳五行为核心的关联宇宙观，这种宇宙观主张"宇宙的一切都是相互依存、相互联系的，每一事物都是在与他者的关系中显现自己的存在与价值"[①]，而阴阳的对立分别与交互作用，是宇宙存在变化的普遍法则。董仲舒说："天地之气，合而为一；分为阴阳，判为四时，列为五行。"[②] 朱熹说："天地只是一气，便自分阴阳，缘有阴阳二气相感，化生万物。"[③] 时间的变化也是阴阳互相作用的结果，先秦文献《管子》就已提出："春秋冬夏，阴阳之推移也。时之短长，阴阳之利用也。日夜之易，阴阳之化也。"[④] 宇宙的理想状态是阴阳调和。人生在天地之间，要循时而动，顺应阴阳变化，并促成阴阳调和。基于有机整体的宇宙观，天象、物候、人事被统一组织到一个井然严密的时间秩序之中。"物理时间被文化化了，它被划分为前后相续、依次出现的不同段落，天空中日月星辰的运转、位置的变化与大地上的草木荣枯、风雪雨霜、鸟飞南北、虫振虫伏则成为时间段落推迁往复的具象表征；每个时间段落都被赋予了特殊的属性，各有其帝，各有其神，各有其虫，各有

① 陈来：《中华文明的核心价值》，生活·读书·新知三联书店 2015 年版，第 29 页。
② （汉）董仲舒撰、（清）凌曙注：《春秋繁露》，中华书局 1975 年版，第 457 页。
③ （宋）黎靖德编、王星贤注解：《朱子语类》，中华书局 1986 年版，第 1286 页。
④ 黎翔凤撰、梁运华整理：《管子校注》，中华书局 2004 年版，第 85 页。

其音，各有其数，各有其味，各有其臭，各有其祀。”① 这些各有属性的时间段落是国家政令和以天子为代表的社会成员活动的根本依据。它要求人类的一切活动都必须与其特性保持高度的一致。而人符合时宜的活动也能对时间的顺利转化起到积极的作用。正如《白虎通义》在解释为什么冬至日要“休兵不举事，闭关商旅不行”时所说的：“此日阳气微弱，王者承天理物，故率天下静，不复行役，扶助微气，成万物也。”② 在古人的心中，时间不仅是人事活动的维度，更是人事活动成败的决定性力量，节气日是重要的阴阳转化节点，因此重视节气日的人事活动。节气日之所以在传统社会成为王政的时间准绳、农业生产的指南针、日常生活的方向标，是以关联宇宙观和月令思维模式为基础的。近代以来，受西方文化的影响，人与自然二元对立的宇宙观渐次取代关联宇宙观，月令思维模式也受到深刻影响。许多人不再相信天象、物候、人事之间可以相互作用，相互影响，与此相关，人们不必惧怕节气日作为阴阳转化节点所具有的神秘力量，也不必刻意通过调整自己的行为去顺应或扶助阴阳的转化了。

再次，是历法变更、文化失忆的结果。二十四节气是中国传统历法的有机组成部分，中华民国成立以来，源自西方的公历纪元法代替了传统历法成为官方正式历法，尽管在国家颁布的历书中还有二十四节气的一席之地，但重要性明显下降。包括二十四节气在内的中国传统历法被称为“农历”“阴历”就是重要性明显下降的表现。与此相关，对二十四节气的系统介绍也相对少见。中国很早就形成了岁时记述传统，出现了大量时令类著述，仅有明一代，就有李泰的《四时气候集解》、卢翰的《月令通考》、洪常的《岁时节气集解》、陈三谟的《岁序总考全集》、冯应京辑与戴任增释的《月令广义》、李一楫的《月令采奇》、陈堦的《日涉编》、戴羲的《养余月令》、黄谏的《月令通纂》、许仲誉的《月令事纪》、王勳的《广月令》等多种，二十四节气往往是其中的重要内容。明人李登在为冯应京辑、戴任增释的《月令广义》所作序言中曾说：“在读

① 张勃：《明代岁时民俗文献研究》，商务印书馆 2011 年版，第 46—47 页。

② （清）陈立撰、吴则虞点校：《白虎通疏证（全二册）》，中华书局 1994 年版，第 217 页。

者，得其说而存之，于以佐天下国家，俾君臣上下咸知若时之义，将气运蒸洽，郁为太龢。即不然，家置一册，无物而不奉天时，此亦君子居身之所珍也。”① 说的虽是《月令广义》一书的用途和作者的理想，却也道出了与二十四节气相关的文献是深受时人重视并颇为流行的。然而近代以来，关于二十四节气的系统介绍较为少见，这反映了二十四节气在生产生活领域作用的下降，也造成了人们对于二十四节气知识的进一步失忆。

最后，人们对于二十四节气的价值和意义认识不足，珍视不够。二十四节气是中华传统文化的综合载体，既有国家祭典，又有生产仪式和习俗活动，还有谚语、歌谣、传说、诗词、工艺品、书画等各种文艺作品，是中华民族珍贵的文化遗产。然而近年来人们对这份宝贵的文化遗产并没有予以珍视，目前的报纸很少对其进行标注便是一个明证。面对它的式微，也只是到了近几年随着非物质文化遗产保护工作的开展才开始予以重视并加以保护。

二　入选人类非遗名录是二十四节气生命史上的重要转机

二十四节气是值得保护、也需要保护的文化遗产。2006 年，“农历二十四节气”被列入我国第一批国家级非物质文化遗产代表性项目名录，开启了国家层面对二十四节气的保护工作，之后 2011 年和 2014 年，九华立春祭、班春劝农、石阡说春、三门祭冬、壮族霜降节、苗族赶秋、安仁赶分社等又被列入该遗产项目的扩展名录。而“二十四节气”成功入选人类非物质文化遗产代表作名录，将使业已开始的二十四节气保护工作步入新的阶段。这是二十四节气发展史上的重要事件，也意味着将迎来生命史上的一次重要转机。

之所以这样说，首先因为入选人类非遗代表作名录，势必要求国家动员各种社会力量，采取更加有组织、有计划的保护措施，积极履行联

---

① （明）冯应京辑、戴任增释、李登参订:《月令广义》，《四库全书存目丛书》史部第 164 册，齐鲁书社 1996 年版，第 506 页。

合国教科文组织《保护非物质文化遗产公约》，以促进二十四节气的生机重振。事实上，文化部和农业部等部门已联合制定了《二十四节气五年保护计划（2017—2021）》。根据该计划，相关部门将每年组织举办两期“二十四节气”保护与传承培训班，以期在五年内培训300人。培训内容包括“二十四节气”的专门知识、保护行动及其策略举措。同时，还应组织来自农学、天文学、民俗学等学科的专家、学者为中小学生编写“二十四节气”知识读本，开设专题讲座，并设计或组织形式多样的实践活动。此外，文化部还将在全国范围内开展“二十四节气”调查，记录该遗产项目的存续现状，全面搜集口头资料。同时，组织有关机构、专家、学者开展二十四节气学术研究，每两年举办一次专题学术研讨会，每五年举办一次国际学术研讨会，交流保护经验，促进跨学科对话，出版研究成果。① 相信这些措施的推行，对于普及二十四节气知识、推动二十四节气实践、增强二十四节气传承观念具有积极意义。

其次，入选人类非遗代表作名录从外来的视角、国际的层面肯定了二十四节气对人类文化多样性具有贡献，会激发国人形成对于二十四节气的文化自信和传承自觉，从而进一步增强二十四节气生机重振的可能性。当然，转机之所以可能出现，也在于伴随着综合国力的增强，近几年来我们对自己传统文化、原创文化的态度发生了很大变化，正在由自轻、自贱、自卑转向自重、自尊、自信，在这种时代思潮中，我们对二十四节气会更加珍视。

三　促进二十四节气生机重振需要解决的两个重要问题

天上不会掉馅饼，可能性转化为现实需要付出艰苦的努力，要促成二十四节气生机重振，需要利用申遗成功这一契机，加强宣传，采取多种保护措施，尤其应该解决好两个重要问题。

第一个重要问题是保护二十四节气的正当性问题。这里主要涉及五

① 《文化部联合多部门推“二十四节气”五年保护计划》，参见环球网 http://china.huanqiu.com/hot/2016-12/9783820.html。

个方面的内容:

1. 二十四节气的性质。尽管申遗成功了，但二十四节气到底是什么，这个问题迄今为止并没有完全说清楚，还有进一步探究的必要。比如，许多人将二十四节气说成农历二十四节气，列入我国第一批国家级非物质文化遗产代表性项目名录的也是“农历二十四节气”，这种表述容易让人想到二十四节气仅与农业生产有关。而在百度百科上，二十四节气被解释为“是中国古代订立的一种用来指导农事的补充历法。用于指导农业耕种”①，更明确将二十四节气定性为指导农事的补充历法。但自其产生以来，二十四节气就不仅指导农事，也不能称为“补充历法”。它是汉代以来传统社会的基本时间框架，没有二十四节气，就无法说我国传统历法是一种阴阳合历。

再比如，作用于国家行政祭祀、百姓日常生产生活的传统历法是极其复杂的时间制度和时间系统，与日月星辰、天干地支、阴阳五行、气候物候、律管律吕以及空间方位等均有密切关系，宋人陈元靓撰《岁时广记》首卷图说中绘有月令主属大全、春季气数悉备、夏季气数悉备、秋季气数悉备、冬季气数悉备、尔雅十干岁阳、十二岁名、十干月阳、十二月名、气候循环易见、日永短、月盈亏、经星昏明迭见、闰月成岁为章、玉衡随炁指建、招摇逐月推移、日月交会、阴阳消长、律管浅深候气、律吕损益相生等图②，反映了传统时间制度和时间系统的复杂性。现在，二十四节气被独立出来作为一个非物质文化遗产项目进行保护，但是，只有将其放置于中国传统历法的整体之中，并阐明它与其他部分的相互关系，才有可能形成全面而正确的理解。

又如，二十四节气作为中国人创造的时间知识体系及其实践，蕴涵着怎样的宇宙观、思维模式和核心价值理念？在笔者看来，它是中国人宇宙观、思维模式和核心价值理念的重要载体，具体体现为关联宇宙观、月令思维模式、尊重自然、效法自然、爱护自然、利用自然、扶助自然

---

① http://baike.baidu.com/link? url = UNHCr0ga30X96gXLZzL4cKq8Y5LFUpt_OwtMEA0R-ZT_pfZtrbh7YV_m7SQ8x6Uu44p2MQNvswfufgReEAcvEvpbH6sw5iewq4t4L5_Vygo53Rrt9LicopBMhCSM02uAUsau2PKRcjuqduIktis5ga.

② （宋）陈元靓:《岁时广记》，《续修四库全书》编纂委员会编:《续修四库全书》八八五·史部·时令类，上海古籍出版社 1999 年版，第 142—150 页。

的天人合一的核心价值理念。当然，这方面同样有继续探求的巨大空间。

2. 二十四节气的形成和传播史。二十四节气是历史地形成的时间知识体系和实践，需要厘清如何从二至发展到八节（指二至二分四立）再到完整的二十四节气的发展演变过程。它与历史上曾经存在的三十节气[①]之间的关系如何？同时也应该注意到二十四节气的顺序在早期与现在有所差别，如《逸周书·时训解》记载前六个节气的顺序是立春、惊蛰、雨水、春分、谷雨、清明，与现在的立春、雨水、惊蛰、春分、清明、谷雨的顺序不同，这种转变是如何发生的，也值得探究。

一般认为，二十四节气起源于黄河流域，它以黄河流域的天文物候为依据。但后来全国范围内都有二十四节气的身影，甚至还传播到其他国家和地区，那么二十四节气是如何传播开来的？传播开来之后，不同地方不同民族乃至不同国家的人们如何解决二十四节气与本土天文物候不相符合的难题？又如何形成自己的节气文化？不同地方、不同民族、不同国家的节气文化又有着怎样的同与异？等等，都有继续探究的必要。

3. 二十四节气的生存现状。尽管目前二十四节气面临危机，但并不是说它已经死亡，事实上，二十四节气还在当下的生产、生活中发挥着一定作用。现在有必要弄清楚它的生存现状，包括：哪些地方还在将二十四节气作为时间制度来应用？人们的日常生产和生活有哪些还与二十四节气相关联？哪里还在举办与二十四节气有关的礼俗活动？还有哪些与节气有关的传说、歌谣、谚语仍然在讲述和使用？人们对二十四节气的认知程度和传承态度如何？等等。

4. 二十四节气在传统社会中的功能。从目前情况来看，大家比较强调指导农业生产和日常生活的功能，并注意到围绕着二十四节气的主要节点形成了众多礼仪、饮食、养生、服饰以及娱乐等活动，但比较忽略它的政治功能和认同功能。在传统社会，包括二十四节气在内的时间制度原则上是由王朝确定并颁行。比如，在明代，“正朔之颁。太祖定于九月之朔。其后改于十一月初一日。分赐百官。颁行天下。今又改十月初一。是日御殿比于大朝会。一切士民虎拜于廷者。例俱得赐。……若外

① 关于三十节气，萧放有过论述。参见萧放《岁时——传统中国民众的时间生活》，中华书局2002年版，第12—13页。

夷。惟朝鲜国岁颁王历一册。民历百册。盖以恭顺特优之。其他琉球占城。虽朝贡外臣。惟待其使者至阙。赐以本年历日而已”①。颁历是王朝统治合法性的体现，受历是承认颁历者统治权力的象征，颁历与受历，反映的是中央与地方乃至宗藩之间的关系。只有有权威的王朝才能顺利将历书颁行下去。历书的颁行使得王朝通过时间管理实现了统治管理以及辖域内生产、生活的秩序化，使政治、军事、经济、文化等方面的统一行动成为可能。从这个意义上说，二十四节气对于中国大一统的形成功不可没。系统阐明二十四节气的政治功能和认同功能，是一项富有意义的工作。

5. 二十四节气的当代价值与意义。二十四节气作为一套时间知识体系和实践，是传统农业社会的产物，当今天人们步入现代工业社会，甚至后工业社会，二十四节气还有存在的价值和意义吗？这是当前迫切需要回答的问题。我们以为，尽管时移势易，现代社会发生了重大变迁，二十四节气当前所处的环境与它所生发的环境十分不同，这给二十四节气的生存提出了挑战，也使二十四节气的传统功能弱化，但并不意味二十四节气不再具有存在的价值和意义。

（1）仍然具有时间表记和时季转换的提示意义。公历是国际通行的历法，是一种阳历，当前我国实行的是公历和中国传统历法并行、公历为主的历法，对二十四节气的标注和使用，意味着中国在与世界节奏保持一致的同时，又保留了自己的特色和元素。不仅如此，由于二十四节气之名中有 8 个与季节变化相关（即二分二至和四立），5 个与温度变化相关（即小暑、大暑、处暑、小寒、大寒），7 个与天气变化相关（即雨水、谷雨、白露、寒露、霜降、小雪、大雪），4 个与物候变化相关（即惊蛰、清明、小满、芒种），从而使其具有公历所没有的时季转换的提示意义。

（2）仍然可以发挥指导农业生产的作用。我国当前正在经历快速的城市化，在 2015 年城镇化率已达 56.1%，未来一段时间将继续保持较高

---

① （明）沈德符：《万历野获编》，中华书局 1959 年版（2017 年 1 月重印），第 525 页。

的城镇化速度[①]，但是中国仍然是农业大国，农业生产仍然是国民经济中最基本的物质生产部门，是经济发展的基础。这使二十四节气在指导农业生产方面仍然大有可为。类似“大麻种在清明前，叶大皮厚又耐旱”这些在长期历史发展中积累的二十四节气与农业生产相关的经验总结，仍然具有重要价值。

（3）仍然可以指导日常生活，尤其是养生方面意义重要。现代社会，一方面，物质生活水平提升，人们越来越注重生命的安全与健康；另一方面，人们的生活节奏日益脱离自然时序节奏，由此带来身体亚健康等一系列问题，促使人们对反自然行为进行反思。二十四节气养生强调人和着自然的节拍，根据不同的节气适时调整自己的行为、饮食与精神，这对强身健体、延年益寿具有积极作用。

（4）相关文化和实践活动仍然可以丰富人们的生活内容，并为人们观察自然、感受自然、诗意地栖居提供可能性。由于城市化的推进，越来越多的人口生活于城市之中。城市更多是人类在超越自然条件的基础上改造自然的产物，城市让人远离了大自然。人是自然之子，却常年栖居于非自然的环境之中。与自然的疏离催生了回归大自然的念头。二十四节气让人更好地感知自然的韵律和气息，从而真切地体会到融入自然、与自然和谐相处的亲密与诗意。2016 年 6 月 21 日是夏至日，23 日清晨，笔者在北京安定门护城河畔散步。“吸引我的是那些五颜六色的木槿花，白粉红紫，十分齐全，花朵仍然不少，种子则似乎更多。时光推移，它们也已到成熟季节了。正走着，蓦然间听到几声蝉鸣，高亢而骄傲。夏至二候蝉始鸣，这几声鸣叫真应了时节。……不由想起虞世南那首有名的咏蝉诗：‘垂緌饮清露，流响出疏桐。居高声自远，非是藉秋风。’但这几声蝉鸣显然是从面前那棵柳树上传出来的。当然，无论柳桐，能够在上面安身立命，自由歌唱，便是佳处。”[②] 上述这段文字摘自笔者的日记，至今笔者还能回想起当时心中涌起的美妙诗意，这是因节气而产生的独特感受。而中国古代文人有许多因节气而写、为节气而写的诗词，

---

① 根据《国家新型城镇化规划（2014—2020 年）》，到 2020 年，常住人口城镇化率要达到 60% 左右。参见中国政府网 http：//www. gov. cn/zhengce/2014 - 03/16/content_2640075. htm。

② 夏至三候，一候鹿角解，二候蝉始鸣，三候半夏生。

状写气候物候，抒发节气推迁引起的情感之变，它们流传至今，成为时下人们穿越时空，与诗人共同感受自然节律、让生活充满诗情的重要凭依。

（5）二十四节气贯穿着天人合一的价值理念，遵循着顺天应时、循时而动的法则，反映着中华民族对人与自然之间关系的深刻理解：人是万物之灵，又是自然之子。尊重自然而不是改造自然；顺应自然而不是服从自然，发挥人的能动性却不狂妄傲慢。在全球生态环境严重恶化、可持续发展遭遇危机的当今，这种理念凸显出普遍意义和共享价值。

（6）具有文化认同价值。二十四节气是中华民族的原创文化，是古代民众在长期实践中不断求索、认知、总结的智慧结晶，它所蕴涵的中华文明的宇宙观和核心价值理念，是中华文明区别于其他地域文明的重要方面。历史上，二十四节气伴随着王朝历法的颁布成为老百姓遵循的日用之时，为全国各地所采用，并为多民族所共享，在长期的生产生活实践中，各地的人们对于二十四节气进行因地制宜、因俗制宜的创造性利用，形成了十分丰富的物质文化和精神文化①，甚至成为文化认同的重要载体。马来西亚地处热带，无明显的四季之分，但马来西亚的华人却顽强地保持着冬至祀祖、吃汤圆的习俗②。对同一种时间制度的共享，在同一时间举行同样约定俗成的活动，是形成对中华文化认同的重要路径。在社会上普遍存在认同危机的当下，这种文化认同的价值就更加突出。

综上，二十四节气保护的正当性问题，既是学术问题，又是保护工作实践首先需要解决的现实问题，需要众人尤其专家学者进行深入研究。

促进二十四节气生机重振需要解决的第二个重要问题是，根据二十四节气的特点，厘清保护主体及其担责问题。

二十四节气既是中国传统历法的有机组成部分，又是包含着二十四个节气单体的一套完整系统；既是时间知识体系，又包含众多的社会实践活动；它比其他许多非物质文化遗产项目更加复杂，对它的保护行动也就更加复杂。二十四节气的成功保护，不仅体现在不同地方、不同群

---

① 张勃:《二十四节气的文化意蕴》,《光明日报》2015 年 12 月 5 日第 2 版。

② ［马来西亚］王琛发:《马来西亚华人民间节日研究（增订本）》，艺品多媒体传播中心 2002 年版，第 139 页。

体创造出来的二十四节气实践活动如九华立春祭、班春劝农、石阡说春、三门祭冬、壮族霜降节、苗族赶秋、安仁赶分社等，能够继续传承和发展；还体现在二十四节气作为一种基本的时间制度仍然在现实生活中被广泛使用，历史上形成的丰富的二十四节气文化还在影响着我们的生活，而我们也在不断发展出新的二十四节气文化。

与许多非物质文化遗产项目是小众的，为某些群体或某些地方社会所创造、享用和传承不同，二十四节气是大众的文化遗产，亦可以说是全体中国人的文化遗产。因此，全体中国人都应是它的保护主体，都应在保护行动中担责，且在担责方面需要更好地协调与共同努力。中国民俗学会作为二十四节气这一人类非物质文化遗产代表作项目的群体代表，申遗成功不久即召开了二十四节气保护工作专家座谈会，会上，中国民俗学会会长朝戈金指出："根据《公约》精神及其对保护的定义，政府部门（如文化部、教育部、农业部等）、大众传媒（如今天到会的媒体代表），乃至社会各界（包括许许多多的社会团体、行业组织、社区协会、专业机构、研究中心、中小学等）都应当纳入多元行动方。其中基层社区、年轻人和儿童更是确保该遗产项目代际传承的重要力量。"① 构筑多元化行动方协同增效的保护机制，无疑是开展二十四节气保护行动所亟需的。多种保护主体一方面应该根据自己的特长，发挥自己在保护行动中的优势；另一方面，应该加强交流与合作，共同承担约定的责任和履行义务。

但是由于掌握资源不同等原因，不同保护主体发挥的作用各不相同，且有大有小。从目前公布的信息来看，专家学者以及相关传承保护社区、群体的作用得到格外强调。这当然是正确的，但是鉴于二十四节气的特殊性，在保护行动中，媒体人和政府的主体作用发挥也需要特别予以重视。

信息化社会，媒体的作用无比强大，各种新兴媒体和传统媒体是向公众普及二十四节气知识，提升地方性、群体性二十四节气实践活动认

① 朝戈金：《构筑多元行动方的保护机制——在中国民俗学会二十四节气保护工作专家座谈会上的致辞》，参见中国民俗学网 http：//www. chinesefolklore. org. cn/web/index. php？NewsID＝1537。

知度和美誉度，激发大众保护热情的主要平台，媒体的宣传报道其实是保护工作的组成部分，而且是十分重要的组成部分。但目前媒体人自己似乎并没有意识到这一点。当二十四节气入选人类非物质文化遗产代表作名录之后，各大媒体迅速掀起宣传报道的热潮，这本来是极好的事情，但诸多媒体将二十四节气称为世界遗产，又传递了错误信息。因此，我们主张，媒体人要提升自觉意识，将宣传报道视为保护行动的有机组成，同时学习关于非物质文化遗产的各种文件，尤其是《保护非物质文化遗产公约》《中华人民共和国非物质文化遗产法》，重视非物质文化遗产项目的宣传伦理，传递正确的信息。

媒体人在保护二十四节气方面的作用不仅在于宣传报道，还在于它们本身可以是标注二十四节气的地方。时间标注是各种媒体的必然之举，但如何标注时间大有讲究，体现了对不同时间制度的不同态度。比如1967年12月31日的《人民日报》报头对时间的标注是："1967年12月31日星期日夏历丁未年十二月初一日"，其中"1967年12月31日星期日"为黑体字，"夏历丁未年十二月初一日"非但没用黑体字，且字号明显要小，显示了公历更为重要的地位；次日即1968年1月1日的《人民日报》对时间的标注是"1968年1月1日星期一农历丁未年十二月初二日"，字体字号与前日相同①，但将"夏历"改作"农历"，反映了对中国传统历法看法的某种转变。再比如1952年的《山西日报》曾经标注二十四节气，但现在已不再标注②。

从笔者掌握的材料看，目前报纸对时间的标注主要有三种形式：(1) ×年×月×日 星期×；(2) ×年×月×日 星期× 农历×年×月×(日)；(3) ×年×月×日 星期× 农历×年×月×(日) ×月×日(或今日) 节气名。虽然如《农民日报》《解放日报》《文汇报》等一些报纸采用第三种形式，对节气加以标注③，但总体而言，采用第二种形式的报纸为数最多，像一些大报如《人民日报》《光明日报》《经济日报》《工

---

① 颜色由黑色变成了红色，反映了对公历新年的重视。

② 感谢张隽波先生提供相关资料。

③ 如2017年1月20日《农民日报》标注为"2017年1月20日星期五农历丙申年十二月廿三今日大寒"；2017年1月24日《解放日报》标注为"2017年1月24日星期二丙申年十二月廿七农历正月初七立春"。

人日报》等如今仍然还在采用这种形式，并没有因二十四节气申遗成功而有所改变。如果这些报纸能对二十四节气加以标注，就是在参与二十四节气的保护行动，这不仅是对二十四节气的应用，也表明了对二十四节气的认可和珍视态度，并为其他媒体树立表率，带动其他媒体，这对于二十四节气保护势必起到极其重要的作用。

除了媒体以外，政府作为保护主体的作用也应该得到格外重视，这一方面是因为政府本来就在非物质文化遗产保护中负有主导责任；另一方面也因为政府掌握着国家的时间制度，在以公历为主流的当下，只有政府才有权威决定官方是否使用传统历法，是否将二十四节气纳入正规教育之中，如果政府在时间制度中给予二十四节气以地位，在各种需要对时间进行标识的场合使用二十四节气，让国人从小就在课堂上接受相关教育，甚至一些大政方针的颁布实施、重大礼仪活动的举行也选择在重要的节气点，那么二十四节气就会被人们所熟知所重视，就会成为社会生产生活的基本框架，就会因此得到保护，并获得传承下去的生机。

从节气歌谣、谚语看二十四节气的活态传承*

季中扬**

摘　要：二十四节气作为时间经验框架，是一种抽象的形式，具体的生产、生活经验构成了二十四节气文化丰富多彩的内容，内容与形式的自由结合产生了既有普遍性、又有地方性的二十四节气知识。二十四节气内容与形式之间的自由结合关系，使其传播有着超空间性，传承具有超时间性。二十四节气作为一种知识，歌谣、谚语是其主要存在形态与传承方式。在当代社会，各种传统的节气歌作为文化遗产已经得到或者应该得到保护，但更为重要的是，出现了大量新编节气歌，这说明二十四节气作为时间经验框架在现代社会仍然有着实用功能，而且歌谣、谚语仍然是其主要存在形态。

关键词：歌谣；谚语；二十四节气；非物质文化遗产

2016年11月30日，“二十四节气——中国人通过观察太阳周年运动而形成的时间知识体系及其实践”被列入人类非物质文化遗产代表作名录，这是中国继中医针灸、珠算后的第三项“有关自然界和宇宙的知识和实践”类的非遗。与中医针灸、珠算不同，“二十四节气”是一种知识，没有某种具体的技艺可操练，也没有特定的传承人，那么如何在当

---

* 原文刊于《文化遗产》2017年第2期。

** 作者简介：季中扬，南京农业大学人文与社会发展学院教授。

代社会对其活态传承呢？笔者认为，“二十四节气”首先是一种传统的时间经验框架，是一种纯形式，农耕社会丰富的地方性知识填补在这框架中，构成其具体的内容，各种歌谣、谚语是其存在的具体形态，因而，“二十四节气”活态传承应该重视节气歌谣、谚语的当代传承与发展。

一 二十四节气作为时间经验的框架

康德在《纯粹理性批判》的“先验感性论”中指出，时间并非事物本身的客观属性，而是主体的先验直观形式，他说：“时间不过是内感官的形式，即我们自己的直观活动和我们内部状态的形式。因为时间不可能是外部现象的任何规定；它既不属于形状，又不属于位置等等，相反，它规定着我们内部状态中诸表象的关系。”① 这也就是说，时间并非客观存在的，而是一种主体经验，但这主体经验又有一定客观性，因为它是人类共同的先验直观。既然是一种主体经验，这先验直观就不可能绝对超脱人类的历史经验，事实上，在不同的文化形态里，人们的时间经验框架、模式也是不同的，“二十四节气”就是一种特殊的人类时间经验框架。

我们先人的时间知识主要来自于对谷物成熟、四季变化的直观体验与对太阳、月亮、星星等天体运行规律的认识。人们基于对寒暑的直观体验，可以产生冬夏的观念，但不容易区分四季；人们基于对谷物生长、成熟等物候的长期经验观察，可以产生“年”的观念，但不容易区分“年”为十二个月。“四季”“十二月”“二十四节气”等传统时间知识主要来自古人长期的天文观测。在陶寺遗址中，考古学者发现了带有刻度的圭尺，这说明古人早在4000多年前就已经掌握了圭表测日的方法。人们用圭表测日的方法较早把握了冬至、夏至，从《尚书·尧典》的记载来看，古人用观察太阳变化的方法很早就发现了冬至、夏至、春分、秋分②。两分、两至的发现，已经初步理论性地建构起了一年四季的时间经

---

① ［德］康德：《纯粹理性批判》，邓晓芒译，杨祖陶校，人民出版社2004年版，第36—37页。

② 《尚书·尧典》：“日中星鸟，以殷仲春……日永星火，以正仲夏……宵中星虚，以殷仲秋……日短星昴，以正仲冬。”

验框架。春秋时期，人们又确定了立春、立夏、立秋、立冬，进一步明晰了一年四季的时间经验框架。“分至启闭”[①] 知识体系的形成，对一年四季的理论认识需要而言，已经完备了，后世的二十四节气也罢，三十节气[②]也好，其他节气不过是对“分至启闭”框架的细化而已。从名称上来看，“分至启闭”八个节气是根据四季时序来命名的，而“雨水、惊蛰、清明、谷雨、小满、芒种、小暑、大暑、处暑、白露、寒露、霜降、小雪、大雪、小寒、大寒”等十六个节气则主要根据气象、物候来命名，可见另外十六个节气与“分至启闭”八个节气是不可同日而语的。事实上，“分至启闭”八个节气在后世大都成了重要节日，而其他十六个节气，除了清明取代寒食成了节日，民间大都不甚看重。

既然二十四节气只是对“分至启闭”时间框架的细化，不过是一种数学分割，而不是像“分至启闭”那样是为了准确把握一年四季时间，那么，后世为什么接受了二十四节气，而不是将“分至启闭”二分为十六节气或四分为三十二节气呢？对此，刘晓峰的解释比较合理，他认为，“在二十四节气出现之前，依靠月象观察确定时间并划分一年为四季十二月和划分一年为三百六十五日的传统时间框架早已经根深蒂固。划分节气很难无视这一巨大的现存传统时间框架。今天的二十四节气所取的二十四这个数字，实际上是八与十二的最小公倍数，节气定在这个数字上并非出于偶然。这一组合变化的结果，是在一年为十二个月这一基数上，中分一月为二，一为节气、一为中气，最后形成的就是由十二个节气和十二个中气结构而成的二十四节气。”[③] 概而言之，二十四节气其实是关于太阳周年运动的时间知识体系与以月亮阴晴圆缺来划分一年四季十二月的阴历时间框架的统一。众所周知，传统的农历是“阴阳合历”，虽然以十九年七闰月的方法保持了农历年与太阳回归年大体一致，但每一年、每一季节的时数并不固定，而二十四节气和太阳回归年是基本一致的，是纯粹的阳历，它弥补了农历的缺陷，完善了中国古代时间知识体系。

---

① 《左传·僖公五年》：“凡分、至、启、闭，必书云物，为备故也。”杜预注：“分，春秋分也；至，冬夏至也；启，立春立夏；闭，立秋立冬。”

② 管子提出了三十个节气的划分方案。参见李零《〈管子〉三十时节与二十四节气——再谈〈玄官〉和〈玄官图〉》，《管子学刊》1988 年第 2 期。

③ 刘晓峰：《二十四节气的形成过程》，《文化遗产》2017 年第 2 期。

就其本质而言，二十四节气与一年四季十二月的划分一样只是一种时间经验框架，是一种抽象的历法知识，是一种可以不断填充内容的形式。陈连山发现，《淮南子》中的二十四节气的物候主要是风雷雨雪等事物，跟《夏小正》相比是很模糊的，《夏小正》中每月都有极为详细而具体的物候描述，如："正月：启蛰。雁北乡。雉震呴。鱼陟负冰。……囿有见韭。时有俊风。……田鼠出……獭献鱼。鹰则为鸠。"他进而指出，正是因为二十四节气的物候描述比较抽象，就容易适应不同地区的实际气候状况，这为后世不同地区民众根据本地区的实际情况对之加以再创造预留了相当广阔的发挥空间。[①] 陈连山这个发现很重要，他其实是看到了二十四节气并非一个固定不变的民俗文化事象，而是一个可以填充不同地方性知识的框架形式。这个框架形式不能太粗疏，也不能太具体而微。早在《逸周书·时训解》中就已经有了"七十二候"一说，但"七十二候"在后世社会生活中的影响远不及二十四节气[②]，主要原因就是"七十二候"太过具体而微，不利于填充不同的地方性知识。二十四节气作为一种框架形式，地方性知识作为其具体内容，内容与形式之间的自由结合关系，使其传播有着超空间性，传承具有超时间性，不同地域、不同历史时期的人们都可以创造性地填充、阐释、利用这个框架结构。

二　歌谣、谚语与"二十四节气"遗产的存在形态

二十四节气本身只是一种历法知识，一个抽象的框架形式，内容与形式的结合才形成了具体的存在形态。那么，二十四节气作为一种遗产，是以怎样的形态存在的呢？大体而言，有两种主要形态，一是节日文化形态，"分至启闭"与清明在古代都是重要节日，尤其是"二分""两

---

① 陈连山：《二十四节气：精英与民众共同创造的简明物候历》，《文化遗产》2017 年第 2 期。

② 刘晓峰认为这是因为具体到五日一候，实际上已经超出了时间划分体系应有的边界，其准确性已经大有问题。参见刘晓峰《二十四节气的形成过程》，《文化遗产》2017 年第 2 期。

至”，不仅官方有隆重的祭礼，而且民间节日习俗也多；二是歌谣、谚语形态，除了流传甚广的二十四节气歌，各地与二十四节气相关的丰富多彩的农耕知识也大都以歌谣、谚语形态流传着。时至今日，二十四节气的节日习俗在有些地方还被看重①，但传统节日文化整个系统已经严重衰微，在此背景下如何保护、传承二十四节气的节日文化形态，是一个值得关注的问题。笔者认为，在一定意义上可以说，农耕社会的生产、生活知识是二十四节气文化的核心内容，而歌谣、谚语的口头传承则是二十四节气文化遗产的最主要传承方式，因此，本文着重讨论二十四节气的歌谣、谚语形态。

与同样作为“有关自然界和宇宙的知识和实践”类的非遗中医针灸和珠算相比，二十四节气最为突出的特征就是其既有统一性，又有多样的地方性，这个特征突出地表现在其歌谣、谚语形态中。

众所周知，《二十四节气歌》在全国各地有个通行的版本，即“春雨惊春清谷天，夏满芒夏暑相连；秋处露秋寒霜降，冬雪雪冬小大寒”。这是作为历法知识的二十四节气，是具有通约性的知识，虽有“变文”“异文”，但相差不大。二十四节气作为民间歌谣的叙述框架，其具体形态可就千差万别了。

先看东北地区的《二十四节气歌》：

打春阳气转，雨水沿河边，惊蛰乌鸦叫，春分地皮干，清明忙种麦，谷雨种大田，哎咪哎嗨哎嗨哟，春呀吗春天；立夏鹅毛住，小满雀来全，芒种开了铲，夏至不拿棉，小暑不算热，大暑三伏天，哎咪哎嗨哎嗨哟，夏呀吗夏天；立秋忙打靛，处暑动刀镰，白露割蜜薯，秋分不生田，寒露不算冷，霜降变了天，哎咪哎嗨哎嗨哟，秋呀吗秋天；立冬交十月，小雪地封严，大雪河汊牢，冬至不行船，小寒大寒冰如铁，迎来又一年，盼望冰消雪化艳阳天，哎咪哎嗨嗯哎哎嗨哟。

---

① 如湖南的安仁赶分社，被称为传统历法节气和传统民俗节日融为一体的“活化石”，其热闹程度甚至超过春节。参见周作明《浅谈安仁赶分社》，《艺海》2015 年第 1 期。

在这首民歌中，东北的二十四节气有着显著的地方性特色，如清明才开始种麦子，立夏才不再下雪，夏至才不穿棉衣。到了长江流域，则是另外一番景象了，在江苏常熟白峁山歌《十二条手巾》（其实也是二十四节气歌）中，立春已经梅花开，惊蛰杏花开，春分就已天气回暖、百草碧绿了：

第一条手巾是白绫，正月里梅花初立春，那初交雨水正月半，家家人家门前结彩挂红灯。挂红灯来吊红灯，梁山泊聚义宋江是首领，那结成弟兄是一百零八将，李逵独自闹东京。//第二条手巾燕子青，初交惊蛰杏花青，交了春分是天气暖，百草回芽碧里青。碧里青来蛇转身，唐伯虎丘山浪山前山后碰着一位秋香女，那三笑姻缘是结成亲。//第三条手巾是红纱，三月里桃红柳绿开好花，风吹杨柳是沿村景，清明谷雨赶山茶，赶山茶来发三年，沿河卖花到街前，许郎勿见贤妻面，五月端阳白娘娘吃仔雄黄酒原形现。……

到了海南，立春雨水时节就已经泡种子，放水入田，准备栽稻谷了，如临高县的《二十四节气歌》：

要有水入田，百姓才打圈秧。放谷种入泡，等到立春雨水。啊燕来筑巢，（在）二月惊蛰春分。百姓（地）“打虎”，（是）三月清明谷雨。百姓耙谷种，（在）四月立夏小满。芒种和夏至，（地）过五月初五。小暑大暑在六月，百姓下田收割。百姓（地）送“寒衣”，（是）七月立秋处暑。稻嗲（地）挂孕，（在）八月白露秋分。大雁（地）过海，（在）九月霜降寒露。立冬和小雪，十月百姓收割。大雪和冬至，百姓做糟春稞。小寒大寒（在）十二月，年完夜也暗。父母愁钱银债，儿女喜新衣。讲也讲不完，数也数不透，按二十四个节气，简单唱至此。

在这些节气歌中，二十四节气是文本的结构，同时又是叙述的逻辑线索，地方性知识按二十四节气时间变化填充在其中，因而，节气歌既有稳定的结构，又是开放的，是民间对二十四节气知识体系的一种创造性阐释与应用。

以四季、十二月、二十四节气作为叙事框架，是中国传统文化中的一种叙事原型，从诗经《豳风·七月》到《清院本十二月令图轴》，再到民间年画、剪纸中的《男十忙》《女十忙》以及民歌《十二月花名》等，我们看到这种叙事原型是广泛存在、深入人心的。正是有了这种社会文化心理基础，二十四节气歌从东北到黄河流域，再到长江流域，甚至到海南，都广泛流传着。二十四节气作为"时间知识体系及其实践"，民间早就创造了最契合其特点的传承方式，这也是二十四节气知识体系能够在民间长久不衰、广泛流传的主要因素，如今将其作为非遗来传承、保护，也应该总结、学习传统社会的传承方式，才能找到最佳保护方式。

二十四节气歌其实是一种民间艺术，相对而言，它与特定地域农业生产、生活结合度不如谚语形态那么紧密。谚语是民众对生产、生活经验的总结，不仅内容极其丰富，而且地域特色非常鲜明。二十四节气谚语大体可以分为三种主要类型，一是与物候相关的谚语，如"春打三日，百草萌芽"，"清明断雪，谷雨断霜"，"芒种逢壬便入梅，夏至逢庚便出梅"；二是总结生产经验的谚语，如"立春早，收成好"，"打春一百，磨镰割麦"；三是总结生活经验的谚语，如"立春雨水到，早起晚睡觉""年内立春春勿冷，年后立春三月冷""春分有余寒，藏衣勿宜早""小暑热过头，大暑凉飕飕""立了夏，把扇拿，立了秋，把扇丢"。[①] 由于谚语是特定地域生产、生活经验的凝练，其地域差异很明显，比如，东北地区的农谚说"谷雨前后，种瓜点豆"，河南农谚则说"清明前后，种瓜点豆"，而在海南则是"三月惊蛰又春分，薯芋瓜豆种及春"。种瓜点豆从东北到海南，整整差了两个节气。

三　二十四节气歌谣、谚语的当代传承

基于上文考察可见，二十四节气歌谣、谚语虽然形式相对单一，但包含的内容极其丰富，凝聚着不同地域、不同历史时期民众对生产、生活经验的总结、积累。在城市化与"三农"现代转型语境中，这些歌谣、

① 以上谚语见《中国谚语集成·上海卷》，中国 ISBN 中心 1999 年版，第 647—653 页。

谚语还有活态传承的价值与可能性吗？

随着科技进步，靠经验从事农业生产的时代已经过去了，尤其是大棚栽种等“设施农业”的快速发展，一些传统农业知识似乎不再适用了。其实，据笔者调研，大多数农民仍然按照传统农历安排生产生活，他们还在应用着农业生产方面的节气知识。2017 年 8 月初，我在苏北农村调研时听到一位农民说要去买点菜籽种白菜，另一位农民就说太早了，并随口说了一句农谚“处暑萝卜白露菜”，8 月初才立秋，到白露还有 1 个月，确实太早了些。如上文所述，二十四节气歌谣与谚语不仅仅是农业生产方面的，更多的是日常生活方面的，如“春分有余寒，藏衣勿宜早”，“立了夏，把扇拿，立了秋，把扇丢”等，这些生活方面节气知识在任何时候也许都不会过时。

二十四节气作为传统的时间知识体系虽然有着活态传承价值，在广大农村地区也还在实践着这些传统知识，但是，其当代传承与保护确实遭遇了前所未有的困境。一是城市化与人口流动，造成传承主体的不稳定性。与学校中通过间接学习或实验所获得的知识不同，民俗文化知识大都是在特定空间、社群中相互影响习得的，个体经验、传统知识与实践是三位一体的，这就要求文化主体要长期生活在特定空间与社群中，而快速流动的现代社会是不利于民俗文化知识习得与传承的。二是传统的节气歌大多依托于民歌、说唱、地方小戏等民间表演艺术传播的，随着民间表演艺术的衰落，形态丰富的节气歌大多不再流传了。三是谚语所包含的经验、知识地域性很强，不太适宜通过学校教育与现代传播等手段来保护。其实，这些困境非独二十四节气歌谣、谚语遭遇，绝大多数非遗都面临着这些困境。能否突破这困境，如何突破这困境，这是需要长期实践、观察、讨论的问题。

一方面，传统的节气歌、谚语的传承、保护面临着很难破解的困境；另一方面，我们却又发现了大量新编的节气歌。这些新编节气歌涉及面很广，有种植方面的，如《蘑菇生产节气歌》[①] 《桑蚕生产二十四节气

① 张华庆：《蘑菇生产节气歌》，《中国食用菌》1988 年第 1 期。

歌》[1]《果树生产二十四节气歌》等[2]；有养殖方面的，如《养猪二十四节气歌》[3]《养鱼节气歌》[4]《养蜂节气歌》[5] 等；有养生方面的，比较著名的如《杨建宇二十四节气养生歌》[6]。以上所列，仅是报刊、杂志刊登过的，此外，还可能有大量不曾在媒体上公开发表过的新编节气歌。由这些内容丰富的新编节气歌可见，二十四节气作为“时间知识体系”在现代社会仍然被广泛实践着，这是其作为非遗活态传承的一个重要表征。为什么说新编二十四节气歌也是非遗活态传承呢？联合国教科文组织《保护非物质文化遗产公约》第二条提出，“这种非物质文化遗产世代相传，在各社区和群体适应周围环境以及与自然和历史的互动中，被不断地再创造，为这些社区和群体提供认同感和持续感，从而增强对文化多样性和人类创造力的尊重。在本公约中，只考虑符合现有的国际人权文件，各社区、群体和个人之间相互尊重的需要和顺应可持续发展的非物质文化遗产。”这也就是说，可持续发展是非遗的核心指标之一，而且非遗是“可以被不断地再创造”的。笔者在上文已经指出，二十四节气作为“时间知识体系”只是一个框架结构，可以填充不同地域、不同历史时期的生产、生活内容，创造性地填充这个框架结构就是对二十四节气非遗的“活态传承”。

有必要指出的是，与传统的节气歌相比，新编节气歌很少关注地方性的物候，而是借助节气歌这个传统框架来传播生产、生活经验。且看《蘑菇生产节气歌》：

---

① 陈学光等：《桑蚕生产二十四节气歌》，《山东蚕业》2005 年第 1 期。

② 果树生产方面的节气歌比较多，如李宝玉的《果树生产二十四节气歌》（《新农业》1998 年第 2 期），王援国的《苹果管理二十四节气歌》（《瓜果蔬菜报 · 农业信息周刊》2008 年 12 月 9 日第 6 版），韩映南的《套袋果园管理节气歌》（《山西科技报》2001 年 1 月 2 日第 4 版）等。

③ 见《养殖与饲料》2013 年第 2 期。

④ 养鱼方面的节气歌也比较多，从知网检索可见，《农村 · 农业 · 农民》2000 年第 8 期，《河南农业》2000 年第 9 期，《江西农业经济》2001 年第 1 期，《山东农机化》2004 年第 6 期，《渔业致富指南》2006 年第 5 期，《科学种养》2007 年第 12 期等，都曾刊登过《养鱼节气歌》。

⑤ 黄孝恩：《养蜂节气歌》，《中国蜂业》2014 年第 5 期。

⑥ 参见王志华等《杨建宇二十四节气养生歌赏析》，连载于《中国中医药现代远程教育》2012 年第 1 期至第 21 期。

小寒备牛粪，干燥又黄亮。大寒想菇床，石灰小土壤，立春轻调水，视温定水量，雨水温微升。换气使温上，惊蛰始春管，逐步增水量，春分菌萌发，寒冷仍需防。清明菇上市，调水要适量。谷雨产菇旺，务把病虫防。立夏温转高，用足菇水量，小满清床架，消毒切莫忘，芒种拆床架，竹木浸水中。夏至修菇房，病虫需灭光。小暑天转热，搭好蘑菇床。大暑忙堆料，预堆不可少。立秋忙翻料，视料定水量，处暑忙进房，后酵周期长，白露前播种，兼顾温湿氧。秋分忙覆土，促使菌粗壮，寒露产菇旺，水准菇才壮。霜降菇更旺，分级交售忙。立冬天气好，科管要加强，小雪温下降，减少用水量，大雪天气寒，调水要适当。冬至已无菇，保温管菇房。①

再如《杨建宇二十四节气养生歌》：

小寒慢跑跳踢毽，畅达乐观防肾寒，三九温补食药疗，参芪首乌归阿胶，滋阴潜阳肝血养，固肾养心羊肉尝。……②

尤为有意思的是《供电所二十四节气歌》：

惊蛰——惊雷一鸣万物醒，避雷检查不能等；合理配备保险丝，防止大风刮断线。春分——春分时节正植树，电力通道要维护；巡视检查走几遍，防护区内没有树。……③

由于新编节气歌意在推广、传播，因而其内容大都凸显其通约性，淡化其地方性。从这《蘑菇生产节气歌》《杨建宇二十四节气养生歌》来看，其实只是把蘑菇生产、养生等知识填充在二十四节气叙述框架中，借用二十四节气的时间结构来完成其叙述而已。当然，二十四节气其实

---

① 张华庆：《蘑菇生产节气歌》，《中国食用菌》1988 年第 1 期。

② 参见王志华等《杨建宇二十四节气养生歌赏析》，连载于《中国中医药现代远程教育》2012 年第 1 期至第 21 期。

③ 陈学光等：《桑蚕生产二十四节气歌》，《山东蚕业》2005 年第 1 期。

是有较强地域性的，传统节气歌、谚语都是在特定地域口耳相传的，而新编节气歌在媒体上公开发表，很显然漠视了节气的地域性，其传播效用其实是很可疑的。

结 语

二十四节气原本只是历法知识，但民众将其作为表达生产、生活经验的叙述框架，容纳了不同历史时期、不同地域的生产、生活内容，以节气歌、谚语等形态不断创造出内容丰富的二十四节气文化。在现代社会中，由于城市化、人口流动、村庄拆迁、农业生产的机械化以及农业科技的发展，传统的节气歌、谚语丧失了固有的传承空间与传承主体，二十四节气作为非遗，其活态传承面临着前所未有的困境。但是从各种新编节气歌来看，二十四节气的节气歌、谚语等文化形态在民间仍然有着较为深厚的社会心理基础，二十四节气作为“时间知识体系”在现代社会中还有一定的实用功能，一是可以继续为各种种植、养殖业提供时间节点；二是可以为日常生活中的养生保健确立时间节点。新编节气歌其实是民众在社会现代变迁过程中，不断调适与外在环境的关系，在与自然和历史的互动过程中，对传统二十四节气文化的再创造，是对二十四节气非遗的活态传承。

二十四节气在日本的传播与实践应用*

毕雪飞**

摘　要：二十四节气随着历法于公元552年传入日本，已有近1500年的历史，因而早已渗透进日本各个领域，成为日本文化不可分割的一部分。今天，它依然引导着日本人的农事，影响着日本人的衣食住行，对日本人的生活有着重要的指导意义。其中，有的被列入国家法定祝日，更多的则在民间节日（节气）中得以传承实践，其他领域，如文学等方面也有对二十四节气的大量表达。从日本的经验看，国家层面的立法，民间层面的践行，媒体与商业宣传推动，特别是传统文化教育实践，对二十四节气的保护与传承起到了极为重要的作用。

关键词：二十四节气；日本传播；实践应用

2016年11月30日，中国的“二十四节气——中国人通过观察太阳周年运动而形成的知识体系及其实践”被列入联合国教科文组织人类非物质遗产代表作名录。与此同时，二十四节气的保护、传承及其研究工作也随之正式启动。近一个月以来，从国家层面到学者个人，都在密切关注或探讨二十四节气的国内工作，却很少将目光投向域外。二十四节气作为中华民族优秀的文化传统早已远播东亚各国，东亚各国是如何认识二十四节气的、又是如何实践应用的等一系列的问题，也是我们今天必须要做的研究工作，同时，这也是中国二十四节气保护与传承工作的

---

* 原文刊于《文化遗产》2017年第2期。

** 作者简介：毕雪飞，浙江农林大学外语学院教授。

重要组成部分。鉴于此，本文以二十四节气在日本的传播与实践应用为中心，探讨二十四节气在日本的传承历史与当下的实践，以此为中国二十四节气保护与传承工作提供一些参照。

一 二十四节气传入日本的历史回顾

若想探讨二十四节气在日本当下的实践，首先必须了解二十四节气传入日本的历史。当前检索到最早的史料是成书于8世纪的《日本书纪》第十九卷、第二十卷与第三十卷中关于中国历法传入日本的内容。第十九卷记载："（钦明天皇十四年）六月，遣内臣阙名使于百济，仍赐良马二匹、同船二支、弓五十张、箭五十具。敕云‘所请军者，随王所须。’别敕‘医博士、易博士、历博士等，宜依番上下。今上件色人，正当相代年月，宜付还使相代。又卜书、历本、种种药物，可付送’。"① 第二十卷载："（推古天皇十年）冬十月，百济僧观勒来之，仍贡历本及天文地理书并遁甲方术之书也。是时，选书生三四人以俾学习于观勒矣。阳胡史祖玉陈，习历法。"② 第三十卷载："（持统天皇四年十一月）甲申，奉敕始行元嘉历与仪凤历。"③ 从这三则史料记载中，可以清晰地看出中国历法传入日本与开始使用的时间轨迹，钦明天皇十四年（552），历博士和历本传入日本，推古天皇十年（602）日本开始学习历法，持统天皇四年（690）开始并行使用元嘉历与仪凤历④。随后，日本的历法使用情况，可以参见下表。

① 『日本書紀』（巻第十九）欽明天皇紀（十四年）六月、遣内臣闕名使於百濟、仍賜良馬二匹・同船二隻・弓五十張・箭五十具。敕云「所請軍者、隨王所須。」別勅「醫博士・易博士・曆博士等、宜依番上下。今上件色人、正當相代年月、宜付還使相代。又卜書・曆本・種々藥物、可付送。」原文检索（http：//www. seisaku. bz/nihonshoki/shoki_19. html）。

② 『日本書紀』（巻第二十）推古天皇紀（十年）冬十月、百濟僧觀勒來之、仍貢曆本及天文地理書并遁甲方術之書也。是時、選書生三四人以俾學習於觀勒矣。陽胡史祖玉陳、習曆法。大友村主高聰、學天文遁甲。山背臣日立、學方術。皆學以成業。原文检索（http：//www. seisaku. bz/nihonshoki/shoki_22. html）。

③ 『日本書紀』（巻第三十）持統天皇紀（四年）十一月甲戌朔庚辰、賞賜送使金高訓等、各有差。甲申、奉勅始行元嘉曆與儀鳳曆。原文检索（http：//www. seisaku. bz/nihonshoki/shoki_30. html）。

④ 日本称中国的麟德历为仪凤历。

历法	实施年	使用年数	制定者	出处	备注
元嘉历	持统天皇四年（690）	不详，曾与仪凤历并行使用	何承天	南北朝·宋书	平朔
仪凤历	文武天皇元年（697）	67 年	李淳风	旧唐书·唐书	麟德历
大衍历	天平宝字八年（764）	94 年	一行	旧唐书·唐书	岁差
五记历	天安二年（858）	4 年	郭献之	唐书	
宣明历	贞观四年（868）	823 年	徐昂	唐书	894 年遣唐使终止
贞享历	贞享二年（1685）	70 年	涩川春海	贞享历书	第一本“和历”，考虑到北京与京都的经度差，以及近日点的移动等
宝历历	宝历五年（1755）	43 年	安部泰邦等人	历法新书（宝历）	明和八年（1771年）修正
宽政历	宽政十年（1798）	46 年	高桥至时等人	历法新书·宽政历书	采用了西洋天文学椭圆运动的内容
天宝历	弘化元年（1844）	29 年	涩川景佑等人	新法历书	采用了不定时法、定气法
太阳历	明治六年（1873）				

从表格统计可以梳理出日本历法使用的历史脉络。日本于 690 年开始使用中国历法，历经元嘉历、仪凤历、大衍历、五记历、宣明历，到 1685 年终止，大约使用了近 1000 年，其中宣明历使用了 823 年，时间最长（推测因 894 年终止遣唐使而一直使用宣明历）。贞享历是日本第一本“和历”，1685 年开始使用，后历经宝历历、宽政历、天宝历，直至 1873 年结束，大约使用了 180 多年。这些“和历”以中国历法为基础进行修订，仍属于“太阴太阳历”（即阴阳合历）。明治五年（1872）政府废除太阴历，采用太阳历。明治六年（1873）1 月 4 日，太政官布告第一号发布令改历，使用太阳历。

从日本历法使用的历史来看，明治六年（1873）以前，日本一直使用的是“太阴太阳历”，1873 年以后，明治政府改历开始使用太阳历。从各个历法体系使用的历史时段来看，中国历法近 1000 年，“和历”180 多年，太阳历不到150年。由此可知，中国历法对日本的影响应该是最为深远的。

二 明治改历与传统节日（节气）的去留

明治初期，明治政府一方面积极由上而下推行“文明开化”，加速近代化的进程，促进城市化的发展；一方面通过加强中央集权制度，以强化皇权统治。明治政府的皇权和西化的奇妙结合，在对传统历法的修改、存废规定上，体现得尤为明显。日本明治五年（1872）改历，并在11月15日太政官布告以太阳历领行相对应的神武天皇即位日定位为国家纪元，明治六年（1873）使用太阳历，同时建立了一整套以皇家为中心的“祝祭日”体系，公开确定了元始祭（1月3日）、新年宴会（1月5日）、孝明天皇祭（1月30日）、纪元节（2月11日）、神武天皇祭（4月3日）、神尝祭（9月17日）、天长节（11月3日）、新尝祭（11月23日）8个年中祝日、祭日为公定休息日。在明治十一年（1878）又追加了春季皇灵祭（实为春分日）和秋季皇灵祭（实为秋分日）。[①] 明治政府的改历，外显透出对西洋文化特别是西洋历法的摄入，内化调整或消减存续已久的传统节日（节气），从而达到“归一于天皇”，并使国民日常生活沿着天皇的统治而制定了方向[②]，以达到真正的中央集权统治目的。

明治改历与以天皇为中心的“祝祭日”体系并没有让民众顺从与迎合，相反，却引起了民间强烈的“抵抗”。其原因在于：第一，民间传承久远的历法与传统节日体系，是以祖先崇拜和田神祭祀为背景，与四季变化和稻作周期相吻合，植入完全异质的天皇崇拜，使得民众在实际生活层面上难以融合接受；第二，国民在生活上依然依赖于旧历，要想从民众日常生活中去除并没有那么容易；第三，新历和对应的节日在季节上错位，导致节日无法按照传统进行。由此，民众面临艰难的二选一：要么按照原来的历法时间进行，抵抗明治政府改历；要么改变节日的内

① 毕雪飞：《明治时期改历及其对年中行事的影响》，《日本近代以来城市化进程中的年中行事传承与变迁——以东京地区为中心》，山东大学博士后研究报告，2015年9月，第39—40页。

② ［日］有泉貞夫：『明治国家と祝祭日』，载『歴史学研究・三四一』1968年第10期。

容，改变传承已久的传统。

事实上，明治政府改历以及建立起来的以皇家为中心的“祝祭日”体系，除了学校和政府部门以公休体现以外，直到明治末期为止，都没有在国民的日常生活中固定下来。从明治时代开始，经过大正时代，直到昭和三十年（1955）前后旧历依然存在。[①] 明治政府对皇权统治的强调，对西洋历法的吸收，对传统历法（包括节日以及节气）的废止，强化了皇权统治的中央集权，而民众依旧使用旧历，传承传统节日（节气），与之“较量”，与之“抵抗”，则是面对政府的“去”，而表现出的极力的“留”。

三 二十四节气传入日本后的变化

在明治政府改历以及对传统节日（节气）的废止问题上，民间的传统显示了强大的传承力量，也正因为如此，才使得传统节日（节气）绵延未绝，传承至今。那么，从二十四节气传入日本至今天，其内容是否发生了变化呢？参照平成二十八年（2016）历法要项，[②] 可以看出二十四节气名称与时间基本未变，但是，加入了土用、彼岸等 11 个杂节。从杂节的情况来看，主要是依据与二十四节气同等观测基准制定。

名称	太阳黄经	中央标准时		名称	太阳黄经	中央标准时	
小寒	285 度	1 月 06 日	7 时 08 分	寒露	195 度	10 月 08 日	5 时 33 分
大寒	300 度	1 月 21 日	0 时 27 分	霜降	210 度	10 月 23 日	8 时 46 分
立春	315 度	2 月 04 日	18 时 46 分	立冬	225 度	11 月 07 日	8 时 48 分
雨水	330 度	2 月 19 日	14 时 34 分	小雪	240 度	11 月 22 日	6 时 22 分
启蛰	345 度	3 月 05 日	12 时 44 分	大雪	255 度	12 月 07 日	1 时 41 分
春分	0 度	3 月 20 日	13 时 30 分	冬至	270 度	12 月 21 日	19 时 44 分

① 新生活运动协会在《新生活通信》第一号中提出“新历一本化”（只使用新历），引起社会舆论注意。至昭和三十年（1955）前后，旧历基本废止，国家、社会、家庭通用新历。毕雪飞：《新生活运动与文化财保护对年中行事的影响》，《日本近代以来城市化进程中的年中行事传承与变迁——以东京地区为中心》，山东大学博士后研究报告，2015 年 9 月，第 103—104 页。

② 『平成 28 年（2016）暦要項』，http：//eco. mtk. nao. ac. jp/koyomi/yoko/pdf/yoko2016. pdf。

续表

名称	太阳黄经	中央标准时		名称	太阳黄经	中央标准时	
清明	15 度	4 月 04 日	17 时 28 分				
谷雨	30 度	4 月 20 日	0 时 29 分	土用	297 度	1 月 18 日	1 时 43 分
立夏	45 度	5 月 05 日	10 时 42 分	节分		2 月 03 日	
小满	60 度	5 月 20 日	23 时 36 分	彼岸		3 月 17 日	
芒种	75 度	6 月 05 日	14 时 49 分	土用	27 度	4 月 16 日	22 时 48 分
夏至	90 度	6 月 21 日	7 时 34 分	八十八夜		5 月 01 日	
小暑	105 度	7 月 07 日	1 时 03 分	入梅	80 度	6 月 10 日	20 时 13 分
大暑	120 度	7 月 22 日	18 时 30 分	半夏生	100 度	7 月 01 日	19 时 14 分
立秋	135 度	8 月 07 日	10 时 53 分	土用	117 度	7 月 19 日	15 时 03 分
处暑	150 度	8 月 23 日	1 时 38 分	二百十日		8 月 31 日	
白露	165 度	9 月 07 日	13 时 51 分	彼岸		9 月 19 日	
秋分	180 度	9 月 22 日	23 时 21 分	土用	207 度	10 月 20 日	8 时 23 分

相比较二十四节气，七十二物候则有了很大的调整，以适应本土情况。以中国宣明历与日本明治七年（1874）略本历相比较①，可以看出日本在七十二物候方面做出的调适。

二十四节气	候	日本略本历名称	中国宣明历名称
立春	初候	东风解冻	东风解冻
	次候	黄莺睍睆	蛰虫始振
	末候	鱼上冰	鱼上冰
雨水	初候	土脉润起	獭祭鱼
	次候	霞始靆	鸿雁来
	末候	草木萌动	草木萌动
启蛰	初候	蛰虫启户	桃始华
	次候	桃始笑	仓庚鸣
	末候	菜虫化蝶	鹰化为鸠

① 《七十二候》，https：//ja. wikipedia. org/wiki/% E4% B8% 83% E5% 8D% 81% E4% BA% 8C% E5% 80% 99。

续表

二十四节气	候	日本略本历名称	中国宣明历名称
春分	初候	雀始巢	玄鸟至
	次候	樱始开	雷乃发声
	末候	雷乃发声	始雷
清明	初候	玄鸟至	桐始华
	次候	鸿雁北	田鼠化为鴽
	末候	虹始见	虹始见
谷雨	初候	葭始生	萍始生
	次候	霜止出苗	鸣鸠扩其羽
	末候	牡丹华	戴胜降于桑
立夏	初候	蛙始鸣	蝼蝈鸣
	次候	蚯蚓出	蚯蚓出
	末候	竹笋生	王瓜生
小满	初候	蚕起食桑	苦菜秀
	次候	红花荣	靡草死
	末候	麦秋至	小暑至
芒种	初候	螳螂生	螳螂生
	次候	腐草为萤	鵙始鸣
	末候	梅子黄	反舌无声
夏至	初候	乃东枯	鹿角解
	次候	菖蒲华	蜩始鸣
	末候	半夏生	半夏生
小暑	初候	温风至	温风至
	次候	莲始开	蟋蟀居壁
	末候	鹰乃学习	鹰乃学习
大暑	初候	桐始结花	腐草为萤
	次候	土润溽暑	土润溽暑
	末候	大雨时行	大雨时行
立秋	初候	凉风至	凉风至
	次候	寒蝉鸣	白露降
	末候	蒙雾升降	寒蝉鸣

续表

二十四节气	候	日本略本历名称	中国宣明历名称
处暑	初候	棉柎开	鹰乃祭鸟
	次候	天地始肃	天地始肃
	末候	禾乃登	禾乃登
白露	初候	草露白	鸿雁来
	次候	鹡鸰鸣	玄鸟归
	末候	玄鸟去	群鸟养羞
秋分	初候	雷乃收声	雷乃收声
	次候	蛰虫坏户	蛰虫坏户
	末候	水始涸	水始涸
寒露	初候	鸿雁来	鸿雁来宾
	次候	菊花开	雀入大水为蛤
	末候	蟋蟀在户	菊有黄华
霜降	初候	霜始降	豺乃祭兽
	次候	霎时施	草木黄落
	末候	枫茑黄	蛰虫咸俯
立冬	初候	山茶始开	水始冰
	次候	地始冻	地始冻
	末候	金盏香	野鸡入水为蜃
小雪	初候	虹藏不见	虹藏不见
	次候	朔风扩叶	天气上升地气下降
	末候	橘始黄	闭塞而成冬
大雪	初候	闭塞成冬	鹖鴠不鸣
	次候	熊蛰穴	虎始交
	末候	鳜魚群	荔挺出
冬至	初候	乃东生	蚯蚓结
	次候	麋角解	麋角解
	末候	雪下出麦	水泉动
小寒	初候	芹乃荣	雁北乡
	次候	水泉动	鹊始巢
	末候	雉始雊	野鸡始雊

续表

二十四节气	候	日本略本历名称	中国宣明历名称
大寒	初候	款冬华	鸡始乳
	次候	水泽腹坚	鸷鸟厉疾
	末候	鸡始乳	水泽腹坚

四 二十四节气在日本当下的实践应用与意义

二十四节气传入日本至今，日本人一边调适，一边实践应用，已然渗透进日本各个领域。其中，日本现有的节日及历法中应用最为广泛。日本节日及历法包括国民祝日与休日、年中行事·节句、二十四节气、杂节等，综合指导着日本人的生活、农事等各个方面。

日本近代以来主要围绕由来于天皇家的“祝祭日”导入休假和庆贺体系，并在旧的宪法下贯彻到底。昭和二十二年（1947）5月3日，“日本国宪法”实施，体现了“国民主权”“尊重基本的人权”“和平主义”三大特征。在此基础上，昭和二十三年（1948）7月20日，日本公布了“国民祝日法”，并即日实施，代替了旧有的“皇家祝祭日”体系。“国民祝日法”实施之初规定的节日共9个，时间以及记述如下。①

节日	时间	记述
元日	1月1日	祝贺一年开始
成人日	1月的第二个星期一	自觉意识到已经成人，青年祝贺仪式（原来的成年戴冠仪式在小正月的1月15日）
春分日	3月20—21日	歌颂自然，热爱生物
天皇诞生日（昭和天皇）	4月29日	祝贺天皇生日
宪法纪念日	5月3日	纪念日本宪法实施，期待国家成长
儿童日	5月5日	重视培养孩子的人格，谋求孩子幸福，同时，向母亲表示感谢

① 『日本内阁府网页「国民节日」』，https://www.cao.go.jp/chosei/shukujitsu/gaiyou.html。

续表

节日	时间	记述
秋分日	9 月 23 日	尊重祖先，向逝去的亲人哀悼
文化日	11 月 3 日	爱惜自由和和平，推进文化发展
勤劳感谢日	11 月 23 日	奖励勤劳，祝贺生产，国民互相感谢

日本“国民祝日法”首先废止了“元始祭（1 月 3 日）、新年宴会（1 月 5 日）、纪元节（2 月 11 日）、神武天皇祭（4 月 3 日）、神尝祭（10 月 17 日）、大正天皇祭（又称先帝祭，12 月 25 日）”；其次，将原有的一些节日进行改称，将“春季皇灵祭”改称“春分日”，将“天长节（4 月 29 日）”改称“天皇诞生日”，将秋季皇灵祭改称“秋分日”，将“明治节（11 月 3 日）”改称“文化日”，将“新尝祭（11 月 23 日）”改称“勤劳感谢日”。新宪法下的国民祝日继承了已有的“祝祭日”日期的一部分，哀悼先帝驾崩的祭日、春秋皇灵祭等天皇灵祭日的意识衰退，以祝贺国民的成长或健康为宗旨的日子或纪念日被设定为国民祝日。[①] 其中，春分日与秋分日为歌颂自然与尊重祖先的日子。除了法定祝日以外，民间传承的节日也有与二十四节气有着直接关联的节日。[②]

月份	节句	主要内容	备注
1 月	7 日人日	食七草粥	五节供
	15 日小正月	相对于元日大正月而言，食小豆粥，预祝丰收	
2 月	6 日初午	旧历二月农耕开始。立春后最初的午日，一年中运气最好的日子	
3 月	3 日桃节句	原上巳节，现女孩节“雏祭”，供奉桃花	五节供
5 月	5 日端午节句	端午节，国民祝日中为“儿童日”，民间为“男孩节”	五节供

① 日本国民祝日法几经修订，至平成二十六年（2014）5 月 23 日国民祝日法修正（平成 26 年第 43 号法律）公布为止，国民祝日增至 16 个。

② 『日本の行事・暦—年中行事・節句』，http：//koyomigyouji. com/nenchugyouji. htm。

续表

月份	节句	主要内容	备注
7月	7日七夕	"七夕祭"，也叫"星祭"	五节供
	15日盂兰盆	祖先祭祀和祈求丰收等结合	
8月	15日盂兰盆	由于使用太阳历，晚一个月举行的盂兰盆节逐渐普及全国	
9月	9日重阳节句	宫廷饮菊花酒，观菊宴；民间吃栗子饭	五节供
	15日十五夜	旧历8月15日，新历9月15日，中秋赏月	
10月	13日十三夜	赏月，秋季收获季	
11月	15日七五三	三岁、五岁男孩与三岁、七岁女孩神社参拜，祈求健康成长	
12月	13日新年准备	扫除，新年准备工作开始	

二十四节气作为重要的农事指导坐标，一直指导着农事活动，对于城市化已经超过90%的日本来说是否还具有现实指导意义呢？以平成二十八年（2016）二十四节气为例，对其影响与指导意义列表如下。①

月份	节气	对生活、农事等影响
1月	6日小寒	寒四郎：从小寒数第四天的天候影响麦收，是麦子的厄日；寒九：从小寒数第九日，这一天的雨被称为"寒九雨"，预示丰收
	21日大寒	寒水：这期间的水少杂菌，用来做酱、酱油、酒等不腐坏
2月	4日立春	将"立春大吉"四个大字左右对称贴起来，主好运，一年无灾
	19日雨水	三寒四温，冷暖交替
3月	5日启蛰	立春后第一个雷会将沉睡的昆虫惊醒，要将缠在松树等树上预防虫害的稻草席拿下来
	20日春分	社日：距离春分、秋分最近的戊日，春社为播种季，祈求五谷丰登，秋社为收获季，感谢丰收，农耕比较重要的时期
4月	5日清明	清明祭是冲绳三大祭祀之一；赏樱花
	20日谷雨	百谷春雨：最适合播种时期，被视为农耕基准

① 『日本の行事・暦―二十四節気』，http：//koyomigyouji. com/24. htm。

续表

月份	节气	对生活、农事等影响
5月	5日立夏	最舒适的季节
	20日小满	梅雨前奏，准备夏季衣服
6月	5日芒种	即将进入梅雨，湿气对策
	21日夏至	梅雨最盛期，农家插秧最繁忙的季节，关西地区吃章鱼，关东地区供奉烤年糕
7月	7日小暑	梅雨结束时期，集中大雨期
	22日大暑	各地举行洒水仪式
8月	7日立秋	各地开始准备推迟一个月的盂兰盆节，也叫“七日盆”
	23日处暑	谷物结实；预防夏日疲倦与食物中毒；以京都为中心地区举行地藏节
9月	8日白露	从这一日起仲秋
	22日秋分	春秋分前后各三天加一起七天为春之彼岸和秋之彼岸，扫墓；残寒、残暑只到彼岸
10月	8日寒露	天高气爽
	23日霜降	农业栽培等要注意
11月	7日立冬	晚秋至初冬，冷风较强
	22日小雪	红叶开始凋落，银杏、柑橘类叶子开始变黄
12月	7日大雪	冬鰤捕获季节
	21日冬至	洗柚子澡，吃南瓜粥或小豆粥；伊势神宫举行冬至祭

从二十四节气的影响来看，有对农事、渔业等方面的引导，更多的则是对生活方面的指导，可见二十四节气已经成为日本人生活不可分割的部分。此外，日本人还根据二十四节气观测基准增设了11个杂节，以补充二十四节气及其指导作用。杂节的月份、日期与二十四节气的关联及其指导内容列表如下。①

① 『日本の行事・暦—雑節』，http：//koyomigyouji. com/zatsusetsu. htm。

月份	杂节	与二十四节气关联及其指导内容
1月	18 日冬土用	立冬前 18 日之间为土用。祭土公神；忌动土，盖房等动土的工事最好避开这个时期
2月	3 日节分	立春前一天。宫中追傩，寺院、神社举行撒豆仪式，民间撒豆习俗，一边撒一边唱“福内鬼外”，撒豆结束，数出与年龄相同数目的豆子吃掉
3月	17 日进入彼岸	春分前后各三天加一起七天。扫墓，祭祀祖先；吃“牡丹饼”（一种年糕）
4月	16 日春土用	立春前 18 日之间为春土用。祭土公神；忌动土，盖房等动土的工事最好避开这个时期
5月	1 日八十八夜	从立春数第八十八日。播种基准；八十八组合为“米”字，各地举行农耕预祝敬神仪式
6月	10 日入梅	芒种后最初的壬日，从芒种日数第六日。以前没有天气预报时，判断入梅的最重要的标准，农家插秧的季节
7月	1 日半夏生	从夏至数第十一日。插秧结束，这一天农家根据天候预测收成。据说这一时期地面湿毒，忌食笋、蕨菜等野菜，忌撒种
	19 日进入夏土用	立夏前 18 日之间为夏土用。祭土公神；忌动土，盖房等动土的工事最好避开这个时期。“土用三郎”：进入夏土用第三天，晴预示丰收，大雨预示歉收；晒衣服、书籍等；吃“うなぎ（鳗鱼）、梅干し（梅干）、瓜、うどん（面条）”等带“う”的食品
8月	31 日二百十日	从立春数第二百一十日。这一日被称为“厄日”，稻子开花结实最重要的季节，也是台风袭来农作物易受灾害的时期，为预防农作物受害，各地举行镇风仪式“风祭”
9月	19 日进入彼岸	秋分前后各三天加一起七天。扫墓，祭祀祖先；吃“お萩”（一种小豆食品）
10月	20 日进入秋土用	立秋前 18 日之间为秋土用。祭土公神；忌动土，盖房等动土的工事最好避开这个时期

除了历法与节日中的二十四节气传承以外，日本的其他领域，如文学艺术等亦有大量的实践表达。形成于 15 世纪的独立诗体——俳句是日本传统诗歌形式中的一种短诗，也是世界上最短的格律诗之一。它以极其短小的形式表现作者刹那间的感受，多用比喻、象征等手法，语言含

蓄、隽永、简练，便于记忆和流传。俳句是一种有特定格式的诗歌，其创作必须遵循两个基本规则：第一，俳句由五、七、五三行十七个字母组成［以日文（假名）为标准］。第二，每首俳句都必须有而且只能有一个“季题”。所谓“季题”，又称“季语”，即与四季有关的自然现象或人事社会现象。自然现象是用于春夏秋冬四季有关的风花雪月、鸟兽虫鱼、花卉草木等为标志和暗示，使读者一看即知该俳句所吟咏的是四季中的某个特定季节的事物。人事社会现象则以宗教、习俗、人事（包括节日、忌日、纪念）等来暗示一年四季中的一个特定季节。“季题”（季语）中，二十四节气出现的频率非常高，现代俳句依然如此。检索现代俳句数据库,[①] 出现六个栏目，分别为“春の季語”“夏の季語”“秋の季語”“冬の季語”“新年の季語”与“無季”，二级检索立春、夏至、冬至三例，检索出立春 50 例，夏至 21 例，冬至 21 例。日本俳句诗人通过“季语”中的季节转换，表达对自然与人事的感慨，以及对幼小时代或故乡的一种怀念眷恋之情。“季语”中的二十四节气成了俳句意象，承载着日本人的喜怒哀乐、悲欢离合，以及对人生的感慨与感悟。

二十四节气在日本的当下实践离不开媒体与商业的大力宣传。每至二十四节气，日本的天气预报中都会进行详细讲解。以处暑为例，来了解一下日本人宣传二十四节气的叙事顺序。“一年二十四等分的节点是二十四节气，今天是处暑。处暑即“出暑”，天气开始转凉，但是现在的季节感怎么样呢？通过调查，现在的季节感是夏天，天气仍然十分炎热。那么历年的状况怎么样呢？过去十年东京的气温数据显示最高 34.7 度，最低 28 度，平均在 30 度左右，特别 2010 年逼近 35 度，果然现在仍处于炎热的夏季。那么，大家关注的炎热要持续到什么时候呢？请看各大城市未来一个星期的气温状况，高温一直还要持续。在这炎热的天气里，大家最应该注意的是要管理好身体。不仅是气温，还要注意湿度，容易引发中暑等症状。高温多湿的时期，请大家巧妙利用空调，在屋内、屋外采取万全措施预防中暑。最后，今天也是七十二候中的“綿柎開”，大家猜一猜怎么读？”[②] 从上述二十四节气宣传叙事顺序来看，先是讲解二

---

① 『現代俳句データパース』，http：//www. haiku – data. jp/kigo. html。

② 『二十四節気【処暑】の季節感｜ウェザーニュース』，http：//hp. otenki. com/2454/。

十四节气与处暑的由来，然后讲解处暑日及未来一周的天气状况，接着再讲处暑湿热时期注意管理身体，最后是对七十二候知识的普及。

商业宣传则主要集中在季节转换时节令食品与用品的贩卖上。以冬至为例，了解一下商业以及旅游业的宣传。每至冬至，商场外面都会竖起旗子或宣传招牌，介绍冬至的由来，讲解吃南瓜粥、洗柚子浴的习俗以及好处等，商场内部则将柚子与南瓜摆放在一起贩卖。日本的一些温泉也会打出冬至柚子浴的广告，吸引游客前往观光与休闲。如日本日光公园中的鬼怒川温泉的冬至柚子浴广告[①]这样写道："冬至时期，鬼怒川川治温泉乡迎来了柚子浴。严寒季节，鬼怒川的柚子浴使您身心温暖。18 日（星期日）10 点开始，在鬼怒川车站前派发柚子，先到 500 名有份。"不仅商业、旅游业，这一时期的网络也大量宣传冬至由来以及习俗。从这些线上线下的宣传可知，二十四节气在日本当下社会中的认知程度与民众的接受程度都不低。

二十四节气的传承也离不开国家立国方策与基础教育。日本进入平成（1989—2019）时期，开始建设"文化立国"的制度体系，[②] 建立了由经济大国向政治大国、文化大国迈进的战略目标，以应对政治多极化、经济全球化、文化多样化的发展趋势，日本政府凭借其强大的经济实力、先进的科技水平和发达的资讯体系，雄心勃勃地提出要把日本建成一个"文化发信国家"，使日本成为一个"向世界传播文化的国家"，并在扩大日本文化国际影响力、提升日本国家形象方面表现不俗。[③] 日本的"文化立国"策略实施，加之学校的教育、家庭的教育以及企业的配合，使得节日（节气）得以很好地保护和传承下去。日本传统文化基础教育非常值得提倡与学习，如学校、家长会让学生在立春前一天撒豆驱鬼，之后认真数出与自己年龄数目一致的豆子吃掉；女孩节让女孩子们摆放"雏

---

① 『ゆず湯風呂キャンペーン | イベント | 日光旅ナビ』，http：//www. nikko – kank-ou. org/。

② 日本自明治维新以来，国家发展战略大体上可以分为三个阶段：军事立国战略阶段（明治维新至第二次世界大战）、经济立国战略阶段（第二次世界大战以后至 20 世纪 80 年代）、文化立国战略阶段（20 世纪 90 年代以来）。『第 2 部/文教・科学技術施策の動向と展開』，『文化芸術立国の実現』，日本文部科学白書，2013 年版。

③ 欧阳安：《日本文化政策解读（上）》，《中国文化报》2012 年 7 月 27 日。

祭”人偶，男孩节让男孩们悬挂端午鲤鱼旗；七夕节让学生认真写好七夕祈愿纸条，虔诚地挂到筐上；盂兰盆节学生跟随大人返乡祭祖，“七五三”跟着家长去神社参拜，正月大规模参拜。传统节日（节气）举行之际，稍加驻足，就会发现一些企业赞助的招牌，用之于民而还之于民，企业对节日顺畅推进贡献着应有的力量。

结　语

二十四节气随着历法于公元552年传入日本，已有近1500年的历史，因而早已渗透进日本各个领域，成为日本文化不可分割的一部分。今天，它依然引导着日本人农事，影响着日本人的衣食住行，对日本人的生活有着重要的指导意义。其中，有的被列入国家法定祝日，更多的则在民间节日（节气）中得以传承实践，其他领域，如文学等方面也有对二十四节气的大量表达。从日本的经验看，国家层面的立法，民间层面的践行，媒体与商业宣传推动，特别是传统文化教育实践，对二十四节气的保护与传承起到了极为重要的作用。

传承之眼："非物质文化遗产"保护的影像记录研究

——以新龙藏历"十三节"为例*

扎西翁加**

摘　要：非物质文化遗产是一个民族传统文化的结晶。虽然，随着现代化步伐的加快，非物质文化遗产保护和发展面临着巨大的挑战，但是，影像记录的发展成熟对保护和传承非物质文化遗产有了无可替代的优势。文章基于新龙藏历"十三节"这一具体非物质文化遗产项目，并结合长期田野调查，来探讨影像记录在非物质文化遗产保护中的作用，以及如何利用影像来保护和传承非物质文化遗产。

关键词：非物质文化遗产；十三节；影像记录；保护与传承

非物质文化遗产（intangible cultural heritage），简称非遗，指被各群体、团体、有时为个人所视为其文化遗产的各种实践、表演、表现形式、知识体系和技能及其有关的工具、实物、工艺品和文化场所。① 它是广大人民群众长年累月在生活中缔造的文化财富，是一个民族的文化基因和身份标志。在 2007 年 3 月 1 日，新龙县藏历"十三节"（བཅུ་གསུམ།）成功

---

* 原文刊于《四川民族学院学报》2019 年第 2 期。

** 作者简介：扎西翁加，四川民族学院马克思主义学院讲师。

① 2003 年 10 月 17 日，联合国教科文组织第 32 届大会通过了《保护非物质文化遗产公约》，其中第 2 条是对"非物质文化遗产"的定义。

入围四川省非遗名录。

这无疑是新龙传统文化保护中的一大喜讯。不过，从客观上来看，随着全球化与现代化的不断冲击，新龙藏历“十三节”的保护和传承又将面临着新的问题。因为非遗主要以声音、形象、技艺为表现形式，需要依靠特定的区域、特定的民族、特定的人物，并且以身口相传的方式进行传承。[①] 所以，在现代化的冲击下，传统的静态保护与活态传承的方式越来越受到挑战。

一　新龙藏历“十三节”及其保护现状

（一）新龙藏历“十三节”概况

新龙被称为“康巴肚脐”，位于甘孜州的中部。历史上叫“瞻对”[②]，如今新龙的藏语名为“梁茹”（ཉག་རོང་།）[③]，新龙犹如一块绿宝石镶嵌在美丽的雅砻江畔。新龙自然风光美丽，传统文化浓厚。其中，最具魅力的则属新龙藏历“十三节”，它是新龙人所独有的节日，其隆重程度一点也不亚于藏历新年和春节。新龙民间一直流传着“农历的春节，藏历的十三”之说法。新龙藏历“十三节”通常是在藏历的十二月十三日举行的一种节庆。“十三节”的起源有许多说法。有的人认为它起源于丹巴喜饶在西藏贡布降魔后[④]，人们出于纪念而把这一天定为了节庆，有的人认为是格萨尔王在十二月十三日这一天来到新龙，打败妖魔鬼怪，为新龙人民带来了幸福安定，所以新龙人把这一天作为自己的年节隆重庆祝，以纪念他的丰功伟绩。也有部分人认为是为了纪念瞻

---

① 胡海：《电视媒体在保护非物质文化遗产中的作用》，《新闻世界》2013 年第 3 期。

② 玉珠措姆：《瞻对工布朗吉在康区的兴起探析》，《中国藏学》2014 年第 2 期。

③ “梁”为凹地、低陷处即山间之意，“茹”是相对于牧业而言的，指种植农作物（青稞、小麦、豌豆等）之地。

④ 雍仲苯教始祖辛饶弥沃（又称丹巴喜饶）被苯教信徒尊崇至似佛祖释迦牟尼，是西藏本土宗教的奠基人和远古藏民族精神文化的象征。

对西绕降泽大师①，而创立了“十三节”。更有一部分人认为是工布朗吉（མགོན་པོ་རྣམ་རྒྱལ།）②，他南征北战③，有一次在藏历“十三日”进行重要的征伐中取得胜利，因此，有了“十三节”的传统。由此可见，“十三节”有丰富的起源说法，对于了解新龙的人文历史有很大的帮助。

新龙特殊的地理位置，相对封闭的山谷环境，使得新龙藏历“十三节”在一个相对封闭的客观环境中流传至今，可谓藏族文化的活化石，这就是新龙藏历“十三节”的价值所在。如今，交通日益发达，全球化与市场化对传统文化的冲击日益剧增。不难看出，加大对新龙“十三节”的保护和传承力度显得尤为重要。

（二）新龙藏历“十三节”的保护现状

新龙藏历“十三节”在早期部落社会时期是以部落为载体的大众传承方式。因此，产生了三个不同时间的“十三节”即藏历十一月、十二月和次年的三月。部落社会解体后，出现了以村寨为载体的大众传承方式。如今，由于全球化和商业化加速了传统文化变迁的步伐，政府部门以及老百姓也充分意识到了保护新龙藏历“十三节”的重要性和紧迫性。首先，新龙县文化广影局主动承担了“十三节”的保护任务，并且在相关部门的共同努力下使新龙藏历“十三节”成功录入四川省第一批文化遗产项目，正式成为省级非遗。之后，新龙县文化广影局成立了新龙县“民保领导小组”，明确了县级保护责任管理机构和责任人，完成了新龙藏历“十三节”的普查工作，向州、省申报并批准了非遗代表作；并且加强了对新龙藏历“十三节”保护工作的宣传力度，让老百姓了解传统文化的重要性，不仅使外界了解了新龙县特殊的年节，也提高了当地干

---

① 根据西绕俄热记载，新龙有位活佛叫西绕降泽，曾在随萨迦派高僧八思巴进京拜见忽必烈时，在忽必烈面前将一把剑徒手系成了一个铁疙瘩。忽必烈赐他官印，令他回家乡当官。但他回到家乡以后也无心过世俗生活，因此把得到的管理之权交给了其姐姐。后来该家族成了瞻对这个地方一个尊贵而有威望的家族，即“瞻对本从”，后来这个地方也被称为瞻对，瞻对的字面意思为铁疙瘩。同样，瞻对西绕降泽也由此得名。为纪念大师功德，新龙人把藏历十三定为新龙大庆日，后来逐渐成为年节日。

② 工布朗吉（1799—1865）出生在新龙，他从早期的地方性战争，到领土的扩大，几乎涉及整个康区。

③ 玉珠措姆：《史学家对工布朗吉土司形象的构建》，《民族学刊》2012年第5期。

部、群众对该非遗的保护意识，建立了相关档案。在此基础上，按照传统传承方式的特点即部落传承和村寨传承为原则，在乐安乡切衣村、绕鲁乡布日村、通宵乡觉然村、博美乡麦巴村、洛古乡洛古村等村落选择德高望重的人来当“十三节”的非遗传承人，通过举办活动的形式向传承人传达传承知识。另外，新龙县政府还特意下发文件，在过新龙藏历“十三节”时，给予当地干部节假日，对过“十三节”与过藏历新年或农历春节的重视程度一样。通过调查发现，不同民族的干部群众相处也非常和谐，他们会主动调整过年值班任务，使得过藏历新年或过农历春节以及过“十三节”的干部，错开值班，各得其所。这种温馨的举措，不仅很大程度上提高了工作效益，同时还避免了过年无法回家的困境，可谓一举两得。

从社会层面来看，新龙藏历“十三节”受到老百姓的广泛关注，是因为新龙藏历“十三节”具有厚重的历史积淀和极大的文化价值。新龙藏历“十三节”不仅在全藏区独一无二，从全国来看也是唯一的。这种年节不是将岁首作为新年，而是以藏族先民原始的祭祀性节日作为新年年节，并且延续至今，历史悠久，甚为珍奇。[①] 因此，新龙当地的老百姓对于“十三节”的感情是不言而喻的。如今，老百姓也充分感受到了“十三节”发生着一些变化。这种变化的原因是多方面的。首先，由于客观地理因素引起的变化，新龙“十三节”传承范围十分狭小，而这种小范围的年节习俗，还受到过藏历年节的影响。新龙县与周边县相接壤的部分地区，以及部分牧业区，慢慢改变了自己过藏历“十三节”的习俗，而转变为过藏历一月一日的藏历新年。其次，受现代化的影响，众多区域都不再过藏历“十三节”，比如茹龙镇城区作为新龙县县城所在地，较早就不再过藏历“十三节”，城区普遍过农历春节，只是吴西、杜西、地龙等茹龙镇[②]管辖下的部分农村还保留着过“十三节”的习俗。最后，由

---

① 在传统的藏族文化中，通常把“3”和3的倍数作为吉祥数字的象征，如：3、9、13等数字在藏文化中都含有吉祥的意义。“十三节”正是以十三为命名，以十三日为起始形成的年节习俗，也是一个轮回的开始。

② 新龙县县城所在城镇，虽然有部分在城市里，也有少部分地处离城中心较远的乡村。

于时代文化的变迁，新龙藏历“十三节”的过节仪式也有简化的趋势。[①]

当地老百姓意识到这个问题后，积极讨论解决途径。最后以传统的民间传承的形式，选了多嘎、白加、登孜、阿日、觉巴多吉、尼麦、仁增尼玛、泽仁公布等人作为“十三节”的传承人。不难看出，这些传承人多为男性，且年龄较长者，主要是利用传承人在民众中的影响，以便于传承。作为“十三节”的传承人，博美乡的白加，在“十三节”第三天，也就是藏历十二月十五日，身体力行地组织当地村民，带动村里的男女老少跳锅庄，并且利用这样的机会给大家讲述有关“十三节”的历史故事，有些年轻的孩子们不会歌词和舞步，他就提前一个月把村里会跳“新龙锅庄”的人聚集在一起，[②] 让这些会跳的人来教授不会跳的，在大家的共同努力下，效果显著。这样的活动不只是一次，而是年复一年地进行。几年的坚持之后，“十三节”上会跳锅庄的孩子也越来越多了，人们的参与度也越来越高。新龙藏历“十三节”的保护和传承也更具有生命力。

新龙藏历“十三节”具有独特的文化内涵和历史价值。自藏历创制以来，整个藏族的年节习俗及其过年的时间都逐步趋于统一。而且藏历的过年时间即以藏历的一月一日为新年，这个传统传承至今，仍未改变。当然，对于整个藏区而言，相对比较封闭和边远地区的古老年节习俗，大部分都在“藏历年”的影响以及其他文化的日益冲击下，很难保留至今。“十三节”唯独在新龙一隅比较完整地传承下来，且新龙在过“十三节”的时间上又有月份的不同，时间上的区别。是什么原因造成了过年时间的不统一，这到今天为止还是一个历史之谜，需要我们进一步探索。我们可以从多方视角来解读新龙藏历“十三节”。从探求藏族古老年节习俗的意义上讲，它无疑具有极高的历史价值。从另一方面来认识新龙藏

① 传统的“十三节”需要把白鸡毛缝在白桦树枝上，而如今，人们更加喜欢将白布剪成小片拴在树枝上，一是因为爱护动物意识的增强，二是这样更省事；传统的“十三节”中需要挂的经幡，全是人力手工印制，现在所用的经幡，可以直接在商铺中购买。种种现象告诉我们，新龙县的“十三节”，在传承范围缩减的同时，其仪式也在逐渐简化。

② 新龙锅庄在整个藏区都非常有名，独树一帜，在康巴地区很早就有“巴塘的弦子”“甘孜的踢踏”“新龙的锅庄”之说。2012 年新龙锅庄被列为四川省非物质文化遗产，并积极申报国家级非物质文化遗产。

历“十三节”，它不仅仅是一个年岁交替的岁时节日，更不仅仅是一项单一的祭祀性节日，而是将两种性质的节日融汇的集合体。从其自身含有的文化内涵和其外延展示的文化形式来看，它都十分丰富，而且个性鲜明。从祭祀文化层面来解读，它包含了自然崇拜、图腾崇拜、祖先崇拜和英雄崇拜等多种崇拜现象。从宗教层面来认识，它蕴含着原始信仰、苯教文化信仰和藏传佛教信仰。从民俗文化层面来理解，它包含了饮食、歌舞、民间体育、竞技、游戏、服饰、礼仪等多种民俗文化，具有特殊的文化价值。不过，眼下传统的保护模式出现了一些“心有余而力不足”的现象，因此，需要进一步探索更加行之有效的解决路径。

二　影像记录“十三节”的优势及作用

（一）超越“文化生境”，实现“活”的保护

反观新龙藏历“十三节”传统的保护模式，首先是得到政府部门的认可，也制定一些保护和传承本地民族传统文化的地方性法规、条例，客观上保障了非遗的保护与传承。其次得到了当地百姓的认可，也就是社区民众有了“文化自觉”①。同时也发起了一些倡议，采取了以各村为代表的村落传承。但是，这一切必须是以有特定的“文化生境”② 为前提。如今，已是全球化与信息化的时代。因为我们无法保证非遗不受现代化的冲击，所以需要正视现实问题，对它进行抢救性记录越来越成为迫切的工作。可喜的是，影像记录由于其特有的音像纪实功能，将对保护非物质遗产发挥极其重要的作用。③ 影像记录不但可以使得非遗文化被真实鲜活地记录下来，更可以借助电视等现代化媒体得到进一步的传承与发展。新龙藏历“十三节”大部分是以仪式、技艺等为表现形式，依

---

① “文化自觉”是20世纪80年代末费孝通先生到内蒙古鄂伦春聚居区考察时，面对人口较少民族在信息社会巨大转型的背景下，对民族文化自身如何保存而思考的结果。费孝通先生认为，人口较少民族只有从文化转型上求生路，要善于发挥原有文化的特长，求得民族的生存与发展，所谓“文化自觉”就是要对本民族文化有“自知之明”，明白它的来历、形成的过程、所具有的特色和它的发展趋向。

② “文化生境”是指一种文化保护所需要的客观环境，即保证有这些文化艺术赖以生长发育发展的土壤和环境。

③ 胡海：《电视媒体在保护非物质文化遗产中的作用》，《新闻世界》2013 年第 3 期。

靠特定的民间文化、特定人物，以身口相传的方式进行传承，传统的平面媒体无法形象、直观地表现新龙藏历“十三节”，以声、画记录为主要表现形式的电视、电影等媒体，对表现“十三节”具有无可替代的优势。稀缺的传统仪式，传承人的微观的神态、表情等用文字难以准确表述的表演元素，都能通过影像来真实、形象、生动地予以再现。

（二）借助现代媒体实现新形式的发展

影像记录对“十三节”的作用并不局限于保护的层面，而是可以进一步实现对新龙藏历“十三节”的传承和发展。因为影像记录与电视、电影、网络等当代覆盖最为广泛的大众媒体是共同发展、相互依存的关系，在现代社会里拥有数量众多的受众。由于影像记录特有的表现手段和现代媒体广泛的影响力，新龙藏历“十三节”可以通过电视、网络等媒体得到最有效的宣传。近期播放的非遗类电视节目《传承者》《非常传奇》《国家宝藏》等受到了广大观众的高度赞扬，引得观众的喜爱，这些综艺节目将深耕在文化遗产一线的手工匠人以及传承人们作为主角，通过明星拉近了匠人与观众的距离，[①] 拓宽了人们对非遗的认识，让更多的观众了解了传统文化。对于儿童来说，可以通过电视、网络等媒体加强自身的认知。活态性、民间性和生活性是非遗的几大特点，对其保护和传承不只是特定某个时间或者某个人的事，而是全社会经常性的事。这就需要面向全社会进行保护非遗的宣传，尤其提高对青少年在这一领域的教育，让他们感受这些传统文化遗产的魅力，从而提高整个社会的保护意识。但是，单靠文字或者教室里教育比较枯燥，最终的宣传效果也不理想。将非遗用影像的形式进行记录，并且通过电视、网络等媒体来宣传，走进教室，这样能很大程度提高学生兴趣，从而使其正确深入地体会保护遗产的重要性，起到很好的保护效果。

从另一方面看，非遗是一个民族、一个国家的文化基因，是一个国家重要的文化软实力，体现着一个国家传统文化的精髓。而电视、网络媒体作为信息发布、文化传播的重要窗口，在对外宣传和提高一个国家文化软实力中发挥着越来越重要的作用。从当下的形势来分析，电视和

① 马嘉会、宗泳杉：《非遗类综艺让匠人成为明星》，《北京商报》2018 年 1 月 18 日。

网络媒体是目前在全球影响力较大的传播载体。[①] 因此，电视和网络媒体对传承和发展非遗有着至关重要的作用，正确、积极地引导媒体传播非物质文化对树立一个国家的形象也有着非常重要的作用。而这种形象的树立就是依靠优秀的传统文化，有了传统文化历史积淀，它所展现出来的文化底蕴是浓厚且具有吸引力的。明确媒体的传播价值，将非遗精神融入每一个节目，正确树立做好每一个节目的记录的理念，从而通过节目中蕴涵的文化精髓使观众在潜移默化中受到熏陶。[②] 传播手段上创新，影像记录时追求真实，尽量发挥非遗自身的魅力，使之得到健康发展。更为重要的是，非遗在电视和网络媒体上的传播，会加强国民的文化自信。而文化自信，是一个国家、一个民族、一个政党对自身文化价值的充分肯定，对自身文化生命力的坚定信念。[③④] 其中“文化自信，是更基础、更广泛、更深厚的自信”[⑤]。而文化自信的根源是需要有能凝聚人们价值观的文化基因，非遗作为一个民族的灵魂和血脉，凝聚着这个民族对世界和生命的历史认知与现实感受，积淀着其最深层次的精神追求和行为准则，并承载着民族自我认同的价值取向。这是一种精神上的向心力，它有利于国家凝聚力的形成和民族性格的养成，有助于促进国家统一、民族团结和国民精神上的自信。[⑥] 从微观上看，当地群众发现自己家乡的传统文化通过电视上来传播，打破了传统文化无用论，从而对传统文化有了新的认识，根深蒂固地增强了传承和发展非遗的意识。

① 电视和网络媒体是目前传播速度最快、传播范围最广泛、传播效果最理想的信息传播途径。

② 杨晓军、张婷:《电视媒体提升国家文化软实力的作用和对策》,《青年记者》2010 年第 1 期。

③ 陈金龙:《论中国特色社会主义话语权的建构》,《思想理论教育》2015 年第 3 期。

④ 赵付科、孙道壮:《习近平文化自信观论析》,《社会主义研究》2016 年第 5 期。

⑤ 文化自信，是党的十八大以后习近平多次提到的一个重要概念，是继道路自信、制度自信、理论自信之后，中国特色社会主义的第四个自信。习近平:《在庆祝中国共产党成立 95 周年大会上的讲话》,《人民日报》2016 年 7 月 2 日。

⑥ 刘林涛:《文化自信的概念、本质特征及其当代价值》,《思想教育研究》2016 年 4 月 25 日。

三 影像记录的传承之道

基于非遗的非物质性以及传承的现状与其独特的文化艺术价值，合理性地挖掘传统素材和抢救性地对其进行保护是当务之急，吸收时代元素转型发展和催生全新艺术形式是发展之道。以影像手段对非遗进行全面真实记录，可以从新的领域加大对传统文化的保护力度，加强文化保护和促进文化发展。不过，我们要清醒地认识到任何一种文化创作形态都是以其自身的生命形式出现的，都是以一种自有的力量从孕育着它的社会土壤里、在特定的精神理想中生长出来。[①] 因此，作为非遗的一种特殊的保护和传承方式，影像记录一定不能脱离一定程度上的文化环境，新龙藏历“十三节”的影像记录也是如此，应该做到客观真实地反映传统文化。当前，随着人们认识的提高和政府对传统文化保护力度的加大，已有一大批民族文化被列为非遗项目，在对民族文化的传承和弘扬方面已取得显著的成就。如何科学有效地记录这些非遗就成了非常重要的环节。因此，对非遗进行影像记录时应该特别注意两个方面。

（一）观察与参与式记录方法

毋庸置疑，对非遗影像记录并不是简单地用摄像、录音设备进行直接录制就能完成的。除了需要掌握影像拍摄方面的专业知识外，更重要的是对拍摄对象的深入了解。这就要求记录者需要经历全面深入的田野过程，达到与人类学者田野同样的水准。不但要做到对当地文化非常了解，更要与当地的人们打成一片，需要当地人对拍摄者的绝对信任，对设备的不畏惧。如要达到以上效果，首先需要花足够的时间去相互了解，这也就是一个长期的田野过程。这就是人类学田野调查的主要特点之一。人类学研究者，首先要在理论上学习，经过严格的训练之后，初次做田野工作的研究者需要在田野点居住一定的时间。[②] 我们通常了解的国外人类学者曾在田野点生活数月甚至数年。例如，著名的英国人类学家马林

---

① 刘洁：《纪录片的虚构：一种影像的表意》，中国传媒大学出版社 2006 年版。

② 庄孔韶：《人类学通论》，中国人民大学出版社 2015 年版，第 175 页。

诺夫斯基，在1914—1918年间曾多次到新几内亚的梅鲁（Mailu）和特罗布里恩德（Trobriand）等岛屿进行实地调查，而且和这些岛屿的人们共同度过近四年的时间。[①] 英国著名人类学家拉德克利夫·布朗（A. R. Radcliffe Brown）于1906—1908年期间，在印度洋上孟加拉湾的安达曼群岛调查当地居民长达两年之久。[②] 反观国内，自从20世纪20年代开始，也有许多优秀的人类学者在边疆民族地区长期调查，并且在几年后又追踪调查。如众人皆知的老一辈人类学家费孝通“五访江村”，人类学家林耀华“三上梁山”等事迹，他们的田野调查都经历了深入和长期的过程。研究者必须深知古老的民族传统文化往往根植于基层的普通老百姓的生产生活中，影像记录者只有深入基层，到具有浓郁的乡土气息和特色的地方去，到村庄和寨子中，不辞辛劳，通过长时间的深入调查、访谈等才能收集和深刻了解民间文化。所以，对新龙藏历“十三节”的影像记录也应该遵循这一点。因此，记录者只有投入足够的时间，才能做到对当地传统文化的深度了解。

过去，田野调查者主要依靠绘图。之后才有了照相机和摄影机。但在早期人类学调查中只是把它们当成一个辅助工具，后来慢慢地重视影像本身的价值。因此，有一定价值的影像记录在调查中得到了重用。开启先河的可以说是剑桥大学，他们在托雷斯海峡做调查的时候拍摄了纪录片。后来也有一些著名的人类学家（如米德和她的先生）充分利用了影像记录的功能，拍摄了许多片子。但是人们只注意到他们的论著而忽略了影像作品。[③] 如今，需要意识到影像记录不是单纯的工具，影像作品本身也要得到较高的认可。影像作品得到高度认可的前提是需要进行科学有效的记录。因此，记录者需要“参与观察”[④]。参与观察是人类学田野调查的最大特色。只是走马观花，不深入参与，只能看到一些表面的东西，无法理解深层次的东西而导致失真，如果作为一个合格的研究者，

---

① ［英］马林诺夫斯基：《西太平洋上的航海者》，弓秀英译，商务印书馆2017年版，第9—11页。

② 庄孔韶：《文化人类学概论》，中国人民大学出版社2006年版，第56页、第58页。

③ 邓启耀、谢勤亮：《人类学视野下的影像记录》，《东南传播》2008年第4期。

④ ［美］芭芭拉·泰德洛克：《从参与观察到观察参与：叙事民族志的出现》，富晓星译，《满族研究》2002年第2期。

最好能学习当地语言，这样才能充分地了解当地文化。参与式观察典型的代表人物就是人类学者马林诺夫斯基，他在新几内亚特罗布里恩德（Trobriand）群岛调查研究时，不但学习当地人的语言，同时参与到当地人的生产和生活中，零距离观察，与当地民众进行深入交流，在不经意的言谈中有意设计一些问题，得到大量有价值和可靠的信息。由此我们发现，方法可以灵活多样，研究过程中力求全面深入。除此之外，作为旁观者来观察是一种方法，但想要获得更有价值的材料就要求研究者深入了解研究对象在生产生活的方方面面，参与到当地人的日常生活中去，融入当地的文化氛围中得到亲身体验和感悟，从而达到深入理解和把握该文化标准。把这种理念与方法运用在非遗的影像记录中，运用“参与式影像”的方法①。这样既能充分消除当地人对研究者的陌生感，又能提高当地群众或者非遗传承人的参与度，逐渐从行为上树立起当地人对于自身文化的认同和主体观念，使其摆脱表演者的角色，从其内心激发对非遗本身的保护和传承热情。笔者拍摄新龙藏历“十三节”，从开始着手研究到最终的拍摄经历近 8 年的时间。虽然对“十三节”本身有较深入的了解，但在拍摄时需要与当地人做深入沟通，避免拍摄主观化，避免先入为主即根据拍摄者自身的理解来拍摄。而是需要在当地人们自身较为自然、放松的情况下表达他们的文化。

（二）影像记录的客观性与真实性

眼见为实，耳听为虚，是人们用来判断事物是否真实存在的依据。大部分认为认可影像是基于它的客观性和真实性。故而影像能够真实地记录似乎也是无可争议的一件事。但是，实际上人们眼睛所看到的影像，只是事物的再现，而并非事物本身。这主要体现在两个方面：其一，从摄影师的角度来看，如何记录是摄影师的主体选择，是摄影师发现事实和对所发现的事物进行重构的结果。因此，有了主观选择，记录就不可能完全做到客观真实，所以我们要力求在主体的选择之下充分尊重客观

① 参与式影像的概念最早在 20 世纪 70 年代以“赋权”影像（empowerment video）的概念被提出，Shaw 和 Robertson 将其界定为“一种创造性地利用影像设备，内在文化持有者记录自己和周遭世界，来生产他们自己的影像的集体活动”。

事实，对文化进行比较客观和真实的记录和诠释。记录者只有充分尊重客观事实，对客观事实进行客观真实的记录，才能赋予影像永久的保存和供后人研究及学习的价值。如对新龙藏历“十三节”进行影像记录时，摄影师必须要摈弃把少数群体和将边缘化的传统文化视为野蛮的落后观念。不能以居高临下、高人一等的眼光和僵化的思想来看待当地文化，更不能以简单粗暴的方式进行影像采集，而应该以一种中立的思想，不带任何偏见，将摄影当作是发现和探索文化、客观记录文化的一种方式。当然，影像技术可以使非遗比较真实客观地呈现出来。但在具体的拍摄过程中，因为拍摄的角度、拍摄的方法、景别、摄像机的位置、拍摄的速度的不同，拍摄的效果也有所不同。在这个方面，摄影师在拍摄时可以在一定的距离内，合理搭配远近镜头，避免对拍摄对象的干扰，以巧妙地将其记录下来。例如，在拍摄新龙藏历“十三节”的锅庄舞时，前期做好机位选择等工作，客观地记录舞蹈的原貌，避免对舞蹈表演者做这样那样的要求，必要时采用跟拍、航拍等方式，切忌影响表演者。充分发挥影像记录的优势，客观如实地“描写”非遗，充分尊重当地文化，最大限度地发挥影像记录对非物质文化遗产的记录和弘扬的功能。其二，从后期编辑的角度分析，影像记录之后，视频的剪辑可以说是对影像本身再一次的“描写”。影像记录经常用“长镜头”方式来表达真实性①，同样也会用“蒙太奇”的方法②，这仅仅作为一般视频剪辑师的专业要求，无论是哪种方式，都很难限制编辑对影像的“视听”叙事③。因此，非遗影像的剪辑师除了要懂得剪辑方面的专业知识外，也需要对当地文

---

① 长镜头就是在一段持续时间内连续拍摄的、占用胶片较长的镜头。摄影机从一次开机到关机拍摄的内容为一个镜头，一般一个时间超过 30 秒的镜头称为长镜头。它在一个镜头里不间断地表现一个事件，或者一个段落，通过连续的时空运动把真实的现实自然地呈现在屏幕上，形成一种独特的纪实风格。长镜头的运用主要是为了给观众提供更具体、可信度更高的画面信息量。

② 蒙太奇是法文 montage 的音译，原有“构成”“装配”之意，用于电影行业，成为“剪辑”“组合”的同义语。

③ 影视人类学这个概念中的“影视”，指的不是一种艺术，而是一种语言，在影视学中叫视听语言。画面语言擅长表现具象层面的事物，但通过摄像和编辑的努力也能够表达抽象的逻辑分析。影视人类学和人类学其他分支学科的不同之处在于它使用的是视听语言，而相同之处就在于解释人类的文化现象。影视人类学作品是使用视听语言的学术作品。

化非常熟悉。换句话说，比较理想的状态是摄影师与剪辑师是同一个人，或者，摄影师与剪辑师都能做到对当地文化进行深入的了解。如此一来，呈现出的影像作品才能保证最大程度的真实性，最终影像才能有其学术价值。

结　语

作为非遗的新龙藏历“十三节”，紧密地伴随着新龙人的生产与生活实际，它不仅能体现出新龙社会发展的历史特征，一定程度上也反映出藏族人民的精神文明和价值取向，具有较高的文化价值、历史价值。不过，即便当下的社会发展速度几乎与这些非遗消失的速度同步，人们也不可能为了保护文化遗产而停止发展生产和改善生活的脚步。可喜的是，影像记录的发展成熟对于非遗保护来说如鱼得水。人们不但能通过影像记录的功能对珍贵文化遗产进行“活”的保护，而且可以借助现代的电视、网络等媒体对非遗进行传承和发展。把影像技术与人类学田野的系列方法相结合，充分发挥各领域所长，可以使“民族及基因”得到代代相传。

彝族毕摩文献中的十月太阳历研究*

阿牛木支　老板萨龙**

摘　要： 彝族十月太阳历作为古老悠久的历法，有着显著的特点和广泛的影响。彝族毕摩文献中，十月太阳历的“年、季、月、日、时”有其自身的命名方式和内在蕴涵，并能有机地融为一体，形成独特的认知结构和思维方法，十个“库久”、十个“肯肯”、十个“吉禄”和十个方位更是凸显出其深邃的文化意蕴。

关键词： 毕摩文献；十月太阳历；“库久”；图洛（地球）

彝族十月太阳历是彝族民众在长期的生产、生活实践中不断积累和总结的宝贵经验，广泛运用于日常生产和生活中，成为人们一切行为的依据，通过彝文古籍文献传承至今。它以推算年、月、日、时的时间长度与它们之间的关系，制定了一套科学的时间序列和计算法则。本文将结合云南民族出版社出版的《彝族毕摩经典译注》第 8 卷《红河彝族阿哩查嫫（一）》、第 9 卷《红河彝族阿哩查嫫（二）》和第 59 卷《雷波彝族历算书》中记载的有关彝族十月太阳历资料，进一步探讨彝族十月太阳历的内容、特点以及在当代彝族节庆中的运用。

---

* 本文系国家社会科学基金重大项目“云贵川百部《彝族毕摩经典译注》研究”（项目编号：14ZDB119）阶段性成果，原文刊于《楚雄师范学院学报》2016 年第 6 期。

** 作者简介：阿牛木支，西昌学院彝语言文化学院教授；老板萨龙，四川省昭觉县语委工作人员。

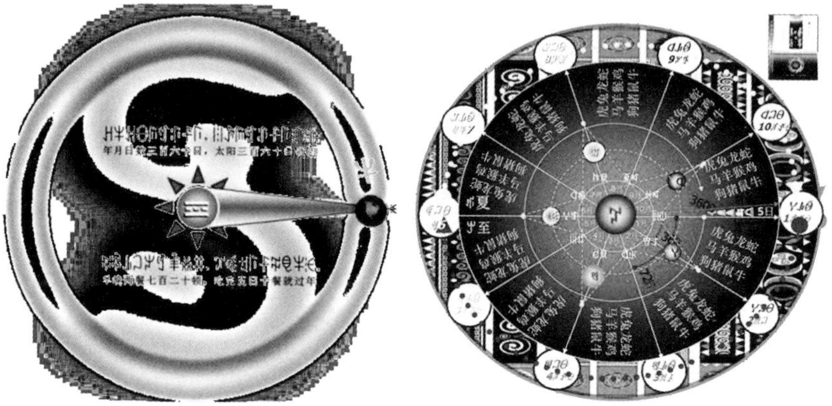

图1　十月太阳历年算表

一　彝族十月太阳历的内容

彝族十月太阳历把一年分成10个月，每月恒定36天，以十二生肖三个周期36日为一个月，彝语“次勒牧颂它（三轮为一月）”；30个周期共360日为一年，彝语“泽勒牧次库（十月为一年）”；10个月终了，另外5天作为“过年日”，彝语“尔杂牧库施（尔杂日过年）”。平年彝历年节日时间为5天。四年为一个小周期，到第四年时，过年节日时间则为6天，俗称“尔库牧次俄（四年闰一日）”。一百年为一个中周期，到第一百年时，过年节日时间则为5天，俗称“哈库牧次以（百年减一日）”。四百年为一个大周期，到第四百年时，过年节日时间则为6天，俗称“尔哈牧次格（四百加一日）”（如图1）。

（一）彝族十月太阳历的年

彝语称“年”为“库”，古彝语“库”有四个不同含义：①年，②弯曲、蜷曲，③赶回牲畜，④扣除、扣还、扣留。[①] 按②③④来看都是使

① 滇川黔桂彝文协作组：《滇川黔桂彝文字集》，云南民族出版社等2006年版，第1234页。

动和被动词，从“库”字意义来讲，笔直的事物使动或被动弯曲成头尾相连的一圈或半圈叫“库”。古彝语“库”字专指图洛（地球）[①] 绕太阳公转一周时所经过的路径长度。这与汉族春节习俗中关于“年”是一种凶猛怪兽而放鞭炮被驱赶的传说大相径庭，彝族“库史（过年）”中的“库”字与神兽、鬼怪无关，而与彝族十月太阳历紧密相关，因此，彝族过彝历年时，从不放鞭炮，过年期间忌讳争吵、追债、动土、结婚、作毕等。

彝族对“库（年）”的长度的概括非常有特色，彝族民间谚语“（mu kut mu help suo hxa fut ci nyip），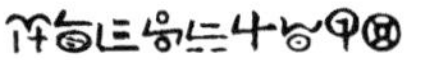（gge yyr suo hxa fut ci nyip ne ggut）；（cho chox bu mop shyp hxa nyip ci jji），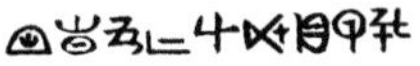（lyp za nge nyip ci chox zze ne shyr）”，[②] 直译为“年月日数三百六十日，日影三百六十日就回归；早晚两餐七百二十顿，吃完五日十餐就过年”。寓意满三百六十日时，太阳的影子便回归，即为“布姑日（冬至）”，就餐七百二十顿后，再加上年末五天十餐的“彝历年”，才算一年“次古热”，即一周年才结束（如图 2）。

十月太阳历的年名起初是以木公年、木母年、火公年、火母年、土公年、土母年、铜公年、铜母年、水公年、水母年来命名使用，此十个名称简称十“肯肯”，即“育库育肯肯（生年生肯肯）”。《彝族毕摩经典译注》第 59 卷《雷波彝族历算书》中的十个肯肯和十个吉禄，都与彝族十月太阳历专用名词术语相对应，并以此来预测人们的生产、生活、健康、寿命等。

（二）彝族十月太阳历的季节

彝族十月太阳历的五季为木星季、火星季、土星季、金星季、水星季。毕摩经书大都按“斯（木）、都（火）、杂（土）、赫（金）、衣

---

① 楚雄彝族自治州人民政府：《彝族毕摩经典译注 · 第九卷》，云南民族出版社 2010 年版，第 336 页。

② 瓦果曲且：《四川凉山瓦岗所社瓦果曲且家的彝族毕摩经书手抄本》，载于《格古勒伙》。

图2 描述十月太阳历的尔比

（水）”五元素来计算，此五个元素在彝族毕摩文献中总称为“尔杂（季）”（如图3）。360日平均分为五个季节，每一季节72日，每年的起算点从彝族十月太阳历“彝历年”中的最后一夜阿普博基（公鸡啼鸣）时开始算起，以斯（木）、都（火）、杂（土）、赫（金）、衣（水）顺序轮流运算。彝族十月太阳历的季节推算方法主要有下列两种：

其一，毕摩们认为斯（木）、都（火）、杂（土）、赫（金）、衣（水）中，从斯（木）到衣（水）顺序来算，木可以起火，火炭成土；土里有石，石炼出铜（金）；有金属矿的地方就出水；出水的地方就有木，由此形成“斯、都、杂、赫、衣”的排列顺序，并称其为“曲呢伙（相生）”。

其二，“斯、都、杂、赫、衣”中只要相隔一个元素就“诅（相克）”，如斯（木）与杂（土）中间有都（火）相隔，木永远长在土之上，因而木克土；杂（土）与衣（水）中间有赫（铜）相隔，水永远被土堵截住，因而土克水；赫（铜）与斯（木）中间有衣（水）相隔，木总是被金属砍掉，因而金克木；衣（水）与都（火）中间有斯（木）相隔，火永远被水熄灭，因而水克火；都（火）与赫（铜）中间有杂

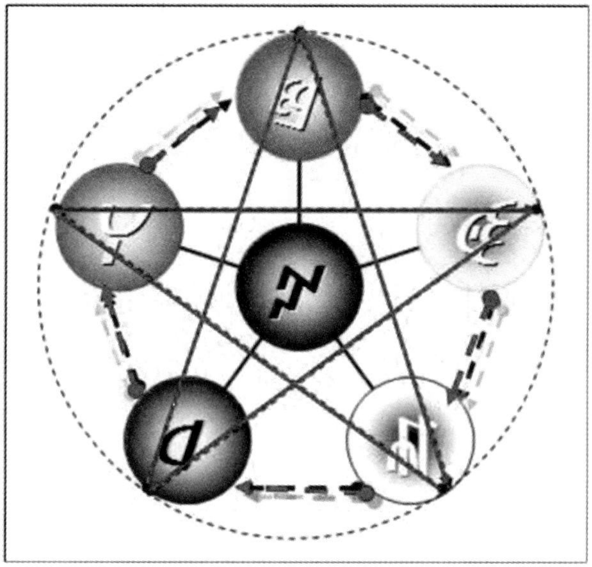

图3 尔杂

（土）相隔，金属永远被都（火）所融化，因而火克铜。这种现象毕摩们称其为“嘎勒日（相隔就相克）”。

彝族认为，人与自然界息息相关，人的命运与五个季节紧密相连，人在不同的季节出生就有了不同的命运。毕摩文献以十月太阳历的五个季节名称来测算万事万物，如“龙年生于铜季[①]的人，年豹是豹眼年生的，可能死去三个亲人，该我得寿饭五千顿。此人是应该成为君子，该骑镀金的马鞍。子女可能一方独，说话伤人，如是男性人娶一至三个妻子，如是女性可能嫁一至三夫的命。身后留下三个子女，或许五个。如果是男孩的话是要去学毕摩的人，如是女性要嫁给毕摩。人喝毒或吊死后变成的姨妈方的鬼，会到家里来，穿衣黑色或灰色的衣服要克本人而会得病。要祭拜神水位，平时少在江水中玩要为好。寿命可能有六十七

① 这里彝历和公历对应，铜季是指七月和八月，如彝历七月与公历7月30日—9月3日对应，彝历八月与公历9月4日—10月9日对应，共72日。

岁，去世后变成一只白天鹅，回到家来的”。[①] 这是铜星季出生的人的命运走向测算事例，其余的木星季、火星季、土星季、水星季也有其相应的测算方法和有序规律。因此，这些事例阐明了毕摩测算经类都是按照彝族十月太阳历来编写的。

（三）彝族十月太阳历的月

彝族十月太阳历的月，在木、火、土、铜、水五个尔杂（五季）名称中，将每个尔杂（季）分公母后命名，如木公、木母、火公、火母、土公、土母、铜公、铜母、水公、水母十个为“肯肯（月份）”[②]，此十个肯肯即为月份名称。36 日为一个月，每个月的日数都相等，彝族谚语称“年月日数三百六十日”，这与彝族十月太阳历相吻合。如现常用的朵依（朔望）历[③]，遇到首末不重月年为 354 日，首末重月年为 385 日，没有一年刚好是 360 日，而只有彝族十月太阳历才与这句谚语相对应。

彝族十月太阳历的月份名称除十个肯肯月名之外，还有十二牧[④]（生肖，下同）也对应十月太阳历月名。如蛇年蛇月中的“蛇久嫫月”[⑤] 为首，十二年 120 个月为一轮（见表 1）。其中 120 个月再分公母两段，前 60 个月为公段，后 60 个月为母段，公母两段共 120 个月为一个周期，此算法古彝人称它为“勒泽勒久（十个月十属相）”。关于彝族十个“库久”的释义，在其后“彝族十月太阳历的特点”中再阐述之。

---

① 楚雄彝族自治州人民政府：《彝族毕摩经典译注・第五十九卷》，载于《雷波彝族历算书》，云南民族出版社 2009 年版，第 68—70 页。

② 老板萨龙：《彝历》，四川民族出版社 2010 年版，第 123—240 页。

③ 彝族朵依（朔望）历属于纯阴历，它是按月亮阴晴圆缺来算的一种历法。这种历法当年首末不重月时一年为三百五十四日，即当年每月平均为 29. 5 日，12 个月共计 354 日；当年首末重月时一年为 385 日，即每月平均为 29. 615 日，13 个月共计 385 日。但这种历法与一年 360 日相比，第一年误差十日，第二年后差二十日，第三年后差三十日，以此类推，与十月太阳历不尽一致。

④ 牧：彝语音译，在此句里含有驯化之义，是把十二种动物驯化成家畜后，以此来命名月名。

⑤ 蛇久嫫月：蛇就是巳，久嫫是乙，合为乙巳月，是彝族十月太阳历月和彝族十二牧历月中对应使用时的称法。

表 1　　勒泽勒久

十月历		一月	二月	三月	四月	五月	六月	七月	八月	九月	十月
十肯肯		斯布	斯嫫	都布	都嫫	杂布	杂嫫	赫布	赫嫫	衣布	衣嫫
	年／月	1 久莫	2 久惹	3 勒阿丁	4 勒阿丁	5 库	6 库诺	7 实居	8 实诺	9 勒阿丁	10 勒阿丁
公周期	蛇年	01 蛇月	02 马月	03 羊月	04 猴月	05 鸡月	06 狗月	07 猪月	08 鼠月	09 牛月	10 虎月
	马年	11 兔月	12 龙月	13 蛇月	14 马月	15 羊月	16 猴月	17 鸡月	18 狗月	19 猪月	20 鼠月
	羊年	21 牛月	22 虎月	23 兔月	24 龙月	25 蛇月	26 马月	27 羊月	28 猴月	29 鸡月	30 狗月
	猴年	31 猪月	32 鼠月	33 牛月	34 虎月	35 兔月	36 龙月	37 蛇月	38 马月	39 羊月	40 猴月
	鸡年	41 鸡月	42 狗月	43 猪月	44 鼠月	45 牛月	46 虎月	47 兔月	48 龙月	49 蛇月	50 马月
	狗年	51 羊月	52 猴月	53 鸡月	54 狗月	55 猪月	56 鼠月	57 牛月	58 虎月	59 兔月	60 龙月
母周期	猪年	01 蛇月	02 马月	03 羊月	04 猴月	05 鸡月	06 狗月	07 猪月	08 鼠月	09 牛月	10 虎月
	鼠年	11 兔月	12 龙月	13 蛇月	14 马月	15 羊月	16 猴月	17 鸡月	18 狗月	19 猪月	20 鼠月
	牛年	21 牛月	22 虎月	23 兔月	24 龙月	25 蛇月	26 马月	27 羊月	28 猴月	29 鸡月	30 狗月
	虎年	31 猪月	32 鼠月	33 牛月	34 虎月	35 兔月	36 龙月	37 蛇月	38 马月	39 羊月	40 猴月
	兔年	41 鸡月	42 狗月	43 猪月	44 鼠月	45 牛月	46 虎月	47 兔月	48 龙月	49 蛇月	50 马月
	龙年	51 羊月	52 猴月	53 鸡月	54 狗月	55 猪月	56 鼠月	57 牛月	58 虎月	59 兔月	60 龙月

从表 1 中可以看出，“勒泽勒久”中所对应的每年都是 10 个月，并以 120 个月为一个周期来计算。十二牧的排列中，第十一个月的月名是第二年的首个月的月名，例如，2015 年（羊年）的一月是牛月，十月是狗月，则猪月是 2016 年（猴年）的第一月份名称，如表中的羊年和猴年。彝族毕摩及历算师大都用“勒泽勒久”来推测所要做的一切事件的吉凶，从而选择“吉月”出行、建房、婚嫁、祭祀、办节等活动。这里还需要说明的是彝族十月太阳历的十个月份名，不仅可用十个肯肯名来取“月”名，而且也可用十二牧名作“月”名使用。

（四）彝族十月太阳历的日

“十二生肖”彝族称其为“十二牧”，彝语“牧”不是专指马，“牧年牧月牧日”中的“牧”在古彝语中含有驯化之义。原初彝族先民把从野外捕捉到的野兽驯化成家畜后，此野生动物叫“牧”，如野猴驯化成宠物，能听主人的使唤后叫它为“吕牧”，虎驯化成宠物后叫它“拉牧”，野雉鸡驯化成家禽后叫它“熟牧”，野锦鸡驯化成家禽后叫它“哈牧”，等等。彝族古籍文献《勒俄》中也记载有“狮子是格峨人的狗，果布是史社人的鸡”等，彝族先民把许多野生动物驯化成家畜家禽后，根据它们的作息规律特点来区分昼夜各时段的节点，从中筛选出虎、兔、龙、蛇、马、羊、猴、鸡、狗、猪、鼠、牛十二种动物，按其相应顺序排列后，再用它们的名字来命日名，用此十二牧动物名来纪日的方法称为“牧尼”（日）。十二牧轮回一轮为“次它”，轮回两轮为“尼它”，轮回三轮为“颂它”，由此“次勒牧颂它（三轮为一月）”也沿用至今（如图4）。

图4 十二牧

《勒俄》中的“洪水泛滥”一章记载：“牛日起云雾，虎日雷声响，兔日即下雨，龙日暴雨下四方，蛇日浪滔滔，马日洪水漫天地，江河水齐天，羊日狱鼠食松叶，鸡日孵鸡已到二十一天时小鸡‘咨咨’叫……”① 说明彝族十月太阳历的日是用十二牧名称命名，同时，彝族八方位也用十二牧来命名，毕摩预测吉凶也用十二牧日来推算，如预测夫妻两方何时库诅（相对）、库特（相合）、阶谷（相撞）等。在彝族的日常生活中，用十二牧来纪日，有一套完整的十二牧计算法，如“一轮十三，二轮二十五，三轮三十七，四轮四十九，五轮六十一，六轮七十三”等，② 由此轮回运算就能快速知晓人的年岁。如图 4 所示，以相邻三牧为一组，虎、兔、龙对应“格都硕洛”，即东方三域；蛇、马、羊对应“衣木硕洛”，即南方三域；猴、鸡、狗对应“格吉硕洛”，即西方三域；猪、鼠、牛对应“衣俄硕洛”，即北方三域。按顺时针方向起算，每隔 7 个牧时首末两两相冲，每隔 9 个牧时首末两两相合。如，从虎开始算起，东方三域的虎与西方三域的猴相冲，东方三域的虎、南方三域的马与西方三域的狗相合，俗称“克木拉硕特”，即狗马虎三人正合，其余则以此类推，这是每个彝族历算师测算相冲与相合的基本规律。

（五）彝族十月太阳历的时辰划分

彝族十月太阳历的时辰划分法和现在北京时间相对应，彝历的一个时段相当于现在北京时间的两个小时（见表 2）。彝族日和夜的时段分法以公鸡啼鸣时为一天的起点，以夜尽牛时为一天的终点，用公鸡啼鸣时、黎明兔时、日出龙时、放牧蛇时、日中马时、日昃羊时、日落猴时、黄昏鸡时、人睡狗时、夜晚猪时、夜半鼠时、夜尽牛时十二时段为其间隔时段，然后每个时段又分公时与母时，这种时段分法与现在北京时间如出一辙。至今，彝家新娘从娘家出发去新郎家入婚房的时间，仍然用彝历时辰分法。

---

① 凉山彝族自治州人民政府：《中国彝文典籍译丛·第 1 辑》，四川民族出版社 2006 年版，第 44 页。

② 楚雄彝族自治州人民政府：《彝族毕摩经典译注·第八卷》，《红河彝族阿哩（情歌）查嫫（一）》，云南民族出版社 2007 年版，第 340 页。

表2　　彝族时辰与北京时间对应表

彝时	公鸡鸣时		黎明兔时		日出龙时		放牧蛇时		日中马时		日昃羊时		日落猴时		黄昏鸡时		人睡狗时		夜晚猪时		夜半鼠时		夜尽牛时	
公母	公	母	公	母	公	母	公	母	公	母	公	母	公	母	公	母	公	母	公	母	公	母	公	母
时	3	4	5	6	7	8	9	10	11	12	13	14	15	16	17	18	19	20	21	22	23	24	1	2

说明：此表中的阿拉伯数字代表现在北京时间的点数。

二　彝族十月太阳历的特点

（一）十个“库久”专用名词

彝族先民将图洛（地球）表面平均划分成十块，按图洛（地球）自转的方向来切开间隔线。“切”古彝语为“久”，首切块为“久嫫”。假设把图洛表面“久”（切分）成十块，每一块叫“次洛”，十块叫“泽洛”。其中，第一块切线为“久嫫线”，简称“久嫫”；第二块切线为“久惹线”，简称“久惹”；第三块切线和第四块切线同为“勒阿丁线”，因为按图洛（地球）的自转间隔而言，这两处的“久嫫”与“久惹”一样，所以出现两个“勒阿丁线”，即为相同之意；第五块切线为“库线”，简称“库”，即边线之意；第六块切线为“库诺线”，简称为“库诺”，即背后之意；第七块切线为“实居线”，简称“实居”；第八块切线为“实诺线”，简称“实诺”；第九块切线和第十块切线也同为“勒阿丁线”，缘由与第三块切线和第四块切线雷同。按图洛（地球）整个表面上的十根切线名称排列后，成为今天毕摩文献中常用的“久嫫、久惹、勒阿丁、勒阿丁、库、库诺、实居、实诺、勒阿丁、勒阿丁”十个名词（如图5）。

图洛（地球）表面切分出来的这十块中，再按公母来合成后称“恩穆”，即斯（木）、都（火）、杂（土）、赫（铜）、衣（水）等五地。由于在图洛表面这十块中每一块的形状像船，因此按造型命名为“洛”，即船形之意。古彝语称一船造型为“次洛”，兹洛由三十六日来构成，“泽洛”就是三百六十日。彝族谚语“不听父教过泽洛，不听母诲过恩洛”，其本意是子女们不听父亲的指教，一年360日光阴白白浪费，就会一事无成；不听母亲的指教，一年内五谷杂粮种不成，就会颗

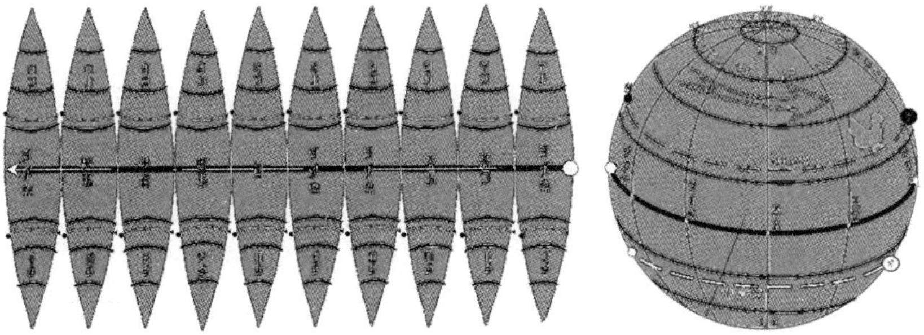

图5 十个“库久”的泽洛模型

粒无收。“泽洛”是按十月太阳历一年十个月中，预计事项能否按目标计划成功完成来说的；“恩洛”是十月太阳历五季内，五谷播种能否有收成来说的。这句谚语正是按十个“库久”的专用名词，针对性地教诲子女的鲜活事例。

（二）十个方位

彝族十月太阳历与十个方位互为依存。彝族八方位名称中，“格都（东方）”“格吉（西方）”“衣俄（北方）”“衣木（南方）”为正四方，古彝语称“恩木尔阿格（天空四方门）”；“牛色果（东北方）”“约色果（西南方）”“龙地伙（东南方）”“克地伙（西北方）”为负四方，古彝语称“资木尔阿格（地界四方门）”；天空四方门与地界四方门合称为彝族的八方位。再加地下方和天上方便构成十方位，即“格都、龙地伙、衣木、约色果、格吉、克地伙、衣俄、牛色果、德乌、木乌”，并根据方位测算吉凶。从图6可见，彝族十月太阳历的十个方位是立体图。

（三）采用十进制

彝族毕摩文献中常用的“肯肯”“库久”“吉禄”“方位”“夫泽洛木久”① 都是由十进制来计算使用，算年称“库泽库久”，算月称“勒泽勒

① “夫泽洛木久”：彝语音译，彝族毕摩算年、月、日时，常将“蛇久鸡库、兔久羊库、牛久蛇库、猪久兔库、鸡久牛库、羊久猪库”六轮十进制算法简称为“夫泽洛木久”。

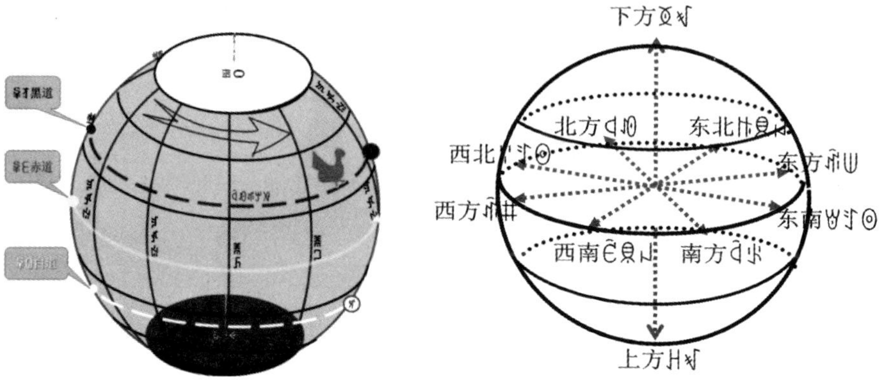

图6　十个方位

久”，算日称“尼泽尼久”，总称为“吉果（十进位）”。这种十进位全以十为一轮计算，彝族虎龙历、豹星历、太良历①等也莫不如此。

表3　　十月太阳历的十库久十算对应表

五季名	十月名	十库久	库久十算对应表						十方位	十吉禄	十年
			蛇久鸡库	兔久羊库	牛久蛇库	猪久兔库	鸡久牛库	羊久猪库			
斯	斯布	勒阿丁	龙41 北方	虎51 北方	鼠01 东方	狗11 南方	猴21 南方	马31 西方	布 都	木乌斯色	4年
	斯嫫	久嫫	蛇42 东方	兔52 北方	牛02 东方	猪12 东方	鸡22 南方	羊32 西方	龙地伙	德乌斯色	5年
都	都布	久惹	马43 东方	龙53 北方	虎03 北方	鼠13 东方	狗23 南方	猴33 南方	衣 木	尼此诺	6年
	都嫫	勒阿丁	羊44 东方	蛇54 西方	兔04 北方	牛14 东方	猪24 东方	鸡34 南方	约色果	阿普阿萨	7年

① 虎龙历、豹星历、太良历是彝语北部方言区毕摩和毕摩经书中常用的历法，其中虎龙历是八月历、豹星历是十三月历、太良历是四月历。

续表

五季名	十月名	十库久	库久十算对应表						十方位	十吉禄	十年
			蛇久 鸡库	兔久 羊库	牛久 蛇库	猪久 兔库	鸡久 牛库	羊久 猪库			
杂	杂布	勒阿丁	猴 45 南方	马 55 西方	龙 05 北方	虎 15 北方	鼠 25 东方	狗 35 南方	布 吉	布阿史 嘎伟	8 年
	杂嫫	库	鸡 46 南方	羊 56 西方	蛇 06 西方	兔 16 北方	牛 26 东方	猪 36 东方	克地伙	斯兹 色嫫	9 年
赫	赫布	库诺	狗 47 南方	猴 57 南方	马 07 西方	龙 17 北方	虎 27 北方	鼠 37 东方	衣 俄	斯俄 特曲	0 年
	赫嫫	实居	猪 48 东方	鸡 58 南方	羊 08 西方	蛇 18 西方	兔 28 北方	牛 38 东方	牛色果	布吕阿 嫫曲	1 年
衣	衣布	实诺	鼠 49 东方	狗 59 南方	猴 09 南方	马 19 西方	龙 29 北方	虎 39 北方	德 乌	谱特 吉禄	2 年
	衣嫫	勒阿丁	牛 50 东方	猪 60 东方	鸡 10 南方	羊 20 西方	蛇 30 西方	兔 40 北方	木 乌	批特 吉禄	3 年

从表 3 可见，彝语北部方言区的彝族毕摩文献均按彝族十月太阳历的十进制来测算相应事物，如 2015 年，是彝历斯久嫫年，即羊久嫫年，年方位在龙地伙，当年出生的人获得德乌斯色吉禄等。简单地说，现行公历年号尾数十个阿拉伯数字和彝族十月太阳历十个肯肯相对应，我们只要掌握彝族十月太阳历年的十个专用名词“库久”一列，便会记住万年历。

三 彝族十月太阳历与彝族火把节、彝历年

彝族十月太阳历是彝族民众生产生活的行动指南，限于篇幅，这里仅以火把节和彝历年为例，谈谈笔者的肤浅认识。

首先，彝族火把节与彝历年在过去都是按彝历“月终火把节，年终彝历年”来过的节日，彝族十月太阳历中，图洛（地球）绕太阳走完一百八十日为火把节，走完三百六十日为彝历年。以十月太阳历来推算，半年内有公、母两个节，一年过四个节日。前半年第一个节日是“里纱

此（剪春羊毛节）”，第二个节日是“都则（火把节）”；后半年第一个节日是“处纱此（剪秋羊毛节）”，第二个节日是“库施（彝历年）”。具体来说，从彝历前一年布姑过年阿普博基时（公鸡鸣时）算起，走完 90 日是彝历的里比（春分），里比日为“里纱此”，是一年中的第一个节日。再走完 90 日是彝历的布久（夏至），布久日为“都则”。再走完 90 日是彝历的处比（秋分），处比日为“处纱此”。再走完 90 日是彝历的“布姑（冬至）”，“布姑”日为“库施”。时间方面的谚语“库果拿勒施”中，“库果”是指“年”走完 360 日的年终，“拿勒”是指“年”走完 360 日的第一日，“施”是指开始过“彝历年”。从彝历算法口诀“次勒牧颂它，泽勒牧次库，尔杂牧库施”来看，“尔杂”含有把“斯、都、杂、赫、衣”五元素作为过“彝历年”之义，由此过完五日年节过后才开始算新的一年。彝历年以“布姑”日的后一天为起始，直至“阿普博基”后结束。一般而言，过彝历年的最后一天都有“阿普博基”仪式规程，“阿普博基”时间段除了送祭祖先归去外，还有新的一年即将开始之意。以公鸡啼鸣时段为准，彝历年的最后一天各家各户都必须为祖先做一顿美餐，俗称“阿普博基”饭，祭献祖先后，家庭成员每人须尝一口，这也是彝族民俗信仰一年 720 顿中的最后一顿饭。

其次，彝历年的习俗是按照彝族十月太阳历的“斯季、都季、杂季、赫季、衣季”五季文化习俗来过的年节。例如，过年期间，用“斯（木）”堆积柴火，“斯”代表“斯季”，寓意木也过年；通宵达旦烧“都（火）”时，“都”代表“都季”，寓意火也过年；在此期间不扫地，而且要撒松叶在地上，表示用松叶来给“杂（土）”合好过年，即土也过年；过节时还须在房内外烧石驱邪，特别是杀年猪时要烧石放在猪头下方转一圈过后才杀猪，而金属是石里炼出来的，石头代表“赫（金）”，即金属也过年；过年时每年都用新粮食来酿新酒，酒属“衣（水）”类，表示水也过年。此外，还有猪胆为木、猪心为火、猪脾为土、猪油为金、猪膀胱为水等，也是用十月太阳历的“尔杂”文化来预测吉凶，以求幸福安康、六畜兴旺和五谷丰登。

最后，彝族火把节与彝历年是彝族十月太阳历中图洛（地球）南北两极日照变化所生发的两个节日。彝族古俗语“月终火把节，年终彝历年”，表明火把节是夜晚过的月节日，而彝历年是白天过的年节日。或者说，火把节是黑夜过的“黑”节日，彝历年是白天过的“白”节日。

彝族传统的两大节日为何一个在白天过，一个在黑夜过呢？其实这两大节日都是按彝族十月太阳历中的“布久”日和“布姑”日过的节庆。彝历中的“布久”日是太阳光直射到图洛（地球）表面北回归线上，此日白昼最长，黑夜最短，当夜北极圈全是白色的。“布久”以后白昼渐渐变短，黑夜渐渐变长。彝族先民为规避夜长时日，提醒人们开始准备干蒿草，追求光明而过火把节，从而称其为黑节日。

彝历中的“布姑”日太阳光直射到图洛（地球）表面南回归线上，此日白昼最短，黑夜最长，当日北极圈全是黑色的。“布姑”以后白昼慢慢变长，黑夜慢慢变短，于是第二日便开始过彝历年节，俗称白节日，由此过完年后的夜间公鸡啼鸣时，须煮顿美味的“阿普博基”饭，除了祭送祖先的寓意外，还有祭迎昼长到来之意。

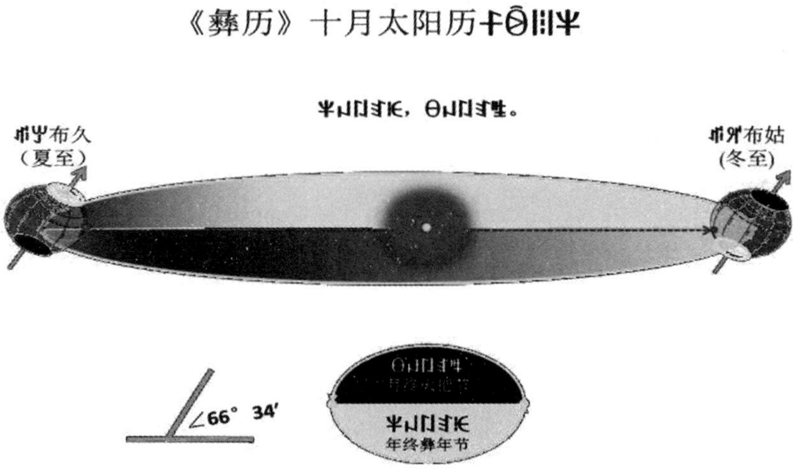

图 7　太阳历年节图

从图 7 中可以看出，彝族火把节通常为农历六月二十四日，是从彝历的“布久”日与农历的六月二十四日曾经相对应的情况来说的，而不是按农历来过的彝族火把节。

结 语

综上所述，彝族毕摩文献中涉及的十月太阳历，内容丰富，文化意蕴深厚，具有极高的认识价值、研究价值和运用价值。历法作为一个民族的文化精髓，指导着人们的生产和生活实践，成为民俗节庆、婚丧嫁娶、宗教礼仪、修房建屋、出门远行的重要指南。如今，在非物质文化语境下，必须更好地传承和保护彝族传统历法，加强对这一传统文化的深入研究。

传统医药

《黄帝内经》五运六气气化理论与天人合一*

郑晓红**

摘　要：文章认为气是天人合一的物质基础，气化是天人合一的理论依据。从五运六气，天人相应，六气属性，标本中气从化，神机气立，根结之穴，药物性味，五脏六腑，经络腧穴，脏气法时，气动于中、象形于外，体质与患病的倾向性等方面阐述了五运六气气化理论是中医学天人合一思想的理论基础和主要载体。认为气化论是运气学说所阐述的核心，影响和促进了伤寒六经气化学说的产生和发展。

关键词：天人合一；五运六气；气化

气是天人合一的物质基础，气化是天人合一的理论依据，五运六气气化理论是中医学天人合一思想的理论基础和主要载体。天人如何合一？人与天如何相通应？试作探讨如下。

气化学说发端于中国古代的气一元论，《黄帝内经》创造性地将其与生命相联系，形成了独特的以气化为灵魂和主线的认识自然、生命、健康与疾病的医学体系。《黄帝内经》气化理论中的五运六气气化说，将人体的气化规律置于自然整体气化之中，基于自然天地阴阳之气化，提出了五运、六气、三阴三阳开阖枢、标本中气从化的气化理论，着重揭示

* 原文刊于《中医杂志》2019 年第 12 期。

** 作者简介：郑晓红，南京中医药大学中医文化研究中心教授。

自然气化与生命气化的宏观整体关系，亦即天道—气候—物候—病候之间的关系，以指导疾病的防治，形成了中医学这一强调天人合一、道法自然、整体动态、重视调整人天关系的生命科学。

一 气是天人合一的物质基础

生命是自然的产物，人与天地相应是中医学最基本的法则，而相应的基础是天人合一，同源一气。从现存史料来看，最早把气的观念引入到医学理论中的当推春秋时代的医和，他藉天人合一，以说明人体发病的原因和机理。《春秋左传・昭公元年》曰："天有六气，降生五味，发为五色，征为五声，淫生六疾。六气曰阴、阳、风、雨、晦、明也。分为四时，序为五节，过则为灾。阴淫寒疾，阳淫热疾，风淫末疾，雨淫腹疾，晦淫惑疾，明淫心疾。"① 医和明确提出了天有六气，天之六气生五味的观点，已经包含了形气转化的思想②。宇宙间的一切味、色、声都是六气的作用，四时、五节等自然气候变化都是六气作用的结果，疾病的发生正是六气的运动紊乱所致③。《素问・生气通天论篇》曰："天地之间，六合之内，其气九州、九窍、五脏、十二节，皆通乎天气。"④ 人禀天地之气生，天地之间，无论是九州还是人之九窍、五脏、十二节，都是通过气与天相通的，气是天人合一的物质基础⑤。

二 气化是天人合一的理论依据

《素问・阴阳应象大论篇》曰："上古圣人论理人形，列别脏腑，端络经脉，会通六合，各从其经，气穴所发，各有处名，……分部逆从，

① 杨伯峻编著:《春秋左传注》卷四，中华书局 1981 年版，第 1222 页。

② 李经纬、林昭庚:《中国医学通史》(古代卷)，人民卫生出版社 2000 年版，第 100 页。

③ 王慧峰、严世芸:《藏象体系之气化研究思路分析》，《中华中医药学刊》2010 年第 5 期。

④ 南京中医学院:《黄帝内经素问译释》第 3 版，上海科学技术出版社 1991 年版，第 17 页。

⑤ 宋铮、郑晓红:《气与中医自然观》，《中医杂志》2018 年第 3 期。

各有条理，四时阴阳，尽有经纪，外内之应，皆有表里”[①]，“天气通于肺，地气通于嗌，风气通于肝，雷气通于心，谷气通于脾，雨气通于肾。六经为川，肠胃为海，九窍为水注之气，……故治不法天之纪，不用地之理，则灾害至矣”[②]。彰明四时阴阳六气，论理人形，列别脏腑，端络经脉，会通六合，各从其经，是上古圣人对于六合宇宙之经气及其与人体之经气如何相通应、相联系的探知。

在长期观察实践的基础上，《黄帝内经》吸纳了古代哲学关于气、阴阳和气化的认识，创造性地将其与生命健康疾病相联系，丰富了其内涵，构建了天地人、自然与生命同构一体的原创医学模式，其基础是气化理论。天人合一思想是中医学的灵魂和特色，而天人相应观的形成则是建立于对自然与人体气化关系认识的基础之上，离开气化，便割裂了人天关系。

三 五运六气气化学说是中医学天人合一思想的理论基础与主要载体

（一）五运六气——源于“律”的天地阴阳变化的周期性规律

《黄帝内经》依据“肇基化元”的气一元论，论述了宇宙万物的五运和六气两大气化系统。《素问·六元正纪大论篇》曰：“先立其年以明其气，金、木、水、火、土运行之数，寒、暑、燥、湿、风、火临御之化，则天道可见，民气可调。”[③] 五运气化是循一年季节演进时序的气化，座标是地日关系；六气气化是风、寒、暑、湿、燥、火六种气候模式的气化，以三阴三阳来表述，机原在于空间因素，座标是月地关系的十二地支[④]。

---

① 南京中医学院：《黄帝内经素问译释》第 3 版，上海科学技术出版社 1991 年版，第 43 页。

② 南京中医学院：《黄帝内经素问译释》第 3 版，上海科学技术出版社 1991 年版，第 61 页。

③ 南京中医学院：《黄帝内经素问译释》第 3 版，上海科学技术出版社 1991 年版，第 559 页。

④ 孟庆云：《论气化学说》，《中医杂志》2007 年第 5 期。

中医学是依据自然规律和生命规律来防治疾病的，五运六气的变化导致了气候、物候、病候的变化。顾植山认为，五运六气产生的原因，是“律”的作用。[①] 五运六气理论的产生，源于黄帝时代四时阴阳五行与五音十二律、二十四节气的发现发明。《汉书》曰：“言阴阳五行，以为黄帝之道也”[②]，“斗为帝车，运于中央，临制四乡，分阴阳，建四时，均五行，移节度，定诸纪，皆系于斗”[③]，“律有十二，阳六为律，阴六为吕，律以统气类物，……吕以旅阳宣气，……其传曰：黄帝之所作也”[④]。叙述了十二律与天地阴阳及气运循环变化的关系，十二律纪天地之气，故历法亦取则于十二律，是谓“以律起历”。十二律被用于制历的根本原因在于其候气功能，据十二律考正确定二十四节气之变化时运。黄帝时期在律历的基础上，完成了阴阳五行理论的构建。五运六气体现了以二十四节气所表征的源于“律”的天地阴阳变化的周期性规律。“五行者，五常之形气也”[⑤]。自然“五常之形气”轮流不息，“五气更立”，“五运之始”。天有五行御五位，以生寒、暑、燥、湿、风。五行是揭示天地之间四季（五时）气候的运动变化规律，揭示人与自然内在联系，揭示人体各器官气机特性和相互联系的学说[⑥]。天有五行化五运，五运主要指的是受天之五行气化影响之下的以五脏为中心的脏腑气机气化，通过经络把五脏六腑、四肢百骸、皮肉筋脉、七窍二阴联系成一个有机整体，从而构成“内五行系统”[⑦]，通过“气化”与“外五行系统”相通应，与岁运（中运、大运）、五时、五方、五步年运等相联系。

在此特定系统中，天的五运即名木风、火热、土湿、金燥、水寒，六气即名风、热、火、湿、燥、寒。人之五脏气因而也就被称作肝木风、心火热、脾土湿、肺金燥、肾水寒。人体脏腑由此与某一特定自然气候

---

① 顾植山：《上古文化漫议》，《中医药文化》2017 年第 6 期。

② （汉）班固：《汉书》（上册），岳麓书社 1993 年版，第 437 页。

③ （汉）司马迁：《〈史记〉选本丛书：史记抄》，茅坤编纂，王晓红整理，商务印书馆 2013 年版，第 80 页。

④ （汉）班固：《汉书》（上册），岳麓书社 1993 年版，第 437 页。

⑤ （汉）班固：《汉书》（上册），岳麓书社 1993 年版，第 437 页。

⑥ 郝万山：《关于五行的讨论》，《北京中医药大学学报》2009 年第 1 期。

⑦ 李猛、马战平、刘华为等：《刘华为教授五行脏腑气机气化理论及其实践意义》，《陕西中医》2014 年第 7 期。

属性相关，两者在同构形式下息息相应。

中医学认为，气与宇宙的演化、物质的组成、生命的起源、人体的健康疾病相联系，六气化生万物。《素问·至真要大论篇》曰："天地合气，六节分而万物化生矣。"① 天地源于一气，气又分阴与阳，气的属性有六类，分为三阴三阳：风—厥阴、寒—太阳、热—少阴、湿—太阴、燥—阳明、火—少阳，它们分别与一岁中六个时段的某一时段相联系。六气与六个时段以及脏腑、经络等构成了六个系统，六个系统之间既有空间的联系，又有时间的联系，相互影响，相互制约。

"顺天以察运，因变以求气"②。五运是象态，以象统物；阴阳是动态，变生之动力；六气是性态，机变之根本。五运与三阴三阳六气相合，即为厥阴风木、少阴君火、太阴湿土、少阳相火、阳明燥金、太阳寒水。人体的三阴三阳、脏腑经络类分其中，构成了人体与天地三阴三阳六气相合的整体循环系统模式。生之本，本于阴阳，人身三阴三阳之六气，通应天之六气，化生于五脏，六气是气化、经络、脏腑的统一体。五运六气学说的特点是以五运六气统括天地三阴三阳的气化特征，人体感应天地三阴三阳后表现出自身的三阴三阳气化特征，以及与之相应的时间、方位、脏腑、经络等的气化特征。《素问·至真要大论篇》把五运（五脏）气化和六气（六经）气化的关系结合起来，以气化之机论述疾病之征兆，即"病机十九条"。《黄帝内经》气化理论通过五运六气合参，可以分析自然气化作用影响人体的时空条件与特点、发病时间、病位、病性及其传变规律。天之阴阳化生地之五行，地之五行又上应天之三阴三阳。《黄帝内经》创造性地将阴阳与五行结合，将天地自然与人体，与人体之脏腑、经络、官窍、形神、情志等融合，构建成整体的生命体系。《黄帝内经》天人合一思想主要体现在以阴阳为纲，以五行为纪，合天、地、人为一有机气化联系整体的天人相应的同构系统。

（二）天人相应——人体脏腑经络之气与自然五运六气相通应

人生于天地之中，是自然的一部分。来自于自然的五运之气和三阴

① 南京中医学院：《黄帝内经素问译释》第3版，上海科学技术出版社1991年版，第620页。

② 张介宾：《中医典籍丛刊：类经（下）》，中医古籍出版社2016年版，第770页。

三阳六气，感应化生为人体的五脏之气和三阴三阳六气。《素问·至真要大论篇》曰："天地之大纪，人神之通应也。"[①]《素问·天元纪大论篇》曰："神，在天为风，在地为木；在天为热，在地为火；在天为湿，在地为土；在天为燥，在地为金；在天为寒，在地为水。故在天为气，在地成形，形气相感，而化生万物矣。"[②]《素问·阴阳应象大论篇》曰："神在天为风，在地为木，在体为筋，在脏为肝，在色为苍，在音为角，在声为呼，在变动为握，在窍为目，在味为酸，在志为怒。怒伤肝，悲胜怒，风伤筋，燥胜风，酸伤筋，辛胜酸。"[③] 通过"神"的作用，天的五运六气就与人体的六气、脏腑、经络、体窍、音色、情志、性味等构成了"神系"系统[④]。所谓"神"，应当就是神秘宇宙的气化规律、宇宙的气化力量。

人体通应五运之气的功能时空定位主要在脏腑，《黄帝内经》以"五运"将人体与自然之气相联系，《素问·金匮真言论篇》曰："东风生于春，病在肝，俞在颈项；南风生于夏，病在心，俞在胸胁……"。[⑤] 人体通应五运之气的功能时空定位主要在脏腑，颈项、胸胁、肩背、腰股、脊等为主要通应的部位，五运之气直接作用于脏腑气化。人体通应天之六气的功能时空定位主要在经络，《黄帝内经》以"六气"将人体与自然之气相联系，人体通应天之六气的功能时空定位主要在经络、根结之穴等为通应的机关，通过六气气化与三阴三阳开、阖、枢将自然气化与人体经络、脏腑气化相联系。

如 2019 己亥年，主运是土运不及，厥阴风木司天，少阳相火在泉。通过"神"的作用，司天的厥阴与人体的厥阴发生联系，厥阴又与少阳

---

① 南京中医学院：《黄帝内经素问译释》第 3 版，上海科学技术出版社 1991 年版，第 618 页。

② 南京中医学院：《黄帝内经素问译释》第 3 版，上海科学技术出版社 1991 年版，第 453 页。

③ 南京中医学院：《黄帝内经素问译释》第 3 版，上海科学技术出版社 1991 年版，第 44 页。

④ 黄涛、李坚、文玉冰：《李阳波五运六气讲记》，中国医药科技出版社 2013 年版，第 52 页。

⑤ 南京中医学院：《黄帝内经素问译释》第 3 版，上海科学技术出版社 1991 年版，第 29 页。

联系，主运的湿土与人体的湿土相联系，人体承担与宇宙沟通联络任务的主要系统就是肝、胆、脾、胃、厥阴经、少阳经、太阴经等。跟天沟通的过程中，由于负荷不同，保持联系的脏腑经络高速运转，其他脏腑经络相对得到休息，承担任务的脏腑经络受到损害的几率较大，如原有病则容易发作。

（三）六气属性——三阴三阳开、阖、枢与调整天地阴阳动态节律

《史记·历书》曰："以至子日当冬至，则阴阳离合之道行焉。"[①] 三阴三阳的划分以一年中阴阳气的盛衰变化为依据，表述的是自然阴阳离合的六种状态。阴阳离合规律，合则一气，分则衍生阴阳五行。《素问·阴阳离合论篇》表述了自然六气三阴三阳，联系定位人体六气三阴三阳及开、阖、枢离合之道。三阳之离合，太阳为开，阳明为阖，少阳为枢；三阴之离合，太阴为开，厥阴为阖，少阴为枢。太阳在东北方，冬至过后，正是阳气渐开之时，故为阳之"开"；阳明在西北方，阳气渐收，藏合于阴，故为阳之"阖"；少阳在东南方，夏至太阳回归，阴阳转枢于此，故为阳之"枢"。太阴在西南，夏至以后，阴气渐长，故为阴之"开"；厥阴居东向南，阴气渐消，并合于阳，故为阴之"阖"；少阴在正北方，冬至阴极而一阳生，故为阴之"枢"[②]。

《素问·天元纪大论篇》曰："寒、暑、燥、湿、风、火，天之阴阳也，三阴三阳上奉之。木、火、土、金、水、火，地之阴阳也，生、长、化、收、藏下应之。"[③]《素问·六微旨大论篇》曰："少阳之上，火气治之，中见厥阴；阳明之上，燥气治之，中见太阴……"[④] 这些经文阐明了气有六种属性，配属以天地阴阳共命名，则为厥阴风木、少阴君火、太阴湿土、少阳相火、阳明燥金、太阳寒水。

六气各自的属性决定了三阴三阳的开、阖、枢运动，人气应天，三

---

① （汉）司马迁：《〈史记〉选本丛书：史记抄》，茅坤编纂，王晓红整理，商务印书馆 2013 年版，第 80 页。

② 顾植山：《从五运六气看六经辨证模式》，《中华中医药杂志》2006 年第 8 期。

③ 南京中医学院：《黄帝内经素问译释》第 3 版，上海科学技术出版社 1991 年版，第 457—458 页。

④ 南京中医学院：《黄帝内经素问译释》第 3 版，上海科学技术出版社 1991 年版，第 493 页。

阴三阳既是对自然阴阳离合六个时空段的划分，也是对人体气化六种状态的表述。三阴三阳在天为风木、君火、相火、湿土、燥金、寒水六气，在人则各一脏腑经络。宇宙由太极生阴阳，阴阳之气有了开、阖、枢三种运动变化状态，于是化生万物①。六气各自的属性和寒热、燥湿、升降、沉浮等不同特点决定了三阴三阳的开、阖、枢运动，即太阳为开、阳明为阖、少阳为枢，太阴为开、厥阴为阖、少阴为枢。

三阴三阳六气系统存在三大自稳调节机制，即太阳少阴的寒热调节、阳明太阴的燥湿调节和少阳厥阴的升降调节；三大系统失调，可以“开鬼门，洁净府，去宛陈莝”②，调畅人体表里内外上下之气机。《素问·六微旨大论篇》说明，天有六气阴阳，地有五行五方，天之六气配地之五行，在自然气候各自表现其生化特征，且具有一定的运行时序与方位，依序为东方风木、东南方君火、南方相火、西南湿土、西方燥金、北方寒水。六气三阴三阳与五行具有时序与方位的内涵属性。

天人相应的关键是把握天地阴阳动态节律的盈虚损益关系，“七损八益”“天不足西北，地不满东南”“春夏养阳、秋冬养阴”等都是对天地阴阳动态变化盈虚损益及调整的描述。《素问·阴阳应象大论篇》曰：“谓法阴阳奈何？……能知七损八益，则二者可调，不知用此，则早衰之节也。”③ 从三阴三阳开、阖、枢方位可知，七是西方阳明燥金，由九到七阳气主降、主阖、主收；八是东北太阳寒水，虽然阴气最盛，但由一向三阳气主升主开主生。“七损八益”法则是三阴三阳升降沉浮、生长收藏、动态开阖的规律，《素问·四气调神大论篇》所谓的“春夏养阳，秋冬养阴”亦是同理。

（四）标本中气从化——人体三阴三阳六气与自然气候化生的六种特质规律相通应

标本中气即以天之风、热、火、湿、燥、寒为六气之本，三阴三阳

---

① 顾植山：《从五运六气看六经辨证模式》，《中华中医药杂志》2006 年第 8 期。

② 南京中医学院：《黄帝内经素问译释》第 3 版，上海科学技术出版社 1991 年版，第 108 页。

③ 南京中医学院：《黄帝内经素问译释》第 3 版，上海科学技术出版社 1991 年版，第 48—49 页。

为六气之标，相表里的三阴三阳为中气，如厥阴为标，风气为本，少阳为中气。三阴三阳标识六气的发生、转化、时序、方位，是而为其标；风、热、火、湿、燥、寒彰明六气气化特征和生化作用，是而为其本。两者相合，厥阴为标，风气为本；少阴为标，热气为本；太阴为标，湿气为本；少阳为标，火气为本；阳明为标，燥气为本；太阳为标，寒气为本。

标本从化规律是太阳、少阴从标从本，少阳、太阴从本，阳明、厥阴不从标本从乎中，意即三阴三阳有一定的转化趋势，病可生于标、生于本、生于中气。从化理论强调每一气、每一经易生之病，例如，少阳多热，太阴多湿；还强调每一气、每一经受病的发展趋势，例如，少阴从本化热与从标化寒，太阳有表寒、表里俱寒、表寒里热等证。

自然气候就是由六气、三阴三阳以及中见之气共同作用，表现出不同的气象。一年六气风、热、火、湿、燥、寒的特征，与三阴三阳，阳极阴生，阴极阳生，周而复始，其中又受到中见之气的影响，构成自然气候化生的特质与规律。

《黄帝内经》中以三阴三阳标本中气及从化理论承载与体现了天人相应与同构，说明自然气候生化规律的常与变，类比于人体气化经络脏腑运作的常与变，说明天有六气人亦有此六气，天有三阴三阳人亦有此三阴三阳，六气统六经，人体生理运作特征与自然六气三阴三阳的生化相应与同构，同气相感，六经病证的发生是由六气的特性所决定的。

《黄帝内经》三阴三阳六气标本从化理论是《伤寒论》六经气化理论与实践的基础，为张仲景构建气化经络脏腑方药模式的伟大实践，留下了宝贵的哲学思想指导和实践实证空间。

张仲景“太阳之为病”等三阴三阳提纲证辨的是六气为病的三阴三阳开、阖、枢关系，“六经辨证”的实质是“六气辨证”，三阴三阳开、阖、枢气化理论可以说是《伤寒论》的灵魂。《伤寒论》六经理论是不可分割的整体，关键在于三阴三阳开、阖、枢的气化关系贯穿其整个辨治体系。其实质就是《伤寒论》彰明了《黄帝内经》气化学说、将《黄帝内经》天人合一的气化理论系统地运用于临床实践，以三阴三阳六气为纲，是对《黄帝内经》三阴三阳开、阖、枢气化理论在病机、脉证、时位、方药等整个辨治过程的临床实践与创新总结。

（五）神机气立——人体与自然三阴三阳之气相通应的机制

人与天相通应，到底是通过什么机制实现的？《黄帝内经》构建了“神机”“气立”这一理论体系。《素问·五常政大论篇》曰：“根于外者，命曰气立，气止则化绝；根于内者，命曰神机，神去则机息”①，形成了探索揭示自然之气与万物化生、生命活动关系的学说。生命之气化与自然之气化之间的联系是通过“神机”与“气立”实现的，生命内部的“神机”则是通过外部“气立”的调控方式与自然的“神”相沟通联系。

形气相感而万物化生，万物生长与气候息息相关。一岁六个时段二十四节气，“五日为一候，三候为一气”，候构成了气，生物、人体的气立与宇宙的气候变化息息相关。生物体内“气立”与节气密切联系，不是这个气，过了这个气，就不能化，气止则化绝。

人体负责与自然气候、与自然之“神”沟通联系的是“气立”；负责人体生命活动、调动人体气机的叫“神机”。“神机”在“气立”的作用下，完成生、长、壮、老、已生命过程②。如果人体的“气立”不能感应气候变化，就会产生疾病。“气立”与“神机”是古人根据客观世界变化理性思维的产物，《素问·阴阳离合论篇》所论之“广明”“太冲”大有深意，“心部于表，肾治于里”③，少阴心、肾轴是否与神机相联系值得深入研究。

（六）根结之穴——人体与自然三阴三阳之气相通应的机关

《素问·阴阳离合论篇》详细论述了三阴三阳开、阖、枢运动变化离合之道，此篇中兼夹之“太阳根起于至阴，结于命门，……阳明根起于

① 南京中医学院：《黄帝内经素问译释》第3版，上海科学技术出版社1991年版，第553页。

② 黄涛、李坚、文玉冰：《李阳波五运六气讲记》，中国医药科技出版社2013年版，第12页。

③ 南京中医学院：《黄帝内经素问译释》第3版，上海科学技术出版社1991年版，第353页。

厉兑”① 等经络根结内容，往往被认为是衍文。

《灵枢·根结》论述了三阳三阴的根结及开、阖、枢，以及三阳三阴的开折、阖折、枢折为病，认为“天地相感，寒暖相移，阴阳之道，孰少孰多，……不知根结，五脏六腑，折关败枢，开阖而走，阴阳大失，不可复取。九针之玄，要在终始。故能知终始，一言而毕，不知终始，针道咸绝”②，强调了根结与开、阖、枢的重要性。

《黄帝内经》中不同篇章论及三阴三阳开、阖、枢时，三阴三阳离合之道与根结之处并提，体现了气化属性、气化功能与阴阳气血多少、位置定位的统一。《素问·阴阳离合论篇》探讨的是三阴三阳开、阖、枢运动变化离合之道，并非专论经络之章，本文认为，此处兼论根结之穴恰恰说明了人体三阴三阳之气与自然三阴三阳之气相通应的主要机制是经络，根结之穴恰恰是人体三阴三阳六气与自然三阴三阳之气相通应的关键所在，这应当也是张仲景三阴三阳辨治体系被命名为六经辨证的理论渊源。

《灵枢·根结》中详述三阴三阳根、结所在，但在《素问·阴阳离合论篇》中，三阴三阳只有“太阳根起于至阴，结于命门”③，其余只有根，这应该不是偶然，而是隐含着关键信息与深意，强调了命门的重要性。命门为坎中阳，所藏为先天之元炁、生命之火种，本于父母和天地之父母，饱含着天地的信息，为生命之枢。

（七）药物性味——为自然三阴三阳之气所制化

药性的四气五味源于天地自然之气化，所谓“天制气，地制形”“天制色，地制味”④，“寒、热、温、凉四气生于天，酸、苦、辛、咸、甘、淡六味成于地”⑤。药物性能与天地气化相关，中药及方剂的功效，即是

---

① 南京中医学院：《黄帝内经素问译释》第3版，上海科学技术出版社1991年版，第57页。

② 南京中医药大学：《黄帝内经灵枢译释》，上海科学技术出版社2012年版，第59页。

③ 南京中医学院：《黄帝内经素问译释》第3版，上海科学技术出版社1991年版，第57页。

④ 李阳波、刘力红、唐农等：《开启中医之门：运气学导论》，中国中医药出版社2004年版，第34页。

⑤ （明）李时珍：《本草纲目》（卷3上），商务印书馆1930年版，第42页。

以药之偏性，针对气化的失常，调整人天关系，调整人体的偏性。

药物的使用“必先岁气，无伐天和”[①]，如太阳司天之政，岁宜苦以燥之温之，必折其郁气，先资其化源，抑其运气，扶其不胜，无使暴过而生其疾，食岁谷以全其真，食宜同法。阳明司天之政，服食白色、红色的岁谷，以保全真气，食感间气而成熟的间谷以驱邪。岁宜以咸、以苦、以辛，汗之、清之、散之，安其运气，无使受邪。

司岁备物，司岁备药，《素问·至真要大论篇》曰：“司岁物何也？天地之专精也”[②]，意为根据岁气来采备其所生化的药物，因其能得天地专精之气，故气全而力厚。非司岁与司岁的药物相较，形质虽同，却有等级上的差异，气味有厚薄之分，性能有躁静之别，药力所及也有浅深之异，因此，本于天时，应司岁气备药，若不能为之，则可用炮制之法以助药性。

调气之方，必别阴阳，以药物之气味调治六气之为病，以平为期。《素问·至真要大论篇》对五味阴阳之用、五味所喜作了较多阐述，强调“调气之方，必别阴阳，定其中外，各守其乡”，即所谓“谨察阴阳所在而调之，以平为期”[③]。此篇还论述了司天、在泉、所胜、所复之气为病的治宜药物，如“诸气在泉，风淫于内，治以辛凉，佐以苦，以甘缓之，以辛散之；热淫于内……”[④]；“司天之气，风淫所胜，平以辛凉，佐以苦甘，以甘缓之，以酸泄之；热淫所胜……”[⑤] 等。故“司天之气，风淫所胜”时平以辛凉；“诸气在泉，风淫于内”时则治以辛凉。使“各安其气，必清必静，则病气衰去，归其所宗”[⑥]；“皆随胜气，安其屈伏，无问

---

① 南京中医学院：《黄帝内经素问译释》第 3 版，上海科学技术出版社 1991 年版，第 557 页。

② 南京中医学院：《黄帝内经素问译释》第 3 版，上海科学技术出版社 1991 年版，第 621 页。

③ 南京中医学院：《黄帝内经素问译释》第 3 版，上海科学技术出版社 1991 年版，第 622 页。

④ 南京中医学院：《黄帝内经素问译释》第 3 版，上海科学技术出版社 1991 年版，第 626 页。

⑤ 南京中医学院：《黄帝内经素问译释》第 3 版，上海科学技术出版社 1991 年版，第 629 页。

⑥ 南京中医学院：《黄帝内经素问译释》第 3 版，上海科学技术出版社 1991 年版，第 637 页。

其数，以平为期”[①]；“佐以所利，资以所生，是谓得气”[②]。“审察病机，无失气宜”[③]，以药物之气味调整人体之气，调整人天关系。

《素问·至真要大论篇》先论司天、在泉之气，论天地之寒热；接着论药性的四气五味，论药性之寒热；再论病机十九条，论人身之寒热，病机十九条所言，总不外五脏病机与六气病机两个方面。五脏病机，主要是六气气化，即肝病化风、肾病化寒等。药性之寒热、人身之寒热，皆源于天地之寒热，这反映了中医学病机学说的理论实质。

（八）五脏六腑——人体感应自然之气的生化发动机

五运气化在人体主要落实于脏腑。中医学的整体观是以脏腑为核心的，脏腑的实质是人体与自然相对应的五大功能系统，人的五脏之气与四时五运天气息息相通，在升降出入运动上存在着共同的规律。人体脏腑是气化的主体，是气化功能的核心和载体，五脏六腑各应其气化生，生生不息，无处不到，发动系统功能，承载生命活动。

气化规律是藏象体系构建的内在基础，对人体和自然的认识如“司外揣内”“取象比类”“返观内视”等方法，皆是建立于气化观的基础之上。人之生依从自然之气化规律，人既成则受制于自然之气化状态，天人气化力量与人体健康密切相关[④]。脏腑经络等的生理功能活动实质就是气化过程，每个脏腑的气化模式均有其特异性和规律性。脏腑特异之气的气化功能决定了脏腑各自的生理功能，各个脏腑气化模式有机结合、承制相辅，构成了五脏六腑的活体生命藏象气化模式。藏象理论指导下，不论是对疾病的辨证治疗规律，还是对疾病的药物、针灸、推拿等治疗方式，均是建立于对气化作用认识的基础之上。气化理论贯穿了藏象系统的各个层面，脏腑是人体感应自然之气的生化发动机。

---

① 南京中医学院：《黄帝内经素问译释》第3版，上海科学技术出版社1991年版，第639页。

② 南京中医学院：《黄帝内经素问译释》第3版，上海科学技术出版社1991年版，第651页。

③ 南京中医学院：《黄帝内经素问译释》第3版，上海科学技术出版社1991年版，第652页。

④ 王慧峰、严世芸：《藏象体系之气化研究思路分析》，《中华中医药学刊》2010年第5期。

（九）经络腧穴——自然与人体三阴三阳之气的感传能量场

人体六气气化主要通过经络感传，经络与脏腑相应并形成表里关系，在人体形成不同的分布特点与外部表象。中医学之脏腑之所以不仅是器官组织、解剖结构，主要在于某一经气所感化的脏腑经络形成了某一经的功能系统。经络是脏腑之气运行的路线，腧穴是驿站，经气凝结于穴位，针刺穴位可以调节内脏。同时此路线、驿站还是重要的能量补给、发生场。

经络、腧穴的三阴三阳之气是与自然三阴三阳之气感应的枢纽，根结之穴等重要穴位是人体与自然三阴三阳之气之间相通应的机关。针灸的作用不仅仅是疏通、调畅气机，同时能够影响精神和能量。古今皆重时空针灸，其要旨是将具有记忆功能的时间穴位和具有同构功能的空间穴位组织在一起，运用特定的施治方法和针刺顺序，构建内外相通的气场，从而获得调动人体自愈功能的场效应。

（十）脏气法时——人体气化与自然在时序空间上的时势相应性

《黄帝内经》气化理论认为，在生命演进过程中，生命具有时间演化流行的方向与秩序。如一日四时平旦、日中、黄昏、夜半的阴阳变化；一年四季春生、夏长、秋收、冬藏的阴阳变化；一年之中五运六气岁运通主一年，主客运、主客气分主时段的阴阳变化；六十年甲子乃至元会运世等更大周期的运气时序性与周期性变化等。强调从时空维度认识自然万物的生化时序与趋势演变，人体要顺时适势，道法自然，顺应自然的气化及其变化趋势。

《素问·脏气法时论篇》曰："合人形以法四时五行而治""五行者，……更贵更贱，以知死生，以决成败而定五脏之气，间甚之时，死生之期也"①。长期以来，谈脏气法时更重视此篇五脏病"愈""加""持""起"的时间、禁忌与治则，而忽略了脏气法时即五脏之气的生克制化，象法于四时五行，当法天时而治。

---

① 南京中医学院：《黄帝内经素问译释》第 3 版，上海科学技术出版社 1991 年版，第 177 页。

《素问·诊要经终论篇》及《素问·四气调神大论篇》等将一年十二个月中气化演变的状态与人体五脏之气相通应，强调“治不本四时，必内伤于五脏”，指出诊治疾病时必须重视四时的变化。

人体之气与自然一气周流，人体脏腑具有“脏气法时”的特点，其运动变化规律类同于自然气化，受到自然气化时序因素的影响，“至数之机，迫迮以微，其来可见，其往可追”，“不知年之所加，气之盛衰，虚实之所起，不可以为工矣”①，因而在防治疾病过程中，要善于把握顺应自然之气的变化，顺时适势。

（十一）气动于中，象形于外——象思维是天人合一气化状态的感知认识方法

自然正常的三阴三阳之气，如春之厥阴温煦生升之气，表现为温风频吹，草木生发；秋之阳明清燥肃降之气，表现为明净高爽，草木凋落。自然的三阴三阳之气为病，如厥阴风木为病表现为风气之偏盛，少阴君火为病表现为火热之流行，太阳寒水为病表现为寒气水气之凝结等。身体外部的一切都在反映着体内气血阴阳的情况，而在脉诊中三阴三阳六部脉则是六气在脉象上的反映。气象万千，气唯象观。气动于中，象形于外，如何去观察、把握“气”，这个方法就是“象”。取象比类、司外揣内的象思维是感知自然与人体气化、认识自然与人体气化的方法，天人合一内在的气化状态直观地表现为人体与自然气象的相应。

（十二）体质与患病的倾向性——人禀天地之气生，四时之法成，天地为之父母

人体的体质主要与遗传和后天因素有关。作为生命活动的特质、疾病发生与转归的内在基础及潜在病候，人体体质与宇宙气化有着内在的、深刻的必然联系②。人体体质的差异从本质上讲是气化方式倾向性的不

① 汪机：《运气易览》，中国中医药出版社 2016 年版，第 8 页。

② 李游、尹婷：《五运六气与中医体质学说研究》，《中华中医药杂志》2008 年第 11 期。

同，以“同者盛之，异者衰之”的方式影响着人体体质的形成[①]。在运气周期内的某一时段孕育出生的人，会秉承该阶段特定的气化倾向，从而影响人体的生化特性，这种影响在胎孕期、出生期及老年期尤为明显。胎孕期及出生时的运气气化特点，往往决定了人体未来患病的倾向性，易发病的脏腑经络器官组织所在。出生后运气周期性变化往往决定了何时发病，如人体脏腑经络之气与运气相同则得其助而气盛，相异则失其资而气平，甚至被克伐而气衰。《素问·气交变大论篇》以较大篇幅论述中运十年周期性的自然变化与人类发病的关系，提出运气太过与不及之年人体内病理定位的自然规律。认为此时所胜的脏腑经络为致病的主要矛盾方面，而所不胜的脏腑经络则成为病理定位之所。经过几十年的生命周期，这种出生时的运气特点在老年期可以通过体质、人体对不同运气的反应及所患疾病的类型特点而充分显现。

综上所述，五运六气学说是《黄帝内经》气化理论的重要部分，但气化理论并不止于运气。气化论是运气学说所要阐述的核心，《黄帝内经》五运六气气化理论是中医学天人合一思想的理论基础和主要载体。气化论影响和促进了伤寒六经气化学说的产生和发展。《伤寒论》通过对《黄帝内经》三阴三阳开、阖、枢及六气标本从化等理论的应用，使得气化论、天人合一思想与临床实践紧密结合，创造了具有中医原创思维的临床特色优势及影响千年的理、法、方、药系统。

---

① 南京中医学院：《黄帝内经素问译释》第3版，上海科学技术出版社1991年版，第551页。

传统医药非物质文化遗产保护的核心理念*

王凤兰　何振中**

摘　要：文章针对庞杂的传统医药非物质文化遗产如何保护以及保护的关键技术问题，从探讨个体非遗项目入手，深刻剖析了基于项目类别的非物质文化遗产项目构成的两形态、三层次、三要素，旨在从根本上解决传统医药非物质文化遗产保护实践中的理论与技术问题。研究认为，传统医药非物质文化遗产保护的核心是文化内涵和中医的生命观、疾病观、养生观、治疗观、用药观、制药观等。文化内涵以及生命疾病观等属于“道”的层面；而针对项目的具体构成要素，则属于“术”的层面；非物质文化遗产保护的本质并非只针对技术，而首先是保护理念和思想，体现了非物质文化遗产保护的宗旨和原则。

关键词：传统医药；非物质文化遗产保护；核心理念

传统医药保护已历经十余年，迄今为止已经有4批126项传统医药项目进入国家非物质文化遗产名录。作为传统医药非物质文化遗产项目，其内容涵盖甚广，归纳起来主要有三个方面：一是项目的核心思想和理念；二是项目的相应表现形式（包括实物、技艺等）；三是项目存续所必需的人文、自然空间。前两者是非物质文化遗产保护的核心与主体，后

---

* 原文刊于《南京中医药大学学报》（社会科学版）2015年第1期。

** 作者简介：王凤兰，中国中医科学院研究员；何振中，中国中医科学院研究员。

者则是必要条件。因此，非物质文化遗产项目保护的内容既包括无形思想与理念，以及承载相关思想、理念的有形的实物及其他表现形式，还包括历史文化、环境等要素。不同历史背景或地域条件差异使得传统医药项目要素的表现形式同中有异、异中见同，诸要素之间的关系也十分错综复杂。那么，哪些项目要素才是非物质文化遗产保护的核心所在？怎样才能做到全面保护呢？不但项目传承人在开展保护活动中对比尚存许多不解的疑窦，这也一直是多年从事这一方向研究的专家们颇感困惑的难题。

笔者于2005年即参加了传统医药非物质文化遗产的申报与保护工作，在保护研究实践中，相继涉猎到构建专门制度、名录、数据库等方式保护非物质文化遗产。经过多年的研究与实践工作，个人认为，构建专门制度、名录、数据库，毋庸置疑是非物质文化遗产保护的必要手段。但作为个体的非物质文化遗产项目，从非物质文化遗产保护宗旨出发，需要保护的核心是什么？保护的关键技术又是什么？解决这些问题，势必要基于项目类别，深入项目内部，进行个体项目的深层次研究，以解决保护的难题。

2012年至2014年，笔者主持研究了“传统医药非物质文化遗产立档保护研究”课题，提出“研究性立档”概念。通过深入项目内部的研究性立档，使得保护关键技术问题逐渐明朗起来。传统医药项目作为非物质文化遗产保护的对象，保护的核心在于保护项目的文化内涵和项目承载的理念和思想，这是非物质文化遗产保护的根本和原则所在，只有对理念和思想加以保护，才能保持非物质文化遗产不断传承发展的生命原动力，并保持项目不发生质的变化。

一 传统医药遗产及其保护内容

学术界目前尚未对传统医药非物质文化遗产形成一致性的概念，只有零散的一些研究。如诸国本在《传统医药与非物质文化遗产保护》一文中谈到传统医药与非物质文化遗产二者之间关系时，主要以传统医药是传统文化的组成部分为切入点，从而得出“传统医药作为非物质文化遗产的一部分”的结论[①]。此外，诸国本根据非物质文化遗产“有关自然界和宇宙的知识和实践”的属性认为，“中医学作为中华民族具有原创性的医学文化，蕴含着中国古老的文化基因，具有非物质文化遗产的代表性。”[②]

“中医药传统知识保护研究”课题组于2004年曾经参照国际“传统知识”定义方式，对中国传统医药进行了如下定义：中国传统医药是基于中华传统创造的、世代相传的、有价值的医药卫生知识，同时包括了由该领域中智力活动所产生的革新和创造。中国传统医药知识可以文字、语言、声音、图像、符号、标志、名称、姿态、动作等方式存续和表达，又承载于医药文献、医药文物、医疗器具、传承者等，其与社会文化背景、生态环境、动植矿物资源等密切相关[③]。比照非物质文化遗产概念的几个特征，即世代相传性特征、被不断再创造特征以及持续文化认同特征，传统医药符合非物质文化遗产的内涵和外延的阐述。非物质文化遗产强调的是一种智力成果和文化内涵，传统医药知识强调的是“有价值的医药卫生知识”，二者并不矛盾，传统医药的构成要件也可作为非物质文化遗产的构成要件，该概念适用于传统医药非物质文化遗产概念，笔者认为可视为传统医药非物质文化遗产的概念。传统医药遗产内容非常丰富、庞杂，截至2005年的统计，仅中医药文物达20000余件[④]，中医药古籍12124种[⑤]，传承人有50余万人[⑥]，药物资源12807种[⑦]，中医有

---

① 诸国本：《传统医药与非物质文化遗产保护》，《中央民族大学学报》（自然科学版）2011年第3期。

② 诸国本：《传统医药与非物质文化遗产保护》，《中央民族大学学报》（自然科学版）2011年第3期。

③ 见柳长华、苏刚强主持的国家中医药管理局重点研究项目《中医药传统知识保护研究报告》结题报告，2005年7月，第29页。

④ 李经纬：《加强医药卫生文物收藏保护迫在眉睫》，《中华医史杂志》2001年第3期。

⑤ 王凤兰：《中医古籍整理与数字化》，见《中医药信息研究进展》，中医古籍出版社2006年版，第467—470页。

⑥ 国家中医药管理局办公室编：《2003年全国中医药统计摘编》。

⑦ 国家中医药管理局《中华本草》编委会：《中华本草》（第一册），上海科学技术出版社1999年版，第52页。

名方剂约 100000 余首[①]，医院制剂约 15000 余种之多[②]。

二 类别与独立项目之关系

非物质文化遗产项目的申报着眼于项目基本信息、项目说明（分布区域、历史渊源、基本内容、相关器具及制品、传承谱系）、项目论证（基本特征、主要价值、濒危状况等）、项目管理、保护计划 5 个方面[③]，不仅涵盖了传统医药遗产概念所表述的内容，而且为传统医药遗产保护研究提供了新视角、新思路、新方法，演化出 2009 年传统医药界“传承人 + 知识 + 文化”[④] 的申报与研究理念，既体现了遗产类别，又体现了保护主体，即传承人以及传承人与地域文化之间的内在关系，以此构成一个完整的项目。为此，基于保护目的，首先需要对传统医药遗产项目进行分类，并辨析项目的基本类别特征。

传统医药遗产按照来源进行分类，可以分为中医、藏医、蒙医非物质文化遗产等；按照知识起源与传承脉络进行分类，不管是中医、藏医还是蒙医等其他医学，针对内容均可分为生命与疾病认知、炮制技术、正骨疗法、传统制剂方法、针灸、诊法、疗法、老字号、医药卫生民俗等不同类别。基于内容的分类，结合“传承人 + 知识 + 文化”的研究思路，可以使保护落实到传承人群体，保护的内容也相对明确，使保护更接近于实施层面，不乏为传统医药遗产保护的一个科学有效途径。[⑤]

因此，我们在《传统医药非物质文化遗产立档保护研究结题报告》中提出，传统医药遗产项目内容构成包括项目名称、异称、释名、项目类别、项目属地、项目所在区域以及地理环境、出处、项目持有者、传承谱系、保护单位（国家级代表性传承人）、文化内涵及其外在表现形

① 彭怀仁：《中医方剂大辞典》内容提要。

② 见柳长华、苏刚强主持的国家中医药管理局重点研究项目《中医药传统知识保护研究报告》结题报告，2005 年 7 月，第 47 页。

③ 王凤兰：《理念和思想：传统医药非遗保护的核心》，《中国中医药报》2014 年 9 月 25 日第 3 版。

④ 王凤兰主编：《中国医道》，古吴轩出版社 2009 年版，第 209 页。

⑤ 王凤兰：《理念和思想：传统医药非遗保护的核心》，《中国中医药报》2014 年 9 月 25 日第 3 版。

式、原理、技艺（包括特殊技艺或者是方法）、实物、产品及其相关、其他等 16 项[①]。这是针对整个传统医药遗产项目列表的共性描述。不同类别的项目由于性质不同而各有其独特性，其内容构成要素列表有着同质基础的“类”共性，又与不同质的“类”相互区别，如针灸类别与炮制类别。此外，由于个体项目的核心构成要素具有该项目的基因特质，展示了该项目的特色，故而构成要素自成一体。

基于保护的目的，从个体项目活态传承所体现出来的共性而言，项目列表内容不外乎两种类型，即“有形”与“无形”[②]。“有形”是指项目传承过程中所涉及的实物、器具、遗址等；而“无形”是指承载于实物以及代表性传承人的无形知识。总体而言，其项目构成均由“有形的资源”和“无形的知识”两种形态构成。有形和无形构成一个完整的项目，形成一个完整的需要保护的整体，而又有着不同的保护诉求。

从保护角度而言，基于类别的内容仍然过于庞杂，仍不能解决项目保护的关键技术问题。为此，需要把握个体项目的有形性、无形性特征，并在此基础上进行深层次的内容特征的研究，从而解决项目保护的关键性问题。

三　独立项目构成的三层次

作为独立的个体项目，其内容构成具有鲜明的特点，从非物质文化遗产角度剖析，即由文化内涵、项目核心思想以及项目的具体构成要素三个层次组成[③]。项目的文化内涵为第一层。传统医药项目的文化内涵即是指承载于项目中的精神价值、思维方式、想象力和文化意识。如具体可以表述为“以人为本”“贵生重道”“重义轻利”等。这些不同层面的文化思想、观念、价值取向在传统医药非物质文化遗产项目传承中被固化为具有指导意义或导向功能的认知与理念。这种认知和理念是项目构

① 王凤兰等：《传统医药非物质文化遗产立档保护研究结题报告》，第 1—2 页。

② 王凤兰：《理念和思想：传统医药非遗保护的核心》，《中国中医药报》2014 年 9 月 25 日第 3 版。

③ 王凤兰：《国家级传统医药非物质文化遗产项目立档保护研究报告》，中国中医科学院中国医史文献研究所，2014 年版。

成及发展的精神支柱和灵魂，是传承人的行为准则，是决定项目文化属性的决定性依据。项目的文化内涵依赖这种行为准则和思维模式而得以代代传承发展；而项目因此亦被赋予了不同的文化身份并兼备有一定的社会价值。例如，同仁堂中医药文化内涵中，对医药始终如一的信仰体现道家“贵生重道”观念以及儒家社会责任意识，“质量第一、诚信经营”的企业行为准则体现了“以人为本”与“重义轻利”价值取向及见利思义的美德。夏氏丹药制剂技艺中，丹药经过“火力烹养”而具有“有一阳在中”“君臣俱具，父子固全”的特征，体现了道家“宇宙生命生化”观点即“宇宙生命为混沌一气”的观念。

项目的核心思想是指具体体现于项目的生命观、疾病观、养生观、治疗观、用药观、制药观等，被视为项目的第二个层次。中医生命观、疾病观、药物观等核心思想是传统医药项目源起与传承的核心思想，是项目代代相传、历久弥新的根本；是项目在围绕生命的自然生长和生命的维护以及与疾病平等相处、求取平衡过程中所产生的一些核心思想；也是医疗技术不断创新的源泉所在。

项目的构成要素为第三层，主要是指参与或影响传统医药遗产项目整体传承的所有相关因素，主要由核心要素、主体要素以及外围要素构成。文化内涵以及核心思想属于“道”的层面，而后一层属于“术”之范畴，道与术的完美结合，构成了一个完整的项目。

四　独立项目构成的三要素

独立个体的非物质文化遗产项目，着眼于保护的最终目标。项目由核心要素、主体要素、外围要素构成，称之为项目的三要素①。

核心要素是指描述该项目主体内容的系列要素之中，对项目整体（活态）传承中起决定性作用的一个或数个关键要素。这些要素的组合体现了该项目的本质特征，因而能够确保本项目的基本核心内涵不发生变异，是决定该项目的根本性指针。如“夏氏炼丹术”的核心要素是确保

① 王凤兰：《国家级传统医药非物质文化遗产项目立档保护研究报告》，中国中医科学院中国医史文献研究所，2014 年版。

烹炼白降丹过程顺利进行，并获得优质、能够运用于临床的丹药，因此，丹方、烹炼火候、去火减毒是夏氏炼丹术的核心要素。丹方是烹炼白降丹的最基本要素，其中凝聚着历代医家以及白降丹制作技艺传承人的独特炼制技艺与用药经验；烹炼火候是白降丹炼成与否以及质量好坏的关键，火候把握不好则成丹量少或者丹药质劣不堪使用；去火减毒是丹药能否运用于临床的必要步骤，“火毒”太烈则会造成受药者各种副作用，如中毒、剧烈疼痛等。

主体要素是指描述该项目主体内容的系列要素。主体要素可以反映项目类别和项目之性质，又称之为一般要素。主要要素因不同类别主体要素而有差异。如就中药炮制技艺而言，主体要素主要有炮制仪式、炮制原理、炮制原料、炮制辅料、炮制法、辅料配比法、火候、传统质量鉴定方法等；中医制剂项目主体要素有制剂仪式、制剂处方、制剂原理、制剂原料、制剂辅料、制剂方法、火候、成品及加工技术等。

外围要素是指该项目主体内容之外的相关要素，其具体内容主要包括保护主体单位、申报人、传承人以及保护单位等基本信息，还包含人文自然环境要素等，这些要素对于项目整体保护或者活态传承存在一定影响。

核心要素、主体要素、外围要素三类要素构成项目的核心圈，即以核心要素为内核，一般要素为主体要素圈，圈的外围分布着一些与项目相关的“外围要素”，构成项目的三要素。其中，各要素之间具有明显的系统相关性与层次性特征，前者指要素之间存在着相互影响、具有环环相扣的逻辑关系；后者指各要素在整体（活态）传承中的地位与作用，又可以称之为核心层、主体层、外围层。核心层由核心要素组成，主体层由一般要素组成，外围层由外围相关要素组成，展示出各要素在项目的活态传承的重要性以及展现其对项目生命力的不同贡献。

五 结论

本研究认为传统医药非遗项目保护的关键在于通过项目的“有形性”和“无形性”认识，把握个体项目深层次特征，即前述的三层次、三要素。传统医药项目的“文化内涵”是项目构成的核心内容，这种核心内容在项目传承中被固化为具有指导意义的文化思想、观念和价值取向，决定项目的文化属性。生命观、疾病观、养生观、治疗观、用药观、制药观等核心思想是项目传承的主要内在动力；缺乏核心思想的项目即是失去“基因”烙印的项目，而只留下技术的外壳，没有长久的生命力。技术可以被取代，而核心思想只有不断被丰富，这就是基于传统的创新；核心思想的取代意味着项目本质发生的变化。所以，保护的本质并非只针对技术，而首先是保护理念，这就是项目保护的基本理念与原则。值得注意的是，非遗保护强调在活态传承中予以保护，由于每个项目都有其特殊性，要素的属性会随着项目的需求发生变化，即存在一定程度的三要素层级相互转化关系。如水是各类制剂技艺的基础，属于环境要素，一般属于外围要素；但在东阿阿胶制剂技艺中，东阿地下水则作为原材料之一，也是制成道地东阿阿胶的关键，因而由外围要素变成核心要素。不同项目之中相同内容的要素由于其所起的作用或影响不一样，其要素属性也会发生变化。又如，怀地黄是龟龄集制作技艺中 28 种主要原料之一，属于主体要素；而在四大怀药的种植和炮制技艺之中，乃是道地药材与最主要原料之一，也是炮制对象与依据，因而属于核心要素。故而，保护首先需要研究类别构成要素，在此基础上更要深入研究个体项目的具体内容，保护的核心要素亦会随之发生变化。所以在法律保护及实践传承活动中，又要时刻关注三层级中某些要素的角色转化，如此方可体现动态保护的核心要旨并谋求长远保护的理念。

中国传统医药类非物质文化遗产分类研究*

王伟杰**

摘　要：传统医药是中华民族传统文化的宝贵财富，构建科学合理的分类体系，对传统医药类非物质文化遗产的申报、评审、管理以及传承发展都将具有重要的现实意义。针对目前中国传统医药类非物质文化遗产名录稀少、归属不清、层次模糊等问题，本文在批判继承国内传统医药现有分类的基础上，根据中国传统医药非物质文化遗产名录中复合型项目与单一型项目并存的现状，重构了传统医药类非物质文化遗产的多线性分类体系。

关键词：传统医药；非物质文化遗产；非遗名录

中国有着丰富的传统医药资源，经过五千年历史的总结和发展，逐渐形成了一套独立的与西医完全不同的民族医学体系；其中的优秀的并能在现代社会中得到活态传承的部分，构成了中国传统医药类非物质文化遗产的重要组成部分。将庞多繁杂的各级各类传统医药进行科学合理的分类，以利用于中国国家级、省级、市级以及县级非遗的申报、评定及管理工作之中，将对保护中国优秀传统文化遗产、构建优秀传统文化传承体系有着不可估量的现实意义。

---

* 原文刊于《江西社会科学》2013 年第 11 期。

** 作者简介：王伟杰，贵州民族大学民族文化产业发展研究中心副教授。

一 奇怪的反差：数量繁多的传统医药资源与屈指可数的传统医药类非遗

民族传统医药是中华民族传统文化的宝贵财富，由于各少数民族的医药实践活动都是在本民族社会的母体文化中萌发产生出来的，又是在中华各民族几千年的长期相互交融中逐步发展形成的，因此它荟萃了各族人民的智慧，承载着各民族极其深厚悠久的人文历史文化。多学科交叉特性使中国少数民族医药更显得博大精深，丰富多彩。费孝通认为："我们中国人在这地球上生活了几千年，那时候并没有现代概念中的医院，但是他们是怎么活下来的呢？这里面有很多的办法，有许多办法很经济、很实用，比如针灸、拔火罐、刮痧等等，有时并不需要药，就能解决问题，不但简单而且副作用很少。"① 费老先生睿智地道出了我国传统医药的本质特征，也指出了传统医药作为与西医格格不入却依旧能够在现代社会顽强生存的秘密所在。传统医药简（方法简易）、便（应用方便）、验（行之有效）、廉（价格低廉）的鲜明特征，的确是我们应该去主动继承和挖掘的中华民族传统文化遗产中的精髓。中国传统医药包含的内容大致可分为两个部分，即实物资源和非物质资源。实物资源与非物质资源相互依存，构成一个完整的整体。其主要内容包括中国传统医药文物、中国传统医药古籍、中国传统医药图谱、中国传统医药器物、人物、中国传统医药基础理论、中药、中医方剂、中医养生保健、疾病、针灸、疗法、特殊标记等十三类。② 每类都包含了较多的医药资源，第七类"中药"就包含了两万多种药物资源和与此相关的知识和技术，如中药炮制技术（国家级，Ⅸ-3）。据全国资源普查统计，我国的中药资源种类有12807种，其中植物药11146种，动物药1581种，矿物药80种。第八类中医方剂大概有九万余种，如桐君阁传统丸剂制作技艺，隶属于

① 方李莉：《费孝通先生的"最后一重山"——费孝通晚年学术思想诠释与理解》，《中华读书报》2010年12月20日。

② 沈志祥、柳长华、王凤兰：《中国传统医药申报世界非物质文化遗产保护的初步方案》，http：//www. satcm. gov. cn/zhuanti/shenyi/fgwj/20060903/102122. shtml。

中医传统制剂方法（国家级，Ⅸ－4）。

然而令人匪夷所思的是，我国的传统医药类非遗名录数量之少，超乎人们想象，这在我国的世界级和国家级非遗名录中体现得尤为明显。在我国仅有的29项联合国教科文组织评定的《人类非物质文化遗产代表作名录》中，仅有传统医药类名录1项——“中医针灸”，只占目前我国世界级非遗总数的3.45%。在我国国家级第一批非遗的518项名录中，传统医药共9项，仅占1.74%；第二批国家级非遗的510项名录中，传统医药共8项，仅占1.57%；第一批扩展名录147项，传统医药共5项，仅占3.40%；第三批国家级非遗的191项名录中，传统医药共4项，仅占2.1%；在第二批非遗扩展名录的164项中，传统医药共7项，仅占4.27%。三批国家级非遗总计1219项，传统医药名录总计21项，占1.72%。两批扩展名录共计311项，传统医药扩展名录共计12项，仅占3.86%，距平均数10%有较大差距，已经成为我国国家级非遗十大类中数量最少的一类。

原因究竟何在？一方面是由于传统医药本身在历史发展过程中不断失传乃至消亡，尤其是中华人民共和国成立以来西医对中医的冲击，更使中医的发展与传承遭受着致命打击。1949年以来，中国培养的中医数目下降了一半，大约27万人，同时，西医人数却增加了20多倍，达到120万人。[①] 另一方面，传统医药类非遗项目多为包含性较强的复合型项目，单个名录中包含较多子项目和扩展名录，使原本不多的传统医药名录数量更为稀缺。

二 奇特的紊乱：传统医药类非遗名录稀少带来的诸多复杂状况

虽然中国国家级的传统医药类非遗名录较少，但由于目前四级名录体系的申报及审批标准不一，在非遗的名录中呈现出归属不清、层次模糊等较为纷乱复杂的现状。

① 马克·马格尼尔著、刘鹏译：《西医冲击中国传统医学》，《环球时报》2007年1月22日第6版。

其一，在传统医药类非遗中，国家级名录多为复合型项目，省级、市级、县级名录则多为单一型项目，对省级、市级和县级名录升级为国家级名录来说就显得较为困难。我国国家级传统医药类非遗具有极大的包容性，这与传统医药本身极大的系统性是密不可分的。中国传统医药知识早在两汉时期，就形成了系统性的理论，在长期的医疗实践中，人们重视理论对实践的指导作用，如“理、法、方、药”的运用，即是中国传统医药知识系统性的具体体现。在中医学的发展过程中，累积起来的每一类知识如药物、方剂、针灸、养生等知识也是自成系统的。就具体知识而言，也表现出系统性的特征，这是中国传统医药知识最为突出的特征。我国传统医药的方剂、疗法不下十万余种，而国家级非遗却只有21项，归根结底与传统医药本身的系统性有关，由此造成的传统医药类非遗项目极大的包容性也是其他类非遗项目不能比拟的。如中国传统制剂入选中国第一批非遗名录，在第一批扩展名录中增加了龟龄集传统制作技艺、雷允上六神丸制作技艺、东阿阿胶制作技艺、化风丹制作技艺等四项，第二批扩展名录中又增加达仁堂清宫寿桃丸传统制作技艺、定坤丹制作技艺、六神丸制作技艺、致和堂膏滋药制作技艺、季德胜蛇药制作技艺、朱养心传统膏药制作技艺、漳州片仔癀制作技艺、夏氏丹药制作技艺、马应龙眼药制作技艺、罗浮山百草油制作技艺、保滋堂保婴丹制作技艺、桐君阁传统丸剂制作技艺十二类。不仅如此，实质上我国传统文献中的方剂有九万多种，如果专门以一项复合型项目代之，传统医药数量极少也顺理成章。与此相对应的，省级、市级、县级非遗却多是呈碎片状的单一型项目。也就是说国家级传统医药非遗是按照包容性的标准进行申报和批准的，而省级、市级、县级非遗则几乎都是按照碎片状的标准进行申报和批准的。国家级非遗基本包含了省市县三级非遗的绝大部分，而后者则是前者的扩展名录或组成部分。如中国第一批非遗名录中将“针灸”（国家级，Ⅸ－5）设置为复合型的项目，很明显几乎包含了中国传统医学中有关针灸医学的全部内容；而在省级项目中如“耿一针”中医针灸（吉林省，第三批省级非遗传统医药类第4项）、信州火针（江西，Ⅸ－2）和针灸（贵氏针灸）（河南，Ⅸ－12），则是单一型项目。

其二，部分传统医药类非遗项目之间出现了复合型与单一型相互矛盾的现象。如第一批的同仁堂中医药文化（国家级，Ⅸ－7）和胡庆余堂中药文化（国家级，Ⅸ－8）都为单一型项目。第二批的传统中医药文化（国家级，Ⅸ－11）则为复合型的非遗项目。由此，两者之间出现了标准不一的现象。严格意义上讲，第一批的中药文化同属于传统中医药文化的组成部分，或者是其扩展名录，而不应该单列开来，过分强调"同仁堂"和"胡庆余堂"的独立性，则割裂了传统中医药文化的整体性。

其三，通过三批非遗名录的分析对比发现，中国国家级传统医药类非遗名录与国家中医药管理局对中国传统医药的分类基本相似，但多出了"中医药文化"与"少数民族医药"两大类。第一批的中医生命与疾病认知方法（国家级，Ⅸ－1）、中医诊法（国家级，Ⅸ－2）、中药炮制技术（国家级，Ⅸ－3）、中医传统制剂方法、针灸、中医正骨疗法（国家级，Ⅸ－6）和第三批的中医养生（国家级，Ⅸ－10）与国家中医药管理局对中国传统医药的分类基本吻合，只是多出了"中医药文化类"和"少数民族医药"两部分。尤其是第一批非遗项目，与国家中医药管理局将"中医药知识"分为"生命知识、养生知识、疾病知识、诊法知识、疗法知识、针灸知识、方剂知识、药物知识"的方法基本相似。因此可以简单地将我国传统医药类非遗分为中医药传统知识、中医药传统文化与少数民族医药三部分，分别以中医生命与疾病认知方法、传统中医药文化和藏医药（国家级，Ⅸ－9）为代表。

其四，同属于我国传统医药整体部分的一些项目，却被申请为其他类型的国家级非遗。例如，根据不同的表现形式，安国药市（国家级，Ⅸ－60）、李时珍的传说（国家级，Ⅰ－101）和华佗五禽戏（国家级，Ⅵ－63）分别入选了我国国家级非遗名录中的民俗类、民间文学类和传统体育、游艺与杂技类。根据非遗评定的标准和基本办法来看，以上三种形式的非遗项目的归类都是合情合理的，但是将其与传统医药类完全割裂开来，无疑有割裂传统医药类非遗的整体性之嫌，不利于传统医药类文化空间的整体性保护与传承。

由此看出，虽然中国国家级传统医药类非遗名录较少，但由于分类体系的缺失，造成了目前传统医药类非遗虽然只有三批但却出现归属不清、国家级与地方各级评审标准脱节等纷繁复杂的现象。因此，重构中国传统医药类非遗名录的分类体系，以统一中国从国家级到县级的四级名录体系的分类命名、分类申报及分类审批原则和标准，对于保护和传承我国传统医药类非遗有着重要的现实意义。

三 我国传统医药及传统医药类非遗的相关分类及评述

中国传统医药是中国非遗保护的重要内容。中国传统医药蕴含了中国各民族特有的价值观念、思维方式、想象力和文化意识，在其传承发展的历史长河中，形成了特有的认知思想、诊疗方法、用药技术等，具有系统性、完整性、高度文献化以及广泛传播的鲜明特征。世界上其他国家的非遗分类中基本都没有医药类非遗的具体分类方法，这是因为其他国家的传统医药不像我国传统医药一样自成体系。截至目前，我国对传统医药及传统医药类非遗的分类较少，更多的主要是对中医药的分类。根据传统医药不同的表现形式，目前中国的分类主要有以下几种。

王文章在《非物质文化遗产概论》一书中将非遗分为十三大类，第十一类为“传统医学和药学”，毫无疑问是对传统医药的别称，只是将医学和药学分开来表述。在谈到传统医药的归属时，则明确指出其属于《保护非物质文化遗产公约》分类体系中的第四类“有关自然界和宇宙的知识和实践”①，但本书并没有对传统医药类非遗进行二级分类。宋俊华在《中国非物质文化遗产发展报告（2011）》中认为传统医药的主要表现形式突出地表现为非遗的“有关自然界和宇宙的知识和实践”和“传统的手工艺技能”两种形式，并指出我国传统医药未来保护的重点应该在中医学知识或体系、民族医学、传统医技和制药工艺等方面②，也没有对我国的传统医药类非遗进行明确的分类。2004 年，国家中医药管理局在“中医药传统知识保护研究”重大项目的研究成果中，将“中医药传统知识”分为八大类，依次为生命知识、养生知识、疾病知识、诊法知识、疗法知识、针灸知识、方剂知识、药物知识。2006 年，中医药申报国内

---

① 王文章：《非物质文化遗产概论》，教育科学出版社 2008 年版。

② 宋俊华、董颖杰：《传统医药保护发展报告》，载康保成主编《中国非物质文化遗产发展报告（2011）》，社会科学文献出版社 2011 年版。

第一批非物质文化遗产名录时，基本上采用了以上的分类，成功申报了中医对生命与疾病的认知方法、中医诊法、中药炮制技术、中医传统制剂方法、针灸、中医正骨疗法 6 个项目，这六项基本上涵盖了中医药的精髓。[①] 第二批国家级非遗中又将“中医养生”单独设置为一个项目，从而使八大知识分类成为非遗的一部分。《中国非物质文化遗产普查手册》(以下简称《手册》) 将非遗分为十六大类，但却没有传统医药的一类。在第十五类民间知识的二级分类中，有“医药卫生”一项。在第十六章中，提到了“传统医药”，并将其分为“生命与疾病认知方法、养生、诊法、疗法、针灸、方剂、药物、医事民俗、医药文献”[②] 等九类，具有较大的权威性与实用性。有学者规避了单线性分类的弊端，创立了非遗的四层次分类体系。在第一层次中，非遗共分为语言文字类、传统艺术类、传统技艺类、传统健身类、民间知识类、民间信仰类、民间习俗类等七大类，而传统医药属于第五大类即民间知识类；在第二层次中，传统医药分为“传统医学、传统药学、少数民族医药、民间医药土方和其他”[③] 五类，从而首次进行了传统医药的多线性分类尝试。

表 1　　　　传统医药分类比较表

<table>
<tr><th>国家中医药管理局</th><th>《手册》</th><th>四层次分类体系</th><th>《方案》</th></tr>
<tr><td>生命知识</td><td rowspan="2">生命与疾病认知方法</td><td rowspan="4">传统医学</td><td>中国传统医药基础理论</td></tr>
<tr><td>疾病知识</td><td>疾病</td></tr>
<tr><td>养生知识</td><td>养生</td><td>中医养生保健</td></tr>
<tr><td>诊法知识</td><td>诊法</td><td></td></tr>
<tr><td>疗法知识</td><td>疗法</td><td rowspan="3">民间医药土方</td><td>疗法</td></tr>
<tr><td>针灸知识</td><td>针灸</td><td>针灸</td></tr>
<tr><td>方剂知识</td><td>方剂</td><td>中医方剂</td></tr>
</table>

① 王凤兰：《谈中医药非物质文化遗产保护的几个学术问题》，《南京中医药大学学报》(社会科学版) 2007 年第 4 期。

② 中国艺术研究院·中国非物质文化遗产保护中心：《中国民族民间文化保护工程普查工作手册》，文化艺术出版社 2007 年版。

③ 张敏：《论非物质文化遗产的分类》，浙江大学人文学院硕士学位论文，2010 年。

续表

<table>
<tr><th>国家中医药管理局</th><th>《手册》</th><th>四层次分类体系</th><th>《方案》</th></tr>
<tr><td rowspan="4">药物知识</td><td rowspan="3">药物</td><td rowspan="4">传统药学</td><td>中药</td></tr>
<tr><td>中国传统医药器物</td></tr>
<tr><td>中国传统医药图谱</td></tr>
<tr><td>医药文献</td><td>中国传统医药古籍</td></tr>
<tr><td rowspan="3"></td><td rowspan="2"></td><td>少数民族医药</td><td></td></tr>
<tr><td rowspan="2">其他</td><td>人物、中国传统医药文物、特殊标记</td></tr>
<tr><td>医事民俗</td><td></td></tr>
</table>

注：表中空白处表示此种分类方法没有涉及传统医药此项类别。

从表1可以看出，作为《中国传统医药申报世界非物质文化遗产保护的初步方案》（以下简称《方案》）的重要内容，其归纳自然较为系统完善，自然能体现传统医药的权威性和前沿性，但作为传统医药类非遗的分类标准明显不妥。“中国传统医药的主要内容”显然不是传统医药类非遗的代名词，而是与传统医药相关的所有医药文化遗产。例如，传统医药主要内容可分为实物资源与非物质资源两部分，其实物部分如“医药文物”“医药古籍”等可以按“文物”进行保护。2011年颁布的《中华人民共和国非物质文化遗产法》第一章第二条明确规定，“属于非物质文化遗产组成部分的实物和场所，凡属文物的，适用《中华人民共和国文物保护法》的有关规定”。再者，“人物”中掌握传统医药传承精髓的部分应是非遗具体名录项目的传承人，也不适于列为非遗项目；“医药器物”“医药图谱”乃至“医药古籍”都是传统药学的组成部分，是药物知识、制药技艺的辅助工具和信息载体，应当也属于传统药学的一部分；“特殊标记”则是部分中医药文化的一部分。比照《手册》中缺少的“诊法”应包含在“中国传统医药基础理论”之内，缺少的“民间实用土方”应包含在“中医方剂”之内。除此之外，《方案》中尚缺乏对“少数民族医药”和“医事民俗”的典型描述及分类。

国家中医药管理局的分类是基于“中医药传统知识”，而并非传统医药类非遗。虽然其分类较为完整科学，但如果将其机械地复制到非遗名录中则显然不匹配。另外，其分类有一些遗漏缺失的类别，如对“医事民俗”类没有涉及，对“少数民族医药”的分类则实质上包含在八大知识之中，但其仍不失为研究传统医药和传统医药类非遗分类中最为权威科学的分类之一。

在四种分类方法中，单单《手册》将“医事民俗”单列开来，这在其他分类中都没有体现。这固然体现了此种分类的完整性，但是医事民俗可以以非遗的第十类——民俗进行申报和评审。如“百泉药会”就入选第一批国家级非物质文化遗产扩展项目名录“药市习俗”。另外，《手册》没有对“少数民族医药”和“传统中医药文化”进行归类和划分。

张敏的四层次分类体系是对传统医药类非遗分类的一个突破，也是截至目前唯一利用多层次分类方法对传统医药进行分类的学者，其五分法也比较符合我国传统医药类非遗尤其是国家级非遗的具体实情。尤其是增加了“少数民族医药”和“其他”类，具有较强的科学性和前瞻性。其不足之处是将传统医学和传统药学割裂开来，不利于“医”与“药”的共同申报和管理。在中医药的学术体系中，“药”从属于“医”，药的使用依附于方剂，一切方药的概念及其药性、功能、主治，都是以医学认识为前提的。所以，历史上没有独立的药物学研究，也从未出现过单纯的药学家或方剂学家。这也是中药与天然药物的重要区别。再者，“民间医药土方”实质上是民间中医根据自身经验形成的医药土方，应该包含于“方剂”之内，而不应单列开来。按照其五类的划分方法，“民间医药土方”应归于“传统医学”之列。

总体上看，我国目前对传统医药类非遗的分类尝试较少，权威性的分类更少，大多分类是建立在中医药的基础之上，而不是基于对传统医药非遗的科学分类，从而混淆了中医药与传统医药类非遗的概念，因此目前的分类由于尝试较少而有较大的问题和不足。

四　传统医药类非遗分类的可行性尝试

传统医药类非遗应属于《保护非物质文化遗产公约》分类体系中的第四类“有关自然界和宇宙的知识和实践”，不能单独将其称为“传统的手工艺技能”。比如一些传统中药的炮制技艺，其制药、诊断、治疗等技艺是依附在传统医学、药学和病理知识之上的，根据“特色优先、尽量靠近”的原则，类似的传统医药技艺应是“有关自然界和宇宙的知识和实践”。如在民间舞蹈类的龙舞（国家级，Ⅲ－4）项目中，扎龙的技艺、舞龙的舞蹈、绘龙的图案、伴奏的音乐以及附带的歌词都有其特殊的形式，不可能将其分到传统技艺、民间舞蹈、民间美术、民间音乐以及民间文学里面，而应该根据其呈现出的典型的表现形式，将其归至“民间舞蹈”分类系列，因为以上五种形式不能单独开来，否则容易割裂龙舞作为一个非遗名录项目的完整性。那么，传统医药类非遗应该如何进行二级分类和三级分类的尝试呢？

首先，新的分类必须坚持科学性、实用性、本真性和前沿性等原则，争取为我国传统医药类非遗的申报、评定、审批以及后期管理提供权威合理的参照依据。因此，传统医药分类的尝试应汲取以往分类的有效部分，弥补其中的不足。尤其是国家中医药管理局对中医药知识的分类、《手册》和四层次分类体系对非遗的分类，应该积极吸取其前期研究成果，规避其中的不合理成分。从《方案》对传统医药的十三分类法来看，也有可取之处。“中国传统医药文物”和“中国传统医药古籍”可以作为文物对待，适合于《中华人民共和国文物保护法》；“中国传统医药图谱”“中国传统医药器物”“疾病”“特殊标记”以及“人物”中历史人物的医药理论知识可以作为传统医药项目的附属材料进行申报、保护和传承；“人物”中的现代人员可以从里面寻找传承人和保护主体，为传统医药的保护与传承做出贡献；“中国传统医药基础理论”“中药”“中医方剂”“中医养生保健”“针灸”和“疗法”可以作为传统医药的复合型或单一型项目进行申报。

其次，在传统医药的二级分类中，应规避以往只采用单线性分类方法的弊端，采取多线性分类方法，按照不同标准来进行分类。总体来看，可以将其分为中医药传统知识、少数民族传统医药以及中医药文化三部分（详见表2）。其中中医药传统知识则包含八大知识分类，少数民族医药则包含中国少数民族传统医药，医药文化则包含我国在历史发展中形成的老字号医药文化。

表 2　　传统医药类非遗的四层次分类体系

一级分类	二级分类	三级分类	四级分类（具体名录）	
			复合类项目	单一类项目
9 传统医药	9.1 中医药传统知识	9.1.1 生命与疾病类	中医生命与疾病认知方法（国家级，Ⅸ-1）	新安医学（安徽，Ⅸ-1）
		9.1.2 诊法类	中医诊法（国家级，Ⅸ-2）	遍诊法（未申请为非遗）
		9.1.3 药物类	中药炮制技术（国家级，Ⅸ-3）	彭银亭中药炮制工艺（湖北，Ⅸ-5）
		9.1.4 方剂类	中医传统制剂方法（国家级，Ⅸ-4）	黑虎丸（河南，Ⅸ-5）
		9.1.5 针灸类	针灸（国家级，Ⅸ-5）	信州火针（江西，Ⅸ-2）
		9.1.6 疗法类	中医正骨疗法（国家级，Ⅸ-6）	张氏经络收放疗法（河南，Ⅸ-11）
		9.1.7 养生类	中医养生（国家级，Ⅸ-10）	重庆富侨养生按摩手法（重庆市九龙坡区，Ⅸ-1）
		9.1.8 综合医药类	武当山道教医药（湖北，Ⅸ-1），刘陈铺齐氏骨科（河南，Ⅸ-1）	
	9.2 少数民族传统医药		蒙医药（国家级，Ⅸ-12）	新疆蒙古医药（新疆，Ⅹ-2）
	9.3 中医药文化		传统中医药文化（国家级，Ⅸ-11）	继善堂中医文化（焦作市）

再次，针对中医药传统知识较多的实际情况，则可进行三级分类，将其又分为生命与疾病类、诊法类、药物类、方剂类、针灸类、疗法类、养生类和综合医药类等八类（详见表 2）。根据我国第一批非遗“中医生命与疾病认知方法”项目的具体情况，八类分法中将生命知识与疾病知识合二为一，但又多出“综合医药类”，从而将旧的八大中医药知识分类概括为新的八大传统医药分类。新的八大分类中的“综合医药类”是为了解决省级、市级乃至县级非遗中传统医药的特殊性而设立的。例如在湖北省颁布的三批非遗名录中，有 11 项传统医药类非遗。其中疗法类较

多，有三项，分别为梅竹青跌打损伤疗法、麝火疗法、严氏眼科中医疗法；药物类有两项，分别为马应龙制药技艺和彭银亭中药炮制工艺；而武当山道教医药、夏氏炼丹术及其祖传秘方、镇氏风湿病疗法及马钱子秘方、张介安中医儿科诊疗法、邱氏医药、咸宁胡氏烧烫伤疗法及祖传秘方五项都为综合型传统医药项目，如武当山道教医药既有关于道教医药的相关知识，更有生命与疾病知识、方剂知识、疗法知识和养生知识，因此可以将其统称为综合医药类。河南省先后颁布的非遗名录中的刘陈铺齐氏骨科、象庄秦氏妇科、合水张氏正骨、中医外科也出现类似的问题，因此设置综合医药类较为必需。

最后，根据“特色优先、尽量靠近”的原则，谨慎处理医药人物传说、医药民俗以及医疗健身活动的归属问题。① 第一，针对一些比较特殊的医药类项目，应谨慎用“其他”类代替或综合概况。由于“其他类”的存在一定程度上反映着分类的科学性较差的问题，因此在传统医药的具体分类中尽量不用其他类代之，如果不可避免，则应该放至三级分类而不是二级分类。第二，可以将医药民俗归为非遗的第十大类“民俗”之中，将医药人物传说归至民间文学一类中，将医药健身活动类项目归至传统体育、游艺与竞技之中，以彰显这些项目在表现形式方面的特色性。第三，针对在传统医药类和其他非遗分类之间徘徊、的确无法统属的具体项目，可以采取单个项目同时申报非遗两个一级分类名录的方法，表示该项目在这两方面同时存在的合理性。如联合国教科文组织公布的人类口头与非物质文化遗产代表作名录中，第一批的“扎巴拉人的口头遗产与文化活动”就同属于“口头传统”和“传统知识技艺”两类；第二批的“中非阿卡·俾格米人口头传统”也同属于“传统音乐”与“口头传统”两类。

---

① 黄永林、王伟杰：《数字化传承视域下我国非物质文化遗产分类体系的重构》，《西南民族大学学报》（人文社会科学版）2013 年第 8 期。

古典针灸理论的自然观探讨*

韩　红**

摘　要：文章以《黄帝内经》《黄帝八十一难经》的经典理论为纲领，探讨了针灸理论与自然的密切关系。其中，以自然变化对气血的影响，探讨了气血应天时、气血应月时的客观规律，并分析了《黄帝内经》中“因天时而调血气”的针灸疗法。以自然变化对人体气血升降沉浮的影响，探讨了四时的不同刺法、留针时间、针刺深浅及“春夏养阳，秋冬养阴”的特殊针法，同时，对违反四时之气、逆时而刺的误刺后果进行了分析，从反方面论述了针刺应顺时顺势而刺的重要性。提出“天人合一”是中医针灸的最高境界，在倡导自然疗法、重视绿色医学的今天，它必将成为中西医学所追求的共同目标。

关键词：古典；针灸；自然观

针灸理论是中医理论的重要组成部分，中医的整体观和自然观与针灸理论密切相关，《黄帝内经》（下称《内经》）中大量而深刻的论述，都表明了中国古代自然观在中医学和针灸学中的影响，也充分体现了中医学以人为本、以自然为本的特点。

---

* 原文刊于《辽宁中医杂志》2003 年第 3 期。

** 作者简介：韩红，辽宁中医药大学副教授。

一　气血法自然

针灸以气血为主要观察对象，以疏通经络、调气调血为主要治疗手段，以经络平衡、气血和调为治疗目的。《素问・八正神明论篇》曰："凡刺之法，必候日月星辰，四时八正之气，气定乃刺之。"[①] 即提出了气血与自然界阴阳变化相应的观点。四时八正之气，是自然界斗转星移的结果，其规律是"天温日明，则人血淖液而卫气浮，故血易泻，气易行；天寒日阴，则人血凝泣而卫气沉"[②]。即在温暖的季节与明朗的天气，人的气血流行顺畅，卫气浮行，针刺容易得气，顺势可以通经调血；寒冷的季节与阴寒的天气，人的气血流行涩滞，卫气沉内而不易运行，针刺难于得气，经络疏通困难。了解这个规律，顺其势而为之，在适宜的条件下补泻，方能达到针灸治疗的最佳效果。

古人认为，日为太阳，月为太阴。太阳的光热给自然和人以温暖；月亮的光明和变化则给自然和人带来潮汐和气血的盛衰。《素问・八正神明论篇》曰："月始生，则血气精，卫气始行；月郭满，则血气实，肌肉坚；月郭空，则肌肉减，经络虚，卫气去，行独居。"[③] 此以月之圆缺，应人体气血，说明在一个月的周期内，人体的气血发生着规律性的变化，这个变化是在一定水平线上的动态变化，是人应自然的生理变化，是针刺时应该考虑的重要因素之一。月新生时，气血开始生长，气血生长而尚未旺盛是这一阶段的趋势；月满之时，人体气血充实而旺盛，气血充满于经脉内外，肌肉坚实有力。下半月时，月郭渐空，气血由生长盛极而始衰，经脉之内，阳气随月而虚，经脉之外，卫之阳气亦随月而虚，故肌肉松弛，经络空虚，形独居外。

因此，《内经》提出了"因天时而调血气"的针灸疗法。"是以天寒

---

① 南京中医学院：《黄帝内经素问译释》第 3 版，上海科学技术出版社 1991 年版，第 201 页。

② 南京中医学院：《黄帝内经素问译释》第 3 版，上海科学技术出版社 1991 年版，第 201 页。

③ 南京中医学院：《黄帝内经素问译释》第 3 版，上海科学技术出版社 1991 年版，第 201 页。

无刺，天温无疑。月生无泻，月满无补，月空无治。”① 即在寒冷的天气和季节，不宜针刺；在温暖的天气和季节适宜针刺；及新月时，不使用泻法；满月时，不宜用补法；月末月空时，不宜用针刺治疗。此为人应自然之法，顺应这个法则，针刺可获得疗效，违背这个法则，可至气血逆乱，疾病内生。故曰：“月生而泻，是为藏虚；月满而补，血气扬溢，络有留血，命曰重实；月郭空而治，是为乱经，阴阳相错，真邪不别，沉以留止，外虚内乱，淫邪乃起。”② 这种思想对针刺治疗和后世按时取穴法理论的形成，都起到了重要作用。

二 针刺法自然

针刺通过手法来达到效果，手法是针灸理论的重要组成部分。《灵枢·四时气第十九》论：“四时之气，各有所在，灸刺之道，得气穴为定。故春取经、血脉、分肉之间，甚者深刺之，间者浅刺之。夏取盛经，孙络，取分间绝皮肤。秋取经腧，邪在府，取之合。冬取井荥，必深以留之。”③ 其意为四时变化，阴阳交替，对人体气血产生影响，也对疾病的发生产生影响。即气有浮沉，病有深浅，刺亦有深浅。特别强调的是“得气穴为定”，何为“气穴”？四时自然之气应人体所在之穴为“气穴”，邪气侵犯人体所留之穴为“气穴”，针取此穴，方能调气泻邪、祛除疾病、疗效迅速。如春季经气始通，故取经脉，随病深浅而刺之。夏季气血充满经络内外，即可浅刺络脉。秋季经气内收，邪气侵犯内腑，要刺五腧穴的合穴治疗。冬季经脉之气深入内脏，经络得气困难，故取五腧穴中井、荥穴治疗，深刺久留针方能获效。

在古典针灸理论中，除针刺治疗应四时外，还有根据阴阳相生、相互制约理论而提出的刺法。《难经·七十难》曰：“难曰：经言春夏刺浅，秋冬刺深者，何谓也？然，春夏者，阳气在上，人气亦在上，故当浅取

① 南京中医学院：《黄帝内经素问译释》第3版，上海科学技术出版社1991年版，第201页。

② 南京中医学院：《黄帝内经素问译释》第3版，上海科学技术出版社1991年版，第202页。

③ 李文等校注：《黄帝内经》，辽宁民族出版社1998年版，第342页。

之；秋冬者，阳气在下，人气亦在下，故当深取之。春夏各致一阴，秋冬各置一阳者，何谓也？然：春夏温，必致一阴者，初下针，沉之至肾肝之部，得气引持之阴也；秋冬寒，必致一阳者，初内针，浅而浮之至心肺之部，得气推内之阳也。是谓春夏必致一阴，秋冬必致一阳。”① 此言用针取气，须根据阴阳之气的升降情况，采取相应的针刺方法。春夏之季，阳气旺盛，人体之气也浅浮于上，故可以浅刺之。秋冬之季，阳气沉降，人体之气也收敛于内，针刺应该深刺久留，才能得气。而“春夏各致一阴，秋冬各置一阳”，是说春夏阳气旺盛，要用先深后浅的刺法，取深部阴气，引出至浅部阳分，以养阳气，免成孤阳，即“初下针，沉之至肾肝之部，得气引持之阴也”。秋冬阴气偏盛，要用先浅后深的刺法，取浅部阳气，引至深部阴分，以养阴气，免成孤阴，即“秋冬寒，必致一阳者，初内针，浅而浮之至心肺之部，得气推内之阳也”。这些刺法，都是《内经》著名的“春夏养阴，秋冬养阳”思想的具体体现。

总之，刺法应四时，还有诸多的具体操作，在此不能详论，仅举针刺深浅、留针时间、先浅后深或先深后浅等方法以说明之。

三　逆时而刺乱气内生

古典理论中既提出针法自然的思想，也提出了违背自然法则逆时而刺致乱气内生的危害。《素问·四时逆从论篇》曰：“春气在经脉，夏气在孙络，长夏气在肌肉，秋气在皮肤，冬气在骨髓。”② 此为人体之气春生夏盛秋收冬藏的自然规律。如果违反这个规律针刺，则乱气丛生，引发疾病。

故《内经》曰：“春刺络脉，血气外溢，令人少气；春刺肌肉，血气环逆，令人气上。春刺筋骨，血气内著，令人腹胀。”③ 即春季应刺经脉，误刺络脉，使人血气外溢而气虚血少；误刺肌肉，使人气血逆乱，周身

① 王九思等撰：《难经集注》，中华书局 1991 年版，第 303—305 页。

② 南京中医学院：《黄帝内经素问译释》第 3 版，上海科学技术出版社 1991 年版，第 443 页。

③ 南京中医学院：《黄帝内经素问译释》第 3 版，上海科学技术出版社 1991 年版，第 443 页。

之气上而不下；误刺筋骨，则血气留滞于内而使人腹胀。《内经》曰："夏刺经脉，血气乃竭，令人解㑊，夏刺肌肉，血气内却，令人善恐；夏刺筋骨，血气上逆，令人善怒。"① 即夏季应浅刺络脉，误刺经脉，使人血气枯竭，令人四肢无力；误刺肌肉，使人气血内虚，神气失养而善恐；误刺筋骨，则阴虚于内，血气逆乱而善怒。《内经》曰："秋刺经脉，血气上逆，令人善忘；秋刺络脉，气不外行，令人卧不欲动；秋刺筋骨，血气内散，令人寒栗。"② 即秋季应刺皮肤，误刺经脉，使人血气上逆，经脉空虚，心气亦虚而善忘；误刺络脉，因秋气收敛，使气行于里而表阳虚，故令人嗜卧不动；误刺筋骨，则使人血气内散，中气不足，不能溢于体表，故恶寒。《内经》曰："冬刺经脉，血气皆脱，令人目不明；冬刺络脉，内气外泄，留为大痹；冬刺肌肉，阳气皆绝，令人善忘。"③ 即冬季气在骨髓，应深刺筋骨，误刺经脉，气脱血脱，目不受血，令人视物不明。冬刺络脉，使阳气外泄，阳虚阴盛，易使邪气留滞于五脏而成大痹。冬刺肌肉，可使阳气虚极，神气失藏，故而善忘。以上所论，皆是逆时而刺、溢背自然、乱气内生而造成的后果，使针不能去病，反为针害。

总之，天人相应、因时制宜的学术观点，贯穿于古典针灸理论之始终，其内容丰富而精彩，属中医针灸学的整体动态观。古典中医针灸理论以自然观来论述生理、疾病、取穴、刺法及治疗，是现代针灸临床医学的重要指导内容，也是中医针灸学追求的最高境界。在提倡绿色医学、自然疗法的今天，以人为本，与自然统一的医学思想，必将成为中西医学为之奋斗的共同目标。

---

① 南京中医学院：《黄帝内经素问译释》第3版，上海科学技术出版社1991年版，第443页。

② 南京中医学院：《黄帝内经素问译释》第3版，上海科学技术出版社1991年版，第443页。

③ 南京中医学院：《黄帝内经素问译释》第3版，上海科学技术出版社1991年版，第444页。

非遗光环下的保护与传承

——人类学视野下中医针灸的文化探析[*]

肖　芒[**]

摘　要：中医针灸2010年入选世界非遗名录，意味着一直处于边缘文化的中医学正式走上世界舞台，向中心文化圈挺进，可遗憾的是非遗属于文化范畴，也就是说，联合国承认了针灸的文化性，但并非认可了针灸的医学科学性。已有5000多年历史的针灸疗法，长期以来传承高手都在民间，他们默默恪守着自己的医德，为民除疾苦，而以保护文化遗产作为国家意志体现的今天，针灸的保护和传承在很多场所成了形象工程，针灸医生也成了表演者。近年来，中国传统医学的保护、传承和发展被文化绑架，被国家权力所掌控，被外行媒体所炒作，作为中国文化一分子的中国医药文化，包括针灸文化被揠苗助长，加入了过多的配料，开始变味了。如何让中医针灸在纯粹的文化生态环境中健康生存，让其科学性在纯正的文化氛围中得以最佳的体现和发展，不仅是中医界，也是社会科学界必须关注的问题。

关键词：针灸文化；非物质文化遗产；传承；国际化

针灸是华夏先民在长期与疾病斗争的实践中形成的传统医疗技艺，针灸的起源早于中药，从最早的砭石为针到银针、梅花针、电针、红外

---

* 原文刊于《原生态民族文化学刊》2016年第1期。

** 作者简介：肖芒，三亚学院法学与社会学学院教授。

针、激光针等，针灸已有5000多年的历史，针灸疗法为中华民族的健康作出了巨大的贡献。新中国成立后，党和政府高度重视针灸这门古老的疗法，使其发扬光大，金针拔障、金针治聋哑曾使许多患者重见光明、开口说话。20世纪70年代初有一首风靡全国的西洋唱法的歌曲《千年的铁树开了花》就是讴歌针灸医生和针灸疗效的，可那是在政治文化大背景下的一种医学时尚，是一阵风的热潮。

针灸具有文化与科学双重性，是一种独特的医学文化体系，“针”和“灸”两种医疗手法，是朴素的天人合一文化生态观在实践中形成的传统医术。针灸学汲取了中国儒释道及佛教文化，融入了冶炼、金属工艺、制药、天文学、历算学、生物学、地理学、人类学和心理学等多学科的知识，其理论的形成是无以计数的针灸师的临床经验结晶，具有强大的文化多元性和包容性，针灸师和患者的关系即人类学研究对象中的“我者”和“他者”。古代的针灸师在施针之前，往往会在自己（我者）身上做试验后才在患者（他者）身上应用，可见，针灸源远流长，是一种双向互动的医疗文化和德性文化，一种在原生态文化中产生和发展起来的德技结合的智性文化。

然而，针灸与艺术、文学等其他直观的文化形态不同，它代代相传的基础，并非文化本身，而在于治病救人，其文化特征只是附着在治疗效果上的一个“副产品”，皮之不存，毛将焉附，如歌舞离不开舞台，针灸也离不开临床实践和疗效。被入选为世界文化遗产的“中医针灸”与其他濒危文化的非遗也不同，它是为了让生命更有意义，让身体更健康，让人们生活质量更高而存在的，不是为“保护”和“被传承”而存在的，故“申遗”后的针灸将被文化取代的论断仅是杞人忧天罢了。

针灸不仅是中医传统文化的重要组成部分，也是中华文化母体在医学领域的重要历史成果，它有物质文化的一面，也有精神文化的一面。针灸“申遗”成功说明了它是被世界认可的、有厚重文化内涵的代表成果，既弘扬了民族文化，又彰显了针灸个性文化，而“申遗”过程本身就是不同文化生态类型在全球化和现代化冲击的背景下文明对话和文化认证的过程，是保护和尊重文化多样性的一个重要举措。

针灸“申遗”是我国传统医药自我保护和可持续传承发展的需要，也是医学生态文化的传播和外延性渗透。针灸入选“世遗”能增加保护的力度，得到官方及文化权威的充分关注和保护，使其文化功能充分展现，让更多人对针灸保护产生文化自觉，主动参与到保护的行列中。

随着经济全球化和现代化进程的加快，我国文化生态发生了巨变，传统医药受到来自现代科技和西方文化的冲击，那些缺乏文献记载、仅靠口传心授的少数民族医药已面临着文化生存危机，许多传统疗法已消亡或正在濒临消亡，大量有历史文化价值的珍贵医药文物、文献古籍由于重视、管理和维护不善，遭到毁弃或流失，甚至被走私到境外。与此同时，对中医药传统知识和地方性知识的随意滥用、过度开发、违法占有的现象也正在发生，且日益严重。用非遗的《公约》和法律制度来加以保护，防止对中医药的不当商业开发和利用，对促进中医药学文化事业的健康发展大有裨益，针灸则是中医药体系中最顽强坚守着传统医学前沿阵地的一面文化旗帜。

针灸文化体系对人体生命的认识和探索，对疾病预防和治疗，独辟蹊径，自成一家，同时又受到各发展时间自然观、世界观、生命观的影响和丰富，成为传统文化和哲学实践的一种延伸。

一　中医针灸的历史与现状

（一）针灸历史上的文化积淀

针灸疗法大约产生于新石器时代，但史书上没有确切记载，最早记录针灸的书籍是春秋战国时期的《黄帝内经》，书中有关于“火针”“大针”“燔针”① 的描述，书中将“火针”疗法称为“粹刺”法，主要治疗痹症、筋骨痛、骨关节痛。战国中期的《孟子》和先秦时期的《山海经》中也有针灸的记录。西晋时的医生皇甫谧撰写的《帝王世纪》里写道：太皞伏羲氏“尝味百药而制九针”②。他还在史上第一部针灸专著《针灸甲乙经·序》说：“黄帝咨访岐伯、伯高，少俞之徒……而针道生焉。”③

① 南京中医药大学：《黄帝内经灵枢译释》，上海科学技术出版社 2011 年版，第 82 页。

② （晋）皇甫谧等撰，陆吉等点校：《帝王世纪·世本·逸周书·古本竹书纪年》，齐鲁书社 2010 年版，第 3 页。

③ （晋）皇甫谧撰，鲁兆麟主校，王晓兰点校：《针灸甲乙经》序，辽宁科学技术出版社 1997 年版。

《针灸甲乙经》全面论述脏腑经络学说，发展并确定了349个穴位。南宋时期的名医罗泌在《路史》也有太皞伏羲氏“尝草治砭，以制民疾”[①]的记载。隋唐时的著名道士、医学家孙思邈在《备急千金要方序》中说：“黄帝受命，创制九针。”[②] 此时间针灸发展较快，许多医学书籍上都有关于针灸的记载。北宋年间针灸非常盛行，当时著名针灸医师、尚药御王惟一在阅读针灸古籍时发现“错讹甚多”，如用于指导临床，将出现不应有的差错事故。为此，王惟一等人产生了统一针灸经络学的设想，并多次上书皇帝，请求编绘规范的针灸图谱、铸造标有十二经循行路线和穴位的针灸铜人，以统一针灸诸家之说。皇帝授旨后，王惟一主持编著了《铜人腧穴针灸图经》，图经中腧穴共354个，较《针灸甲乙经》增补5个，他还亲自设计铜人，从塑胚、制模以至铸造，他都和工匠们生活、工作在一起，终于在公元1027年铸成了2座针灸铜人，使中国针灸向正规化、统一化和专业化方向发展。

元代，著名医师滑伯仁在前人论著的基础上撰写了《十四经发挥》，首次将十二经脉和任、督两脉合称为十四经脉。明代，针灸鼎盛，针灸专著如百花争艳，徐凤著的《针灸大全》、高武著的《针灸聚英》、窦桂芳著的《针灸四书》《针经指南》等成为了针灸学习者的重要参考书，特别是杨继洲著的《针灸大成》被后人称为针灸学的百科全书[③]。清代吴谦主编的《医宗金鉴刺灸心法要诀》系清代针灸学的代表作。乾隆皇帝用针灸铜人奖励了《医宗金鉴》的编委们。李学川《针灸逢源》是清代又一部内容广泛、体大思深的综合性针灸名著。该书探讨了针灸的医学源流及理论基础，总结了清代中期以前针灸学理论精华与实践成就。清政府在太医院中设有针灸科，纳入官方教育，后受西学影响，公元1822年清政府下令废止了太医院针灸科，针灸教育从此流入民间，靠师带徒传承医技。尽管如此，此时期全国的针灸师人数未减少，约达80万之多。

---

① （宋）罗泌撰：《路史》，载于（清）永瑢、纪昀等编修，《影印文渊阁四库全书》第三八三册，台湾商务印书馆1986年版，第75页。

② （唐）孙思邈撰，鲁兆麟主校，张丽莎、王浩参校：《备急千金要方》序，辽宁科学技术出版社1997年版，序第2页。

③ 姚振江、王智琴等：《从针灸“申遗”成功看针灸的发展》，《湖北中医药大学学报》2011年第4期。

从民国至1949年，针灸师锐减30万，仅剩50万，今天的针灸师仅27万人[①]。其数字以各时代对中医师的认证为据。

针灸史就是一部文化史，历朝历代针灸实践者，通过自己的医术和经验，总结了大量针灸学的专著，记载了针灸对人类的贡献和发展，也记录了针灸在文化生态环境中的创新与变革，许多针灸古籍已成了重要的文化遗产，古代的针灸铜人是世界文物商窥视的顶级文物珍宝，北宋王惟一率团制作的针灸铜人至今还谜团重重。从唐朝开始，很多传教士就对中医针灸产生了浓厚的兴趣，用不同语言翻译了上百本针灸古文献。

（二）国内外针灸文化的发展及现状

新中国成立后，国家对中医药事业高度重视，建立了多所中医学院和中医院针灸科，并在医疗界倡导全民学习针灸，高等和中等医学专业院校全部开设针灸课，1958年上海的医师试验成功针刺麻醉手术，不用麻醉药，只靠银针止痛，成功摘除13例扁桃体。1972年美国总统尼克松访华，中央同意随行的黑格将军参观了一例针刺麻醉下的肺部手术，整个手术过程中病人是清醒的，可以与人交谈，美国人惊叹“不可思议”[②]。因针刺麻醉需高超的针刺技术，且没有西医药麻醉快捷方便，现在已很少使用了。20世纪60年代至80年代全国掀起学习针灸的热潮，乡村医生（赤脚医生）几乎人人都有针灸盒，人人可以扎银针，当时两部带有政治文化宣传的电影《春苗》《红雨》，都有针灸超级功效的情节，当时的针灸成了一种流行文化。

随着高考制度的恢复和中医院校的针灸专业培养了大量的人才，改革开放后，随着中医国际交流的增加，中医师开始走出国门，国外对针灸的认知度越来越高，越来越多的患者从被动到主动地接受了针灸治疗，喜欢上针灸文化，呈现了墙内开花墙外香的势头。目前，已有160多个国家开展针灸和中医药服务项目，8个国家将针灸纳入健康服务体系，有20

① 姚振江、王智琴等：《从针灸“申遗”成功看针灸的发展》，《湖北中医药大学学报》2011年第4期。

② 张永贤：《历史的偶然——针灸的世界性普及与1972年美国总统尼克松访问团在北京参观针麻手术》，《亚太传统医药》2008年第11期。

万人成为通过认证的针灸师。1990年美国纽约州还通过法案，确立针灸合法地位，有资格认证的针灸医生达1.5万人，英国伦敦20%以上的人接受过针灸辅助治疗，针灸从业人数仅次于正骨西医，此外，有50多个国家将针灸视为“补充医学”“替代医学”，世界卫生组织向全世界推荐43种疾病用针灸治疗，针灸服务年产值达100亿美元以上①，针灸外交成为我国与世界连接的一座金桥，针灸之花在世界各地相继绽放。

针灸创新和学术交流赋予中医针灸新内容，电针、激光针、红外灯等应运而生，但受针灸传统文化观的影响，针灸的临床运用与研究成果的结合不尽如人意。经络是一个动态的概念，只有在有生命的机体中才存在，用现代解剖学是找不到经络的，为了探索经络的奥妙，我国和世界各国的科学家进行了多次专门的研究，但只能通过一些现象说明人体经络确实存在。1973年以来，我国经络生物专家祝总骧与中国科学院生物物理所进行了长达二十余年艰苦攻关，发表论文110篇，写成了专著《针灸经络生物物理学——中国第一大发明的科学验证》。他们运用电子学、生物化学、生物物理、声学和形态及动植物等多种学科检测和独特的实验法，准确地揭示人体经络线的分布位置，证实了古典经络图谱的高度科学性和客观存在。以后又提出“经络是多层次、多功能、多形态立体结构的调控系统”的理论。这一研究成果运用于临床之中，取得神奇效果，获得国家科委首届“星火杯”创造发明特等奖。被认为魔幻的经络，在现代科学的探索中得到了认证，为针灸文化在世界的传播和发展增添了说服力。

二　人类学视野下的针灸文化

中医以整体的文化观来通过理法方药治疗，才有阴平阳秘，精神乃至，阴阳离绝，精神乃绝，头痛医脚，脚病医头，痛则不通，通则不痛等生态文化观和朴素的辩证法，与人类学用文化的整体观来研究各种事物的静态、动态及功能异曲同工，视觉相似。现在，中国针灸文化已成

---

① 姚振江、王智琴等：《从针灸“申遗”成功看针灸的发展》，《湖北中医药大学学报》2011年第4期。

为世界的，但在传承、传播和发展之路上还有许多误区和羁绊，我们必须从深层次上认识清楚针灸文化和科学治疗之间的关系，找到突围的钥匙，针灸的传承才会在自然生态文化中永续，“申遗”便是一条金光大道。

（一）针灸“申遗”之争及文化提炼

1. 世遗——文化争论中的突破

10年前，当媒体上披露中医药要申报“世界非物质文化遗产”的消息时，很多人倍感困惑。中医药界内部、中医界与文化界的专家为此争论不休，许多中医名家不同意“申遗”，认为中医是医学，针灸在中医之例，当然也是医学，而“申遗”就变味了，把医学变成了文化，中医活得好好的，“申遗”的感觉是濒临消亡，而社科文化类的专家，却认为“申遗”是为了更好地保护、传承和发展中医，与濒危无关。从口水仗到文字仗，从个人探讨到集体对峙，2008年“中国非物质文化遗产保护·苏州论坛”开幕式上，把这一争议推向了学术前沿。中医药到底能不能列入非物质文化遗产的目录中，在非物质文化遗产保护苏州论坛上出现了正反两种针锋相对的观点。支持者认为，中医药今不如昔，如今的中医高等教育培养不出真正的中医师，需要非遗来保；反对者则表示，中医正处在迅猛发展时期，现代中医基本上保留了传统中医的精髓和治疗理念，不需要非遗这一文化桂冠来贴金，而且中医也正在推广应用着新的医疗技术，正处在不断发展阶段。

中医是否真的会消亡？专家们在论坛上纷纷举证，支撑自己的观点。养生保健类的小文章在社交媒体上的高频转发、保健品市场的人气和高回报，“大长今药膳”的风行、“初伏日”广州3万多人排队争贴背的火爆、杭州胡庆余堂膏方排队抢购、销售一空等现状，便是对“中医药消亡论”的有力回答，至于说中医是否有必要“申遗”，主要是学者们在思维角度、认识空间的问题，是对文化定位和文化认同视角差异的问题。申遗派强调，有了世界非遗的标签，可以让中医药发展如虎添翼，中医药可以举着文化的大旗名正言顺地走向世界。中医药专业人士和非专业人士的顾虑和文化态度与其说是对现状的担忧，倒不如说是对未来态度的差异。申遗是好事，支持者多于反对者，国家层面也站在申遗一方，至于如何申遗，怎么申报，又成了大问题，中医药浩瀚如星空，从何入手？文化之深，如何切入？反倒让专家组为难了。重新认识非遗，认真读懂《世界非物质文化遗产公约》才能找到突破口，专家组终于统一了认识，通过寻找中医药中最古老、最典型的文化素材，向非遗这一世界文化顶端迈进，当然非针灸莫属。

2. 针灸文化的内涵与提炼

联合国教科文组织2003年10月17日通过的《保护非物质文化遗产公约》对非遗的定义包括了三个方面：（1）各社区、群体，有时是个人，视为其文化遗产组成部分的各种社会实践、观念表述、表现形式、知识、技能及其相关的工具、实物、手工艺品和文化场所；（2）各个群体和团体随着其所处环境、与自然界的相互关系和历史条件的变化，不断使这种代代相传的非物质文化遗产得到创新，同时使他们自己具有一种认同感和历史感，从而促进了文化多样性和人类创造力；（3）非物质文化遗产包括：口头传统和表现形式，表演艺术，社会实践、仪式、节庆活动，有关自然界和宇宙的知识和实践，传统手工艺，与上述内容相关的文化空间。[①]

针灸应该归属于以上定义的哪一方面？只能归入第三条“有关自然界和宇宙的知识和实践，传统手工艺”。申遗的代表作还需要符合5个标准，备齐5类要件[②]。其中，遗产名称和200字的文化定义是申遗材料中最重要的一项。“传统针灸”“中医针灸”“中国针灸”3个名称哪一个最有代表意义，最能体现针灸的文化实质？“传统针灸”和“中国针灸”外延太大，都不容易提炼出准确的文化定义。经过中医针灸专家、社会文化人类学和非遗专家委员会反复讨论和修改，最终确定为“中医针灸”，定义为：“中医针灸是中国人以天人合一的整体观为基础，以经络腧穴理论为指导，运用针具和艾叶等主要工具和材料，通过刺入或熏灼身体特定部位，以调节人体平衡状态而达到保健和治疗的传统知识与实践。作

---

① 文化部对外文化联络局：《联合国教科文组织〈保护非物质文化遗产公约〉基础文件汇编》，外文出版社2012年版。

② 朱兵、黄龙祥等：《“中医针灸”申报人类非物质文化遗产代表作名录文本解析》，《中国针灸》2011年第3期。

为凝聚着中华民族智慧和创造力的独特文化表现形式，中医针灸稳定的实践频率以及历史延续的完整知识体系，为保障相关群体的生命健康发挥着重要作用，并成为其持有人文化认同的重要符号。”[①] 整个定义仅 2 个完整的句子，第一句是医学技术的内容，第二句是文化描述。如果说医学意义上的针灸是针灸之鹰的一翼，文化意义上的针灸则为中医针灸增添了另一翼。认识和分析到位，针灸申遗一举成功，在世界非物质文化遗产目录中又多了中医针灸这一灿烂的中国文化。

（二）针灸文化的认识及应用中的文化摩擦

1. 针灸的文化核心及传承中的文化交融

中医针灸是中华文化的组成部分，这是毫无疑问的，且针灸在中华民族中有着深深的根基，有独特而完整的理论体系，是历史发展的见证和珍贵的文化资源。针灸文化的核心中蕴含着中华民族特有的精神价值（天地人合一）、思维方式（整体文化观）、想象力（信仰）和文化意识（为民），承载着一个国家和民族的文化密码，是维护中国传统医学文化身份和文化话语权的基本依据。

针灸入选“世遗”后，其文化性不需要学者再来确认，而它的科学性却又被西医的电传导研究、物理学研究及建立于神经节段论的各种理论所质疑，这些实验者认为，针灸缺乏科学性。质疑肯定有质疑的理由，我们不能只是不停地辩解、不断地用经验知识来佐证和反驳，我们应该站在唯物主义历史观的角度来客观分析，针灸的确也有自己的弱势，如经验知识与理论总结的脱节，针灸“除百病”的传统观，被一些科学研究者误认为针灸是“包治百病”又无法根治疾病的“万金油”，成了止痛、骨伤、康复的辅助。现实中，在中国的医院里，针灸科的边缘地位足以说明中国医疗管理者意识中对针灸认识的偏见。传统针灸学理论本身在应用上也有问题，传统针灸文化的“针药并治”在长期的中医临床实践中变成了“重药轻针”。一段时期以来，国家对针灸的“重视”和“普及”，特别是那种缺乏理论和实践的“针灸速成”教育，将针灸文化

---

① 朱兵、黄龙祥等：《“中医针灸”申报人类非物质文化遗产代表作名录文本解析》，《中国针灸》2011 年第 3 期。

和操作技术隔离，针灸丢失了博大精深的中国文化和中医文化内涵，现代针灸教学和师承教育也将现代针术与古典针道脱离，包括选穴文化与治病脱离，经脉经筋病候与用针脱离等，造成了针灸自身文化的弱化。

当然，针灸文化也不应该排斥针灸的科学性和相对传统的固守，不能反对针灸保持纯洁的个性，科学的针灸不能闭关自守，要有走向世界和科学大同的博大胸怀。

2. 中医针灸管理认识上的文化冲突

针灸的发展到底是由谁来主导，由谁来传播和继承，谁来发扬光大?这本是不言而喻的事，针灸医师便是承载针灸文化传承的主人，但由于管理体制问题，中医针灸的管理和许多行业一样，出现了过度行政化的倾向，管理者不懂针灸，却掌握着针灸发展的命脉。有的领导拍拍脑袋就出想法，张张嘴就出政策，使中医针灸的发展长期缓慢，针灸医师们只能尽力做好自己分内的事，因为在医院各诊室中，针灸科没有动刀、吃药、打针的科室获利高，一般情况下就得不到应有的重视，管理者与实践者之间出现了文化对抗和冲突。

中医药管理局作为一个行政部门，过去的主要功能就是出好政策，用好政策，落实政策，至于如何从文化的角度创新，借助文化魅力发展中医针灸，认识得远远不够。直到近十年来才加大了力度，开始与文化部、科技部等部门进行合作。但管理权威者并非专业权威人士，政策出了不少，可行的内容却不多，甚至用文化权威性来控制着文化传承人。如高校针灸专业的学生招收了不少，但学生就业仍然问题多多。有话语权的管理部门，他们的权威性在于“管”，许多做法与针灸本来的内在文化体系相悖。譬如，针灸师的考核和针灸的传承人，是否一定要学习外语，要考过外语，针灸医生的职称评定，是否一定要发表若干论文，而不是治愈若干人，治好疑难杂症。

影响针灸信誉度和健康发展的还有对那些不规范的店铺里的无证、无良赚钱者的管理问题。众所周知，下针容易，治病难，中医针灸学的学习不仅要掌握中医基础理论和理法方药，还需要有大量实践。不仅要背熟穴位，更重要的是知道对病配穴，知道得气的手感，个中有许多属于经验积累的东西必须长时间的实习、实践方能上任。但现在的针灸行业，一方面是毕业生找不到工作，另一方面是针灸资源匮乏。另外，针灸被普及泛滥，许多没有进行正规学习的人，包括一些无证盲人按摩师，在没有学过针灸的情况下也敢公然用针灸进行治疗，甚至洗脚城、美容院也用上银针和艾灸，针灸减肥更是长期盈利的项目。这些店铺中因扎针瘫痪、艾灸烧伤的情况屡见不鲜。

今天，针灸成功进入“世遗”已五年多，这几年，文化部门，特别是非遗办的人士欢呼雀跃，而卫生医疗部门却冷眼观望，似乎成了“你玩你的文化，我立我的规矩”。针灸专业长期以来在高校被视为“低人一等”的专科，虽已艰难地升入本科，也是步履维艰。国内三甲医院针灸科多数是诊室小、医生少、病人多，这些科室与“世遗”这个概念无关，仍按惯性运转。

与之相反，针灸在美国和欧洲等发达国家越来越受到重视，接受针灸治疗的人越来越多，有越来越多的外国学生到中国学习中医针灸。美国国立卫生研究院经过听证，认为针灸的不良反应在所有医疗手段中是最低的，是当今世界上最安全和治疗效果比较好的一种疗法，这一认证让许多原来惧怕针灸的欧美人士重新面对针灸，成了针灸的追随者和受益者。

三 针灸文化传承中的文化差异

（一）针灸技术的“嫡传”与派别之争的文化保守性

自古以来针灸界就有着众多的学说与流派，每年有各种类型的针灸研究学术会，会上常有一些学派的代表人物不是交流医疗技术，而是对其他学派进行攻击，这种派别之争已成为世界性的中医针灸发展的阻力。

门派本不是故作神秘或党同伐异的工具，而是保存有价值的治疗经验使之传之有人、不绝如缕、学术争鸣、百花齐放的好事，但一些针灸学派的掌门人或带头人却思想保守，恪守着唯我独守的教条传统文化，不愿意将自己的学术精华与同仁们交流，共同推进中医针灸之大业，即使是传承也只是传给自己的亲属或心腹弟子，缺乏医天下人、治众生命的博大胸怀，主要的针灸理论、技艺和验方只在嫡传中传授，这种狭隘而保守的文化私有观长期下去不是保护而是断了发展的后路。有了非遗这一强大的文化武器来保护针灸文化和它的多样性，就是为了防止这种悲剧发生，推动不同传承人的文化交流和共同发展。

（二）中医针灸出现了反文化冲突的趋势

针灸在国外呈现的是“过中国化”的趋势，而国内却出现“过西化”的反向文化冲突。西方人学习和解读中国文化，喜爱纯正的中式，希望得到真正的“他者文化”和“原装文化”的真传。在西方后现代化的社会环境中，有大批年轻人对中国充满渴望，非常热衷于对中医针灸中原生态和传统的理论、技法的学习与探索，到中国学习中医的留学生同样希望学到中医的传统理论，而中国有些针灸教育者却“崇洋”之风盛行，在许多针灸著作，甚至教材中拼命寻找各种相关性的现代科学和西学理论，加入高科技和实验室证据，让针灸理论出现了文化异化现象。部分中青年老师在讲课过程中，还喜欢在中医教育中用西方理论和观点误导学生。政府和媒体一直担心的传统文化淡化问题在走向世界和西传过程中几乎不是问题，反而在针灸教育和传统文化教育上问题凸显。中医针灸之所以在国外快速发展，是因为传播时以原汁原味的生态传播为主，所以在国外很少出现水土不服，如果淡化传统，刻意西化，东施效颦，反而会不受欢迎①。

（三）中医生态文化圈失衡致人才外流

由于管理体制的问题，国内许多地区中医针灸专家和针灸师的工作环境较差、发展空间受限、个人能力发挥受阻碍，有的医院针灸科医生收入不及其他科室的一半，而随着全球电脑和手机的普及，肩颈腰腿病人增加，对针灸推拿师的需求也在剧增。美国、加拿大一些大公司，把acupuncture、tuina、massage作为职工的一种福利进入医保，有闯劲的中国的针灸推拿专业人才看准趋势到国外捞金和发展。笔者是中医本科学生，曾经同宿舍的6个同学，有3人分别在日本、瑞士、美国从医，邻宿舍有2人在加拿大，2人在英国行医。为了深入了解国外中医师的状况，2015年9月至10月，笔者到美国、澳洲和加拿大亲自探访中医和针灸推

---

① 贺霆：《文化遗产辨：西传的针灸及其人类学意义》，《文化遗产研究》（第三辑），2013年。

拿情况。多数中医诊室店面不大，但效益较好。如纽约华人街附近的中医诊所，针灸收费以针数计费，推拿收费按分钟收费，熟练的针灸推拿医师年收入可达 20 万以上美金，多的达五六十万美金。在旧金山，一位学妹开了 5 家连锁针灸按摩诊所，年收入百万美元以上。如果国内不凭借着非遗的大好文化背景，改变针灸的管理制度，对针灸师的劳动和付出给予应有的重视，针灸文化圈还会出现进一步的生态失调，会再一次失去针灸发展的良机。

针灸发展的制度缺失与传承两难，国家已关注多年，但瓶颈至今仍未突破。目前，在学术界不仅尚未形成对针灸非遗文化价值的转换应用，连传统针灸的法律保护也未健全，这不再是中医学术界关起门来讨论的问题，还需要法学界的参与。针灸要弘扬，不是某所大学、某家医院和某个学派特立独行可以做到的，必须靠法律和制度来实现，必须站在国家的角度，构建一个适合中医学发展的医学管理模式及法律制度，“申遗”是一个角度、一种身份、一面旗帜、一种机遇、一个保护方式、一种对历史文化的总的态度，但“申遗”后的发展才是重中之重的利国利医利民大计。

申遗后中医针灸虽名扬四海，但针灸的科研依然不甚理想，针灸医生申报研究项目很难，他们称“比彩票中奖”难，临床应用萎缩，学者分析的原因有：称职的专业针灸医生不足；医院趋利严重，人力操作的针灸被挤到边缘，不纳入医保，社会上滥竽充数的江湖医较多，管理欠规范；理论深奥晦涩，古文基础差者学不通；社会大环境影响了中医的声誉，伪保健，假养生，假中药等；疗效相对缓慢等，无论有多少种理由，最大的问题还是制度问题。

四　针灸文化的传承与发展

（一）针灸文化将成为国际交流的金名片

随着针灸申遗成功，再度提高了国际社会对中华针灸文化的关注，彰显了国家医疗软实力。国家层面对中医药的保护和发展越来越重视，为中医药的文明对话、文化交流搭建了越来越大的舞台。习近平总书记提出的“一带一路”战略，强调各相关国要打造互利共赢的“利益共同体”和共同发展繁荣的“命运共同体”，这一宏大蓝图涉及东南亚、南亚、中亚、西亚乃至中东欧的65个国家约44亿民众，又是中医药国际化的一次大好机会，为中医针灸的发展提供了无限的空间。中医针灸虽然“申遗”成功，但要作为中华民族文化与世界文化对接，中国医学与世界医学对接，还需要加强交流和沟通。一种文化的传播需要一个合适的载体，中医针灸作为文化载体，代表了杰出的中国传统文化，是中国传统文化的一张靓丽的名片，但是，披上了文化金妆的针灸如何把这张名片做出特色，是中医针灸行业的一个再挖掘和创新过程。

（二）针灸文化将成为绿色治病的品牌和生态养生的利器

针灸医疗之所以受到世界各国的认同，不仅因为效果显著，“价廉物美”，最主要的是其不必用药物、针剂那样的“外援”来治疗疾病，也不像有些新科技成果治病那样副作用较大。针灸是借助经络、气血协调进行人体各器官和功能的自我调节，以朴素的阴阳平衡观来改善体质，既没有药物给人体内带来的未知后果，也没有毒副作用，这种以“调和”身体机能为主的绿色医疗文化，在世界大健康背景下是一道亮丽的风景，将成为生态预防、养生利器和绿色治病的一大品牌，也是世界民众希望得到的一种最佳保健形式和治疗方法。

（三）针灸文化需要理论回归与创新并重

2006年，中共中央提出“大力扶持中医药和民族医药发展”，把中医药和民族医药摆在同等重要的地位，予以相提并举。传统医药传承人绝大部分已纳入现代教育体制享受较好的培养条件，这与其他非物质文化遗产类型的传承人相比有很大区别。只有一部分原来无文字、无文献的民族医学其传承者尚无正规的教育培养条件。作为非遗的针灸，和其他非遗在保护和传承上有许多共性，如被媒体总结的“六重”：重在传播、重在传承、重在挖掘、重在创新、重在融合、重在超越。针灸的传承者不但能够继承老中医思想，成为继承者，还要创立新学说，形成自己的理论体系，才能成为新的一代宗师。只有在针灸传承中充分体现文化的多元性和创新性，提高临床治疗效果，才能将中医针灸从人类文化共享走向人类医疗共享。

中医针灸流派传承有五大关键词——医源、医理、医术、医德和医脉[①]。这五大关键词便是中医针灸的求真文化、伦理文化、务实文化、传承文化、创新文化的回归。医源是学术渊源、流派的根；医理是传承的基点，是在跟师学习过程中，不断加深对中医针灸理论知识的掌握与理解，总结归纳、领会感悟针灸名医的学术思想，并将其用于指导实践的可持续发展；学术思想不是一般意义上的一病一证、一法一方的个人诊疗观点、看法、想法、经验、体会、心得等等，而是贯穿于理论—实践—又理论—再实践的“理法方药（穴术）”系统性的内在联系，并被大家公认的结论，才能够称得上是学术思想[②]。医术是诊治经验、特色技法。传承医术是指继承老中医行之有效的临床疾病诊治经验、用药特色，不同流派的医疗经验及特色手法等。中医针灸作为实用医疗技术，如针灸的特殊针刺手法、特定穴位认知，以及特殊针灸器具使用等，这些在书本上很难学到，只能由掌握者口传心授，手把手地去教，才能科学地传承并不断创新。

中医针灸文化强调医德为先“以德载术，以术弘德”[③]。这一普世文化价值观，是针灸传承和传播的基石，在此基础上针灸文化再进一步推进以材料原生态、方式原生态和治疗原生态，治疗中有文化，文化中有技术，技术中有智慧的疗法。

（四）针灸临床要回归中华文化

针灸大师陈汉平教授在《以先进文化引领中医针灸学术发展》一文中强调针灸要姓“中”：“中医针灸学是生命科学的一部分，技术技巧含量高，与哲理、中华文化的联系千丝万缕，故锤炼一个‘像’的中医，决非易事。”只姓“中”而不“像”，往往丧失了针灸文化的精髓，也离“道”远矣。

目前临床界针灸有三种情况：一是不姓“中”，以神经刺激点取穴等；二是姓“中”不像“中”，取穴按中医处方，但不分补泻和阴阳，不

---

① 杨金生：《针灸流派传承有五个关键》，《中国医药报》2014 年 11 月 21 日第 3 版。

② 杨金生：《针灸流派传承有五个关键》，《中国医药报》2014 年 11 月 21 日第 3 版。

③ 杨金生：《针灸流派传承有五个关键》，《中国医药报》2014 年 11 月 21 日第 3 版。

分时辰和寒热；三是姓“中”又像“中”，用中医传统思维和文化指导临床，深读经典，但第三种萎缩严重①。临床回归传统针灸的本源，是中医针灸文化之根。

（五）用“多元文化观”构建针灸管理新模式

1. “和而不同”“各美其美”“美美与共”是文化人类学的多元文化观，用来构建针灸管理新模式，是针灸文化跳出自我封闭怪圈的捷径，针灸师们对于西方和现代科学对针灸的研究，要用包容的态度去看待，对他们的研究结果可参考，但不必花时间和精力去抵触和抗争，“走自己的路，让别人去玩吧”。针灸学中至今仍有许多无法用现代科学解释的东西，如“气”“任督脉”，有人用现代科学的神经生理研究，我们希望他们有结果，为我们所用，没必要阻挡。

2. 重读经典，加强传统文化修养。无论是学院派还是从师派，针灸的学习应该从源头学起，多学一些中国传统文化的东西，可以促进对针灸理论的理解，正如“凡刺之道，气调而止”② “凡刺之法，必先本于神”③，虽仅17字，却蕴含了深刻的传统文化和国学理念。

3. 还中医针灸一块文化生态净土。许多鱼目混珠的人打着针灸推拿的幌子，做着毁坏针灸文化名誉的劣迹，发廊、无证按摩店、美容店、无证游医用针灸推拿来赚钱，让无数人在他们手下从“治病”变成“致病”。各管理机构加强联手管理，才能让这些不法分子无空可钻，让针灸百花园回归洁净。

（六）针灸文化传承的方式和路径

1. 传承的方式

针灸大师贺普仁教授总结的“三正”，是针灸文化传承方式的精髓。“三正”是针灸传承之本，沿着“三正”之路，针灸这种自然的、绿色

---

① 肖达、陈跃来等：《针灸之道——简述陈汉平教授学术思想》，《上海中医药大学学报》2010年第3期。

② 南京中医药大学：《黄帝内经灵枢译释》，上海科学技术出版社2011年版，第100页。

③ 南京中医药大学：《黄帝内经灵枢译释》，上海科学技术出版社2011年版，第88页。

的、健康的、非药物疗法的、原生态的治疗法则的发展前景一定会大为可观。

（1）正承。“大医正流，针灸正”。从本源上学习和继承针灸医学。中国传统文化是针灸诞生和成长的土壤，中华传统文化和东方哲学的精髓是中华针灸医学的本和源。金、元以来，一些中医针灸师“玄其术而夸其能，针法愈变愈繁，学者不得其妙”进行传承误区。要全面系统整理和学习理论，在临床加以验证。

（2）正用。中医针灸在临床应用中学习是针灸传承的根本，脱离临床的短训和考证，只会让针灸误传或失传。学针灸要治百病，要治疑难杂症才是生命力之所在。

（3）正传。古人说：“针法难传。”针灸是实践性极强的技术，选穴和手法要求较高。除掌握“形”“关”等表层知识外，重要的是练习针法基本功，要深入理论和学习中华针灸文化。①

2. 传承的路径

（1）高校针灸教育需要进行改革性回归，注重传统理论和中国文化的学习，将系统教育与跟师传承相结合，扩大实验实习平台，夯实理论基础；

（2）传承人的遴选和评审既要公开、公平、公正，又要细化、个性化；要发挥传承人的主观能动性，结合中国针灸特色制定评审条款；

（3）传承人的权利和义务，环境及条件要尽快改善，用法律、条例、制度来进行规范管理；

（4）加强学派间的交流、沟通与合作，行政管理部门为他们提供学术互动的平台和机会；

（5）遴选有专业知识的领导，让内行领导内行，少走弯路；

（6）完善针灸临床经验的记录、保存和总结研究制度，让更多针灸医生的临床经验得到同行的共享；

（7）分级建立专业针灸医院或扩大针灸科，建立针灸研究院和传承

---

① 贺普仁：《针灸“入遗”后，路当怎么走》，《人民日报》2011 年 5 月 25 日第 13 版。

博物馆，让针灸“活化石”真正活起来[①]；

（8）加强针灸全民教育和科普宣传，借助媒体和网络平台，建立最权威的针灸网站，正本清源，对误用针灸、以讹传讹的言论进行清理，让针灸文化得以正传。

五 结语

非物质文化遗产保护既是文化多样性的熔炉，又是可持续发展的保证，“是人类历史过程中其生活方式、智慧与情感的载体，是认定一个民族的文化特征、保持民族特性的至关重要的宝贵财富，它蕴藏民族传统文化的根源”[②]。已入“世遗”的针灸文化以其神秘的治疗效果和绿色的治疗理念，靠自身经络调节达到身体康复的功能，符合当今人类“崇尚自然”和对“生态有机”文化的追求。文化是维系物质世界的纽带，社会存续的血脉，民族精神的灵魂，中医针灸是国粹、国宝，它从非物质文化遗产保护中受到文化视角的关照和保护，在外交活动中成为桥梁和纽带，但其传承之根还在于其疗效，故针灸技术是针灸文化发展的根和持续发展的源。随着针灸的回归与创新发展，针灸文化的广泛传播，中医针灸的传承将上升为多元文化的交融。此时，我们要清醒地认识到，针灸文化是以人为本的特殊医疗文化，活态保护的过程也会受到政治文化的影响，会被制度文化所左右。但只要我们同心协力，认准目标，完全有理由相信针灸文化的发展是在时代潮流中得到永续和弘扬，无论什么样的文化筛选和竞争，针灸文化这一有生命力的文化体系终将克服功利化和拟剧化，沿着自己本色的生态文化之路前行，为世界人民的健康发挥出自己最大的能力。

① 杨金生、王莹莹等：《非物质文化遗产针灸项目传承人才培养的现状与思考》，《中医药管理杂志》2009 年第 5 期。

② 邹启山：《保护民族的根基——回顾中国非物质文化遗产保护与“代表作”的申报》，《中外文化交流》2006 年第 6 期。

传统医药类非物质文化遗产世代相传的历史经验及启示

——以平遥王氏中医妇科为例*

钱永平**

摘　要：国家级非遗项目平遥道虎壁王氏妇科传至当代已有29代人，历代传人坚守王氏妇科中医核心要素，编撰医书传于后世，建立起家族内部管理体系和成熟的传人培养机制，在民众中形成了良好口碑。借鉴这些成功经验，当下非遗保护应重视代际人才的培养过程，建立非遗传承者的内部管理体系，增强传承人传承非遗的各项能力，调动传承主体最大的保护能动性。

关键词：非物质文化遗产；平遥王氏妇科；世代传承；启示

传统医药是我国不同地区、不同民族民众世代在与疾病斗争的过程中发展出的集治疗思想、技艺、药物于一体的综合医学。与其他类的非

* 原文刊发于《文化遗产》2015年第5期。本文是教育部人文社会科学重点研究基地重大项目“非遗保护与文化生态保护区建设研究”（项目编号：14JJD850002）、山西省高等学校哲学社会科学研究基地项目“非物质文化遗产整体性保护研究——以晋中国家级文化生态保护区为例”（PSSR：201340）、山西省文化厅艺术科学规划重点项目（2012年）“山西城镇化进程中的非物质文化遗产活态传承对策研究——以晋中国家级文化生态保护区为例”的阶段性成果之一。本文资料主要由王氏妇科第28代传人，三晋王氏妇科流派传承工作室负责人、晋中市中医院副院长王金权教授提供，特此致谢。

** 作者简介：钱永平，晋中学院晋中文化生态研究中心副教授。

物质文化遗产不同，传统医药因关系人类健康而更特殊，是守护人类生命的卫士。它们包含在 UNESCO《保护非物质文化遗产公约》下“有关自然界和宇宙的知识和实践”分类范畴。在西医治疗理念、方式、西医正规教育全面普及的情况下，我国民众已难以理解和接受中国传统医药，比如中医，与西医相比起来，边缘化倾向明显，在这一社会发展趋势下，传统医药成为非遗，意味着我国在现代化进程中对自己所创造文化的重新肯定。只有理念发生转变，才会有社会行动的实质性转变。

在这样的理解之下，作为非遗的传统医药的保护目标是确保其能被传承群体有活力地代代相传下去。正在我国各地实施的非遗保护工作会直接影响到保护目标的实现。在晋中国家级文化生态保护区，由文化部门主导的非遗保护工作主要是非遗的普查整理和申报、代表性传承人的指定、各类非遗的展演展示、地方非遗图书的出版、传习中心的建设、行政人员非遗业务培训等，受各种主客观因素限制，这些保护工作不可能覆盖所有非遗项目。而且，除申报非遗、展览给非遗项目带来知名度的提升外，对传承人更多实质性的支持，在现实中仍有很大的困难。传统医药尤其如此，由于其管理主要纳入医药卫生部门而非文化部门，来自非遗的支持几乎为空白，并且出现了诸多不利于非遗传承的问题，同一非遗项目的多位传承人恶性竞争是其中之一。

那么保护如何实施才能助益于非遗传承？由王氏妇科传人自己而非他者摸索出来的经验为我们提供了一个有益参照。这些经验是横跨不同历史朝代，经历各种时代变迁后沉淀下来的，其中一些对传承发挥决定性作用的因素对解决当下非遗传承过程中所遇到的难题仍具启发性。

在山西晋中国家级文化生态保护区内，平遥道虎壁王氏中医妇科（以下简称“王氏妇科”）于 2011 年进入第三批国家级非遗代表性项目名录。王氏妇科由北宋时金国境内的王厚所创，迄今有 800 多年的历史，传承 29 代人，王氏以家谱形式保留了完整的传承谱系。王氏中医擅治妇科疑症，自设药铺广济堂，对药物的炮制加工颇为讲究，继承家传秘法，善用土炒，疗效独特[①]，在平遥乃至晋中地区久负盛名，平遥当地流传有“伤寒时瘟金庄家，胎前产后道虎壁”。目前，为数众多的第 28—29 代传

① 平遥县地方志编纂委员会：《平遥县志》，中华书局 1999 年版，第 682 页。

人在平遥、榆次、太原、北京等不同层级的医疗机构中坐诊行医，求医者甚众。因在妇科治疗方面有自身独特特点，王氏妇科还是我国十大妇科流派之一。

坚守王氏妇科中医核心要素　编撰医书传于后世

作为非遗，王氏妇科的独特性在于以下四项核心要素：一、医学诊疗思想；二、中药验方的临床应用；三、本门药物的炮制；四、历代王氏妇科传人的医案医话。这四点互为一体，蕴含着丰富的中医知识、观念及产生无数种可能性的辩证思维方式，是王氏妇科传承并持续发展的命脉所在，由王氏传人传承并应用于行医实践中，并用文字记载成书传于后世。元朝第 4 代传人王时亨编写了《王氏脉诀》《王氏妇科秘方》手抄本。元朝第 8 代传人王士能把《王氏脉诀》改编为《家传脉理全书》，新编《王氏医学三字经》《王氏妇科验方集》手抄本，提出女子以血为本，主张治血崩以养血活血为主的医学治疗思想。明朝第 12 代传人王伯辉撰写了《王氏妇科家传验方》《王氏妇科验案》2 卷，确立了肝脾肾三经辨治妇科疾病的医疗思想。明末清初第 21 代传人王笃生编写了《王氏家传妇科秘方全书》3 卷，对王氏妇科诊疗方法及思想进行了更为全面的概括，并注重药物的加工炮制。① 这些文献记录了不同时期王氏中医使用验方的心得，既是后世传人学习的重要参考资料，也是王氏妇科独具特色的见证。

传承至当代，王氏传人坚守王氏妇科核心要素，已形成比较成熟的治疗思想②，第 27—28 代传人在行医的同时也都将自身的临床实践经验进行了梳理总结。第 28 代传人王金权主编了《女病外治良方妙法》，王金亮公开出版了《王氏妇科精要》《中国平遥王氏脉诀与经方》《中国平遥王氏临床经验集》。

---

① 王金权：《平遥道虎壁王氏中医妇科流派传承渊源探究》，《山西中医》2012 年第 2 期。

② 三晋王氏妇科流派学术思想主要有以下 9 项内容：1. 重视脾胃，补气益血；2. 疏肝益肾，调和气血；3. 疏肝解郁，肝脾同治；4. 坐底方的应用；5. 四诊合参，尤重脉诊；6. 辨证与辨病相结合；7. 妇科久病，以瘀思辨；8. 守名方，重权变；9. 胎前用药注重胎元。详见胡国华、罗颂平《全国中医妇科流派研究》，人民卫生出版社 2012 年版，第 202—205 页。

值得注意的是，从世代相传的角度看，历代传人撰写的王氏医书，有效弥补了口传心授在记忆方面的缺陷。面对面的口传心授是以文字书本为媒介的教育方式难以替代的，但口传心授的内容、经验如果仅存于传人的记忆中，一旦人对人的传承断裂，则意味着彻底消亡。在这种情况下，历代传人用文字将诊疗经验加以记录，留给后人，使其治疗经验实现了跨代纵向传播，为王氏妇科长久稳定的代际传承多了一层保障。

较之于以声音表达出来的口头语言，书写所依赖的文字是一套可见并需专门学习理解的符号。从大量的治疗经验中筛选、确定那些具有效果且有规律性的验方，然后再将其加工成有条理并准确表述的文字内容，这需要传人有较高的文化素养。第 21 代传人王笃生自小熟读传统文化经典，过目不忘，医术精湛，成为一代名医，有歌诀流传于世："吾祖王笃生，妇科一医精，至今二十世，后世遵道行。"注重培养传人的医学和文化素养是王氏妇科成功传承几百年的根本。

成熟的传人培养机制

王氏家族一直把培养传人作为重中之重，长辈对传人学习过程的精细掌控和严格要求，确保了王氏妇科传人的质量，也是其世代相传的基本前提。王氏妇科家规中有"济世灵丹千秋重，活人妙术万古传"，意为只有活人才能不死守过去，实现医术的灵活流传。王氏传人的培养始于孩提（约 5—7 岁）时代，至传人能独立出诊为止，时间长达十几年，跨度很长。这一过程，可分为四个阶段：

第一阶段是孩提时的启蒙教育。在学习传统文化经典的基础上，王氏家族利用儿童期是记忆高峰期的生理特点，主抓王氏妇科医书的诵读，要求传人背诵祖传《汤头歌诀》《医学三字经》《药性赋》等启蒙医书，达到滚瓜烂熟的程度，再大一点则开始熟读《王氏脉经》《傅青主女科》等医书，这为传人以后的开悟提供了必不可少的童子功基础。

第二阶段是 3 年侍诊。王氏妇科传人年长至 10 多岁时，开始跟随父辈见学诊脉，这一阶段标志性的行为就是学习时只能站着，不能说话。在继续研读相关医书的基础上，传人只能用眼看、用心记与诊疗有关的资料内容，写病案笔记，识药辨性。同时承担一些杂务工作，如开诊前的准备工作、招待就诊者等。这一阶段能考验出传人是否愿意学医，能否勤奋学习以及是否具有救死扶伤、静心细致、耐心待人接物的品行。

第三阶段是3年随诊，进入这一阶段的标志性行为就是传人有了坐下抄写诊疗处方并能和师傅交流的资格。平时由长辈适时地提出一至两个问题，由传人自己查询答案并汇报给前辈，定期由长辈对传人进行口头和书面形式的考查，以此督促传人的学习，给传人正确的学习引导。

第四阶段是3年试诊，即传人可以独自坐诊给患者看病，但要有一位长辈在里屋把关。传人给病人开出药方后，须拿到里屋给长辈审阅指点，以确保所开药方正确，做到对症下药。

这种发生在父子间或爷孙间的家传跟师培养，在亲情的滋润下，实现了一对一的个性化指导。年轻一代经年累月地跟着长辈，侍诊左右，抄写药方，耳濡目染，长辈相机点拨，润物无声地把自己的医疗思想、辩证思维、医术和处方用药方法传给了后代。这契合中医作为经验实践性知识的属性，使传人很早就浸淫在真实的医疗实践中，给传人提供了无数次直观体验的机会，反复理解和体会幼时所记的中医口诀及长辈口头指点里蕴含的诊疗思想，形成自身行医时所需要的直觉思维和经验基础。

在整个学医过程中，王氏长辈依据“以德为先”→“以悟为根”→“以勤为要”的标准选择合格的传承人，根据“学医必精，为医必仁，博学多思，薪火相承”的家规，在试诊期间加以考核（或给予评价），最终确定其能否出师独立行医。而长达十几年的学习过程也会自动淘汰一些吃不了苦和过滤掉一些不适合从医的族人，保证了王氏妇科传人的质量。

从诸多王氏妇科传人的口述回忆中可以看出，当代王氏传人也是经历上述过程后学成行医。王金权教授便是自7岁时熟读《药性赋》《医学三字经》，13岁起随父出诊行医，抄写处方，不断实践，18岁时开始独立行医。

在独自行医二十多年后，王氏传人才有资格收徒传艺，也才有资格开始接触王氏祖传药物秘密制作技艺（有些特殊药物的组成和加工方法是长辈临终前才传给后人）。[①] 传人在继承前人经验的基础上，还必须从

---

① 胡国华、罗颂平：《全国中医妇科流派研究》，人民卫生出版社2012年版，第202页。

自己的诊疗实践中总结典型病案，流传于后世。

注重医德召开家族大会　确保家族行医的良性竞争

以病人利益为着眼点，王氏家族立有“为医必仁”的家规。首先，要求王氏医生对病人要一视同仁，无论贫贱富贵，童叟无欺。其次，针对危急重症求救者，不以任何理由收取病人的钱财物品，否则家法是问。再次，对于行动不便、卧床不起的患者，若家属要求出诊时，必须满足病家的需求。最后，就诊者若是王氏本族的人和村民，免诊疗费。明代时王氏家族就曾以“里甲”为单位确定可免费就诊的地方百姓。

从王氏族谱中可以看出，王氏妇科非单一单脉传承，传承人来自家族不同支系，从医人员众多。针对这种情况，王氏家族每年腊月二十三要召开家族会议，几代行医者济济一堂，由选出的族长主持，以共同商讨的形式，选定由权威长辈亲自培养的重点传人，同时完成以下五件事情：

第一件，修改家族家规和家训；

第二件，根据上年的行医情况和行医水准，定每位王氏传人下年的诊疗收费价格；

第三件，确定免除诊疗费用和药费的服务对象；

第四件，统一王氏不同族人药铺的药材出售价格；

第五件，回顾过去一年的工作，一起交流行医的心得、体会，讨论与王氏妇科有关的医学话题。

一年一度例行召开的家族会议对王氏妇科的长远发展是不可或缺的环节，家规本质上是我们所熟悉的管理制度的另一种形式的呈现，修改家规家训是不断完善管理规范的体现。而对家族医生公平透明的评审和对诊疗费和药材价格的规范管理，既能防止族人内部恶性竞争，又能调动传人精研医术的积极性。在以往没有专门举行会议交流学习的时代背景下，家族大会又相当于是一个小型研讨会，是以家族成员为核心建起的一个坦诚交流医学经验的学术平台，这使每位王氏妇科传人有机会拓展视野，启发心智，在交流中传人的医术水平若得到提升，就是王氏妇科诊疗水平的提升。

名医的口碑效应和“薄艺在身”的生存观

上文提到的王氏妇科传承经验主要着眼于中医本身，即王氏妇科传承的内在因素，其传承还会受外在环境和社会观念的影响。

王氏族人所整理的口述资料中有这样一些故事，元朝第8代传人王士能因治好皇妃而受封“历代良医”，获赐龙衣，当时皇帝还免去了王士能原籍所在村村民的一切赋税，该村村名由“麦交沟村”改为“免交沟村”，村民为此立碑纪念。明朝第12代传人王伯辉被封为“世承先代医人”，民国年间，祁县晋商大贾渠本翘曾向王氏家族赠匾“精于岐黄”。解放前后的第26代传人王裕宽、王裕普因医术精湛被誉为“妇科神手”①。旧时妇女若有妇科疾病但没让王氏大夫诊疗就亡故，娘家一方可质问男方，这一做法在当地被称为“做人主”，意为只有经王氏大夫诊疗的结果方为女方家所信服。

以上故事表明，自元代起，王氏妇科在地方民众中已形成口碑效应，并传至帝王家。这种形成于医生和患者间的一传十、十传百的口碑在以地缘、血缘关系结构为主的“熟人社会”中，不会因一代医生的去世而终结，也不会因一代患者的去世而中断，而是与王氏妇科一起代代传承。在当代我们看到，王氏妇科名医在哪里就诊，哪里便挤满了患者。这种口碑效应是对王氏妇科传人医术和才华的肯定，增强了王氏后人传承中医的信心。试想，虽医术精湛，但“养在深闺人未识”，没有民众认同和口口相传的赞美，则很难形成强烈的传承动力。这种口碑效应与王氏家族人才培养机制相辅相成，也是王氏妇科在民众中产生认同感的显性表现，是其得以持续传承的外在社会条件。

王金权教授认为国人传统生存观念对王氏妇科的传承也产生了一定的影响。中国古代文人“以天下为己任”为人生最高目标，但不是所有文人都会仕途顺利，当这条路行不通时，必须另谋出路。“不为良相，则为良医”的文化观念深入人心，治国与医人被认为都是造福于民。从务

---

① 王金亮：《中医药非物质文化遗产——平遥道虎壁王氏妇科》，《中医药文化》2010年第6期。

实的角度讲，较之于耗费体力的农、工等行业，从医也是文人谋生的较好选择。而“家有万贯，不如薄技在身”的俗语在我国民众中广泛流传，充分说明一技之长是一个人在社会生存立足的资本，自己掌握的技术谁也拿不走，走到哪里都能生存下去。宋代第 4 代传人王时亨弃官从医后成为一代名医，取得了巨大成就和社会声誉，为王氏后人接受这一生存理念提供了生动的事实支撑。

综上所述，王氏妇科传人通过自身的努力，建立起利于王氏妇科世代传承所需要的内外条件，并使其发挥合力作用。

王氏妇科世代相传成功经验的启示

作为一种新的文化遗产类型，非遗与可移动文物、各种艺术品、历史街区、名城古镇古村落等物质类、静态的有形遗产不同，其最有价值的存在方式是有一代一代的、稳定、连续的传承群体能够传承，并不断地被再创造。传统医药在当代如果缺少亲传弟子，仅有与之相关的医书文献、中药验方、轶事典故等，便是无可逆转地丢失了其最重要的精髓。在这个意义上，王氏妇科是非遗传承的优秀案例。

第一，关注非遗人才代际传承过程。

林敏霞以医道、医学、医技、医承为关键词阐述了作为非遗的中医在中华文化脉络中的整体性特点①，表述逻辑是自内而外，而落到实际中的中医保护却是由外而内地进行，起点是医承，即后继人才的培养，唯有传人的培养到位了，医技、医学、医道才有产生的可能。非遗人才代际传承过程主要指培养下一代传人的过程，从王氏妇科长达十几年的传人培养过程来看，杰出的传承人总是在这一过程中经历了种种考验和达到各种要求后才脱颖而出。

当代传统医药的人才培养方式向师承、流派传承、师承与临床学位相结合模式回归的倾向日趋明显，与之相关的跟师临床、读书笔记、医案研读、学术研讨、学术访谈、定期考核交流等教育形式都已进入实践

① 林敏霞：《道—学—技—承：中国非物质文化遗产理论图式建构的“中医”启示》，《文化遗产》2014 年第 6 期。

阶段[①]。2013年10月正式实施的《山西省发展中医药条例》也提倡展开师承教育方式[②]。这意味着山西中医药人才的培养进入了符合中医药本质属性的正确方向。但这方面研究焦点多集中于非遗后继乏人这一层面，而对正在实施中的传统师徒、家传模式的传承及效果的研究还不多见，具体情况尚不明晰。

关注当代社会发展背景下的非遗人才代际传承过程，主要是关注传承场合、相关传承者的思考方式、学习感受、行动方式、性格气质、社会阅历、生存能力、师徒间的相互影响以及以日常呈现形式，透过对传承过程的细致描述，清晰揭示出对非遗代际传承至关重要的内在秩序与规范，最终则是要揭示出传承者的创造力在代际相传过程中是如何孕育的，这也是"对文化多样性和人类创造力尊重"[③] 的体现。

而最熟悉传承过程的人又莫过于经历过这一过程的杰出传承人，他们也最清楚这一过程如何进行才能产生好的效果，其间会涉及哪些关键因素。王金权教授对王氏妇科跟师传承模式，就曾提出应制定符合实际情况的人才选拔、认定的规定，传承效果的评估机制以及过程内容的管理，以确保师傅掌控传承过程，并能有依据地指导学生。进一步来说，基于传承过程管理，尊重并采纳代表性传承人对非遗的意见，将之逐步明晰并上升为可实施的制度性内容，这对基层非遗的传承尤为重要，是当下非遗保护着力的重点之一。现实的情形是我国非遗法虽然规定培养后继人才是非遗项目代表性传承人应当履行的义务之一[④]，但实际层面如何对非遗后继人才的培养展开管理，还没有具体的指导意见。

---

① 宋俊华主编：《中国非物质文化遗产保护发展报告（2014）》，社会科学文献出版社2014年版，第316—317页。

② 详见2013年《山西省发展中医药条例》第二十三条规定：县级以上人民政府中医药行政主管部门应当建立和完善中医药师承教育制度，支持具备条件的中医执业医师作为师承教育的指导老师带徒授业。

③ 见《保护非物质文化遗产公约》第二条第一款中非物质文化遗产定义。

④ 《中华人民共和国非物质文化遗产法》第三十一条：非物质文化遗产代表性项目的代表性传承人应当履行下列义务：（一）开展传承活动，培养后继人才；（二）妥善保存相关的实物、资料；（三）配合文化主管部门和其他有关部门进行非物质文化遗产调查；（四）参与非物质文化遗产公益性宣传。

第二，建立非遗传承者的内部管理体系。

出于抢占非遗申报成功后所带来的各种利益，同一非遗项目的多个传承人、相关利益者之间往往互相诋毁，互不合作。这一现象从非遗申报开始就已初露端倪，现有研究以批判反思为主，与实际相适应的建设性意见比较少，从目前基层非遗保护实际看，这一问题也一直没有一个比较妥当的解决之道。长此以往，对非遗传承的伤害不言而喻。

历史上王氏家族注重医德教育，运用中国传统社会最重要的社会力量——家族权威，由其组织、召开家族大会，制定家规，遏制了族人内部的恶性竞争。也就是说，王氏传人自己建立起一套管理族人行医的规范体系。借鉴这一经验，建立同一项目不同传人的管理体系是非遗保护必不可少的内容，但自我国展开非遗保护起，这一点并不在申报和保护非遗的要求范畴中。

事实上，就非遗利益相关者议题，联合国教科文组织《实施〈保护非物质文化遗产公约〉操作指南》中的三项非遗名录列入标准中有社区、群体或个人的事先知情同意的相关规定。[①] 事先知情同意就是以一个项目中受影响人的利益为出发点，在项目启动前，项目人员将有关信息向受影响人进行充分清晰地说明和阐释，并让受影响人参与到项目决策过程中来，而不仅仅是意见的被征询者。

借鉴王氏妇科持续传承的成功经验，以事先知情同意为原则，以非遗项目申报为契机，相关部门可实事求是地评价每一位非遗项目的传承人结构，每位传人传承非遗的水准和其他能力。当同一非遗项目被明确有多位传承人时，主管非遗保护工作的政府文化部门应就申报非遗成功后会产生的效果以及所要担负的责任、义务等事宜充分告知每位传承人，请他们就如何共同传承和保护非遗先达成共识，形成法律认可的约定并

---

① 《实施〈保护非物质文化遗产公约〉操作指南》中，“急需保护的非物质文化遗产名录的列入标准”U.4 条规定：该遗产项目的申报得到相关社区、群体或个人尽可能广泛的参与，尊重其意愿，并经其事先知情同意。“人类非物质文化遗产代表性名录的列入标准”R.4 条中规定：该遗产项目的申报得到相关社区、群体或个人尽可能广泛的参与，尊重其意愿，并经其事先知情同意。“最能体现《公约》原则和目标的计划、项目和活动的遴选标准”P.5 条规定：该计划、项目或活动得到相关社区、群体或个人的参与，尊重其意愿，并经其事先知情同意，正在或业已实施。

共同遵守，互相监督，以此防止出现因申报非遗而带来的传承者之间的恶性内耗。

在此基础上，还应有意识地引导非遗传人区分私人利益与非遗传承二者间的边界属性，使其清楚意识到后者的水准决定前者的利益获得，更是后代得以生存的重要基础，进一步由传承群体建立一套符合实际并可行的管理规范或默契，以此消除当前同一项目下不同传承者因利益争夺对非遗传承造成的威胁。

第三，增强传承人传承非遗的各项能力，调动传承主体能动性。

康保成教授在讨论非遗的改革、创新等议题时曾指出濒危非遗项目应去粗取精，优化提高，提高自我造血功能，这是一项需要政府、专家、传承人共同努力、长期坚持才能生效的艰苦的文化创新工程。[①] 进一步地，提高项目的自我造血功能，首先应提升项目传承人的各种能力，传人的能力决定了努力的结果。

对王氏妇科而言，以第28代传人王金权教授为例，他医术精湛，在市级公立医院工作，并担任副院长职务，是山西省中医院的硕士生导师，与晋中国家级文化生态保护区内的其他传统医药类非遗传承人相比，有较高的医学声誉和社会地位。以他为核心，晋中市中医院的中医妇科成了国家级重点专科建设单位。2012 年国家中医药管理局批准设立以他为负责人的“三晋王氏妇科流派传承工作室”，2013 年该工作室获总计 200 万元的中央财政和省级财政配套经费支持。目前该工作室传承人有 18 名，其中主要代表性传承人 3 人，一般传承人 6 人，后备传承人 7 人。2011 年，道虎壁王氏妇科成为国家级代表性非遗项目，其历史和文化底蕴凸显出来。2014 年，他在平遥道虎壁村建成王氏妇科博物馆，以符合现代观众认知的方式，运用实物、文献、图片等形式，详尽展示了王氏妇科的传承历史。同年晋中市举办了全国中医妇科流派传承学术交流大会，三晋王氏妇科流派网站建成并上线，面向公众开放。

这些工作使王氏妇科的受众面更加广泛，吸引了许多人尤其是青年学生关注到王氏妇科，为今后扩大王氏妇科人才选择范围，走出后继乏

---

① 康保成：《关于非物质文化遗产的改革、创新及其他》，《湖南社会科学》2013 年第 5 期。

人的人才困境，培养出优秀的传承人奠定了重要基础。

上述这些与前辈的做法从表现方式上虽然不同，但异曲同工，王金权通过自己的努力，争取各种社会资源，动员各种社会力量，推动了王氏妇科在当代的传承和发展。如此的经验说明，王氏妇科传人不仅承担了培养后代接班人的工作，同时还独立承担了非遗的申报、弘扬、推广、研究。成功的传承就是有效的保护[①]，传承主体是非遗第一保护主体，由他们发展出的传承王氏妇科的做法也是一套保护非遗的做法。

如果结合地方社会发展实际，这一点则更显出其重要性。近三十年来我国以发展经济为硬道理，山西省也不例外，更以能源经济为GDP主导，滋养民众精神的文化建设普遍受到忽略。尽管我国非遗保护已开展十年，但地方民众几乎不了解与非遗有关的信息，对传统和民间文化的保护仍比较迟钝。现实地看，目前有利于非遗传承的各种外在条件远不具备，这一状况将延续多久充满了不确定性。在这种情况下，传承者的认识水平、作为、能力很大程度上决定了非遗的未来发展前景。当下晋中国家级文化生态保护区内传承状况良好的非遗项目，主因就是传承人发挥自己多方面的能力进行着不懈地努力。

而政府、研究者、传媒、商业等团体作为非遗保护群体，主要在政策支持、反思批判、呼吁宣传、市场营销等方面发挥作用，很少能宏观掌控却又身体力行做些具体而微的非遗传承之事。因此，非遗保护虽离不开这些群体，但传承者却不是对这些社会群体尤其是政府的完全依赖，而是传承主体以自身的能力、具体行动积极介入到非遗保护中，自己掌握非遗传承的正确方向，不断构建利于非遗传承的内外条件，这也是王氏妇科成功传承29代带给当下非遗保护最重要的启示。

显然，让每位非遗传承人具有传承非遗所需要的各种能力，这是不可能的。而许多非遗传承人也没有渠道、人脉及资金来获得相应的人才来帮助他们解决面临的困难。在这种情况下，政府主导部门、各类社会组织才应提供各种机会和平台增强传承者的各种能力，拓展其社会视野，

---

① 王文章主编：《非物质文化遗产概论》（修订版），教育科学出版社2013年版，第295页。

以使传承者有信息源、有平台、有机会找到相关人才来弥补自身能力的不足，并探索各类资金项目与非遗传承的结合途径和方式，形成协作性支持，以发展壮大非遗，唯有非遗发展壮大了，年轻一代才会对非遗产生兴趣并愿意传承，才能实现代代相传。

非物质文化遗产保护与环境可持续性

——以“藏医药浴法”申遗实践为主线*

巴莫曲布嫫**

摘　要：“藏医药浴法——中国藏族有关生命健康和疾病防治的知识与实践”于2018年11月列入联合国教科文组织人类非物质文化遗产代表作名录，同时该遗产项目的申报材料经审查机构推荐，被非物质文化遗产委员会认定为申报范例。文章基于《保护非物质文化遗产公约》设立代表作名录的宗旨，围绕“人类与环境之间的可持续联系”，说明“藏医药浴法”申报材料编制工作的基本定位；进而参照委员会决定和审查机构推荐意见对该遗产项目列入代表作名录的关键评价，讨论申遗实践与可持续发展理念的对接，兼议中医药类非遗项目的保护实践。

关键词：非物质文化遗产；遗产项目；可持续发展；环境可持续性；传统知识与实践；中医药类非遗

联合国教科文组织（以下简称“教科文组织”）大会于2003年10月通过《保护非物质文化遗产公约》（以下简称“《公约》”或“2003年《公约》”），承认“非物质文化遗产的重要性，它是文化多样性的熔炉，又是可持续发展的保证”（序言）。此后，教科文组织及其会员国以保护并尊重相关社区、群体和个人的活态遗产（living heritage），促进世界文

* 原文刊于《民间文化论坛》2020年第6期。

** 作者简介：巴莫曲布嫫，中国社会科学院民族文学研究所研究员。

化多样性、尊重人类创造力并推动可持续发展为行动基线，建立了一整套程序性制度。截至2020年7月27日，已有180个国家加入该《公约》，占该政府间国际组织193个会员国的93.26%。这一已接近全面批约的比率说明，该《公约》的宗旨和目标在全球范围内已获得普遍认知和广泛支持。作为保护非物质文化遗产国际合作“四重机制”（即两个名录、一个名册及国际援助）的实施手段，2003年《公约》名录（the Lists of the 2003 Convention）的体系化建设在《实施〈保护非物质文化遗产公约〉操作指南》[①]（以下简称“《操作指南》”）于2008年6月发布后正式启动，通过12年来各缔约国的申报实践和履约实践逐步走向成熟，同时也积累了许多经验教训。

截至2019年12月，来自127个国家的549项遗产项目先后入选《公约》名录。值得注意的是，其中35项已列入人类非物质文化遗产代表作名录（以下简称“代表作名录”）的遗产项目申报材料[②]，相继被保护非物质文化遗产政府间委员会（即非物质文化遗产委员会，以下简称“委员会”）推荐为申报范例。中国于2017年3月底提交的申遗项目“藏医药浴法——中国藏族有关生命健康和疾病防治的知识与实践”在2018年列入代表作名录的同时，其申报材料也由此成为范例之一。

2011年以来，委员会责成其咨询机构（现为“审查机构”）从每年各缔约国提交的申报材料中甄选具有示范价值的申报案例，其意图和指向非常明确[③]。也就是说，紧紧围绕《公约》四项宗旨（第一条），同时根据《公约》对“非物质文化遗产”和“保护”作出的定义（第二条），

---

① 教科文组织：《实施〈保护非物质文化遗产公约〉操作指南（2018年版）》，详见中华人民共和国文化和旅游部国际交流与合作局编《联合国教科文组织〈保护非物质文化遗产公约〉基础文件汇编（2018版）》，内部资料，2020年，第19—60页。

② 代表作名录申报材料通常包括ICH－02表（即申报文本）、10张近期图片、5至10分钟视频、社区知情同意证明、国家清单节录和分别涉及图片和视频的两份权利授予声明，并以委员会工作语言英文或法文提交。每类信息的提供都有相应的严格要求，且相互间须保持高度的相关性和一致性，本文不作展开。

③ 委员会的具体措辞为“files considered good examples by the Committee”，考虑到行文的俭省，本文暂且表述为“申报材料范例”或“申报范例”。文中述及的35项代表作名录申报材料和3项“优秀保护实践名册”的推荐材料均可从教科文组织2003年《公约》名录数据库获取：https：//ich. unesco. org/en/lists&exemplary＝1#tabs；访问时间：2020年10月16日。

在国际合作框架下通过具体遗产项目的"申报—检查—审查—评审—报告"等程序性制度，增进各缔约国、社区和群体以及相关行动方的经验交流，找出共同面对的问题和挑战，加强能力建设，推动《公约》的实施和发展。因此，这里有必要强调，《公约》设立代表作名录有其特定目标。《操作指南》就代表作名录的列入标准作出了强制性规定（第2段），其中标准R.2的法理依据正是基于《公约》有关设立代表作名录宗旨的规定（第十六条）：

> R.2 将该遗产项目列入名录，有助于确保非物质文化遗产的可见度，提高对其重要意义的认识，促进对话，从而体现世界文化多样性，并有助于见证人类的创造力。

从总体上理解代表作名录的宗旨须紧扣三个关键点：从地方、国家和国际三个层面提高认识，促进社区、群体和个人之间的对话，并为体现文化多样性和见证人类创造力作出实际贡献。那么，通过分析被委员会列为范例的申报材料及其遗产项目定位、论证逻辑、叙事话语乃至表述策略，可以为观察各缔约国的申报实践开启极富张力的自反性思考空间；而结合遗产化的社会建构进程去探查社区参与机制，也可在这些范例中找到多样化的实践方式。在这一思路下，本文仅以"藏医药浴法"申报文本及其随附的部分支持性证明材料①作为循证分析的基础，同时以审查机构报告和委员会决定中的关键评价为参证②，围绕该遗产项目的在申报论证工作中的基本定位，集中探讨非遗保护与环境可持续性的互动关联，兼及中医药类非遗项目的保护实践。

---

① "藏医药浴法"申报材料的卷宗可从以下网址获得：https：//ich. unesco. org/en/RL/lum - medicinal - bathing - of - sowa - rigpa - knowledge - and - practices - concerning - life - health - and - illness - prevention - and - treatment - among - the - tibetan - people - in - china - 01386。行文中不再作说明。

② 本文举凡引述的相关工作文件可按文中提供的文件代码从教科文组织数字图书馆（UNESDOC Digital Library）获取：https：//unesdoc. unesco. org/home。

一 保护措施：确保遗产项目的存续力

“藏医药浴法”是藏族人民基于“五源”生命观和“三因”（隆、赤巴、培根）健康观及疾病观发展而来的一种实践。在藏语中，“泷沐”（Lum）意指通过沐浴天然温泉或药物煮熬的水汁或蒸汽，调节身心平衡，实现生命健康和疾病防治的传统知识和实践。作为传统藏医学“索瓦日巴”（Sowa Rigpa）的有机组成部分和代表性外治疗法，该遗产项目反映了藏族人民世代传承的优秀传统文化，体现了中国人民伟大创造精神。本着顺应可持续发展的要求，确保该遗产项目的存续力，维系人与环境之间的可持续联系，既是“藏医药浴法”申报材料编制工作所秉持的一个首要原则，也当成为该遗产项目后续保护行动的一个关键维度。

2003 年《公约》第二条第三款对“保护”（safeguarding）作出了明确定义，即采取各种措施以确保非物质文化遗产的存续力（viability）。而某一遗产项目（an element）的存续力是其得以继续施行和传承的潜力所在，并对相关社区和群体保有重要意义。① 因此，在关注“保护”的同时要对存续力及其面临的两个因素——威胁（threats）和风险（risks）——保持高度警觉。通常来讲，威胁是妨碍非遗项目继续施行、实践和传承的现实问题；风险则是可预估的潜在问题。委员会于 2015 年核可的《保护非物质文化遗产伦理原则》明确指出：“社区、群体及地方的、国家的和跨国的组织，还有个人，对可能影响到非物质文化遗产的存续力或实践该遗产的社区的任何行动的直接和间接、短期和长期、潜在和明显的影响都应仔细评估。”（原则 9）② 有鉴于此，在“藏医药浴法”申报材料的编制过程中，中方在遗产项目的相关表述和已提出的保护措施中，同时从存续力现状和潜在风险两个向度充分关注了人与环境之间的依存关系和可持续发展问题。以下，我们结合申报材料的征引，对这一主线加

① 参见联合国教科文组织《何谓非物质文化遗产?》，巴莫曲布嫫译，《民间文化论坛》2020 年第 1 期。

② 教科文组织：《保护非物质文化遗产伦理原则》，详见中华人民共和国文化和旅游部国际交流与合作局编《联合国教科文组织〈保护非物质文化遗产公约〉基础文件汇编（2018 版）》，内部资料，2020 年，第 62—63 页。

以简略概括。

其一，确立遗产项目的基本定位。该遗产项目在藏族相关社区世代相传，在人们适应高原、雪域、山地等周边环境以及与自然的互动中不断创造和发展，体现了藏族民众遵循人与环境和谐相处的价值观。申报文本明确述及："在该遗产项目的传承和实践过程中，相关社区结合本民族天文医算知识，通过观察物候、节令及人体脉相，推算各地适宜的施浴时机，从而预防疾病。该遗产项目还与天文医算关系密切，掌握辨证与辨时的对应关系和变化规律对传统诊疗至关重要"；"各种草药须适时、适地采集植物的适当部位，既关系到药材的效力，也有利于自然资源的管理和可持续利用"；"藏族人民在获取、利用及管理水资源和植物类药材资源的同时，注重保持环境的可持续发展"。人与环境之间的可持续联系恰似一条叙事阐释的主线，同样贯穿在申报片的拍摄和剪辑过程中。

其二，设立风险评估—预警机制。申报文本述及以下制约因素："在全球化进程中，藏族传统的生命观、健康观、疾病观存在着被边缘化的风险；老曼巴的相继离世和现代教育模式的冲击，使该遗产项目的传统传承模式及其承载的文化意义逐渐被淡化；温室效应等生态环境的改变，导致部分藏药材资源陷入稀缺境地。"同时，还须监测该遗产项目列入名录后的意外后果，采取预防措施，以确保环境可持续性，包括实践遗产项目所需的自然资源得到可持续利用和管理。

其三，制订回应性保护措施。针对上述风险，在已提出的"五年保护计划"中基于对人与环境之间可持续发展的关切，专门设立了几项保护措施。一是，提高青少年的保护意识。组织专家为中小学生编写知识读本；利用互联网和自媒体展开知识传播，开展"水资源生态保护知识竞赛"和"辨药材——爱家乡一草一木"等活动。二是，合理利用藏药材资源。继续推进资源与环境动态监测站建设，对温泉资源、药材资源及药材产区进行分级保护。三是，妥善管理实践场所。编制《藏医药浴传统实践场所和文化纪念地保护清单》，对宇妥洞、药王山医学利众院遗址等相关场所及生态环境进行保护，旨在让这些承载着历史记忆和文化创造力的自然空间和纪念地在当代非遗教育和传承实践活动中发挥作用。

其四，尊重接触该遗产项目的习俗做法。申报文本择要述及两点与生态保护相关的传统实践，同时表明承诺：（1）源于藏族人民对生命之水的敬畏，任何人不得在神湖圣水，如纳木措湖、扎陵湖中沐浴。（2）采集与该遗产项目相关的药材时，应遵循植物生长的季节规律，须采摘植物的适当部位，以确保药效和植被的可持续利用。在该遗产项目申报准备和保护措施制定的过程中，上述传统习俗得到了充分尊重和维护；在保护措施的实施中，也将继续遵循。

其五，采集社区知情同意证明。《公约》及其基本文件一致倡导，相关社区、群体和个人（传承人和实践者）尽可能广泛地参与保护和管理其非物质文化遗产，而注重社区立场、观点和传统做法也是准备申报材料的纲领性方针。在申报文本随附的社区知情同意证明中，民众在日常生活实践中积累的经验和基本取态得到了反映，并与申报文本形成一致性呼应。例如，林周县甘曲村的村民表示，“在我们村，大家都认为该遗产项目是老祖先留下来的‘宝贝’，应该代代相传。在日常生活中，我们注重温泉等水资源的保护；在采集草药时，我们遵循适时、适地、适当的传统；在沐浴节期间，村民们都自发参与相关的实践活动”。

其六，履行缔约国的责任和义务。国家层面明确表示对已提出的保护计划予以全面支持，其中述及“将采取措施，以确保该遗产项目的活态传承，特别是在当地的文化生态系统中加强该遗产项目的存续力”。这与中国各级政府多年倡导并不断推进的文化生态保护实验区建设也是一脉相承的。而在文化生境中对具体的、特定的非遗表现形态及其得以存续和不断再创造的自然资源、环境资源和文化空间加以整体保护和可持续管理，也反映了非遗保护的中国实践、中国经验和中国方案对遗产项目申报工作的多重激发效应。

总之，“藏医药浴法”申报材料从整体上充分表明了该遗产项目的传承和实践主体与各级政府的责任约定，同时表明了对实施保护措施的承诺，并从以人为本的过程性保护策略上为多元行动方建立起了参与机制，以确保相关社区、群体和个人，尤其是女性和青少年人群充分而有效地参与保护计划及其各个阶段的实施。

二 “积极例证”：维系人与环境的可持续联系

“可持续发展”的经典定义见于《我们共同的未来：联合国环境与发

展委员会报告》（又称《布兰特伦报告》，1987 年）：“可持续发展是既能满足当代人的需要，又不对后代人满足其自身需要的能力构成危害的发展。”基于可持续发展的诉求及其间凸显出来的代际公平原则，也引导了保护非遗的伦理考量。

早在 20 世纪 80 年代，联合国便注意到了文化与发展之间的关系，在其“世界文化发展十年行动计划（1988－1997）”中，“认识发展的文化维度”成为首要目标。然而，道阻且长，行则将至。直到 2015 年 9 月 25 日，联合国通过《变革我们的世界：2030 年可持续发展议程》①（以下简称“《2030 年议程》”）方正式将文化纳入全球发展议程，承认世界自然和文化的多样性，承认所有文化和文明都有助于可持续发展，且是可持续发展的重要推动力。《2030 年议程》在诸多领域的可持续发展问题上取得了实质性进展，尤其是在涉及教育、可持续城市、粮食安全、环境、经济增长、可持续消费和生产模式、和平和包容性社会的可持续发展目标框架内，第一次“将文化纳入发展的维度”，明确强调文化同时有助于推动社会、经济和环境三个支柱的可持续发展，肯定文化构成和平与安全的重要对话资源。这在一定意义上当归功于教科文组织和包括中国在内的国际社会长期以来在文化领域的不懈努力和政策共识：要将世界带入可持续发展且充满活力的道路上，非物质文化遗产保护也至关重要。

非物质文化遗产能够在发展的三个支柱上分别有效地推动可持续发展，且有助于满足和平与安全的需要。② 可持续发展的实现离不开和平与安全，而和平与安全的概念范围远远超出军事范畴。各国的安全同样取决于经济繁荣、社会公正和生态稳定。除其他因素外，造成环境威胁的因素主要有：全球升温和由此引起的海平面上升、干旱、荒漠化、极端恶劣气候、人类引起的自然灾害、缺水和水污染、生物多样性丧失、自然资源开采过度，以及新疾病的出现（如全球面临的新冠肺炎冲击）。这些问题都对全世界的和平与安全造成重大威胁。因此，保护非物质文化

① 该议程在联合国大会第七十届会议上通过，联大中文版决议（A/RES/70/1）可从以下网址获取：http：//www. un. org/zh/documents/view_ doc. asp？symbol = A/RES/70/1。

② 参见 UNESCO，“Intangible Cultural Heritage and Sustainable Development，” Kit of the Convention for the Safeguarding of the Intangible Cultural Heritage. Paris：UNESCO，2015。可从教科文组织数字图书馆获取：https：//unesdoc. unesco. org/。

遗产不仅有助于改善公众的社会和文化福祉，也有助于推动构建人类命运共同体这一伟业。

从人与自然和谐共处、人与环境之间的互动作用关注可持续发展成为“藏医药浴法”申遗工作的一条主线，尤其是在保护措施的设计、编制和实施规划方面都从全方位和一致性两个角度给予了充分考量。这一关键维度也在委员会评审决定（DECISION 13. COM 10. b. 8，para 4）的结语中得到了高度认可：

> 赞赏该缔约国所提交的申报材料强调了有关自然界和宇宙的传统知识的重要性，并提供了人类与其环境之间可持续联系的积极例证。

在非物质文化遗产五大领域中，有关自然界和宇宙的知识和实践主要涉及相关社区在与自然环境的互动中传承和发展起来的知识、诀窍、技能、实践和观念表述。这类非物质文化遗产强烈地影响着人们的价值观和精神世界，并且成为许多社会实践和文化传统的基石。反过来看，相关的知识和实践也塑造了自然环境和社区更广泛的生活世界。非物质文化遗产为相关社区和群体提供认同感和持续感，因而对其社区具有相应的文化意义和社会功能，并在人们的生活实践中不断再创造，构筑了表现形式和知识体系的文化多样性。与此同时，非物质文化遗产解释世界，并塑造世界，影响着人们的生活方式、个人行为、消费模式、与环境和资源管理有关的价值观，以及人与自然的互动。而地方知识体系、本土经验和民众智慧，以及人们代代相传的环境管理实践则为应对生态挑战、防止丧失生物多样性、减轻土地退化和缓解气候变化效应提供了有价值的深刻见解和工具意义，可以应对或解决当今人类命运共同体面临的许多挑战。“藏医药浴法”的申报实践正是基于对环境可持续性的思考与回应。

“藏医药浴法”在其生生不息的代际传承过程中，涉及方方面面的在地化实践，诸如本土遗传资源、植物知识、水资源管理智慧、仪式实践、人生仪礼、社会组织、传统节日、母语表达，乃至视觉艺术；与此同时，家族传承、师徒传承、社区传承等传统模式与寺院医学院和现代高等教育也形成了深度融合。而人与自然互为依存、人与环境可持续发展的生态观，成为相关社区、群体及传承人和实践者维系其文化认同的核心理念。因而，我们要充分认识到，保护自然环境往往与保护社区的宇宙观及其非物质文化遗产有紧密关联；而保护世界观或信仰体系比保护自然环境更具挑战性。①

三 健康实践：提高有关活态遗产及其重要意义的认识

为配合联合国于2016年1月1日实施的《2030年议程》，《公约》缔约国大会在同年6月召开的第六次届会期间通过决议，在《操作指南》中新增一个章节，即第六章“在国家层面保护非物质文化遗产和可持续发展”（第170至197段），其中就“医疗保健”与“包容性社会发展”提出了若干建议性指导（第179段），并指出“缔约国将努力确保承认、尊重和弘扬被社区、群体和个人视为其非物质文化遗产一部分且对福祉有益的健康实践，包括其相关知识、遗传资源、实践、表现形式、仪式和信仰，并利用其潜力为实现全民优质医疗保健作出贡献。”进而从“培育科学的研究和调查方法”“采取适当的法律、技术、行政和财政措施”“加强各种医疗保健实践和体系多样性之间的协作和互补”三个方面鼓励各缔约国将相关非遗实践纳入医疗保健，实现包容性社会发展。

“藏医药浴法”申报材料的编制工作受到了《操作指南》的启发，包括五年保护计划的制订一直贯穿着绿色健康实践的定位与思考。这也当是审查机构在其2018年年度工作报告（ITH/18/13. COM/10，para. 27）中将“藏医药浴法”申报材料推荐为“范例”的一个理据。该报告指出——

> 由中国申报的“藏医药浴法——中国藏族有关生命健康和疾病防治的知识与实践”，展示了活态遗产在提高有关自然界和宇宙的知

① 参见联合国教科文组织《非物质文化遗产领域》，巴莫曲布嫫译，《民间文化论坛》2020年第3期。

识的认识方面所具有的巨大潜力。扎扎实实的社区参与当受到称扬。

这段评价有两层含义。一方面，充分肯定社区、群体和个人不仅是有关自然界和宇宙的知识的传承者，也是维持环境的重要行动方，尤其是这类非遗实践的代代相传，对保护生物多样性、可持续管理和利用自然资源具有不可低估的潜在作用。另一方面，该遗产项目的申报和保护措施的制订始终以社区参与为基础，同时依靠相关群体和传承人与实践者自行开展的研究及取得的成果，从有关生命健康和疾病防治的传统实践和集体智慧中汲取了鲜活的经验，乃至转换为遗产表述的要领。

该遗产项目包括天然矿泉浴与人工药浴两种基本实践方式，依托的是相关社区和群体与其共同生活的青藏高原这一特殊环境的持续性互动；既与如何认识人与自然、人与环境、人与社会的观念、思想、智慧和经验密切相关，也与如何可持续利用和管理遗产资源和自然资源的地方知识系统不可或分。例如，其中的人工药浴基础方统称为“五味甘露”，其主药有 5 种，即生长于草甸的甘露小叶杜鹃、生长于阳山的甘露高山柏、生长于阴山的甘露西藏中麻黄、生长于水边的甘露水柏枝、生长于旱地的甘露大籽蒿；其辅药有青稞、碱花等。施药时可根据病人病情选择其他药浴方，也可配以其他辅药。据文献记载，藏药浴能治疗上百种身心疾病，目前普遍应用于临床治疗与预防保健，尤其是对治疗类风湿性关节炎、骨性关节炎、痛风、强直性脊椎炎、产后风、腰椎间盘突出症、银屑病等 10 多种疾病有着特殊疗效。[①] 2009 年以来，藏药浴已纳入藏族地区的居民医保体系。因而，“藏医药浴法”申报材料说明，促进与自然和宇宙相关的传统知识和实践，积极发掘、研究、探索时令、气象、物候变化对人体健康和疾病防治形成的影响，有助于传统医学与现代医学医药体系形成功能性互补。至于说到“扎扎实实的社区参与”，申报工作确实有许多可圈可点之处，这里不再赘述。

在后续行动计划中，我们应当继续关注可持续发展的相关议题，包括但不限于环境可持续性，比如从“医疗保健”促进包容性社会发展，

① 在西藏藏医院白玛央珍院长的帮助下，西藏藏医院藏药浴中心专家组为本文写作补充了以上基础信息，在此说明并申谢。

可进一步致力于“培育科学的研究和调查方法，包括社区和群体自行开展的，旨在了解和保护社区、群体和个人视为其非物质文化遗产一部分的医疗保健实践的多样性，展现其功能和效力，并确认其对满足医疗保健需求的贡献”（《操作指南》179段）。

结语：一滴水的意义

《中华人民共和国中医药法》[①] 对“中医药”作出了明确的定义，即“本法所称中医药，是包括汉族和少数民族医药在内的我国各民族医药的统称，是反映中华民族对生命、健康和疾病的认识，具有悠久历史传统和独特理论及技术方法的医药学体系”（第二条）。由此，“中医药”成为中华各民族医药的概称词（cover term）。同时该法规定，“属于非物质文化遗产代表性项目的，依照《中华人民共和国非物质文化遗产法》的有关规定开展传承活动”（第四十二条）。这里让我们回到本文的开头，以重温代表作名录的宗旨。委员会在其决定中对“藏医药浴法”列入名录的积极意义有如下评价（13. COM 10. b. 8，para. 2）：

> R. 2：该实践促进可持续发展，推广有关自然界的知识，推动对自然资源保护。将该遗产项目列入名录将彰显这些为全世界不同文化所共享的特质。该遗产项目的传统和制度化实践形成了协同增效作用，可增进不同实践者群体之间的相互尊重，并激发其他社区间就有关健康和疾病防治实践开展对话。

目前，我国传统医药类国家级非物质文化遗产代表性项目共有137项，含23个大类；传承人132位，其中女性14人；至少涉及12类少数

---

① 《中华人民共和国中医药法》由中华人民共和国第十二届全国人民代表大会常务委员会第二十五次会议于2016年12月25日通过，自2017年7月1日起施行。全文见国家中医药管理局网站：http：//fjs. satcm. gov. cn/zhengcewenjian/2018 －03 －24/2249. html，访问日期：2020年10月12日。

民族传统医药[①]。正如钟敬文所言："一滴水的意义是不能低估的。"作为《公约》框架下分列的第四个非遗领域即"有关自然界和宇宙的知识和实践"的实例，"藏医药浴法"的申报和列入可谓以小见大、以一见十。那么，在人与环境之间的可持续发展问题上，该遗产项目申报文本中制订的各项保护措施若落实到位，其保护实践和经验总结便具备了个案的意义，对蒙古族医药、维吾尔族医药、苗族医药、傣族医药、彝族医药，乃至整个中医药的保护和传承当能形成涓滴效应，并且或可为其他非遗项目积极将生态系统和生物多样性价值观纳入保护策略的考量树立样板，从可持续发展的多个向度上探索进路，总结中国实践，提炼中国经验。因此，我们依然有必要对"藏医药浴法"如何进一步对代表作名录的宗旨作出实际贡献进行更广泛的思考，这也正是申报工作和履约工作的长远意义所在。

诚然，我们既要充分关注《公约》名录中已载入的相关实例，也要从未能列入名录或退回提交国的申报材料中汲取经验教训。从近年缔约国的申报实践看，有些非遗实践对环境的可持续性构成了风险，如造成环境污染，或过度开发继续实践遗产项目所需的自然资源；同时，也有一些非遗实践具有促进环境友好的积极作用，如利用自然能源，或发掘传统知识和传统技术本身具有的可持续潜力。此外，还须更多地关注商业化可能产生的负面影响，并避免因旅游业的发展而使遗产项目步入去语境化的危途，如吸引更多的游客参与仪式实践。[②] 因此，建立有效机制，监测和评估相关遗产项目的保护成果、挑战和经验教训，也是中国非遗保护实践的必经之路。

最后需要说明的是，"藏医药浴法"申报材料凝聚着各相关行动方的力量和智慧，尤其是提供建设性意见的社区代表、群体代表和传承人代表，具体参与申报文本编制工作的撰写人，申报片拍摄制作团队，还有申报论证专家组，都付出了大量心血和汗水。受文化和旅游部委派，笔

① 此据中国非物质文化遗产网·中国非物质文化遗产数字博物馆（http：//www. ihchina. cn/）公布的统计信息，访问日期：2020 年 10 月 12 日。

② 应对相关威胁或风险，《操作指南》已经提出了若干指导性建议，详见第四章，尤其是第 101—102 段；第 116—117 段；另见第六章第 187 段。此外，也可在《伦理原则》的基础上制定适用于地方或部门条件的具体伦理准则和伦理工具。

者有幸作为成员之一进入以藏医药专家为中坚力量的工作团队，负责协助申报文本和申报片脚本的撰稿工作。这篇小文与其说是总结个人参与申报实践的一些心得，毋宁说是代表“我们”这支团队完成的一篇“作业”，以利各利益攸关方将“藏医药浴法”的申报实践作为保护实践的一面镜像。回想当初获悉该遗产项目的申报材料成为范例，对大家而言多少都带来了意料之外的“欣喜”。毕竟这份褒扬也是对中国申报实践的一种肯定。凝精聚神之际，还是希望所有行动方能将委员会决定转化为自反性思考的又一个起点——不忘初心，牢记使命，砥砺前行，把握好后续保护计划的实施方向，在不断总结和不断反思中切实做好该遗产项目的保护工作和履约工作。这段文字也权且当作交代本文写作的初衷。

焕发新生机的藏医药浴法*

甄 艳**

摘 要：藏医药浴法，藏语称“泷沐”，是藏医传统外治法之一，为藏医学“索瓦日巴”的重要组成部分。藏医学是关于“调养、养护”的知识体系，其基础理论中土、水、火、风、空的“五源”学说和隆、赤巴、培根的“三因”学说是藏医药浴法使用的基础。青藏高原以其独特的自然和人文环境，哺育了藏医药浴法这一中国藏族有关生命健康和疾病防治的知识与实践，是以《四部医典》为代表的传统藏医理论在当代健康实践中的继承和发展。

关键词：藏医学；药浴法；联合国教科文组织；人类非物质文化遗产代表作名录

藏医药浴法，藏语称“泷沐”，具有悠久的历史，是藏医传统外治法之一，为藏医学“索瓦日巴”的重要组成部分。这一疗法通过沐浴天然温泉或药物煮熬的水汁或蒸汽，调节身心平衡，以达到实现生命健康和疾病防治的目的。由于具有适应症广、安全无痛苦、疗效显著等特点，该疗法深受藏族民众的欢迎和喜爱。

藏族人民自古以来居住在青藏高原地区，在长期的生产生活实践中，很早就认识到沐浴对于身心健康的重要性，并将这一生活习惯与苯教的宗教仪轨相结合，成为一种具有仪式感的生活习俗。敦煌藏文文献

---

* 原文刊于《中国文化报》2018 年 12 月 11 日第 8 版。

** 作者简介：甄艳，中国中医科学院中国医史文献研究所民族医学研究室主任，研究员。

P. T. 127（背面）中，提到了沐浴的最佳时间，体现出沐浴在人们日常生活中的重要性。同时，藏族先贤们又将这种生活习俗在医学方面的作用加以利用，成为一种治疗的手段，据《老宇妥传》记载，雍中苯医学派就掌握了罨、浴和涂药疗法的秘诀。

在日常生活实践的基础上，藏医药浴法中自然浴的方法逐渐形成和发展起来，通过在适当的时间浸浴在温泉水中，利用温泉水中含有的各种矿物质来达到洁身净体、治疗疾病，甚至延年益寿的作用。藏医经典著作《四部医典》中记载着"能治一切病的五种寒水石、五种岩精、五种药河和五种温泉"，还强调了日常洗澡和温泉沐浴等日常起居保健的重要性。尽管天然温泉的效果最好，但是因为受到温泉分布不均、数量有限等条件限制，所以在没有合适的温泉用于治疗的情况下，藏医开始使用药物来达到相类似的效果。《四部医典》中提出的以五种植物药材为基本方的"五味甘露"浴法，是使用药物进行药浴的人工疗法，包括浸泡水浴、熏蒸汽浴和缚扎敷浴三种疗法。

藏医药是一种关于"调养、养护"的知识体系，它更关注的是人而非病，强调人与自然界和宇宙的相互关系，希望实现的是人与自身、人与人、人与社会以及人与自然和万物生灵的和谐共存。藏医学理论中土、水、火、风、空的"五源"学说和隆、赤巴、培根的"三因"学说是藏医药浴法使用的基础。

土、水、火、风、空，藏医运用这五种物质之间相互滋生、演变和发展的关系来解释人体的形成、疾病的发生、药物的性能，以及人体、疾病与药物三者之间的关系。隆、赤巴和培根三大因素是构成人体生命活动的三种能量物质，也是引发疾病的三种因素。

藏医医生运用望、问、切等诊断方法来判断人体中隆、赤巴、培根的失衡情况，根据综合分析来选用适当的治疗方法。藏医的治疗方法主要有饮食、起居、药物、外治四种，强调治疗时先用饮食和起居调治的方法，如果无效，则使用药物和外治的方法。藏医药浴法，即是藏医传统外治方法中的重要方法之一，而其中自然浴的内容，又是起居疗法的组成部分之一，充分体现出藏医学在健康观和疾病观上的独特见解。

藏医药浴法一直在藏区各藏医院和民间诊所中普遍应用，在治疗风湿性疾病、神经系统疾病、皮肤病和妇科病等方面独具特色，显示出优良的效果。近年来，随着“健康中国”战略蓝图的提出，藏医药浴法已经走出藏区，进入更多民众的生活之中，开始广泛用于保健康复和亚健康状态调理，焕发出新的生机。

2018 年 11 月 28 日，在联合国教科文组织保护非物质文化遗产政府间委员会第 13 届常会上，中国申报的“藏医药浴法——中国藏族有关生命健康和疾病防治的知识与实践”被正式列入联合国教科文组织人类非物质文化遗产代表作名录。这将有利于进一步提升人们对藏医药浴法重要意义的认知，促进这一传统知识与实践得以更好地传承发展，从而使藏医药浴法成为藏医药的一张世界名片，让更多人了解中国传统医药的独特医学体系，领略中国优秀文化的别样魅力。

贵州苗医苗药文化传承和保护的路径浅析*

张鹏飞**

摘　要：为了积极推进大数据大健康发展的新背景下贵州苗医苗药文化传承和保护，本文从苗医药文化传承和保护的原则入手，旨在探索传承和保护的创新途径。本文认为，在新背景下，贵州苗医药文化传承和保护需要处理好文化传承过程中的原真性和发展性关系，需要紧紧抓住贵州省大数据大健康背景的历史机遇，大力推动苗医药产地的旅游开发，着力推进苗医药产业与大数据大健康有机结合，加快苗医药文化传承和保护的机制和路径创新。

关键词：苗医苗药；文化传承；文化保护；路径分析

根植于苗族特定地域和特定形式的苗医苗药，形成发展出其独特的文化内涵，逐渐成为中华民族医药的重要组成部分，是我国优秀的民族文化遗产。苗医苗药，在长期的积累使用过程中，不断提高，形成了独具民族特色的医药理论知识体系。近年来，在党和政府的大力支持与扶持下，苗医药产业得到了快速的发展，苗药作为我国六大民族药之一，也越来越受到人们的青睐。苗医药文化强调师法自然、遵循事物之间的相资相制相需的关系，追求人体阴阳平衡的基本理念，正是我国构建和

---

* 原文刊于《现代经济信息》2018 年第 6 期。

** 作者简介：张鹏飞，贵州中医药大学人文与管理学院助教。

谐社会的宝贵观念，也是苗医苗药文化传承和保护的哲学依据。随着苗族传统医药被纳入非物质文化遗产范畴，对苗族传统医药的研究掀起一股新热潮，尤其是对其文化的保护、传承与利用成为新的热点。新背景下，要将贵州苗医苗药文化的传承和保护统筹到区域文化建设的总体布局之下，以新的理念、新的方式、新的途径致力于苗医药文化的传承和保护。

一 苗医苗药文化的内涵及特性

（一）苗医苗药文化内涵

“文化”是“人文化成”的缩写。其实质上包括了两层含义，一是反映社会政治经济的物质文化，二是影响和作用于政治经济的精神文化，苗医苗药文化也是如此。本文认为，苗医苗药文化是指苗族人民长期与疾病和自然作斗争的经验总结，包括物质文化和精神文化，包含表象（如医疗工具、制作加工器皿等）、行为（如苗医诊疗方法、苗药栽培技术等）、制度（如苗族习俗、风俗等）以及思维（如苗医药的病理理论、诊断理论等）四个层面。

（二）苗医苗药文化特性

苗医苗药文化作为苗族文化的一部分，体现以下特征：（1）广泛性。苗医苗药文化既包括与苗医苗药相关的精神文化，如苗族医疗文化；也包括与之相关的物质文化，如医疗器皿、工具。（2）特殊性。苗医苗药文化是苗族人民处于特殊的地理环境、特殊的生活模式，在苗族人民迁徙过程中逐渐形成的苗医药文化理念、思维和价值观。（3）时代性。苗医苗药文化是以苗族逐渐形成的生活模式为基础，但却不仅限于此，在大健康大数据背景下，苗族医药文化带有连接苗族现实与未来之功能，因此，需要推陈出新，不断发展和创新。

二 苗医苗药文化传承和保护的基本原则

苗医苗药文化的传承和保护须坚持以下原则：（1）科学性原则。在推进贵州苗医苗药文化传承和保护的过程中，要坚持两点论和重点论，坚持苗医药文化传承人培养和苗族地域空间开放并举，重点发展苗族医药产业和文化产业。（2）可操作原则。推进贵州苗医苗药文化传承和保护的总体思路、指导思想、各项具体目标、路径要具备具体的实施规定，即具有可行性，要切合贵州苗医药地区的实际情况，即具有针对性。（3）保持原真性原则。在推进贵州苗医苗药文化传承和保护的过程中，提取出该文化最根本性的信息和因子加以保留和继承，对苗医药文化所蕴含底蕴和根源进行识别和保护，将其最真实的内容和最突出的特性完整的传承下来。（4）整体性原则。贵州苗医药文化是贵州苗族地区的特定产物，与该地区的整体环境休戚相关。因此对于贵州苗医苗药文化的传承和保护，也应该将其纳入到特定的环境中，坚持整体性原则，重视该文化与特殊的空间、生态、人文地理和社会生活之间的相互联系。（5）主体性原则。无论是文化的传承者，还是文化产品的消费者，其自身的理性都驱使着他们将选择正确的手段实现自己意欲达到的目标，因此，在利用苗医药产业带动苗医药文化传承和保护的过程中，更需要注重苗医药产业产品及其文化产品的市场导向性。（6）可持续发展原则。在推动贵州苗医苗药文化传承和保护的过程中，不能追求短期效应，要注重构建长期的、稳态的、可持续的文化传承和保护机制，做到苗医药文化传承保护与苗族地区人口、资源、环境相协调，与苗医药产业发展、苗族地区旅游开发相结合，与苗族地区社会、生态效益相统一。

三　苗医苗药文化传承和保护的具体路径

每一种文化系统，都是人类文明发展自身差异性的现实体现，是人类社会生活多元化发展的客观展现，是人类自身发展的整体象征。贵州苗医苗药文化是我国文化结构中的一个重要组成部分，对社会生活有着不可或缺的推动作用，因此，其传承和保护尤为重要。

（一）路径之一：产业+文化

推进苗医苗药文化产业化发展，尤其要注重立足现实，以苗族地区现有苗医药资源作为现实基础，以苗医药文化企业发展为重要载体，以苗医苗药文化传承人队伍建设为主要着力点，以完善的市场秩序和创新的管理理念为可靠的制度保障，全面、科学地进行苗族地区苗医药文化产业发展的资源整合，强化贵州苗医苗药文化传承和保护力度。首先，完善苗医苗药文化产业化市场秩序、政策和管理制度，提升苗族医药文化产业化管理水平。健全的文化市场秩序，有利于实现苗族地区医药文化资源的最优配置。因地制宜地制定苗医药文化产业政策，形成全省持续支持机制。引进先进的苗医苗药文化企业管理制度，实现文化企业的高效管理。其次，加强贵州苗医苗药文化产业化的技术支持，提升苗族医药文化产业的技术含量。互联网、知识经济和信息井喷式发展时代，技术革新层出不穷，强化苗医药文化产业技术支持和增加苗医药文化产品的技术含量，是保障苗族医药文化产业化发展，推动苗医苗药文化传承和保护的必然要求。再次，实施贵州苗医苗药文化产业化差异性战略，提升苗医药文化产品的市场竞争力。差异化是指企业为吸引不同客户，对产品进行细化开发，进行产品的差异化生产，从而提升企业在市场上的竞争力。贵州苗医苗药文化有着独特的资源基础和成长空间，因此，实施差异性战略是苗族医药文化产业化发展的最佳方式。最后，加大贵州苗医苗药文化产业化专业人才培养力度，推进贵州苗医苗药文化保护和传承人队伍建设。人才的缺乏和传承人队伍建设的滞后，是制约贵州苗医苗药文化产业化发展的重要因素，也是阻碍贵州苗医苗药文化传承和保护的主要瓶颈，因此，重视苗族医药文化创新型人才和队伍的建设，是该文化传承和保护的重要任务之一。

（二）路径之二：旅游 + 文化

随着经济的快速发展，人们对于市场产品和服务的追求越来越多元化，而旅游业也随着人们消费需求的不断变化逐渐出现特色化和民族化发展。苗族地区以其特有的生态环境、人文气息、文化底蕴，受到越来越多的旅游者关注和青睐，丰富多彩、形式各异的苗族文化旅游产品和服务应运而生，苗族地区文化旅游也逐渐成为社会生活中最有发展前景的旅游方式之一。

贵州苗族文化旅游业，作为近年来贵州旅游业发展的重要组成部分，不仅能提高贵州苗族地区的经济和社会效益，更重要的是能推进苗族文化的传承与保护、文化产品的开发和多元化发展。可以说，贵州苗族地区旅游业的快速发展，为贵州苗医苗药文化的传承和保护提供了强有力的群众基础。事实上，随着现代社会经济的快速发展，特别是科学技术的更新换代，高科技现代医疗技术的广泛运用，使得追求直接实效的西方医疗文化受到很多人的追捧，阻碍了苗医苗药、甚至是中医中药产业的发展，造成了苗医苗药文化逐渐变异、衰败的局面。但近年来，苗族地区文化旅游业的逐渐兴起，重新唤起了人们对苗族地区医药产业产品、医药文化产品的关注，也激发了本土居民的民族文化自豪感，激起了他们恢复、传承和保护医药文化的积极性。因此，积极发展贵州苗族地区的文化旅游业，将成为传承和保护这些地区苗医苗药文化的重要手段和途径。其一，着力推动苗医苗药文化旅游形式的多元化，强调体验式旅游发展。文化旅游是作为景观旅游的附属品开始发展的，其形式在发展初期相对单一，然而随着人们对旅游产品需求的多元化发展，文化旅游模式也呈现出多样化发展趋势。就贵州苗医苗药文化而言，要开发多元的旅游模式，且注重旅游者的切身体会，也即注重开发苗医苗药文化的体验式旅游模式，增加人们对该文化内涵和价值的深刻体会，从而为贵州苗医苗药文化的传承和保护夯实群众基础。其二，有机整合苗医苗药文化资源和内涵，合理进行文化产品的主题化开发。文化是文化旅游业发展的核心要素，而文化内涵则是文化的核心价值，同时文化内涵也决定了文化旅游产品的内在价值，因此，在利用以贵州苗医苗药文化旅游业为载体，推进该文化传承和保护的过程中，首要任务应整合各种苗医苗药文化资源和元素，提升苗医药文化旅游的竞争优势，从而为贵州苗医苗药文化传承和保护夯实资源基础。

（三）路径之三：大数据 + 文化

大数据又叫巨量数据资料，是指以多元形式，从多元渠道搜集而形成的庞大数据信息，而这些数据信息需要利用复杂的计算方式进行运算，才能真正形成具有协助人们决策、控制、组织等生产和管理工作的数据信息资产。而大数据的形成，是知识经济和信息化技术发展的必然产物。文化的数据化和信息化是我国信息化发展的重要组成部分，是人类生活质量提升和人类文化需求的现实体现。基于大数据信息经济时代的大背景，无论是文化产业化过程和文化旅游业发展，还是文化产品的创新开发和文化企业的生产管理，都离不开数据信息和科学技术的大力支持，对于贵州苗医苗药文化发展及其传承保护而言，也是如此。

大数据对贵州苗医苗药文化的产业化进程和文化企业的生产和管理，有着巨大影响，同时，也为贵州苗医苗药文化的传承和保护提供了坚实的技术支撑。首先，数据化和信息化推动贵州苗医苗药文化产业的能级提升和产品升级。事实证明，在第三产业中，文化产业与以大数据信息技术为标志的高新技术结合最为紧密，在一定程度上，现代文化的形成及其传承和保护都将被高新技术控制和决定。就贵州苗医苗药文化而言，一方面，数据化、信息化、多媒体等技术，促进了苗医药文化内容的多样性和形式的多样化发展，为贵州苗医苗药文化开拓了全新领域。另一方面，文化产品所特有的虚拟性，适合于互联网的数据化生产、流通和消费，苗医苗药文化的数字化信息，也同样如此。其次，数据化和网络化推动贵州苗医苗药文化管理的科学性和系统性。在通过数据信息提升苗医药文化产业能级和产品升级的同时，数据化的广泛应用，可以对苗族医药文化产业进行动态管理，形成统一的苗医苗药文化资源整合管理机制，实现资源的最优配置。最后，数据化和信息化改进了与苗族地区的沟通方式，缩小了与苗族地区的信息鸿沟，为苗族医药文化的发展注入了新的内涵，同时也丰富了贵州苗医苗药文化传承和保护的手段和方式。一方面，数据化和信息化改变了的媒介环境，催生了丰富的沟通工具，如电视、网络、手机等，从而改变了人们的沟通和交流方式。同时，这种使用方便、打破空间约束的沟通工具也大大扩展了苗族地区居民的信息获取范围，从而使苗医苗药文化的内涵扩充成为可能。另一方面，数据化和信息化使得苗族地区可以直接通过互联网，进行苗医药文化产品的贸易，进行苗族医药文化的传播。数据化和信息化的快速发展，不仅为苗医苗药文化的传承和保护提供了广阔的空间，更重要的是使得苗医苗药文化的传承和保护内容更加丰富和直观。

传统体育、游艺与杂技

论中国古代宇宙观与传统武术之哲学基础*

刘　锋　史　兵　郭振东　古丽给娜·赛买提
帕尔哈提·买买提**

摘　要：宇宙观是影响一个思想体系及社会制度的重要因素，传统武术体系的形成与发展也离不开对古代宇宙观的认识。为丰富武术哲学体系，揭示中国古代宇宙观与传统武术形成之间的哲学基础，主要采用文献资料法，在古文献史料的基础上阐述古人从对宇宙的认识，从中提取传统武术哲学之精华，认为传统武术哲学的形成前提是对宇宙的认识，并超越了神论限制走向发展的正途；中国古代气论、道论、太极发生论、宇宙生命整体论影响着传统武术哲学的本质观、修炼境界观、平衡观和武术哲学的基本理念。文章不仅说明了武学产生的思想基础，丰富了武学的认识论体系，而且揭示了传统武术哲学的发展过程与规律，对我们认识武学体系的内在精髓提供了启示和借鉴。

关键词：传统武术哲学；中国古代；宇宙观；宇宙认识；阴阳学说；五行学说

中国几千年来以农业为主体，“农耕文化”背景下生长起来的民族传统武技活动，纵然千姿百态，丰富多彩，但其自身的哲学观念却无法摆

---

* 原文刊于《北京体育大学学报》2017 年第 8 期。

** 第一作者：刘锋，新疆大学体育教学研究部副教授。

脱其赖以生存的环境，观天时、察地理成为人们生产生存的必须，他们从万物生长、人类繁衍等日常现象中得到的感悟，去体会这些朴素的辩证统一思想。在这一哲学观的暗示下，人们领悟到：人与天地自然合一，只有与天地保持协同，顺其自然，才能保全性命，维系健康，延年益寿。① 中国传统武术在这片土壤中生根发芽，成长为一支独具中国魅力的奇葩，在此基础上形成的中国传统武术哲学无不流淌着古代宇宙认识论的血液。古时模仿动物活动的养生体育——五禽戏、八段锦、鹤翔桩、大雁功等，在宋明理学发展的高峰时期——明清之际出现的太极拳，则是“天人合一”哲学思想的人格化演绎。“拳法中的‘棚捋挤按采捩肘靠’即‘乾坤坎离巽震兑艮’八卦的外化；步伐上的‘进退顾盼定’即‘金木水火土’五行的外化。”② 时至今日，武术学者们从各个角度去分析武术哲学，但很少有人能从根本上去论述传统武术哲学的形成。武术哲学属于武学的认识论体系，如果形而上地解释武术哲学，必然导致整个武学体系的空泛。为此，本研究以古代神话传说和文献为依据，在史料的基础上论述中国古代宇宙观与传统武术哲学形成的关系，一方面可以说明武学产生的思想基础，丰富武学体系；另一方面为揭示传统武术哲学的发展过程与规律、认识武学体系提供启示。

一 研究方法

本文为研究中国古代宇宙观与传统武术形成之间的哲学基础，通过文献资料法对研究议题进行展开与分析，通过陕西师范大学图书馆、新疆大学图书馆、西安交通大学图书馆等搜集相关书籍及电子图书 30 余本。如《中国武术思想概论》《杨氏太极拳法精解》《形意母拳》《淮南子》及老子、庄子的相关著作。这些古文献和神话史料直接反映出古代传统武术和宇宙观的关系，对研究的顺利开展至关重要。通过中国知网、EBSCO、JOSTOR 等中外文学术论文数据库查询，键入“古代宇宙观”

---

① 唐韶军、戴国斌：《生存·生活·生命：论武术教化三境界》，《北京体育大学学报》2016 年第 5 期。

② 陈龙让：《杨氏太极拳法精解》，四川科学技术出版社 1993 年版，第 18 页。

“传统武术哲学”“气论”“道论”“太极发生论”“宇宙生命整体观”等关键词或主题词进行交叉遴选得到与本研究相关的1985—2016年文献90余篇，获取了较为丰富的资料和论据。

二 传统武术哲学基于人对宇宙的认识

根据达尔文的生物进化理论“物竞天择，适者生存”，自人类出现之日起，为了生存，就充满着斗争。在上古时期，曾有“上古人世，人民少而禽兽众”之说，体现出了人与兽斗、人与人斗、兽与兽斗，原始社会的部落群体之间更是充满了不尽的掠夺与战争。这样的情况下，人若想生存必须具备斗争的技术，因此最简单原始的技击技术应运而生。这种技术只是人生存的手段和技能，除了具备身体条件外，还应该会适应周围的环境，特别是在中国这样一个以农耕文化为主要特点的地域，人们必须了解“天”“地”“气”等自然现象，把宇宙中的变化规律与自己的生存条件相联系起来，才可能生存下来。当人类还处于原始社会时期时，就注意到天象与周围环境的变化关系，日升日落，月缺月圆，寒来暑往，斗转星移，形成了人们最初的日、月、季节、年的时间概念。于是，在古代人们就对各种宇宙现象进行了猜想，如中国古代就逐渐形成“天圆如张盖，地方如棋局”① 的朴素的宇宙直观见解。圆，是中国道家通变、趋时的学问；方，是中国儒家人格修养的理想境界：“智欲其圆道，行欲其方正”②。圆方互容，儒道互补，构成了中国传统文化的主体精神。建立在宇宙认识基础上的传统哲学影响着人们生活的各个方面，其中也包括传统技击技术，如圆和方，是最基本的几何图形，圆形有柔和圆满之美，方形有工整方正之美，圆和方在古代的武术中正体现了刚与柔的完美结合。可见，传统武术哲学的源头是基于对宇宙的认识，当武术与宇宙相结合，就赋予了武术以哲学之魂，当中国传统哲学融入武术，就使哲学有了表达载体。

---

① 《晋书·天文志》，上海人民出版社2002年版，第4页。

② 《道德经》，上海文化出版社2006年版。

三 摆脱“神”论的传统武术哲学之正途

（一）“神”论与传统武术结合的端倪

中国古代对宇宙的认识以人为本，认为宇宙是由天、地、人构成的，于是提出了宇宙起源的天创说。由于在原始社会，人们对宇宙的认识仅停留在猜想方面，当一些现象无法被解释的时候，古代人就把这一切归为神的安排，出现了“神”论，如女娲补天就是人们对宇宙形成的一种传说：往古之时，四极废，九州裂，天不兼覆，地不周载……于是女娲炼五色石以补苍天……苍天补，四极正；淫水涸，冀州平；狡虫死，颛民生。①

从上段的描述可以发现，由于当时宇宙一片混乱，“天不兼覆，地不周载”，于是才出现“女娲炼五色石以补苍天”的传说，这是明显的神造世界的观点，是由于人们当时认识水平的局限而产生的。

最初的武技也被纳入到了这样的臆想神话故事中，如古代的神话故事“后羿射日”有这样的描述：尧乃使羿诛凿齿于畴华之野，杀九婴于凶水之上，缴大风于青邱之泽，上射十日而下杀猰貐，断修蛇于洞庭，擒封豨于桑林。②

更多的“英雄”往往是一种骁勇善战、神勇无畏、能在灾难中挺身而出以救族人于水火的强者，这种“男性”英雄行为就是远古时期所能代表当时一种为生存而劳作的自然界中理想人物之圣神。③ 后羿射日虽然是作为一个神话来流传，但从后羿所使用的武器来看，是用的“弓”，它是古代作战用的兵器。从原始图腾的武舞中，人群以战斗的舞蹈来“娱神”，把神和武术联系到了一起，另外在原始的宗教活动中，还出现了与巫术相结合的较武内容。④《世本》中记载：巴郡南郡蛮，……未有君长，

① 《淮南子·览冥训》，岳麓书社 1989 年版。

② 《淮南子·本经训》，《淮南子·原道训》，岳麓书社 1989 年版。

③ 孙刚：《从英雄神话视域探索中国武术精神的审美文化源头》，《北京体育大学学报》2017 年第 5 期。

④ 国家体委武术研究院编：《中国武术史》，人民体育出版社 1996 年版，第 6 页。

俱事鬼神，乃共掷剑于石穴，约能中者，奉以为君。[①]

当时部落以掷剑的方式祭奠神灵，胜出者可以做部落的首领，说明当时的武术竞赛和神也是有着很大联系的，在原始的文化形态中，武术得以萌芽发展，并在一定程度上被神化了。另一个有关蚩尤作战的神话传说也说明了上古时期的武技情况：头有角，与轩辕斗，以角抵人，人不能向。[②]

蚩尤头上长着角，耳鬓旁长着剑戟。他们在与轩辕打仗时，就以头上之角抵人，敌方对此很难防御。这种所谓的“以角抵人”，其实便是一种类似现在摔跤、拳斗一类的角力活动。它们主要是一种力量型的较量，通过非常简单的人体相搏来分出胜负输赢。《封禅书》记齐祀八神，“三曰兵主，祀蚩尤”[③]。蚩尤遂终以战神形象，载入史册，这些英雄人物都是武艺高强者，且被神化，这些都证明了一开始武技是与“神”论有联系的。

（二）传统武术哲学发展的正途

中国传统武术哲学并没有陷入到“神”论的唯心主义当中，远古出现的英雄崇拜是祈求保护本族或部落不受他族部落侵害的最早的宗教活动形式。注重实际的“武功勇力”价值观的形成，超越了一般鬼神意识的限制，大胆地去探索人的认识与实践的结合，把宇宙的变化现象和人自身联系起来。人们总想通过具体形象思维去把握自然、社会和人生的一般规律，而规律是不能被直接感知的，它还要靠理性的思索来发现。随着社会的进步，人们逐步学会将获得的实践知识加以整理概括，从而得出规律性的认识，同时使自己的抽象思维能力得到锻炼和加强。但是，这并不意味着感觉运动思维和具体形象思维的衰退，相反两者都在认识社会的不断深入中得到高度发展，如熟练的技能就是感觉运动思维高级形态的表现。武术这一最早的人们必要的生存技能，就是这种思维形态的具体表现形式。当人们还停留在旷野中徘徊时，武技不失为最早的人

---

① 《后汉书·南蛮西南夷传》，上海文化出版社 2006 年版，第 4 页。

② 《述异记》，贵州民族出版社 2001 年版，第 12 页。

③ 《史记》，中华书局 1959 年版，第 1367 页。

生拐杖。人们依赖它去战胜凶猛的野兽，战胜其他氏族部落的侵扰，抗拒自然给人类带来的伤害，更重要的是它还培养和锻炼了人类的道德精神和意志。我国传统的哲学思想非常强调人与自然界的相互联系，从而在确立许多哲学思想的同时，使其与传统的养练思想、方法结合起来，认识人本身及人与外界客观环境的相互关系。于是出现了“五行”“阴阳”“太极”“八卦”“天人合一”等理论，这些理论都是基于人们对宇宙的认识，并将其运用到生产实践中而总结出来的，这些认识为以后传统武术哲学的形成与发展提供了良好的理论基础。

四 中国古代宇宙观与传统武术哲学

武术哲学体系中的主干成分应该是基于对宇宙自然认识中自然而然产生出来的哲学思想，这是武术哲学最本质的东西。古代的认识论与武术相结合，不仅丰富了武术哲学，促使其分出不同的支流，而且赋予武术哲学以思想和文化内涵，所以说古典哲学与武术哲学存在着千丝万缕的联系。

（一）“气”论与传统武术哲学本质观

人类作为宇宙万物之一，是由宇宙之中的运动不息的极细微物质，即气的凝聚而生成。由于宇宙中无形之气的运动分化为天地阴阳之气，故又说人类由天地阴阳二气交感合和而生成。“气”是我国出现较早的、标志宇宙本源的基本哲学概念之一，是中国古代哲学宇宙生命本体论的主要概念①。当崇天帝、尚鬼神的思想意识在人们头脑中开始动摇时，是“气”观点首先被用于解释自然与社会现象。它具有朴素和直观的唯物主义无神论思想，这在“天命”主宰人类的神学时代是一个巨大的进步。因此“气”不仅是哲学意义上的概念，同时也被用来解释天地万物的本质和规律，包括人类本体的生养规律、变化特征。中国传统的医学、养生术以及武术都将气用思想作为主要的健体思想原则来指导具体的体用实践，研究解释本身的特有规律。古代哲学家把阴阳之气看作是宇宙的

① 李存山：《气论对于中国哲学的重要意义》，《哲学研究》2012 年第 3 期。

本始物质，曾有“万物负阴而抱阳，冲气以为和”① 之说，庄子认为气是人存在的基础，人体内若是没有气，人也就没有了生命，因此说“人之生，气之聚也。聚则为生，散则为死”②，并以此来解释人的生死这一自然现象。《淮南子·原道训》中记载着人的肉体、精神和气的相互关系，从整体上揭示了人与宇宙的关系：

> 夫形者，生之舍也；气者，生之充也；神者，生之制也。一失其位，则二者伤矣。是故圣人使人各处其位守其职，而不得相干也。故夫形者，非其所安也，而处之则废；气不当其所充而用之则泄；神非其所宜而行之昧。此三者，不可不慎守也。③

这里的意思是说人的肉体、精神和气三者应各就其位、各司其职、各用其能，人才可完整无缺。气被看作是生命的物质能量，说明了气作为一种物质形态和能量，是人体生命活动的基础。

武术的“气”用理论较多地吸收了医学、养生术的气用养体理论，完善了本身养练意识的思想内容。④ 气论使武术具有了思想基础，使武术也具有了“生命”，中国古代的导引讲究吐纳行气，气功讲究运气，就连最基本的武术冲拳动作也是以气助发力，以发挥其技击功能。从后来的很多中国传统武术哲学文献中可以找出“气”论的要素，如陈鑫在《太极拳经论》中说：

> 自古混沌之后，一画初开，一阴阳而已。天地此阴阳，万物亦此阴阳。为圣人能葆此阴阳，以理御气，一气行理，施之于人伦日用之间，以至仰不愧天，俯不怍地，而为天地之至人。要乎亦是以理为主，以气行之，其用功与圣贤同……平素要先养气，临场更要顺气而行。勿使有惰气参，勿使有逆气横。至于用力日久，而一旦

---

① 《老子》，四川科学技术出版社 2008 年版。

② 《庄子》，岳麓书社 1989 年版。

③ 《淮南子·览冥训·本经训·原道训》，岳麓书社 1989 年版。

④ 张志勇：《中国武术思想概论》，河南大学出版社 1998 年版，第 145 页。

机趣横生，妙理悉现，万殊一本，豁然贯通焉![1]

意思是说，自从形成宇宙之后，天地间就存在阴阳二气，并把这种观点与武术拳理相结合，提出要“养气”“顺气”，以后才能达到“豁然贯通”，所以，对拳技的理解要建立在与自然相联系的基础上，做到参天地，合自然，以意使气，以气御拳。可见，“气”论是武术哲学本质的根基。

（二）道论与武术哲学的境界观

中国古代宇宙生成论是由以老子为代表的道家开创的。宇宙生成论分为宇宙发生论和宇宙构成论两部分[2]。道论的基本思想是认为“道”即宇宙的本体与本源，老子说“道生一、一生二、二生三、三生万物”[3]，他把宇宙万物的组成归结为一种最基本的“道”，万物莫不有道，事物产生、运动和变化都是“道”作用的结果。在这一过程中，道循环往复，“周行而不殆”，[4] 它的运动周期是“大曰逝，逝曰远，远曰反”[5]，它逐渐地离开，离开得越来越远，远到一定程度又返回来，万物又复归于道。道的过程性是由只能用混沌理论说明的各种关系构成的，因此，道也是关系。另外，老子还主张人的活动应该与自然相和谐，顺应自然而生：

人法地、地法天、天法道、道法自然。[6]

这是讲人要效法大地，大地则依法于天，这里的“天”，是指有形的太阳系统的自然物理的天，也就是天文学上的天体之天，它不是抽象的概念。地依法于天，天则要效法道，以道为其运行的依归。人应顺应自

① 陈鑫:《太极拳经论》，人民体育出版社 1990 年版，第 7 页。

② 杨杰:《儒、道论“和”之两系三义及其当代意义》，《首都师范大学学报》（社会科学版）2016 年第 2 期。

③ 《老子》，四川科学技术出版社 2008 年版。

④ 《老子》，四川科学技术出版社 2008 年版。

⑤ 《道德经》，上海文化出版社 2006 年版。

⑥ 《道德经》，上海文化出版社 2006 年版。

然，遵从自然。这样一种寻找宇宙本质和生命根基的超生存活动，给武术哲学提供了超现实依据和终极目的。在“道”的影响下，武术不再仅仅是搏斗的生存技能，也不再是一种单纯的健身、自卫和观赏性的内容，而成为一种“修道”的方式，这种方式是一种追溯宇宙世界本源和终极真理的途径。庄子云：

> 通于天地者，德也；行于万物者，道也；上治人者，事也；能有所艺者，技也。①

说明了人要顺乎天地的自然规律，也就是人类的道德原则，来造就自然和生活中的一切合乎道德属性的事和艺以及技，由此可以看出，道家强调“艺”和“技”是从属道德的形式。这和儒学中的道论思想是一致的。儒家的“道”可以称作为“仁道”，主张“修身齐家治国平天下”，《礼记》中记载：

> 古之欲明明德于天下者，先治其国。欲治其国者，先齐其家。欲齐其家者，先修其身。欲修其身者，先正其心。欲正其心者，先诚其意。欲诚其意者，先致其知。……自天子以至于庶人壹是皆以修身为本。②

可见，儒家非常注重或强调个人的品德修养，认为齐家、治国、平天下，均要从修身开始，以修身为基础。孔子还说：“取人以身，修身以道，修道以仁。”说明儒家之道是整个封建社会人际间最基本的道德、伦理准则。传统武术就自然成为实现这一目的的手段，儒道的思想融入武术哲学中，就给传统武术哲学注入了礼制的血液，武术运动是以身体为载体的表达形式，只有恪守自然法则，顺应自然变化，遵循自然规律，才能达到与自然的和谐统一，体现在武术哲学理念中即为“修道”，它是一种修行，武术的最高追求也是“道”，即道德心法层面的高级修炼

---

① 《庄子》，岳麓书社 1989 年版。

② 《礼记·大学》，中国大百科全书出版社 1991 年版，第 28 页。

境界。

（三）太极发生论与武术哲学的基础

最早记载“太极”的文献是《周易·系辞上》，说“易有太极，是生两仪”。这里的两极就是阴阳，是万物产生的本源，《周易·系辞上》里也提出了“一阴一阳谓之道”，孔颖达注：“太极，谓天地未分之前，元气混而为一，即太初、太乙也。”两仪，即天地，天地即阴阳。所以说太极是“阴阳之母”；朱熹也认为：“总天地万物之理，便是太极。”可见，古人认为，宇宙的一切事物都是流动的、变化的、不固定的，而任何事物都是和与其相反的事物共生，即由两种相互对立而又相互统一的方面组成，并将其概括抽象为阴、阳。阴阳学说所包含的内容极其广泛。

宋代理学家周敦颐所作《太极图说》是这样论述阴阳关系的：

> 无极而太极。太极动而生阳，动极而静，静而生阴，静极复动。一动一静，互为其根。分阴分阳，两仪立焉。阳变阴合，而生水火木金土。五气顺布，四时行焉。五行一阴阳也，阴阳一太极也，太极本无极也。五行之生也，各一其性。无极之真，二五之精妙合而疑。乾道成男，坤道成女。二气交感，化生万物。万物生生，而变化无穷焉。①

这是一个言简意赅的宇宙发生发展论纲，是中国思想史上第一次系统、完整地论述宇宙发生、发展的著作，它对尔后儒家学说的更新与发展产生了极其重大的推动作用。《太极图说》将宇宙演化过程归纳为四个阶段：第一阶段：“无极而生太极”；第二阶段：从“太极”到阴阳；第三阶段：从阴阳到五行；第四阶段：从五行的运动到万物化生。综上所述，周敦颐的宇宙发生论，可以概括为这样一个公式：无极—太极—阴阳—五行—天地万物。② 在周敦颐看来，阳动与阴静是既相互对立又相互依存，而且还相互转化的。也就是说，就具体事物而言，运动与静止是

---

① 《太极图说》，上海人民出版社 2002 年版，第 2 页。

② 蔡厚淳：《名人名篇系列讲座第四讲周敦颐与〈太极图说〉（下）》，2009 年，第 8 页。

相互排斥的，是不能并存的，运动时没有静止，静止时没有运动。但是对于宇宙大化来说，则是静止中有运动，运动中有静止。这便是万物生生而变化无穷的基本规律。早在几百年前的宋代就有如此精妙的论述，实在体现了中国古人的智慧。

随着古人对“太极”认识的发展，太极思维中的阴阳辩证观念被人们认为是认识问题和解决问题的根本法则，影响了中国人的思维方式，所以，太极宇宙思想也影响了传统武术哲学的发展，其中太极拳就是“太极”文化在武术哲理上的具体体现。王宗岳的《太极拳论》把这一思想在太极拳中的运用阐述得惟妙惟肖：

> 太极者，无极而生，阴阳之母也。动之则分，静之则合。无过不及，随曲就伸。人刚我柔谓之走，我顺人背谓之粘。动急则急应，动缓则缓随。虽变化万端，而理唯一贯。①

这段论述前两句话是讲太极拳的理论基础，古人认为太极是一个混圆体，包含阴阳两气。中国古代宇宙演化论把太极形容为阴阳两气混沌未分状态，动时这个混圆体就起变化，分阴分阳，所以说太极生两仪，静时仍然是一个混圆体，阴阳变化虽然相对静止，但阴阳的道理完全具备，这是太极拳的认识论前提。在认识论的指导下，需要练习者用身体去感悟，才能使功夫上身，于是后面的文字从方法论上说明了太极拳技术的特点，亦即太极拳中的动静、刚柔、虚实、开合等身体姿势状态，这与宇宙的阴阳消长、转化规律是一致的。

（四）五行与武术哲学平衡观

阴阳五行学说的典型代表“道教”，其核心思想为“道”。“道分阴阳，合于五行”，这一思想基础来源于道家②。五行是指金、木、水、火、土五种物质的运动，中国古代人民在长期的生活实践中认识到这五种物

---

① 王宗岳：《太极拳论》，上海文化出版社 2002 年版，第 6 页。

② 朱丽丽、徐凤：《中国阴阳五行学说与日本阴阳寮之浅谈》，《牡丹江大学学报》2015 年第 1 期。

质是世间万物不可缺少的物质，五行起初是中华先人对于宇宙万物最基本的分类，《尚书·洪范》中记载：

五行：一曰水，二曰火，三曰木，四曰金、五曰土。①

认为宇宙是由金、木、水、火、土五种物质运动变化生成的，它们之间相生相克，不断地维持动态的平衡。在我国古代哲学思想中，是用五行及五行相生相克的原理来说明世界万物的起源和多样性的统一。五行思想在古代运用十分广泛，统治者把它作为治理国家的法则；兵家则用五行阐述胜负因素的相互关系；医家把五行与人体内外、自然环境结合以观察病理的变化；武术家则以五行结合拳势、结合人体，用以解说拳理，并作为练习法则。② 较早把五行学说引入到武术理论的，是明代著名的文武学者唐顺之。唐顺之编过一部书《五编》，曾这样来论述枪法：

凡枪，以动静分为攻守，攻内有化为邪，以金木水火土为正五行，五行有变。③

从这段话我们可以看出，以金木水火土为正五行，而五行有变。也就是说，他以金木水火土来表述一种枪法的分类，而这种枪法是有变化的，因此他说，五行有变。另外太极拳中的“进、退、顾、盼、定”也是指其动作技法中的五行，而这种五行相克，是两两相当的斗力过程中的刚柔之辨，比如以柔克刚，就是以水克火，以刚克柔，就是以火克水，以金克木，此为五行生克之道。

在以五行学说为基础的武术哲学中，五行拳更为充分地表现了五行与武术哲学的融合。五行拳属于形意拳中的基本拳种，拳主要技法包括：劈、崩、钻、炮、横，是以五行为拳理，因此称为“五行拳”，由于五行相生相克，五行拳的技法和演练也表现出这样的关系，据《形意母拳》

① 《尚书·洪范》，岳麓书社1989年版，第4页。
② 华博：《中国世界武术文化》，时事出版社2007年版，第34页。
③ 唐顺之：《五编》，上海文化出版社1998年版，第6页。

阐述：

> 五拳者，劈、崩、钻、炮、横也，其源生于五行，即金木水火土也。……劈拳能生钻拳，钻拳能生崩拳，崩拳能生炮拳，炮拳能生横拳，横拳能生劈拳。①

所谓"生"是变化的意思，各个拳法之间可以相互变化，按照这一顺序串连起来的五行拳演练套路就是以五种招法相互转化为主要技击特点的拳术。在实际的运用中，任何一拳都可以衍生其他各拳，形式灵活。可见，五行的宇宙平衡观与武术哲学的平衡观是一致的。

（五）宇宙生命整体观与传统武术哲学的理念

生命整体观源于整体宇宙观思想，人类都是来源于自然且其生存又依赖于自然，人始终是自然界的一部分，与自然界构成了一个完整的有机整体。也就是说，中国人是在人对自然的依赖——从产生到生存——的意义上，承认人与自然的统一性，形成天人合一的观念的。《黄帝内经》以笼统的气论、精气学说来阐释人体生命整体的形成：

> 夫人生于地，悬命于天；天地合气，命之曰人。人能应四时者，天地为之父母；知万物者，谓之天子。天有阴阳，人有十二节。天有寒暑，人有虚实。能经天地阴阳之化者，不失四时。知十二节之理者，圣智不能欺也，能存八动之变，五胜更立，能达虚实之数者独出独入，呿吟至微，秋毫在目。②

人体与自然界息息相关，四时之中，春、夏、秋、冬的气候变迁，是自然变化的一个明显规律，人当应之顺之，因而便有四时不同的养生之法，人和宇宙是一个统一的整体，古时的人们没有像西方人那样用自然科学解释人体，而是根据人体在适应宇宙过程中感悟生命，把生命的

---

① 姜容樵：《形意母拳》，北京市中国书店1984年版，第19页。

② 《黄帝内经·素问·宝命全形论篇》，上海文化出版社2006年版，第2页。

整体观和宇宙整体相结合。

这种基于宇宙认识的生命整体观体现在武术哲学中，要求习武者追求人与自然的统一。清代杨氏传抄太极拳谱记载："乾坤为一大天地，人为一小天地也。"① 所谓"天"，指宇宙，是一个整体，而人也是一个整体，表现在习武过程中就是追求人体与大自然的和谐相通，使人顺乎自然，武术运动也要符合自然的变化规律，以此达到整体的平衡。这也是为什么古代习武者在练习时使人体和四时、气候、地理等自然环境相协调。中国少林拳的功法讲究练功严格与日时结合，在七十二艺中的四段功时有这样的要求：亦须按部就班，不可间断，不可遗漏，每日以子午二时各行为最佳。盖子过阳生，午过阴生，分阴阳二气而融会之，则混然成太极之象，神思宁静，机械不作一切杂念，末由而兴混元一气，功自易成。②

这里的"子午时"是练功的最佳时间，这好似武术家们世代实践而得出的经验，它代表了武术思想重视朴素而可行的技术实践。可以看出，少林武术在功法练习中极为注意人与自然的关系，显示出武术哲学观点中宇宙生命整体观的一些基本特征。

五　结束语

中国古代的农耕社会对宇宙的认识首先是通过身体性认识感知客观，在此基础上发展为思想性认识，进而再次抽象，上升为逻辑思维，形成传统哲学。传统哲学思想非常强调人与自然界的相互联系，从而在确立许多哲学思想的同时，将其同传统的养练思想、方法结合起来，认识人本身及人与外界客观环境的相互关系。于是出现了"阴阳和谐""五行学说""太极""八卦""天人合一"等理论，这些理论为传统武术哲学的形成与发展提供了良好的理论基础。通过研究得出以下观点：中国古代宇宙观与传统武术哲学的关系密切，古代宇宙观为传统武术哲学的形成奠定了思想源泉，传统武术哲学的发展丰富了"五行说""太极发生论"

---

① 王宗岳：《太极拳论》，上海文化出版社 2002 年版，第 6 页。

② 龙泽：《少林七十二艺练法》，解放军出版社 2003 年版。

"气论""宇宙生命整体观"等学说。"气"论和"太极发生论"是传统武术哲学本质的根基；传统武术哲学的最高追求也是"道"，即道德心法层面的高级修炼境界；五行的宇宙平衡观与武术哲学的平衡观是一致的；传统武术哲学以宇宙生命整体观为基本理念。正是由于传统哲学与武术相结合，单纯的技击格斗具有了思想内涵和生命力，也就是我们所说的传统武术哲学。中国传统武术哲学影响着武术运动的各个方面，并形成了整体的宏观方法论体系，武学从此具有了科学的指导体系，得以延续几千年而不衰。

传统武术的生态意蕴*

王　华**

摘　要：文章在构建“生态体育”“和谐体育”的大背景下，通过深入探究传统武术所蕴藏的生态内涵和生态思想，提出传统武术本质上是塑造人与自然、人与社会、人与人、性灵与肉体高度和谐统一的人，并为消解当今竞技体育凸显的尖锐矛盾提供新的思路和方法论。

关键词：传统武术；和谐；统一

现代体育种种危机的凸显，正如西方哲学所面临的困境一样，根源于西方哲学源头上的二元对立思想，这种思想把人与自然、肉体与精神看作二元对立的存在，人类要不断地向自然开战、战胜自然、超越自然，体现在西方体育中就是对“自然我”的不断超越，以不断接近“神”的力量，是一种建立在“自然我否定”基础上的思维方式。然而正是这种思维方式为当代体育不断显现的生态危机埋下了深重的伏笔。与之相比，东方哲学以其独特的思想魅力——“天人合一”的理念，从其诞生伊始就蕴藏了深刻的生态智慧，它把人与自然、人与人、肉体和灵魂看作辩证统一的整体，在这种哲学思想影响下的中国民族传统体育具备浓厚的生态文化底蕴，是“和谐的体育”“生态的体育”“美与真统一的体育”，而武术作为民族传统体育中的一支奇葩蜚声于海内外，突出体现了中国传统的生态智慧，深入分析和挖掘这种智慧，对于建设“和谐体育”“生

---

* 原文刊于《北京体育大学学报》2011 年第 11 期。

** 作者简介：王华，郑州大学体育学院副教授。

态体育”具有很高的价值和借鉴意义。

一 人与自然生态相和谐

人与自然的和谐指的是人类在进行活动中达到与自然的“和平共处”，影响自然但不破坏自然，最终回归自然，并使两者处于不断地相互影响和相互协调的过程。这种精神在武术中体现为“天人合一”。天人合一的观念源远流长，这是中国传统哲学中的一个重要命题，起源于西周时代，《周易·系辞上传》就有“与天地相似，故不违；知周乎万物而道济天下，故不过；旁行而不流，乐天知命，故不忧，安土敦乎仁，故能爱。范围天地之化而不过，曲成万物而不遗”① 的记载；而“天人合一”一词正式出现于北宋哲学家张载的《正蒙·乾称》：“因明致诚，因诚致明，故‘天人合一’。”②

“天人合一”在传统武术上的具体实践分为三个层面：第一个层面为外形和招式“效法自然”，武术套路中仿生的招式比比皆是，例如，模仿动物动作的“白鹤亮翅”“白猿献果”“金鸡独立”等，也有模仿自然运化的“风扫梅花”“翻雷滚天”“拨云迎日”等，这些招法在演练时既有仿生之形，又有自然之韵，仿若一幅幅动态的写意画，且在优美之余也丝毫不乏巧妙的攻防技击内涵，充分透发出中国古代武术家观察自然、仿效自然的精神。很多拳种，如咏春拳、通背拳、螳螂拳等，就是在观察了动物之间的争斗并吸取其形、神、意的精华后创立而成的，充分体现了古人以自然为师，通过自然万物之启迪而进行不断创造和实践的智慧。

第二个层面体现为“人与自然共存在”的状态，中国具有代表性的武术流派，其发源地大都是远离喧嚣的山野或乡村，少林拳源自密林广布、幽僻葱翠的嵩山，武当太极拳源自纵横绵延、云气萦绕的武当山，峨眉武术则是形成于嵯峨高耸、气候万千、风景秀丽的峨眉山，另外像陈式太极拳、形意拳、八极拳等流派的创发也都是在偏远静僻的乡村。

---

① 《周易·周易新解》，中国书店出版社 2009 年版，第 36 页。

② 《张载集·正蒙》，中华书局 1978 年版，第 117 页。

这种现象非偶然，而是古代武术家们对自然的深切眷恋和人与自然相交融的哲思所决定的，这一特殊的形成方式正与第一层面“效法自然”而立拳的古典智慧相互呼应。

第三个层面表现为人体生态与自然生态的互通共融，中医古典理论认为：“人以天地之气生，四时之法成。”[①]（《黄帝内经·素问·宝命全形论》），道家经典《道藏》也认为人是盗天气万物精华而成（三才相盗），宋代哲学家朱熹根据这一理论提出，人能利用天地之时则百骸安好，人能掌握运化之机则天下太平，这是盗的基本原则。[②] 内家云“拳起于易，理成于医”，是说中国传统武术的思想基础是易经理论，而其理论基础则是源自中国传统医学，最终形成了内外兼修的独特体系。因此传统武术认为“拳”的高级境界就是人与自然万物融为一体，掌握万物运化的规律，从而达到“神明”的境地，其具体实践形式表现为采气、导气和练气，通过肺的呼吸、毛孔的开合与自然相交融，把自然之气运化入人体系统，再通过导气把自然精气导入经络，最终归于丹田，逐渐达到炼气化神、炼神还虚、炼虚合道的至高境界。在传统武术的视域中，人体作为一个耗散的生态系统不是孤立存在的，而是作为整个宇宙系统的子系统，时时刻刻与外在自然不断地进行交流，因此，只有符合天地之象、四时之法才能做到气血充盈、精气十足，只有气血充盈才能身体健康，只有精气充足才能神意十足，正所谓“炼形以合外，炼气以实内，坚硬发如铁，自成金丹不坏之体，则超凡入圣，上乘可登”（《苌氏武技书》）。这是古代“天地与我并生，万物与我为一”哲学思想的具体体现。

事实上，作为中国道德形而上学实践体的传统武术[③]，它本身的存在本质上具备一种使我们回归到自己的独特性的力量，在道家哲学看来，这种独特性是人类道德秩序的起点，也是自然秩序的起点。武术套路的习练者不像理论家那样通过求助于普遍原则而推导出一种自然伦理，而是着手于一项关于技击的美学任务，即在技击意向的套路运动中培养一

---

① 傅景华主编：《黄帝内经素问译注》，中国人民大学出版社 2009 年版，第 130 页。

② 转引自安乐哲《道教与生态》，江苏教育出版社 2008 年版，第 101 页。

③ 张震、李宏斌：《“武”之真“武”武术本质论争的消解与新命题的提出》，第九届全国体育科学大会，上海体育学院，2011 年。

种天人情感，将自己融入到自然经验中去，并推己及人。

二 人与人、人与社会相和谐

人与人、人与社会的和谐是指每个社会人彼此关系的和谐，以谋求人类共同的最大利益。生态体育学思想认为社会价值应优先于个人价值，因此在个人与整体的关系上，应把整体利益看得更为重要。以传统道家思想、佛家思想和儒家思想为理论基础的传统武术，以三教合一的伦理道德观为行为准绳，形成了一套既有区别又有极大共通性的武德体系。而“德”在中国传统武术中是具有多重含义的，与西方搏击术相较，中国武术在精妙绝伦招式下的御敌术背后更多渗透着“人不犯我我不犯人”“制服敌人而不是致残敌人”的道德理念，这种道德理念来自儒家对“仁”的推崇，其中其道德实践的主要内容为“恭、宽、信、敏、惠”，即便对待敌人也要存有“以德服人”“以宽待人”“以行感人”的大丈夫情怀，这是“德”的第一重内涵——对待他人的高尚情操。司马迁在《史记》中专门拿出不小的篇幅撰写游侠列传，其“侠”精神的表现形式是习武者强烈的社会责任感，如匡扶正义、除暴安良、见义勇为等行为，都是每一个习武人义不容辞的道义，而这种责任感作为指导习武者的理想以“德”的形式贯穿存在于习武的过程当中，这是“德”的第二重内涵——崇高的社会责任感。古之习武者常以“修身、齐家、治国、平天下”作为奋斗理想，不断自我砥砺，不仅要求自己拥有崇高的社会责任感，更要求自己有治国平天下、为民族大义牺牲自我的民族责任感。明代少林寺僧人以“保邦靖世即传灯”为理想，协助明军抗击倭寇，在淞江一役全部牺牲，可谓可歌可泣，书写了中国武术人一腔报国热血和伟大的爱国情怀，这便是“德”的第三重内涵。此外“德”在具体的治国理念中被看作实践道的重要途径，道家把“天人合一”与“身国同治”作为一对辩证统一的概念体，因此在天人关系上主张天人同源、天人同构、天人相应。根据这一人天观，人的存在并非只是作为宇宙的单子而孤立存在，而是存在于相互依存、相互制约、相互协同、相互影响的自然当中，《阴符经》说：“天地，万物之盗；万物，人之盗；人，万物之盗。三盗既宜，三才既安。”[①]《道德经》曰：“道生之，德蓄之”，[②] 就是说德是道体的实践，中国传统武术恰恰是通过实践德的方式贯通了形而上与形而下，这也是德的最根本内涵。

因而从本质上讲，中华武术是彰显“德”的技击技术，换言之，使武术成之为“武术”的唯一的东西，不是武的动作多么精妙、多么有杀伤力，而是内涵在其物质本体下的“精神”——“德”[③]。也就是说，“武”只是一种外在的实现形式，其最终理想是实现人与人、人与社会的高度和谐，个人价值与社会价值和国家价值的高度统一，相较于西方的搏击术，中国武术也讲求竞争，但核心理念却是在竞争中寻求共同利益的最大化，以达到和谐的理想关系。因此，武术追求的并非强大武力下的“权力意志”，而是崇高的“道德意志”，其本质是为了塑造身心健全的社会人，是为实现人与人、人与社会相和谐而“武”。这种以中国传统哲学（宗教）创造的传统通过武术变成一种实践运动，它不再是对原始道德的简单维护和信仰坚持，它事实上是通过有意识地与历史的过去相联系，并将道的实践——德，作为一种合理的依据和群体凝聚的黏合剂，通过武德的反复灌输信仰、价值体系和行为习惯，使之内化成为一种社会规范，这个规范起源于自然之道，根植于人伦之德，既是人道亦是天道，集中体现了“天道大生曰德”（系辞上传）的蕴意。

三 性灵与肉体的和谐

武术中“内外兼修”的思想是修炼功夫的重要法则，所谓“内”指的是身体内的气血、脏腑、经络等，还包含了内心、内意等精神要素，因此武术崇尚阴阳合一、内外合一、技术体系与传统道德合一、健康的体魄与高尚的人格合一，这正是中华武术与西方体育最大的差异之处。与二元对立哲学影响下的西方体育不同，传统武术把人看作一个整体，在中国古典哲学理论中，身心是一体而存在的。因此武术是建立在把

① 《黄帝阴符经》，《道藏》第1册，上海古籍出版社1990年版，第821页。

② 徐兴东、周长秋编著：《道德经释义》，齐鲁书社1991年版，第121页。

③ 张震、杨丽：《武术本质层次论》，《南京体育学院学报》2011年第1期。

“自然我”和“精神我”看作一对辩证统一体的思维模式上的，首先是对“自然我”的养护，其实践形式体现在修炼过程中，包括练武的时辰、环境、方位、衣着等要素都很讲究，有“闻鸡起舞”“早不朝东，晚不朝西”“拳后一身汗，避风如避箭”“一张一弛，文武之道”的武谚，又有四戒、五损、十忌、十八伤、廿六宜的细节规定，以保持肌体的平衡与和谐。其次，在重视“自然我”和谐的同时，更加重视“精神我”与“自然我”的统一，即“养心”“修德”与“健身”“御敌”的辩证，并认为只有“修身为德”才能“阴阳气和”，只有做到“胸中廓然无一物”“空故纳万境”才可练就上乘功夫，习武者终极追求的不是诉诸性灵对肉体极限的不断超越，而是融心、性、身于一体，通过武术套路、功法、心诀、吐纳、按摩、中医药等内外修炼方法，逐渐体悟，用修身以正心、以正心而致知，致知在格物，物格而后则知至，步步深入，逐渐参悟万物之道，遂明明然，此时的人便已达到身心高度统一和谐的境状之中。

事实上，无论是“禅武合一”还是“物我合一”最终体现的都是“天人合一”的理念，他们之间有着必然的联系，一种追求生态和谐的生态价值观，能十分容易地转化为追求社会和谐的人文观，即通过武的形式建立一种人与自然、人与人之间的友好亲善、和平共处、互帮互助的平等关系。正是这种和谐的思想，为人们健康提供了良好的基础，使他们在武术运动中，通过积极调整人的生命系统与生态环境的和谐统一，获得抗衰祛病、延年益寿的健身实效；同时，也尽可能地从武术套路所体现的文化氛围、审美情趣、人际交往和生命感悟中，淡泊明志，宁静致远，获得一种精神上的自然陶冶、心理的稳定平衡和生活的返璞归真。充分表现了武术在追求健身、健心和人类与自然发展上的高度谐和姿态。这与西方当代生态化体育和奥林匹克精神所倡导重在参与、关心和爱护自然环境、维护人与自然和社会的协同发展的核心价值观有着高度的内在一致性。正如法国哲学家施韦兹盛赞的那样：“天人合一”，它以“奇迹般深刻的直觉思维”，体现了人类最高的生态智慧，是“最丰富和无所不包的哲学”。[①] 传统武术的这种精神集中体现了中国传统哲学的二元统

---

① ［法］阿尔贝特·施韦兹：《敬畏生命》，陈泽环译，上海社会科学出版社 1992 年版，第 203 页。

一，在武术实践过程中身即是心，心即是身，所以才有以气领身、以意领气、以神领意、神意结合，又有外三合和内三合之基本要求，因此无论从传统武术的运动表象还是道法内涵来看，它实际上是在创造一种新的道德本体，把人的肉体与性灵用前所未有的实践方式结合于一体，让伟大的自然通过习武者的姿态表现出来，让道法自然的乌托邦式的理想以特有的武术文本表达于世。

四 研究传统武术的生态内涵的意义

通过以上分析我们可以看到传统武术所具备的“和谐体育”“生态体育”“美与真统一的体育”精神，具有普遍而深刻的理论与实践意义。中国传统武术受到中国传统儒家、道家和佛学思想的深刻影响，同时兼备了三教的生态精神，和谐、整体、统一是其精髓所在；在处理人与自然的关系上，讲求“天人合一”的义利观，在人与社会、人与人的关系中讲求“仁、义、礼、智、信”的儒家道德观，要求习武者为君子也，要有“修身、齐家、治国、平天下”的理想，追求人与社会生态系统相和谐；在处理肉体与灵魂的关系上，要求修行者要有“内省，顿悟”的世界观，以达到肉体与精神的统一和和谐。三教共同的生态和伦理智慧交融在传统武术的内核中，是在自然人向社会人进化过程中，最大限度自我实现的思想基础，是“普遍共生”和“让共生现象最大化”的理论依据。正是由于传统武术的生态智慧，习武者才能够最终达到人与自然、人与社会、人与人以及肉体与灵魂的高度和谐统一。

要想从根本上消解当今体育所存在的尖锐矛盾，就应当充分汲取传统武术的生态智慧，从其深刻的生态意蕴中提炼和总结，并在生态思想的理论基础上，为当今体育危机的消解提供实践指导。中华传统武术自诞生以来，始终具备强大的生命力，正是由于其所内涵的生态思想，才使其历经千年而经久不衰，这为当代建设“和谐体育”和“生态体育”提供了优秀的范例，是对未来体育发展方向的启迪，具有深刻的理论与实践价值。

非物质文化遗产传承人群体的“关系”研究

——基于民间习武共同体的“关系”建构及维系机制研究*

吕韶钧　李向阳　彭　芳**

摘　要：民间传统武术，是中国非遗保护名录中的重要内容。民间习武共同体是通过拜师学拳而联系在一起的民间习武群体，也是民间传统武术传承的基本组织单位。以民间习武共同体的“关系”作为研究对象，旨在了解民间传统习武群体“关系”的建构、影响因素以及内部维系机制，为探索非遗传承人群体健康有序发展提供可借鉴的理论依据。民间习武共同体“关系”，是一种通过拜师学拳而建立起的人际联系。它的建立经历了习武者的认同融入、仪式融入和精神融入三个阶段，并形成了以情感为“关系”纽带、以血缘性为“关系”基础、以信任为“关系”前提的民间习武共同体维系机制，以此推动着民间武术长期、稳定的发展。

关键词：非遗传承人群体；民间习武共同体；关系；群体归属感；内群偏好

---

* 原文刊于《民俗研究》2020 年第 3 期。

** 第一作者：吕韶钧，北京师范大学体育与运动学院教授。

一 问题的提出

“关系”是中国社会心理学中一个重要的本土概念，相关研究已成为国内外社会学、心理学、人类学等诸多学科的热点议题。“关系”通常强调的是事物、现象间的某种相互联系。[①] 在中国，由于受到传统儒家伦理思想的影响，“关系”具有很深的文化根植性，可以说中国是一个“关系”的社会，无论是血缘、地缘、业缘，还是拥有共同喜好的群体内部等方方面面，都存在着这种内在的关联性，这也构成了中国复杂社会的重要基础。费孝通先生提出的“差序格局”理论，就是对中国传统社会“关系”最为形象的一种诠释。他认为，中国传统社会的人际“关系”都是以“自己”为中心向外一圈一圈扩展，而形成一种“同心圆结构”的社会关系。[②] 这种“同心圆结构”的形象比喻，充分阐释了中国社会存在着以血缘、地缘、业缘为生活中心的传统社会人际关系结构。其中，血缘和地缘关系应属于比较典型的非正式组织关系，而业缘关系则在相当程度上具有一定正式关系的性质。[③]

非物质文化是人类在历史上创造的，以活态形式传承的传统文化事项，民间传统武术是中国非遗保护名录中的重要内容。随着我国非遗工作的不断推进，民间传统武术也逐渐引起了民俗学、人类学、社会学等学界的普遍关注，许多学者围绕着民间传统武术的“礼治”传统及其运行机制[④]、传统武术拳种流派的传承谱系[⑤]等方面进行了研究，这些成果对于深入挖掘民间传统武术的文化内涵，加强其自身理论建设都做出了积极贡献，使民间传统武术的“内价值”得到了进一步保护和提升。而民间传统武术的传承与发展主要是依靠民间习武群体进行的，我们将在

---

① 宋希仁等：《伦理学大辞典》，吉林人民出版社 1989 年版，第 475 页。

② 费孝通：《乡土中国 生育制度》，北京大学出版社 1998 年版，第 27 页。

③ 胡必亮：《关系共同体》，人民出版社 2005 年版，第 9 页。

④ 张士闪：《民间武术的“礼治”传统及神圣运作——冀南广宗乡村地区梅花拳文场考察》，《民俗研究》2015 年第 6 期。

⑤ 赵丙祥：《祖业与隐修：关于河南两个太极拳流派之谱系的研究》，《民俗研究》2012 年第 2 期。

民间通过拜师学拳而联系在一起的民间习武群体称为“民间习武共同体”。[①] 就民间习武共同体而言，它与武术界常说的“门户”这一概念有所不同，“门户”虽然也是通过人群来体现的，但是它更多的是指某一技术的“派别”“宗派”等，其主要体现在技术风格的差异性上，而我们所提出的“民间习武共同体”这一概念，则是将研究视线落在了民间习武的“人群”上，探讨他们之间内部与外部的各种规律性。正因如此，中国传统社会的各种“关系”文化也必然会映射到民间习武共同体上。其实在中国，亲缘组织扩大为类亲缘的共同体，其渊源甚久。[②] 民间习武共同体正是基于血缘或模拟血缘关系而建立起来的，它同样存在着共同体内部与外部各种各样的“关系”，这些“关系”不仅使民间传统武术具有了纵向传承的功能，而且还发挥了横向传播的功效，对民间传统武术的传承与发展起到了重要的推动作用。正如德国著名社会学家滕尼斯所指出的：“关系本身即结合，或者被理解为现实的和有机的生命——这就是共同体的本质。”[③] 滕尼斯的这段话充分说明，“共同体”的本质就是各种关系聚合而成的一个生机勃勃的有机体。

然而，我们不能否认，在民间习武共同体的“关系”之中，也必然存在着一定的“复杂性”和“不确定性”，这也是构成民间传统武术复杂社会关系的深层根源。因此，深入探讨民间习武共同体“关系”的基本特征及其内在规律，不仅对于全面了解民间习武共同体“关系”的构成和运行，避免武术界时常出现的“门户之见”“派系之争”等不良现象，有着重要的理论价值，而且对于全面梳理非物质文化遗产传承人群体传承发展的内在规律，也有着重要的现实意义。

二 研究对象及方法

本文将滕尼斯“共同体与社会”理论、柯林斯“互动仪式链”理论，

---

① 吕韶钧、张维凯：《民间习武共同体的提出及其社会文化基础》，《北京体育大学学报》2013 年第 9 期。

② 许倬云：《中国文化的精神》，九州出版社 2018 年版，第 206 页。

③ ［德］斐迪南·滕尼斯：《共同体与社会：纯粹社会学的基本概念》，林荣远译，北京大学出版社 2010 年版，第 43 页。

以及费孝通“差序格局”理论、翟学伟“关系与中国社会”理论作为分析的理论依据，以民间习武共同体中的“关系”作为研究对象，以非遗传承群体北京地区临清潭腿某民间习武共同体内的习练者以及部分武术爱好者和武术专家作为调查对象，围绕着民间习武共同体的“关系”展开深度分析研究。

（一）文献资料法

本文通过中国知网、万方数据等网络数据库，查阅了大量有关“民间武术”“共同体”“关系”等与本研究有关的文献资料 100 多篇，其中硕士学位论文 21 篇，博士学位论文 5 篇。阅读了有关“关系社会学”等方面的书籍，并根据研究的需要对所查阅的文献资料进行系统整理、归纳，确立了整体研究框架和思路，为本文的深度研究提供了重要的理论支撑。

（二）田野访谈法

围绕着本研究所涉及的问题，分别针对武术与民族传统体育学、体育社会学等方面的专家学者进行了专题访谈，就民间武术、民间习武共同体“关系”，及其影响因素等相关问题进行开放式访谈咨询。同时对北京临清潭腿非遗传承人隋 XX 师父及其弟子等民间习武者进行了实地访谈，并通过采访录音与参与观察等田野调查的方法收集信息与资料，作为本研究的重要分析依据。部分访谈专家一览表见表 1。

表 1　　部分访谈专家一览表①

姓名	单位	研究领域	职务职称
武 X	北京体育大学	武术理论与方法	教授（博导）
胡 XX	北京体育大学	体育养生	教授（博导）
吴 X	北京武术院	武术训练	国家级教练
陈 XX	国家体育总局	武术行政管理	研究员
黄 XX	北京体育大学	体育社会学	教授（博导）
侯 XX	北京体育大学	体育社会学	教授（硕导）

① 制表者：吕韶钧、李向阳；制表时间：2015 年 3 月 24 日。

续表

姓名	单位	研究领域	职务职称
张 XX	国家体育总局	武术行政管理	副主任
隋 XX	北京临清潭腿	民间武术拳师	非遗传承人
林 XX	北京临清潭腿	民间武术拳师	
汝 XX	北京临清潭腿	民间武术拳师	

（三）问卷调查法

调查共分两轮，第一轮进行了两次，第一次采用开放式调查，发出问卷 10 份，收回 9 份，剔除无效问卷 1 份，主要了解民间习武者人际关系的主要特征，所取对象涵盖了民间拳师、高校武术专家和武术管理者等。第二次发出问卷 5 份，获得有效问卷 5 份，其主要目的有二：一是保证问卷涵盖所要研究的各种问题；二是修改文字表达是否准确有效。通过两次的调研结果显示，第二次调研的回答没有超出第一次的内容范围，证明调查所获得的结果是有效的。并据此编制了一份包括 15 个项目的民间习武共同体“关系”影响因素的调查问卷，问卷采用 Likert 五级计分方式，要求调查对象根据自己的真实感受，选择最接近实际情况的描述等级，“1”代表“不符合”，“2”代表“不太符合”，“3”代表“符合”，“4”代表“比较符合”，“5”代表“非常符合”。在第二轮问卷调查中，主要针对民间习武者发放问卷 80 份，收回有效问卷 77 份，有效率 96.25%。问卷的效度、信度检验均符合统计学的要求。

（四）数理统计法

本文运用了 SPSS17.0 统计软件对研究变量进行了统计学处理，首先对数据做 KMO 和巴特利特球形检验，运用因子分析得出了相应结论，同时采用皮尔逊（Pearson）相关分析法，对民间习武共同体“关系”影响因素的相关性进行了分析，并对统计的部分结果进行了重复检验，以确保问卷结果的真实可靠。

三 民间习武共同体“关系”的建构

在中国的传统社会中，社会秩序之所以能够相对平稳地得以维持，一个很重要的原因就是中国比较成功地实现了正式制度与非正式制度之间的平衡，而且非正式制度在相当长的历史时期里还起到了至关重要的作用。尼采认为，从本质上讲，人类社会就是一个关系社会①，同样我国的著名学者梁漱溟先生在其《中国文化要义》一书中也提出“中国是伦理本位的社会”，并且明确指出：“伦理本位者，关系本位也。”②

民间习武共同体是民间传统武术的基本组织单位，它作为一个客观存在，对民间武术的传承与发展发挥了重要的作用。按照涂尔干“社会有机体”（social organism）理论，社会作为一个整体或机体，汇集和结合了构成社会的各个要素或细胞，形成了超出个体之外的总体形式和力量。③ 民间习武共同体同样带有鲜明的有机论色彩，也必然凸显出集体意识的印记。民间习武共同体内部有其自身运行的逻辑性和相对封闭性，这种运行机制也决定了民间习武共同体内、外“关系”存在的意义和力量，它是通过群体共同的、有约束力的信念和长期身体攻防格斗实践的体悟，不断产生的对习武共同体高度认同的一种内倾向。诚如张士闪所言：“梅花拳在当地一般村民心中的形象大致如下：‘梅花拳会’是一种‘信仰’；有里有外，有文有武，……梅花拳文场向来有私相授受、秘不示人的秘传规矩，这一自秘性特征可能是当地村民对梅花拳形成上述印象的主要原因。”④ 当然这种内外有别的规定性，更容易增进民间习武共同体的内部凝聚力。滕尼斯将其定义为“默认一致”（consensus），“它就是把人作为一个整体的成员团结在一起的特殊的社会力量和同情”。⑤ 民

---

① 转引自胡必亮：《关系共同体》，人民出版社 2005 年版，第 9 页。

② 梁漱溟：《中国文化要义》，世纪出版集团 2005 年版，第 84 页。

③ 转引自渠敬东：《缺席与断裂》，商务印书馆 2017 年版，第 22 页。

④ 张士闪：《民间武术的“礼治”传统及神圣运作——冀南广宗乡村地区梅花拳文场考察》，《民俗研究》2015 年第 6 期。

⑤ ［德］斐迪南·滕尼斯：《共同体与社会：纯粹社会学的基本概念》，林荣远译，北京大学出版社 2010 年版，第 58 页。

间习武共同体的“关系”表达往往是原生性的（primordial），通常表现在民间习武者在解释自己的习武经历时，首先要强调的是师从于哪位师父，我们练的是哪一门、哪一派的，本门的祖师爷又是谁等等，这便使得民间习武共同体天然带有了鲜明的“关系”色彩。而民间习武共同体内部成员之间通常都有着共同的特征或共同的利益，这也使得民间习武共同体自然有了“自我意识”，并产生了“我们”（本共同体的人或内群体）与“他们”（外共同体的人或外群体）的区分。

就民间习武共同体内部成员而言，他们聚集在一起的方式是通过拜师仪式联系起来的，而拜师要经过一整套规定的仪式和严格的要求，拜师仪式之后才算正式确立了师徒“关系”，以及师兄弟之间的“关系”等。例如，在北京临清潭腿第97代掌门人隋××师父的收徒仪式上，我们了解到，隋师父对林××考察了多年，他对徒弟的考察主要是两个方面，一个是看他是否具备练武的条件，第二个是看他的人品和武德，而林××这两个方面都不错，符合他的要求，于是这次决定收他为徒。2013年4月，在北京食立方酒店举行了正式的收徒仪式，林××通过传统的拜师仪式（仪式包括介绍人、见证人、递拜师帖、叩拜师父和师父馈赠礼物及训诫等几个环节）确立了与隋××师父的师徒关系。而在这个习武共同体中，汝××是1987年拜隋××为师的，并赐拳号“洁空”，成为临清潭腿第98代“洁”字辈传承人。这也使得林××同时成为汝××的师弟，确立了他们之间的师兄弟关系。① 而这种师父和徒弟之间通过拜师仪式建立起一种“一日为师，终身为父”的模拟血缘关系，不仅使得民间习武者与师父、以及与师兄弟之间明确了各自的“职责和义务”，而且它也成为奠定民间习武共同体内部成员情感纽带的重要基础。也正是由于这种“关系”的确认，创造了一种有界的实体形式，即民间习武共同体。滕尼斯将其称为“和睦或家庭精神”（concordia，拉丁文意为“和睦团结”），他认为，默认一致与和睦是一回事，它是建立在密切关系的基础上的，“在其各个具体的关系和作用方面看做是默认一致，在其整

① 访谈对象：北京临清潭腿非遗传承人第97代掌门人隋××师父及林××等入门弟子；访谈人：李向阳；访谈时间：2013年4月21日；访谈地点：北京食立方酒店。

体的力量和本质方面看做是和睦”。[①] 滕尼斯所提出的“家庭精神”这一概念，与民间习武共同体的内在精神是极其吻合的。我们所强调的民间习武共同体与一般的“社会组织”有着本质的不同，民间习武共同体通常表现为以师父为中心，以武德和内部自制规约为约束，以学练师父擅长的武术技艺为目的而聚集在一起的武术群体。[②] 而社会视角下的民间武术组织，与民间习武共同体无论是制度还是形式都完全不同，它通常是指普通民众以习武健身为目的，是有目标有计划、有运行规则和组织形式的社会群体。因此，从这一点上看，民间习武共同体与民间武术组织之间是完全不同的两类群体。或者说，“组织关系是一种约定关系，是可以解除和退场的；共同体性的关系是一种亲缘关系，是无法解除或退场的”[③]。正因如此，具有“和睦或家庭精神”的民间习武共同体很容易产生自我的意识、自我的认同和自我的界定，使得民间习武者的“共同体意识”逐步增强，并对“共同体”产生一定的依附性和归属感，即“共同体情感”，从而极大地增强了“共同体”的内部凝聚力，当然这也很容易产生极强的“排他性”。这与柯林斯提出的“相互关注/情感连带”理论模型极其相似，他认为互动仪式（IR）有四种主要的构成要素：（1）两个或两个以上的人聚集在同一场所；（2）对局外人设定了界限；（3）人们将其注意力集中在共同的对象或活动上；（4）人们分享共同的情绪或情感体验。[④] 可以说，柯林斯所提出的四种构成要素，在民间习武共同体的“关系”构建中体现得十分明显。其一，民间习武共同体通常是聚集在一定习武场所（往往是在师父的家院或附近空地）通过身体在场进行习武活动的，这也形成了民间武术活动重要的文化空间。其二，通过拜师这一仪式，明确了民间习武共同体的内部关系和界限，同时确立了民间习武者的身份。其三，在师父的带领下学习、交流武术

① ［德］斐迪南·滕尼斯：《共同体与社会：纯粹社会学的基本概念》，林荣远译，北京大学出版社2010年版，第60页。

② 吕韶钧、张维凯：《民间习武共同体的提出及其社会文化基础》，《北京体育大学学报》2013年第9期。

③ 翟学伟：《关系与中国社会》，中国社会科学出版社2012年版，第186页。

④ ［美］兰德尔·柯林斯：《互动仪式链》，林聚任等译，商务印书馆2009年版，第86页。

的技艺成为民间习武共同体的核心内容。其四，通过长期习武的身体交流，很容易产生对武术攻防格斗技能、技艺和情感上的共享体验，也正是由于长期习武的技艺和情感交流，以及师父权威地位的共同作用才构成了民间习武共同体“关系”稳定的重要基础。

另外，从民间习武共同体的知识传承模式来看，由于民间习武共同体的习武内容通常都是师父较为擅长的某个武术拳种，而武术拳种又是经过几代武术前辈不断的功夫实践逐步凝练而成的一种身体文化形态，其中凝聚着几代武术人和师父的习武经验和身体感悟。可以说，武术知识是一种经验性知识、直觉性知识和实践性知识，这也决定了不同的民间习武共同体之间，在本质上同样存在着如同达尔文进化世界中的那种竞争“关系”。因此，以武术拳种为核心内容和以师父为中心的民间习武共同体，在武术知识的传承和分享方面具有明显的“保守性”和“排他性”。就此而言，民间武术知识资源（尤其是优秀的武术拳种和优秀的武术拳师）是一种稀缺资源，而这种稀缺资源在根本上决定了民间习武共同体建立起的是一种“内部关系——知识分享”相对“闭合式”的知识传承模式。也正因为如此，民间习武共同体“关系”的建立，通常需要经历三个阶段的融入过程：第一，认同融入，是指习武者与师父之间，以及对所练拳种、门派等方面产生初步的认知，并由此而建立起来的认同关系，这也是习武者融入民间习武共同体的第一步；第二，仪式融入，这是民间习武者成为共同体一员的重要标志，主要表现为习武者通过拜师仪式确立了在共同体内部的身份和地位；第三，精神融入，这是民间习武共同体“关系”的最高表达，它是习武者对民间习武共同体产生相互依赖的心理内化过程，只有在文化心理以及习武理念上信任师父的权威性，产生对共同体的依赖感、归属感，才能形成民间习武共同体的稳定体系，从而建立起牢固的民间习武共同体“关系”，这也是涂尔干所强调的“集体意识是精神生活的最高形式”①。因此，我们可以认为民间习武共同体“关系”的建立，不仅是一种形式上的建构，更是一种精神（或心理）上的建构。

---

① ［法］爱弥尔·涂尔干：《宗教生活的基本形式》，渠敬东、汲喆译，商务印书馆 2017 年版，第 609 页。

四 民间习武共同体“关系”影响因素的分析

（一）民间习武共同体“关系”影响因素的调查分析

在中国，“关系”是一个十分复杂的社会概念，而民间习武共同体的“关系”更具有其特殊性。依据“心理—社会均衡”（Psycho-social Homeostasis）的理论，民间习武共同体建立起的是“亲密的社会与文化”动态平衡体①，这也是习武者在民间习武共同体中获得安全感、认同感和满足感的重要基础。同样这种以攻防格斗经验互动的习武“场域”，也很容易使习武者产生对“他者”的不信任，以及自我封存习武的感悟和经验，而这些都会对民间习武共同体的“关系”产生实质性的影响。

为了进一步了解民间习武共同体“关系”的影响因素，本研究通过实地访谈和发放开放式问卷的形式，调查了高校的武术专家学者，以及北京临清潭腿的非遗传承人和部分习武者，针对影响民间习武共同体“关系”的因素展开调查。通过两次调查，并围绕“你认为影响民间习武者各种关系的因素有哪些”的回答，进行了归纳分析和统计学处理（见表2）。

表2　民间习武共同体“关系”开放式调查问卷内容分析（N=14）②

因素	（频次）	具体内容（典型词汇、语句）
血缘或模拟血缘	（14）	是某拳师的徒弟；是某拳师的亲属；是某个门派的
兴趣、爱好	（5）	爱好武术，喜欢交朋友；愿意参与各种武术活动；武术是自己的特长
情感	（13）	一日为师，终身为父；把师兄弟等当成自己的家人；愿意继续为武术发展做出贡献
地理空间	（7）	是同乡，一个地方的；生活在武术世家里；习练的是本地拳种
信任	（12）	经常跟师兄弟切磋武艺，喜欢与其他习武者进行交流；相信周围的师兄弟、同伴朋友

① 王缉思、袁明、陈志瑞：《北大国际论丛2007》，上海人民出版社2007年版，第142页。

② 制表者：吕韶钧、李向阳；制表时间：2015年4月29日。

由表2可以看出，民间习武共同体“关系”的影响因素集中体现在血缘或模拟血缘、情感、信任、地理位置和兴趣爱好五个方面。在中国的历史和现实中，中国人往往有着认祖归宗的血缘认同传统，“其实我们讲民族具有血缘性，除了一部分真实之外，更大部分是出于认同需要的‘血缘拟制’。‘血缘拟制’是人类社会建构中的普遍现象，就是将非血缘关系的人群按血缘关系来加以建构，使血缘关系扩大化”①。而这种“血缘拟制”在民间习武共同体内部“关系”方面体现得更为明显。因此，我们可以理解血缘或模拟血缘主要体现在民间习武者传承谱系上的血缘性关系；情感主要表现在民间习武者对共同体内的师父以及同门师兄弟之间的态度体验；信任主要表现在维系共同体习武实践共享价值的一种信念和依赖关系；地理空间主要表现在民间习武者在一定的地理范围内共同学习、生活、交往而产生的地缘关系和文化空间；兴趣爱好主要表现在民间习武者积极参与共同体的活动，以及对武术的喜爱程度。通过以上的分析我们可以发现：血缘性、情感、信任、地理空间和兴趣爱好构成了民间习武共同体“关系”的重要影响因素，它们能够很好地反映出民间习武者之间人际关系的亲疏程度，这对于深入探讨民间习武共同体的“关系”有着重要的理论价值和现实意义。

（二）民间习武共同体“关系”影响因素的因子分析

根据访谈和开放式问卷，结合已有的相关研究，我们以血缘性、情感、信任、地理位置和兴趣爱好五个方面，编制了一份针对民间习武共同体“关系”影响因素的15个问题的调查问卷，采用李克特5点计分法，并对统计数据采用SPSS17.0进行因子分析。

在做样本数据因子分析前，首先对数据做KMO和巴特利特球形检验，结果表明KMO为0.819，巴特利特球形检验的统计值的显著性概率是 $0.000 < a = 0.001$，表明数据具有相关性可以做因子分析（见表3）。

---

① 王希恩：《民族的血缘性及其在当代中国的演化》，《广西民族研究》2017年第2期。

表3　　KMO检验与巴特利特球形检验（N=77）①

KMO（Kaiser - Meyer - Olkin）检验统计量		0.819
巴特利特球形检验	卡方值	388.789
	自由度	77
	显著系数（P值）	0.000

项目筛选根据公认的项目负荷和共同度评价标准进行。因素的确定和命名，是通过对77份测试数据采用主成分分析和正交旋转进行因素分析保留下3个项目因子（见表4），最后，提取3个因子累积方差解释率为57.008%。

表4　　旋转因子载荷矩阵（N=77）②

因素	因子1	因子2	因子3
血缘性	0.756	0.056	0.134
信任	0.183	0.029	0.647
兴趣爱好	0.263	0.640	0.105
情感	0.170	0.808	0.075
地理空间	0.160	0.241	0.603

通过以上分析，我们可以看出在三个因子得分变量中，血缘性、情感和信任的权重较高，因此我们将因子1命名为血缘性；将因子2命名为情感；将因子3命名为信任，而这三个因子在民间习武共同体的关系建构中都占有十分重要的地位。

（三）民间习武共同体“关系”影响因素的相关分析

为了进一步探讨民间习武共同体“关系”影响因素及其内在关联，本研究采用皮尔逊（Pearson）相关分析法，对民间习武共同体“关系”影响因素的相关性进行了检验（见表5）。

---

① 制表者：吕韶钧、李向阳、彭芳；制表时间：2015年11月15日。
② 制表者：吕韶钧、李向阳、彭芳；制表时间：2015年11月15日。

表 5　　民间习武共同体关系影响因素的相关分析（N=77）①

皮尔逊相关系数		因子 1（血缘性）	因子 2（情感）	因子 3（信任）	民间习武共同体关系
因子 1	皮尔逊相关系数	1.000	0.103	0.1000	0.621 **
	显著系数（P 值）	—	0.098	0.092	0.002
	样本量	77	77	77	77
因子 2	皮尔逊相关系数	0.103	1.000	0.0957	0.689 **
	显著系数（P 值）	0.098	—	0.088	0.001
	样本量	77	77	77	77
因子 3	皮尔逊相关系数	0.1000	0.0957	1.000	0.605 **
	显著系数（P 值）	0.092	0.088	—	001
	样本量	77	77	77	77
民间习武共同体关系	皮尔逊相关系数	0.621 **	0.689 **	0.605 **	1.000
	显著系数（P 值）	0.002	0.001	0.001	—
	样本量	77	77	77	77

由表 5 可知，因子 1（血缘性）、因子 2（情感）和因子 3（信任）三个影响因素与民间习武共同体"关系"有中等偏上的相关性，依次为 0.621、0.689、0.605，这些数据为深入研究民间习武共同体"关系"内部稳定和亲疏影响奠定了重要的理论基础。同时从另一个角度说明，民间习武共同体"关系"的维系受到情感、血缘性和信任三个因素的影响最大。

五　民间习武共同体"关系"的维系机制

（一）情感是民间习武共同体"关系"维系的纽带

情感是人对客观事物的一种态度体验，也是人精神生活的核心成分。在社会生活中，每一位身心健康的人都有强烈的情感需要，情感也成为社会学理论中十分关注的核心问题。"什么因素将社会结合在一起——团

① 该表中 ** 表示显著水平为 0.01 时，相关显著。制表者：吕韶钧、李向阳、彭芳；制表时间：2015 年 11 月 15 日。

结的‘黏合剂’——以及什么动员了冲突——被动员的群体的能量——是情感。”① 柯林斯还提出：“互动仪式的核心机制是相互关注和情感连带。认为仪式是一种相互专注的情感和关注机制，它形成了一种瞬间共有的实在，因而会形成群体团结和群体成员身份的符号。”② 互动仪式链的理论给了我们许多启示，民间习武共同体本身就是对攻防格斗技术实践高度关注的一个群体，每一位习武者都具有高度的身体互动性和高度的情感连带性，而情感可以通过身体的互动而得到不断放大。因此，在长期攻防格斗的身体实践和习武感悟中，民间习武共同体又容易逐渐发展成武术技艺成就的群体兴奋，产生群体情感。而这种通过身体互动建立起来的情感极易产生对共同体的依赖感、友爱感和集体荣誉感，形成和谐稳定的民间习武共同体内部“关系”。正如社会学家齐格蒙特·鲍曼在《共同体》一书中所描述的：“共同体是一个‘温馨’的地方，一个温暖而又舒适的场所。”③ 所以，在民间习武共同体内部积极丰富的情感，成为连接民间习武者的重要纽带，并且使习武者对自身的习武共同体产生高度的认同和凝聚力，柯林斯将其称为“情感能量”（EE）。当然民间习武共同体的这种“情感能量”往往是简单而直接的，一方面向内凝聚，另一方面又向外排斥。同时也会不自觉地放大对外群体的认同偏差，出现了民间习武共同体的情感“边界”，甚至直接表现为对本共同体的“热爱”（内群偏好 ingroup favoritism）和对其他共同体的“排斥”（外群敌意 outgroup hostility）④。也正是由于这种“有界”的存在，很容易造成民间习武共同体内部成员在情感上的高度一致性，从而使他们在面对外部习武共同体的名誉和利益冲突时，自然会毫不犹豫、毫无原则地贬损“他者”抬高“自我”。其实每一种武术拳种和流派都具有其独创性和自身的价值，我们应该学会以“各美其美，美人之美，美美与共，天下大同”的心态来学习、欣赏丰富多彩的民间传统武术。

---

① ［美］兰德尔·柯林斯：《互动仪式链》，林聚任等译，商务印书馆 2009 年版，第 154 页。

② ［美］兰德尔·柯林斯：《互动仪式链》，林聚任等译，商务印书馆 2009 年版，第 3 页。

③ ［英］齐格蒙特·鲍曼：《共同体》，欧阳景根译，江苏人民出版社 2003 年版，第 2 页。

④ ［澳］约翰·特纳等：《自我归类论》，杨宜音等译，中国人民大学出版社 2011 年版，第 13 页。

（二）血缘性是民间习武共同体“关系”维系的基础

民间传统武术的技艺传承强调的是“功贵得传而自珍”，主要依靠师徒相授的模式代代承续。因此，择徒拜师就成为民间传统武术重要的传承方式。师徒传承是血缘宗法在民间传统武术上的具体体现，双方以学拳习武为主要目的，通过拜师仪式建立起具有模拟血缘性的师徒关系，才能确立在习武共同体中的身份。拜师不仅仅是一种仪式，而且也是一份责任和约束，并以此建立起一张充满人伦色彩的社会性人际“关系”网络，只有这样习武者才能够真正融入民间习武共同体之中，在同门师兄弟中得到认可。即便是一位异域外乡的武术爱好者，只要拜了师入了谱，他便能在这个“共同体”中找到自己的位置和归属感。这种以血缘性建立起来的“关系”网络，其发达程度和影响力往往成为维系民间习武共同体持续发展的重要基础，也成为判定一个民间习武共同体的活动能力，甚至是话语权的重要标志之一。对此，赵丙祥在其《祖业与隐修：关于河南两个太极拳流派之谱系的研究》一文中分析得十分清楚了。虽然他只是从两个太极拳流派之谱系来考察它们彼此间形成的历史性和现实性的关联，但是我们仍然能够看出血缘性在当今民间传统武术的发展中所占据的重要地位。[①] 这也正是李泽厚所说：“中国古代思想传统最值得注意的重要社会根基，我以为，是氏族宗法血亲传统遗风的强固力量和长期延续。”[②] 同样这也成为当前非物质文化遗产技艺传承保护的一股重要力量。当然，我们在分析这种以血缘性建立起来的民间习武共同体“关系”时，也必须要客观、辩证地来看待它在民间传统武术发展中的利与弊。由于这种模拟血缘性的师徒传承，是在中国传统相对封闭的宗法家族社会中产生发展起来的，因此它也存在着无法逾越的历史局限性，很容易产生诸如“学此非彼，学彼非此”“故步自封”“门派争斗”等狭隘的消极思想和弊端。因此，我们必须要以更加开放的心态和胸怀，把血缘性关系延展到“四海之内皆兄弟”的理想社会关系中去，这才是推

---

① 参见赵丙祥：《祖业与隐修：关于河南两个太极拳流派之谱系的研究》，《民俗研究》2012 年第 2 期。

② 李泽厚：《中国古代思想史论》，安徽文艺出版社 1985 年版，第 297 页。

动中华武术健康发展、走向世界的必然选择。

（三）信任是民间习武共同体“关系”维系的前提

对于以攻防格斗技术学习交流为主的民间习武共同体而言，信任是其人际交往的重要基石，也是将民间习武群体整合为有机整体的重要因素。民间习武共同体“信任”的建立是一个长期、渐进的情感认定过程，通过他们之间长期的习武互动而产生相互信赖、相互欣赏，从而以此来不断促进民间习武共同体内部的技术交流与提高。正如韦伯所言：“在中国，一切信任，一切商业关系的基石明显地建立在亲戚关系或亲戚式的纯粹个人关系上面，这有十分重要的经济意义。”[①]“也就是说，由于共同体所体现的紧密关系，中国人的乡民群体比工业组织内的成员更重视感情式的或人情式的交流。”[②] 而由于武术运动的特殊性，习武者在长期的习武过程中很容易形成固定而封闭的私人亲密关系，武术攻防格斗技术技艺的交流、交往范围也限制在狭隘的既定关系内，这在客观上也造成了民间习武者往往倾向于将共同体内部和外部成员自然划分为“我们”（本共同体的人或内群体）和“他们”（外共同体的人或外群体），并且表现出更加认同、信任“我们”内群体成员。“从我们的视角看，内群行为是指两个或更多个体间的互动，这些个体处于一个共同的或共享的社会自我范畴化（social self - categorization）或社会认同之中。”[③] 而在现实的民间习武活动中，习武者正是根据民间习武共同体内、外的身份差异，呈现出“内外有别”的信任态势。这也说明在民间习武共同体中也同样存在着差序性的信任模式，它的“边界”也往往取决于习武者的信任半径。个体习武者始终是置身于这一由仪式化所编制的各种“关系”网之中，“关系”越亲近，相互之间的信任程度就越高。而这种“内外有别”的信任格局，又容易使民间习武者之间的信息交流不畅，这在一定程度上也是造成武术界“门户之见”“派别争斗”以及“传内不传外”等现

---

① ［德］马克斯·韦伯：《儒教与道教》，王容芬译，商务印书馆 1995 年版，第 289 页。

② 翟学伟：《关系与中国社会》，中国社会科学出版社 2012 年版，第 186 页。

③ ［澳］迈克尔·A. 豪格、［英］多米尼克·阿布拉姆斯：《社会认同过程》，高明华译，中国人民大学出版社 2011 年版，第 115 页。

象的主要原因。

综上分析，我们认为民间习武共同体“关系”已经形成了以情感为纽带、以血缘性为基础、以信任为前提的维系机制（见图1）。当然链条中的任何一个环节出现问题，则民间习武共同体“关系”的维系也就会出现断裂。正因如此，恰当地处理好这三者的关系，不仅有利于在民间习武共同体中建立起良好的人际关系，也会更好地促进我国民间武术的持续协调发展和正常的交流交往。

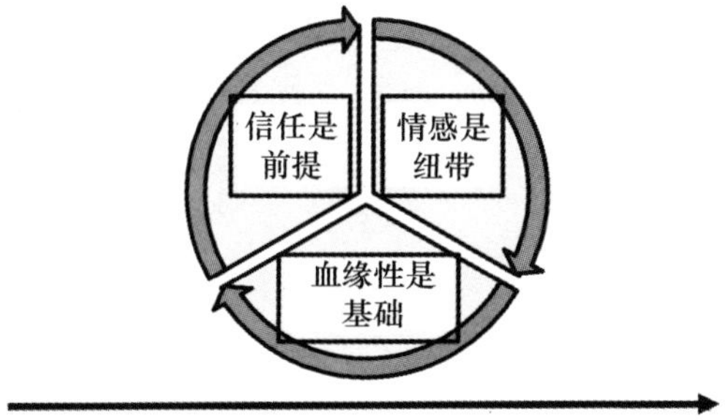

图1 民间习武共同体“关系”维系机制

六 结语

民间传统武术是我国非遗保护名录中的重要内容，它是在中国传统社会中形成和发展起来的一种文化形态，而在民间通过拜师学拳而联系在一起的民间习武群体则可视为“民间习武共同体”。加强民间习武共同体“关系”的研究，对于全面了解非物质文化遗产传承人群体的内在传承规律，也有着重要的理论价值和现实意义。

民间习武共同体“关系”，是通过拜师仪式以血缘或模拟血缘的方式建立起来的，它的建立经历了三个阶段的融入，即认同融入、仪式融入和精神融入。因此，只有在文化心理以及习武理念上认同师父的权威性，产生对共同体的依赖感、归属感，才能形成民间习武共同体的稳定体系，从而建立起相对牢固的“关系”。因此，民间习武共同体“关系”的确立，不仅是一种形式上的建构，更是一种精神上的认同。

民间习武共同体“关系”的影响因素，主要体现在血缘性、情感、信任、地理空间和兴趣爱好这五个方面，其中，情感、血缘性和信任三个因素的影响最大。而民间习武共同体“关系”一经建立，又试图不断强化以情感为纽带、以血缘性为基础、以信任为前提的维系机制，并以此维持着民间习武共同体长期、稳定的发展。

由于武术运动的特殊性，民间习武共同体的习武者很容易产生对内群体的偏爱和对外群体的偏见，这也是造成武术界“门户之见”“派别争斗”等现象的根本原因。因此，在全面开展非遗保护工作的今天，尤其是在党的十九届四中全会提出“推进国家治理体系和治理能力现代化”的时代背景下，恰当地处理好民间习武共同体的“关系”，不仅有利于民间传统武术的全面保护与继承，也能更好地促进我国优秀传统文化的弘扬与发展。

我国体育非物质文化遗产综合评价体系的构建与应用*

陈小蓉　何　嫚　张　勤　崔家宝**

摘　要： 文章基于我国体育非物质文化遗产传承保护工作模式和扎根理论，运用实地考察法、质性研究法以及德尔菲法等研究方法，构建了中国体育非遗综合评价体系。其中，申遗评价由价值评价、濒危评价2个一级指标、5个二级指标以及23个三级指标组成；申遗后保护评价部分由3个二级指标、16个三级指标组成。同时，运用研究构建的保护评价体系，对我国国家级和省级体育非物质文化遗产项目进行实证研究，既对保护评价体系的可行性进行验证，也对我国体育非遗保护现状进行了评估。实证研究表明，体育非遗保护实践评价指标的鉴别力较为理想，评价体系的各指标能够区分和鉴别不同类型体育非遗保护措施的优劣程度。应用研究数据非物质文化遗产表明：超过半数的体育非遗项目在进入代表性名录之后得到了有效保护，但仍有约22%的非遗项目没有得到相应的保护，处于较差水平之下，保护工作有待进一步改善；取得优秀保护效果的共同特征是传承津贴、传承人培训、建立档案、传承场所等方面的保护举措到位；保护不力的共同特征是经费资助、商业与赞助、体育非遗进校园等方面保护缺位，有待加强相关举措并改善保护环境。

关键词： 非物质文化遗产；体育；评价体系

---

* 原文刊于《体育科学》2017年第5期。

** 第一作者：陈小蓉，深圳大学体育文化研究所教授。

一 研究背景

2005 年，国务院发布了《关于加强文化遗产保护的通知》，该通知提出了两个 5 年目标：一是到 2010 年，初步建立起比较完备的遗产保护制度，文化遗产保护得到明显改善；二是到 2015 年，基本形成比较完善的文化遗产保护体系，使具有不同价值的文化遗产得到全面有效的保护，使遗产保护理念深入人心，成为全社会的自觉行动。2006 年 5 月，国务院公布了《第一批国家级非物质文化遗产名录》，截至 2015 年，我国已经公布了 4 批国家级非物质文化遗产名录，建立起国家、省、市和县四级保护体系。

然而，国家对非物质文化遗产保护力度虽持续增大，但我国地域广阔，区域文化特色和经济发展差异较大，参与主持非遗保护工作的人员文化自觉和文化修养不一，对非遗文化价值的认识、发展目标的确定、目标体系的落实以及个人能力等方面参差不齐，非遗项目的保护成效也存在较大差异，这是人们普遍关注的问题。

鉴于此现状，2013 年，国家哲学社会科学规划办公室通过了国家社科基金重大项目《体育非物质文化遗产资源数据库建设的研究》，总课题组组建了由 400 余名专家、研究生组成的学术团队，在对我国体育非遗资源进行数字化建设的同时，对我国体育非遗保护的现状和存在的问题进行大量实地调查研究。2014 年 4 月至 2016 年 10 月，重大项目总课题组共派出 28 个子课题组前往全国各地体育非遗传承地，累计完成了对 229 个体育非物质文化遗产项目的实地考察和信息采集工作，走访基层非遗管理人员和代表性传承人 500 余人次，获取大量第一手资料，同时也发现我国体育非遗在申报、评审、保护、监督和绩效考核等方面存在的若干问题：

1. 对非遗名录的整理归纳发现，我国体育非遗项目的申报较为混乱，分别涉及体育竞技与杂技、民间舞蹈和民俗 3 个门类，主要表现为归属混乱、申报途径混乱和扩展项目混乱等三个方面。关于归属问题：各个省份名录的门类名称不同，划分标准不同，门类数量也不同。同一类型的项目在不同省份分别归入不同的种类。关于申报途径问题：有的体育非遗项目是由不同地区联合申报，导致传承保护管理工作出现职责不清。有的体育非遗项目种类繁多却由同一地区联合申报，使得不同项目无法得到具体的有效保护。关于扩展项目混乱问题：有的体育非遗项目特征差异很大，却采取联合申报，有的项目联合申报的传承人不同，有的项目联合申报则为同一个传承人等。

2. 从管理体制上看，我国非遗保护工作的管理机构设置在文化部门，市县非遗保护中心大多设置在市县文化馆或博物馆。体育相关部门没有或很少参与非遗管理工作。这种管理体制使得体育非遗管理责权不清、部门不明，导致体育部门在体育非遗的保护传承中处于边缘化状态。

3. 实地调研发现，部分地区在非遗申报和非遗升级评审方面较为混乱，对项目是否列入非遗名录多有人情关系成分在其中。非遗原始申报和升级申报评审时，缺乏从文化的角度、历史的角度和时代的角度对待评审项目进行全面评估，造成综合价值评判内容缺失。

4. 部分地方非遗管理部门缺乏濒危程度划分意识，在体育非遗保护资源的分配和管理措施的实施方面缺乏针对性，习惯于“锦上添花”，缺乏“雪中送炭”。有的项目本身就名扬四海，参与人数众多，一直得到当地政府的全方位支持；而有的项目由于生存空间基本消失，项目技艺濒临失传，急需采取措施抢救，却往往得不到相关部门的重点关注和特殊保护。

5. 一些政府相关部门对非遗保护工作存在“重申报，轻保护”的现象，申报成功后，对保护效果的考核评价重视不足，且缺少具体和全面评价指标，使得保护工作缺乏科学性、针对性和有效性。

针对实地调查研究所发现的问题，笔者认为，有必要结合我国体育非遗保护工作的实际情况，研究并构建体育非遗综合评价体系，为相关部门监测保护实施效果提供具体的数据指标，以更好地促进体育非遗项目的可持续发展。我们认为，评价体系研制工作应包括三个部分：首先，构建价值评价体系，促使各级评审工作具有明确的评判性、指向性及量化性，从而具有可操作性，减少盲目性；其次，构建濒危和潜在濒危评价体系，纠正重点不突出的现象，提高体育非遗保护工作的目的性和针对性，为政府部门制定计划、调整措施提供依据；最后，构建体育非遗保护评价体系，帮助相关部门在保护实践效果的监督中，运用保护评价体系对其总体及各分项指标进行量化评估分析，从而有助于政府部门、社会组织和传承人全面深入了解非遗保护效果的优劣。

此外，本研究不仅具有较深远的实际意义，同时，也具有一定的理论意义。研究发现，目前，我国学者涉及体育非遗综合评价体系的研究还较少，仅有的少量评价研究也仅仅限于非遗项目保护实践指标的构建等。本文从项目价值、濒危程度和保护实践效果三方面进行综合评价研究，尤其是运用所构建的保护评价体系，对我国体育非物质文化遗产项目保护现状进行实证研究尚属首次。本研究在一定程度上充实和丰富了体育非物质文化遗产的理论研究体系。

二　研究方法

（一）文献资料调研

查阅并整理国内外有关非物质文化遗产、体育非物质文化遗产、文化遗产学、文化管理学、文化测量学、评价学以及社会科学研究方法等多方面的研究成果；查阅并整理我国在非物质文化遗产方面的政策、法规和文件，归纳并整理与体育非物质文化遗产保护评价有关的理论依据、应用价值以及影响体育非物质文化遗产保护的因素。

（二）统计分析

运用质性分析软件 NVivo8.0 对本课题组实地调研收集到的省级、国家级体育非遗代表作申报书中相关文字进行了编码、统计与分析。运用 Excel 对本研究中专家基本信息、各项指标描述性统计及其权重计算、应用研究中问卷数据等进行统计、整理和初步分析。利用 SPSS19.0 对调查问卷的信、效度、指标鉴别力等进行检验，并对整理的数据进行进一步的量化分析，力求使研究更具可靠性，具体使用在后文体现。

（三）调查法

1. 实地考察

对百余项省级以上体育非遗项目进行了实地考察，走访传承人、相关管理机构和管理者，获取大量第一手资料，全面掌握了我国各级政府非遗保护工作体系和工作流程。

2. 德尔菲法

按照德尔菲法基本流程：指标初选、确定专家团队、设计专家问卷、专家论证、反复修改与建议、确定最终指标及对应权重。其中，指标初选基于前面的文献资料工作与实地考察经验，经过两轮专家问卷，对指标进行增删、修改并确定权重，最终构建了较为全面、科学、可行的体育非物质文化遗产综合评价指标体系。

（1）专家问卷的形成

专家问卷的形成包括以下三个步骤：首先，基于文化管理学的相关理论，结合大量非物质文化遗产、文化管理学以及传统体育非物质文化遗产等相关文献，根据我国非遗保护工作模式，将体育非物质文化遗产综合评价分解为遗产申报评价与遗产申报后保护评价两个阶段，包括价值评价、濒危评价和保护评价三个部分；其次，对以上三部分的内容进行层层指标分解，使得综合评价最终实现具体可操作化，形成体育非物质文化综合评价体系指标框架；最后，综合部分专家、学者的意见，对体育非遗综合评价指标框架做出进一步修改，据此设计得到第一轮综合评价指标体系的专家问卷，并基于此设计后续专家问卷。专家问卷信效度见表1。

表1　　　　专家问卷信效度一览表

	价值评价	濒危评价	保护评价
Cronbach's Alpha	0.863	0.967	0.947
KMO 值	0.851	0.915	0.924

专家问卷信、效度检验结果显示，价值评价、濒危评价以及保护评价3部分数据的克伦巴哈系数以及KMO值均大于0.8①，说明本次问卷具有较好的信效度。

（2）专家团队的组成

专家基本情况

考虑到对传统体育、体育非遗及体育评价学的熟悉程度，邀请传统体

① 王梦阳：《政府公共体育服务满意度绩效评估指标的构建——以上海市为例》，《体育科学》2013年第10期。

育、体育非遗以及体育评价等相关研究领域共30位专家，基本信息见表2。

表2　本研究专家基本信息

学科/工作领域	n	职称、学历	相关领域工作平均年限（年）
传统体育（含体育非遗）	25	教授12人，博士11人	9.84
体育史	2	教授2人，博士2人	21
体育评价	3	教授2人，博士3人	11

专家积极系数

本研究第一、第二轮专家问卷均发放30份，回收30份，回收率为100%。其中，第一轮问卷的有效回收率为100%；第二轮问卷有效回收29份，有效回收率为96.67%。从问卷回收及有效率来看，本项研究的专家积极态度相对较高。

专家权威系数

沿用已有研究①中有关专家权威系数计算、判断依据、熟悉程度量化标准。统计结果显示，三个指标体系的熟悉系数均大于0.70的可接受值，判断系数均大于0.8，权威系数也均高于或等于0.80，均位于中等偏上水平，说明本研究的专家权威程度满足要求，具体数据见表3。

表3　专家权威系数

	熟悉程度 Cs	判断依据 Ca	权威系数 Cr
价值评价	0.81	0.81	0.81
濒危评价	0.84	0.95	0.90
保护评价	0.81	0.97	0.89

3. 问卷调查

在第1至第4批国家级和各省、直辖市、自治区体育非物质文化遗产名录中随机选取100个项目（各省调查数量统计见表4）进行保护评价应

① 张大超、李敏：《我国公共体育设施发展水平评价指标体系研究》，《体育科学》2013年第4期。

用研究，一方面，对保护评价体系进行验证；另一方面，也拟对这100个项目的保护情况进行实际评价。考虑到非遗保护相关信息的知情度，问卷发放对象为遗产传承人、遗产管理相关工作人员。

本次问卷调查随机确定100个调查对象，通过有效的联络方式发放100份电子问卷，最终回收99份有效样本，问卷回收率为99%。其中，万江龙舟由于项目的集体性特点，无相应个体或集体代表性传承人，无法补充“传承津贴”指标相关数据，故在此次调查研究中视为无效样本。采用半分法对问卷进行信度检验，结果均大于0.8（表5）。

表4　　保护评价应用研究各地体育非遗调查数量统计

省、自治区、直辖市、特区	调查项目数量统计	省、自治区、直辖市、特区	调查项目数量统计
广东	14	湖北	4
福建	8	安徽	2
江苏	8	河南	1
甘肃	11	陕西	1
内蒙古	5	天津	1
上海	4	贵州	5
四川	8	云南	5
山西	3	北京	2
广西	3	香港	1
重庆	3	宁夏	1
西藏	2	山东	2
河北	2	海南	1
辽宁	3	共计	100

表5　　保护评价调查问卷信度检验结果

Cronbach's Alpha	第一部分 数值	0.964
	项目数	50[a]
	第二部分 数值	0.964
	项目数	50[b]

对问卷进行效度检验，结果显示，KMO球形效度检验值为0.771，说明此问卷具有较高的信度和效度。

三 体育非物质文化遗产综合评价体系的构建

（一）构建依据

体育非遗综合评价体系的构建依据是我国非遗保护工作模式，我国非遗保护工作模式主要由保护事前的非遗申报以及成功申报后的保护传承两个主要环节组成，具体见图1。

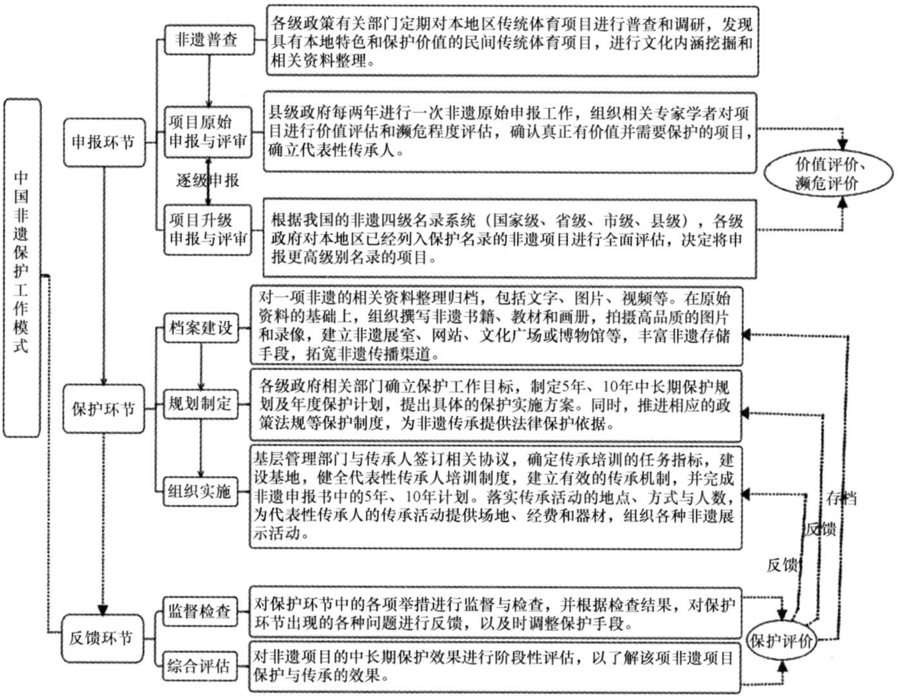

图1 我国非物质文化遗产保护工作模式

体育非遗保护与传承是一个动态过程，需要有关部门长期管理和监控。定期对保护效果和变化进行总结、评价和反馈，以便及时发现问题，针对性地调整保护策略与措施是必不可少的工作环节。然而，在对我国体育非遗项目大量实地调查中发现，我国绝大部分基层非遗保护工作中，缺少一定的反馈环节。因此，本研究在参考已有相关评价指标体系研究的基础上，以我国非遗保护工作模式为依据，构建体育非物质文化遗产综合评价体系，以期为我国体育非遗项目保护工作提供一种测量评价与反馈工具。

（二）体育非物质文化遗产申报评价指标初选

1. 价值评价体系

非物质文化遗产是一个民族传统文化的精髓。"发掘非遗，就是对一个民族优秀传统的钩沉，评选非遗，就是对一个民族优秀传统的再确认。评估过程中，应该根据各自非物质文化遗产价值的高低，以及这些遗产品质上的优秀度、时间上的跨度、信息上的承载度、状态上的原生度、社会上的知名度、性格上的独特度以及存量上的濒危度，对其进行细分，并施以差别保护。"① 而从目前我国非遗保护工作模式中发现，在非遗原始申报和升级申报工作环节，缺少价值评价指标体系，评审专家对非遗项目的评价缺乏理论依据。课题组对前人关于非遗价值评价的相关资料和研究进行了梳理和归纳，详见表6。

表6　　非物质文化遗产价值评价已有研究成果和标准汇总

已有研究、标准出处及课题组初选指标	二（三）级指标、具体标准
实施《保护世界文化和自然遗产公约》（后称《世界遗产公约》）操作指南评选标准第77条	世界文化遗产的"突出的普遍价值"评审标准包括：（1）作为人类天才的创造力的杰作；（2）在一段时期内或世界某一文化区域内人类价值观的重要交流，对建筑、技术、古迹艺术、城镇规划或景观设计的发展产生重大影响；（3）能为延续至今或业已消逝的文明或文化传统提供独特的或至少是特殊的见证；（4）是一种建筑、建筑或技术整体、或景观的杰出范例，展现人类历史上一个（或几个）重要阶段；（5）是传统人类居住地、土地使用或海洋开发的杰出范例，代表一种（或几种）文化或人类与环境的相互作用，特别是当它面临不可逆变化的影响而变得脆弱；（6）与具有突出的普遍意义的事件、活传统、观点、信仰、艺术或文学作品有直接或有形的联系。（委员会认为本标准最好与其他标准一起使用。） 文化遗产申报项目评审主要依据这6条标准，除了具备其中的一项或多项以上标准外，还必须符合完整性和原真性的条件，并且具备一份足以保障该项目及其价值的保护和管理制度才能真正被《世界遗产公约》视为具备了突出的普世价值。

① 苑利、顾军：《非物质文化遗产学》，高等教育出版社2009年版，第41—47页。

续表

已有研究、标准出处及课题组初选指标	二（三）级指标、具体标准
《国家级非物质文化遗产代表作申报评定暂行办法》中规定的6条评审标准	（1）具有展现中华民族文化创造力的杰出价值；（2）扎根于相关社区的文化传统，世代相传，具有鲜明的地方特色；（3）具有促进中华民族文化认同、增强社会凝聚力、增进民族团结和社会稳定的作用，是文化交流的重要纽带；（4）出色地运用传统工艺和技能，体现出高超的水平；（5）具有见证中华民族活的文化传统的独特价值；（6）对维系中华民族的文化传承具有重要意义，同时因社会变革或缺乏保护措施而面临消失的危险。
郑乐丹 浙江省社科联研究课题（08B31）阶段性成果	历史价值（知名度、久远度、参与度、历史见证、历史传承） 文化科学价值（文化形象、文化特色、科普认知、科学考察） 审美价值（艺术典型性、美学特性、珍稀性、独特性、反映地域风格） 精神价值（情感表达、宗教信仰、文化认同、社会和谐） 时代价值（教育价值、经济价值、公众道德） 保护状况（真实性、整体性、原生态、濒危度）

借鉴已有学术研究成果，本研究基于扎根理论①对课题组收集的43项省级以上体育非遗项目的《非遗申报书》进行质性研究，寻找申报书中的项目简介、项目说明及项目论证等部分涉及的价值属性，来确定价值评价标准。首先，将所有项目申报书中相关内容整理为6.5万字逐字稿；然后，将逐字稿导入质性研究软件NVivo 8.0，对逐字稿中提及的项目价值属性进行自由节点式编码，共产生54个一级编码；对所有一级编码进行归纳共划分出13个范畴，形成相应的关联式编码；通过对资料整体反复查对，最终将13个关联式编码聚合为4类核心编码，分别是：时代价值、历史价值、文化价值和精神价值（表7）。

在此基础之上，通过德尔菲法对质性研究结果进行专家问卷，从而建立了图2所示体育非遗价值评价指标体系。由于文化价值评价的主观

① 孙拥军、李倩、吴秀峰：《运动与锻炼心理学中的质性研究：反思与展望》，《体育科学》2014年第11期。

性与难以量化，笔者认为此部分宜进行定性评价。

表7　　　　体育非物质文化遗产的价值属性编码

核心编码（参考点数）	关联式编码（参考点数）	自由编码节点（参考点数）	内容举例	提及项目
时代价值（81）	休闲健身（27）	防身护卫（2）、健身养生（11）、健身娱乐（4）、增强体质（4）、强身健体（1）、全民健身（2）、愉悦身心（3）、活跃气氛（1）	融游艺、竞技、娱乐于一体，使龙舞成为强身健体和自娱娱人的群众性活动	28
	社会教育（24）	培养意志品德（4）、启迪智力（1）、传播知识（7）、益智强身（2）、促进社会和谐（7）、集多种技巧于一身（3）	对于培养青少年坚韧不拔、持之以恒、勇敢无畏的意志和精神有着重要意义	20
	经济开发（30）	表演（5）、演出（6）、带动经济发展（12）、实践开发（1）、舞台特征（2）、艺术价值（1）、观赏性（3）	集舞蹈表演和武术表演于一身，丰富多彩，内涵深刻，雅俗共赏，有很强的观赏性	14
历史价值（51）	文化传承（29）	保留传统（3）、传习文化（2）、历史悠久（3）、知识积累（3）、文化传承（2）、年代（1）、庆祝秋收（1）、集体智慧的象征（2）、智慧结晶（12）	在当地流传百年/累积了大量前人的智慧和实践，蕴含着丰富的中华武术文化内涵	41
	存世量（3）	唯一（1）、濒临消失（1）、散失（1）	很多功夫技法已经散失	3
	历史研究与考古（20）	技术考古（5）、历史文化研究（13）、参考资料（1）、文学研究素材（1）	为研究清代宫廷戏剧文化的发展提供了很好的素材	22
文化价值（50）	地域风格（45）	地方风格（33）、特色（12）	具有浓厚的珠江三角洲水乡特色	36
	艺术典型性（13）	独特性（2）、独特艺术（1）、独创（3）、动作技术（7）	形成了自己特有的固定模式	25
	原真性（2）	保留完整（1）、最原始（1）	是最原始的摔跤形式之一	6

续表

核心编码（参考点数）	关联式编码（参考点数）	自由编码节点（参考点数）	内容举例	提及项目
精神价值（57）	文化认同（14）	民族精神（13）、民族认同（1）	具有鲜明的民族认同感、祥和感和凝聚力	12
	社会凝聚力（16）	群众参与（13）、群众基础（11）、老少皆宜（2）	群众广泛参与，每有比赛，群众如过节般欢天喜地，全镇喜气洋洋，欢乐祥和	23
	交流纽带（27）	促进交流（4）、在外居民回乡（3）、传播广泛（2）、国际影响力（2）、交流情感（8）、消除矛盾（6）、文化纽带（2）	是联结港澳同胞、华人华侨的文化纽带	10

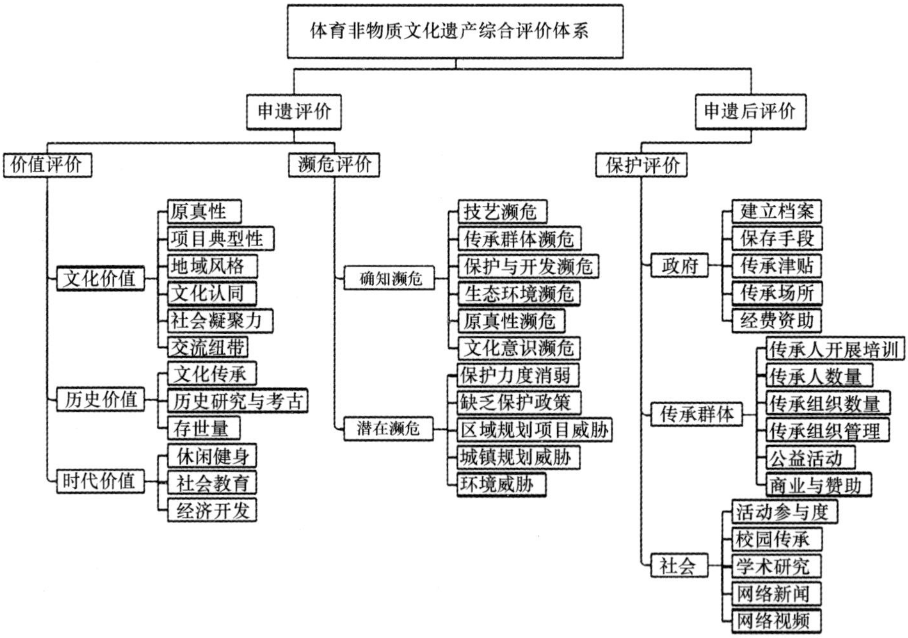

图2 体育非物质文化遗产综合评价体系

2. 濒危评价体系

目前，国际级别的非遗名录分为两类，分别是人类非遗代表作名录和急需保护的非遗名录，并针对不同等级的紧急情况，设置了相应的国际合作与援助计划①，以利于将用于非遗保护的有限资源进行合理分配。而我国则设置了自下而上的 4 级代表性非遗名录系统（县级、市级、省级和国家级），任何一项非遗需由县级逐级申报，最终才能进入国家级非遗代表性名录。从目前我国非遗保护工作模式中发现，在非遗原始和升级申报工作环节，均缺少濒危评价指标体系，从而导致国家和各级政府的有限投入无法高效使用，人力、资金等资源分配目的性不强，效果不明显。本研究借鉴《世界遗产公约》操作指南第 179 条标准，并结合实际调研经验，将体育非遗濒危评价指标初步确定为 2 个二级指标和 11 个三级指标，详见表 8。

表 8　非物质文化遗产濒危评价已有评审标准及课题组提炼指标汇总

已有标准及课题组初选指标	具体评审标准、二（三）级指标
《世界遗产公约》操作指南第 179 条标准	对于文化遗产的相关界定如下：（1）已确知的危险，即该遗产面临着具体的且确知即将来临的危险，如历史真实性严重丧失、文化意义严重丧失等。（2）潜在的危险，即该遗产面临可能会对其固有特性造成损害的威胁，如①该遗产法律地位的改变引起的保护力度的削弱；②缺乏保护政策；③区域规划项目的威胁；④城镇规划的威胁；⑤武装冲突的爆发或威胁；⑥地质、气候或其他环境因素导致的威胁等。
本研究提炼体育非遗濒危评价二（三）级指标	确知濒危（技艺濒危、传承群体濒危、保护开发濒危、生态环境濒危、原真性濒危、文化濒危） 潜在濒危（保护力度削弱、缺乏保护政策、区域规划项目威胁、城镇规划威胁、环境威胁）

非遗的本质特征是活态性，非遗保护首先应对项目本身现存状态、传承群体现状、原始生态环境变化等作出全面判断，方可为保护项目的

① 详见《保护非物质文化遗产公约》第四章、第五章。

紧迫性及保护力度等方面的决策提供依据。然而，我国体育非遗管理工作的有关部门缺乏濒危评估意识，使得保护措施的制定与实施针对性不强。借鉴国际先进的非遗保护理念，在体育非遗的传承与保护中，可以采用濒危分级评价，判别不同体育非遗项目濒危程度上的差异。课题研究将濒危程度大致分为3个级别，一级濒危的特征是该体育非遗项目的基本生存空间尚存，但存在较大的潜在影响因素；二级濒危的特征是体育非遗项目的生存空间受到威胁，生存环境正在发生巨变，已感受到破坏压力；三级濒危的特征是项目的生存空间基本消失，传承人年事过高，项目技艺濒临失传，急需采取措施抢救。非遗濒危分级评价有助于指导非遗管理者对濒危项目进行适宜的抢救保护措施，避免其在传承与发展过程中造成遗产流失或衰亡，及时为其提供必要的资助与机遇。

（三）体育非物质文化遗产保护评价体系指标初选

通过查阅非遗保护的相关文献和政策法规发现，对于非遗保护的明确定义，起始于1989年通过的《保护民间创作建议案》。该建议案旨在对非遗进行必要的鉴定、保护和传承，从而最大限度地降低经济和文化全球化对世界非遗的影响和破坏。此外，联合国教科文组织在《保护非物质文化遗产公约》第2条第3款中指出，保护（Safeguarding，广义上的）指“确保非物质文化遗产生命力的各种措施，包括这种遗产各个方面的确认、立档、研究、保存、保护（protection，狭义上的）、宣传、弘扬、传播（特别是通过正规和非正规教育）和振兴”。

我国《国家级非物质文化遗产代表作申报评定暂行办法》第7条明确，申报项目须提出切实可行的10年保护（广义上的）计划，并承诺采取具体措施，进行切实保护。这些措施主要包括建档、保存、传承、传播和保护5方面的内容，分别是：建档：通过搜集、记录、分类、编目等方式，为申报项目建立完整的档案；保存：用文字、录音、录像、数字化多媒体等手段，对保护对象进行真实、全面、系统的记录，并积极搜集有关实物资料，选定有关机构妥善保存并合理利用；传承：通过社会教育和学校教育等途径，使该项非遗的传承后继有人，能够继续作为活的文化传统在相关社区，尤其是青少年当中得到继承和发扬；传播：利用节日活动、展览、观摩、培训、专业性研讨等形式，通过大众传媒和互联网的宣传，加深公众对该项遗产的了解和认识，促进社会共享；保护（狭义上的）：采取切实可行的具体措施，以保证该项非遗及其智力成果得到保存、传承和发展，保护该项遗产的传承人（团体）对其世代相传的文化表现形式和文化空间所享有的权益，尤其要防止对非遗的误解、歪曲或滥用。

基于对非遗保护在广义与狭义上的辨析及我国体育非遗传承保护工作模式和项目特点，将不同保护主体作为体育非遗保护评价二级初选指标，继而确定了对应三级指标，并对15个三级初选指标进行解释（表9）。

表9　　体育非物质文化遗产保护评价初选三级指标解释

二级指标	三级指标	指标解释
政府体育非遗保护	建立档案	一是建立项目档案，如项目起源、传承人谱系、技术套路谱系、活动范围、社会影响等；二是建立保护档案，如项目保护与发展的规划、计划、措施、步骤、实施等
	保存手段	项目储存和传播途径，如专项博物馆、专项展室、录音录像、书籍教材、互联网等实施情况
	政策规划	地方政府在项目保护政策、法律法规、相关条例等方面的制定与落实情况
	传承津贴	各级政府每年针对不同等级代表性传承人发放相应额度传承人专项财政补贴的情况
	传承场所	政府为该项目提供传承场所的情况
	经费资助	各级政府为支持该项目传承而提供不同额度财政拨款的情况
传承群体体育非遗保护	传承人数量	该项目的代表性传承人数量
	传承人开展培训	传承人为促进该项目传承而组织开展各种日常培训活动的人数、频次和规模等情况
	传承组织数量	该项体育非遗传承单位的数量，包括传承基地、武馆、协会、俱乐部等
	传承组织管理	项目传承人、传承群体等传承组织的日常管理、日常秩序等管理现状
	商业与赞助收入	包含商业演出和赞助收入两方面的内容，商业演出是指该项目每年进行有偿表演的频次及所得的收入，赞助收入包括该项目每年经由社会人士捐赠、企业捐赠、居民集资等渠道获得的收入，以此来反映该项目在政府财政系统保障之外的自身造血能力

续表

二级指标	三级指标	指标解释
社会体育非遗保护	活动参与度	该项目相关推广活动的活动规模与社会参与人数
	校园传承	该项目进入校园的情况，分为已纳入校本课程、作为课外活动、有校代表队、偶尔组织活动、尚未进入校园等5种情况
	学术研究	该项目已有学术研究的数量（以中国知网检索遗产名称所得结果为原始数据来源）
	宣传方式	包括报纸、杂志、专著、网站、微信公众号、APP等（以百度引擎检索的网络新闻量、网络视频量为原始数据来源）

（四）设计专家问卷，专家论证与修订

根据初步确定的体育非遗综合评价指标框架，设计了第1轮专家咨询表，让专家对各级指标分类是否恰当、基本恰当以及不恰当进行选择。统计结果表明，30名专家中，有80%以上专家认为该指标分类基本恰当，有20%以上专家认为该指标分类恰当，没有专家认为该指标分类不恰当（表10）。

表10　　指标分类恰当与否专家意见汇总

指标是否恰当	一级指标层		二级指标层		三级指标层	
	频数	%	频数	%	频数	%
恰当	10	33.33	10	33.33	6	20
基本恰当	20	66.67	20	66.67	24	80
不恰当	0	0	0	0	0	0
汇总	30	100	30	100	30	100

在调查指标分类是否合理的基础上，采纳了大部分专家提出的意见，保留专家认可的指标，修改了1个二级指标、2个三级指标，删除了2个三级指标，并新增了3个三级指标。

在价值评价中，有专家提出二级指标“文化价值”与“精神价值”不太好区别，建议将两者合二为一，故此处仅采纳将“文化价值”和“精神价值”合并的意见；在三级指标中，有两位专家提出对“艺术典型性”指

标的表述方式进行修改，“艺术”二字颇有争议，建议改为“动作技术典型性”或者“项目典型性”，考虑到体育非遗形式多样，“动作技术”4个字不能完全诠释其典型性，故取用将其改为“项目典型性”的意见。

在濒危评价中，部分专家建议将三级指标“文化濒危”改为“文化意义濒危”，使其更为具体，以免产生歧义。

在保护评价中，“政策规划”“宣传方式”指标抽象，难以评价，予以删除；基于社会网络化程度愈加发达的考虑，体育非物质文化遗产的保护与宣传应当充分利用网络化工具这一考虑，便新增“网络新闻”“网络视频”两项更为具体的指标，来替代原有的“宣传方式”；同时，笔者通过对非遗项目传承人的面谈采访了解到，近年来为了弘扬我国优秀传统体育文化，他们都积极地参与到非遗公益展示活动当中，故新增“公益活动”指标，从传承单位的角度来反映遗产宣传情况。

对第1轮专家意见进行汇总之后，设计了第1轮补充专家问卷，针对变化指标是否合理进行了调查，所有专家认为变化指标合理。

（五）确定最终指标及对应权重

根据第1轮及补充专家问卷中专家们的意见和建议，对初选指标进行修改之后，设计了第2轮专家问卷。第2轮问卷采取10分制让各位专家对各级指标的重要性进行赋值，运用SPSS 19.0软件对指标数据进行了均值、标准差和变异系数的统计，以反映专家意见的分布状况。结果显示，所有指标的“重要性”均值均在5分以上，并且指标变异系数均小于0.25①，具体见表11—表13。

表11　　价值评价指标重要性统计

	$\bar{X}$	*SD*	变异系数
文化价值	8.87	1.358	0.153
原真性	8.23	1.331	0.162
项目典型性	7.90	1.494	0.189

① 张大超、李敏：《我国公共体育设施发展水平评价指标体系研究》，《体育科学》2013年第4期。

续表

	$\bar{X}$	*SD*	变异系数
地域风格	8. 53	1. 196	0. 140
文化认同	7. 03	1. 426	0. 203
交流纽带	8. 50	1. 408	0. 166
社会凝聚力	7. 70	1. 343	0. 174
历史价值	8. 23	1. 524	0. 185
历史研究与考古	8. 31	1. 912	0. 23
文化传承	8. 07	1. 163	0. 144
存世量	7. 43	1. 331	0. 179
时代价值	7. 70	1. 489	0. 193
休闲健身	7. 40	1. 476	0. 199
社会教育	7. 60	1. 38	0. 182
经济开发	6. 60	1. 567	0. 237

表 12　　濒危评价指标重要性统计及指标权重

	$\bar{X}$	*SD*	变异系数	权重
确知濒危	9. 34	1. 173	0. 126	0. 560
技艺濒危	8. 83	1. 284	0. 145	0. 099
传承群体濒危	8. 90	1. 472	0. 165	0. 101
保护与开发濒危	8. 59	1. 119	0. 130	0. 094
生态环境濒危	8. 31	1. 442	0. 174	0. 090
原真性濒危	8. 24	1. 480	0. 180	0. 090
文化意识濒危	7. 83	1. 466	0. 187	0. 085
潜在危险	8. 69	1. 137	0. 131	0. 440
保护力度削弱	8. 07	1. 412	0. 175	0. 091
缺乏保护政策	8. 17	1. 513	0. 185	0. 091
区域规划项目威胁	7. 79	1. 567	0. 201	0. 087
城镇规划威胁	7. 89	1. 595	0. 202	0. 087
环境威胁	7. 76	1. 380	0. 178	0. 084

表 13　　保护评价指标重要性统计及指标权重

	$\bar{X}$	*SD*	变异系数	权重
政府体育非遗保护	9.41	0.825	0.088	0.35
建立档案	8.93	1.307	0.146	0.071
保存手段	8.72	0.960	0.110	0.07
传承津贴	8.72	1.386	0.159	0.07
传承场所	8.21	1.264	0.154	0.066
经费资助	9.07	1.307	0.144	0.072
传承群体体育非遗保护	9.14	1.093	0.120	0.34
传承人开展培训	8.93	1.280	0.143	0.062
传承人数量	8.52	1.022	0.120	0.059
传承组织数量	8.21	1.373	0.167	0.057
传承组织的管理	8.41	1.350	0.161	0.058
公益活动	7.83	1.311	0.167	0.054
商业与赞助	7.28	1.556	0.214	0.05
社会体育非遗保护	8.45	1.325	0.157	0.31
活动参与度	8.76	1.123	0.128	0.065
非遗进校园	8.41	1.323	0.157	0.062
学术研究	7.97	1.401	0.176	0.059
网络新闻	8.52	1.326	0.156	0.063
网络视频	8.38	1.147	0.137	0.062

以上指标描述性统计结果说明，经过筛选各个指标对体育非遗综合评价的反映程度，在两轮专家咨询之后得到一致认可。最终将体育非遗综合评价指标体系确定为：3 个一级指标、8 项二级指标和 39 项三级指标，如图 2 所示。由于文化价值评价的主观性与难以量化，笔者认为此部分宜进行定性评价，故仅提供价值评价维度即各三级指标，不赋予相应指标权重；而濒危评价及保护评价部分采用定量评价方式，故赋予指标权重。

四 体育非物质文化遗产保护评价体系的应用与分析

为验证体育非遗保护实践评价体系的使用效果，全面深入了解我国体育非遗的保护现状，笔者从本课题组实地调研的229个省级以上体育非遗项目中，随机抽取100个体育非遗项目作为实证研究对象（实际获取到99个项目完整有效数据）。这99个体育非遗项目包括27个国家级体育非遗项目、72个省级体育非遗项目，分布在全国25个省、市、自治区，其中，有26个为少数民族体育非遗项目。

（一）体育非遗保护评价指标的鉴别力分析

“评价指标的鉴别力是指评价指标区分评价对象特征差异的能力。”①体育非遗保护评价指标的鉴别力即是各指标区分和鉴别不同类型体育非遗保护措施优劣的能力。如果所有同类型或不同类型被测项目在某个评价指标上的得分呈现出高度一致性，那么，该指标可被认为几乎不具备鉴别力；反之，如果被评项目在某个指标上的得分呈现明显的差异，则说明该指标具有较好的鉴别力，通常用变异系数来描述指标的鉴别力。一般而言，变异系数大小与鉴别力强弱成正相关关系。根据鉴别力分析原理，运用SPSS 22软件包对总体样本数据进行描述性统计，在此基础上计算出变异系数，以确定评价指标的鉴别力强弱。具体数据见表14。

表14　　保护评价指标的鉴别力分析量表

测量指标	n	$\bar{X}$	*SD*	变异系数
建立档案（ZB1）	100	5.84	2.624	0.449
保存手段（ZB2）	100	4.84	2.390	0.494
传承津贴（ZB3）	99	5.48	2.901	0.529
传承场所（ZB4）	100	4.54	2.603	0.573
经费资助（ZB5）	100	2.30	2.057	0.894
传承人开展培训（ZB6）	100	6.48	2.231	0.344

① 吴福平：《文化测量：原理与方法》，浙江大学出版社2014年版，第133页。

续表

测量指标	n	$\bar{X}$	*SD*	变异系数
传承人数量（ZB7）	100	3.08	2.411	0.783
传承组织数量（ZB8）	100	3.26	1.900	0.583
传承组织的管理（ZB9）	100	6.40	2.000	0.313
公益活动（ZB10）	100	6.16	1.889	0.307
商业与赞助（ZB11）	100	2.39	2.445	1.023
活动参与度（ZB12）	100	5.26	2.852	0.542
校园传承（ZB13）	100	5.08	3.007	0.592
学术研究（ZB14）	100	3.82	2.397	0.627
网络新闻（ZB15）	100	3.64	1.967	0.54
网络视频（ZB16）	100	3.34	1.908	0.571
有效的 n（列表状态）	99			

鉴别力分析量表的 16 项保护评价指标中，建立档案、保存手段、传承人培训、传承组织管理和公益活动等 5 项指标的变异系数为 0.3—0.5 之间；传承津贴、传承场所、经费资助、传承人数量、传承组织数量、商业与赞助、活动参与度、校园传承、学术研究、网络新闻和网络视频等 11 项指标超过了 0.5。可见，体育非遗保护实践评价指标的鉴别力较为理想。

（二）体育非遗保护评价的应用结果分析

1. 数据处理与结果分析

假设项目保护评价满分为 9 分，问卷中选择题部分 A、B、C、D、E 对应计分 9、7、5、3、1；填空题部分数据的处理，先将单项指标对应获取的所有原始数据进行一次排序，根据排序结果从高至低将其划分为 5 段，然后对应计分 9、7、5、3、1。需要说明的是，问卷中不包含学术研究、网络新闻、网络视频的调查，这 3 项指标的原始数据是通过手动网络搜索获得，其计分处理方式与填空题指标相同。

对数据进行无量纲化处理之后，将单项指标的得分与其相应权重相乘得到单项指标得分，将所有单项指标得分相加即得到一项非遗的保护评价综合得分。计算各项目得分之后，运用标准百分公式：

$$T = 50 \pm \frac{x - m}{s} \times 10$$

对所有项目得分进行数据转换，以便于观察。公式中，m 代表样本总体的均值，s 代表样本总体的标准差；由于本指标体系中所有指标均为高优指标，不含低优指标，故运算符取“+”，在濒危评价中则取“-”。对有效样本分别计算其综合得分、均值以及标准差，在此基础之上对综合得分结果标准百分转换。本次以 99 项体育非遗项目为研究对象，各个项目得分见表 15。

表 15　99 个体育非物质文化遗产项目综合得分、标准百分排序

样本序号（n=99）	综合得分（Y）	标准百分（Y1≥60）	样本序号（n=99）	综合得分（Y）	标准百分（Y1≤40）
1	7.778	76.72	51	4.502	50.02
2	7.682	75.93	52	4.5	50
3	7.246	72.38	53	4.464	49.71
4	7.024	70.57	54	4.458	49.66
5	6.85	69.15	55	4.438	49.49
6	6.832	69.01	56	4.41	49.27
7	6.456	65.94	57	4.354	48.81
8	6.386	65.37	58	4.3	48.37
9	6.034	62.5	59	4.228	47.78
10	5.79	60.51	60	4.186	47.44
11	5.786	60.48	61	4.128	46.97
12	5.714	59.89	62	4.1	46.74
13	5.68	59.62	63	4.058	46.4
14	5.592	58.9	64	4.052	46.35
15	5.586	58.85	65	4.04	46.25
16	5.564	58.67	66	3.956	45.57
17	5.442	57.68	67	3.94	45.44
18	5.436	57.63	68	3.93	45.35
19	5.434	57.61	69	3.926	45.32
20	5.382	57.19	70	3.92	45.27
21	5.356	56.98	71	3.806	44.34
22	5.268	56.26	72	3.734	43.76

续表

样本序号（n = 99）	综合得分（Y）	标准百分（Y1 ≥60）	样本序号（n = 99）	综合得分（Y）	标准百分（Y1 ≤40）
23	5. 268	56. 26	73	3. 726	43. 69
24	5. 218	55. 85	74	3. 666	43. 2
25	5. 218	55. 85	75	3. 62	42. 83
26	5. 202	55. 72	76	3. 612	42. 76
27	5. 188	55. 61	77	3. 518	42
28	5. 186	55. 59	78	3. 5	41. 85
29	5. 182	55. 56	79	3. 462	41. 54
30	5. 152	55. 31	80	3. 38	40. 87
31	5. 148	55. 28	81	3. 378	40. 86
32	5. 144	55. 25	82	3. 348	40. 61
33	5. 128	55. 12	83	3. 236	39. 7
34	5. 046	54. 45	84	3. 216	39. 54
35	5. 038	54. 38	85	3. 124	38. 79
36	4. 944	53. 62	86	3. 104	38. 62
37	4. 924	53. 46	87	3. 06	38. 26
38	4. 896	53. 23	88	3. 044	38. 13
39	4. 846	52. 82	89	2. 982	37. 63
40	4. 832	52. 71	90	2. 938	37. 27
41	4. 822	52. 62	91	2. 932	37. 22
42	4. 81	52. 53	92	2. 874	36. 75
43	4. 79	52. 36	93	2. 868	36. 7
44	4. 674	51. 42	94	2. 744	35. 69
45	4. 662	51. 32	95	2. 506	33. 75
46	4. 618	50. 96	96	2. 466	33. 42
47	4. 598	50. 8	97	2. 202	31. 27
48	4. 586	50. 7	98	1. 618	26. 51
49	4. 58	50. 65	99	1. 368	24. 47
50	4. 54	50. 33			

根据测量评价理论，采用百分位数法对所有项目的标准百分（Y1）结果进行5 等评价，将评价结果分为很好、较好、一般、较差、很差5 个

等级，对应等级评价标准见表16。

表16 我国体育非物质文化遗产保护评价结果等级标准

	很好	较好	一般	较差	很差
保护总得分	90% +0.01↑	75% +0.01 ~90%	25% ~75%（含25%、75%）	10% ~25% -0.01（含10%）	10% -0.01↓
	62.5↑	56.26~60.51	42.76~55.85	37.27~42	37.22↓

2. 项目保护总体特征分析

体育非遗保护工作系统内部存在政府、传承群体、社会三个主要子系统之间的互动关系，考虑到非遗保护目前还是一项政策导向性的文化事业，那么，可能存在以“政府主导”“传承群体主导”“社会主导”等多种保护模式。结合每个项目各子系统的具体得分和雷达图的面积大小，能够较为直观地体现不同子系统在不同项目中的保护力度。

运用EXCEL生成所有项目总得分及各子系统得分雷达图，然后按照总得分5等划分标准对99个体育非遗进行区间分组，从而生成5个区间对应项目得分的雷达图，以探索不同组别项目保护现况的总体特征，具体见图3。

以上雷达分布图中，c与f图形最为接近，导致这种相似的理由可以从两方面说明。一方面，所有项目总得分描述性统计结果的均值m（n=99）=4.50（50分），对应保护评价结果等级标准的“一般”等级区间，即我国体育非遗保护的总体水平处于“一般”水平是这两幅图形状相似的原因之一；另一方面，这两幅图中都显示，橙色区域面积>灰色区域面积>黄色区域面积，这说明各子系统得分从高至低：依次为政府、传承群体和社会。需要说明的是，政府子系统得分高于另外两部分，不能肯定是由于政府的保护力度比传承群体和社会两部分要强大带来的结果，这可能只是二级指标权重大小带来的结果，尽管如此，二级权重的大小也足以说明，目前我国非遗保护工作是以政府为主导的。因此，将处于“一般”水平的体育非遗项目保护的总体特征归纳为：“政府主导、传承群体积极配合行动、社会部分参与”。

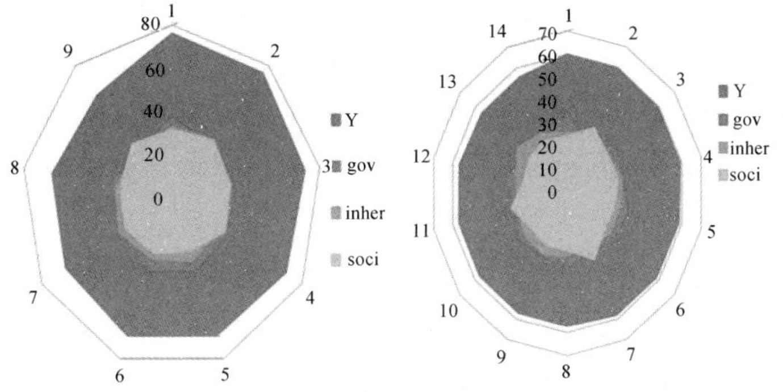

a 保护很好项目　b 保护较好项目

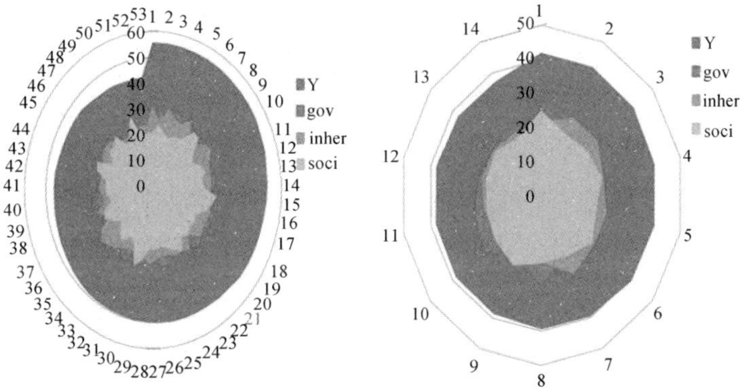

c 保护一般项目　d 保护较差项目

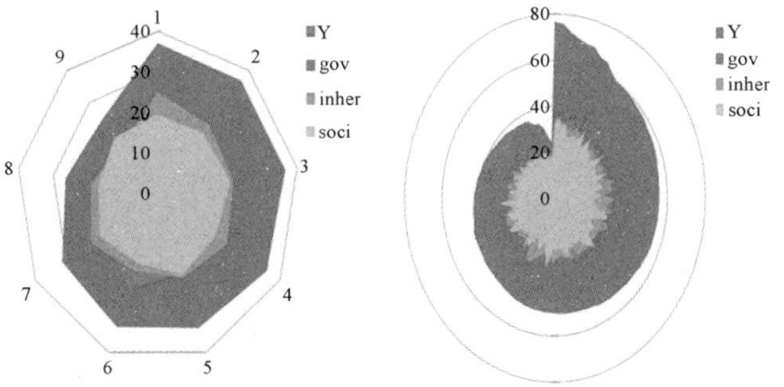

e 保护很差项目　f 所有调查项目

图3　项目总得分及对应二级指标得分雷达分布图

注：图例部分 Y 表示项目总得分标准百分，简称总得分，gov 表示政府保护措施得分标准百分，inher 表示传承群体保护措施得分标准百分，soci 表示社会保护措施得分标准百分。

a、b、d、e与c的显著差异在于，3色区域面积的层次性已经不再明显，变得相对模糊，这种模糊是对二级指标权重大小的一种对抗。具体来说，d与e对比，不难发现3色区域面积中，面积最大的是黑色区域，其次分别是灰色区域和淡灰色区域，这说明尽管传承群体的保护力度非常大，但是政府的主导性没有充分发挥，导致传承群体的动力不足；此外，结合具体得分半径来看，d和e的子系统得分半径约在20—25左右，而a、b的子系统得分半径约在30—40左右，这说明前者的各子系统的保护力度明显弱于后者。因此，笔者将处于“较差”水平和“很差”水平的非遗项目保护的总体特征归纳为：“政府主导、传承群体和社会动力不足”。

a、b的得分半径大小足以说明，其各子系统保护力度相对较强，二者的显著区别在于淡灰色区域面积。a中淡灰色区域相对灰色区域面积大于b中淡灰色区域相对灰色区域面积，即保护很好项目的社会子系统保护力度要强于保护较好项目；并且尽管3色层次变得不再明显，仍然能够体现出政府在起主导作用。这表明，我国体育非遗保护要想达到一个理想的状态，须由政府、传承群体和社会三大子系统协同合作，发挥各自的主动性，同时积极配合、积极合作，从而走向其自我发展、自我完善和可持续发展的有序状态。因此，笔者将处于“很好”水平和“较好”水平的非遗项目保护的总体特征归纳为：“政府主导、传承群体和社会协力合作”。

3. 项目保护的共同特征分析

为探索影响体育非遗项目保护效果优劣的因素，寻找出保护效果优劣的非遗项目所具有的共同特征，课题组还采用众数和频率统计方法，对保护很好项目和保护很差项目的各项三级指标得分进行了统计分析。从有效样本所有得分中分别提取出标准百分低于40分的16个项目，以及标准百分高于60分的10个项目，分别进行众数和众数对应频次统计。

对标准百分高于60分的10个体育非遗项目的众数和众数对应频次统计结果发现，传承津贴（ZB3）、传承人培训（ZB6）两项指标对应得分中分值9为众数，并且该高分值对应频次最高，均为7；其次是建立档案（ZB1）、传承场所（ZB4），这两项指标，对应得分中众数仍是9分，该高分值对应频次均过半，分别为6分、5分，详见图4。

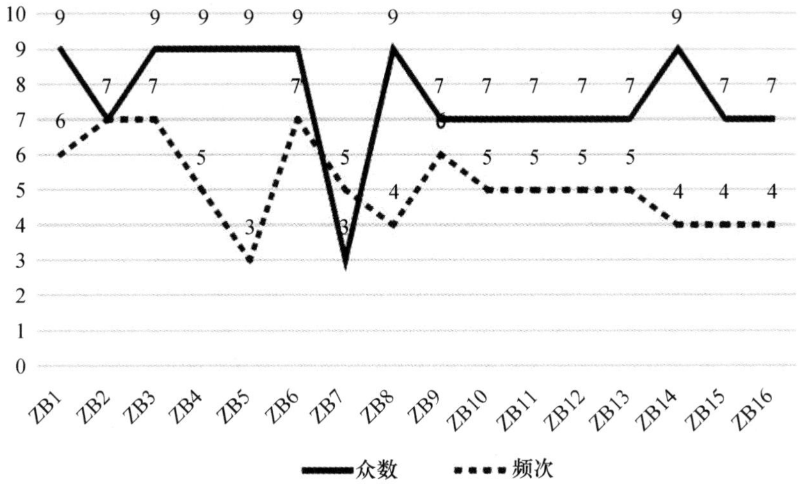

图4 项目保护实践评价得分（标准百分）高于60分的指标统计

由此可见，体育非遗保护效果较好的项目共同特征表现在以下几个方面：

（1）各级政府给予代表性传承人的津贴每年保证到账；

（2）当地政府重视传承组织的管理，支持传承人和传承群体开展专项技术培训，重视培养传承接班人以及传习组织，使得传承人和传承组织数量增多；

（3）重视完善体育非遗传习场所的建设，为体育非遗活动的开展提供充足的传承场地；

（4）对体育非遗的资料档案建设高度重视，采用多种途径拓展体育非遗的储存手段和方式，在乡文化站和县文化馆创建专题文化展示室、建设体育非遗主题展示馆、创建体育非遗独立网站，加大体育非遗传播力度和传播广度。

对标准百分低于40分的16个体育非遗项目的众数和众数对应频次统计结果发现，经费资助（ZB5）、商业与赞助（ZB11）以及非遗进校园（ZB13）3项指标的对应得分中分值1为众数，并且该低分值对应频次最高，分别为12、11、12；其次是保存手段（ZB2）、传承人数量（ZB7）以及传承组织数量（ZB8）、学术研究（ZB14）、网络新闻（ZB15）、网络视频（ZB16），这6项指标的对应得分中众数为1或者3，并且该分值对应频次均过半，分别为9、8，略低于前面3项指标，详见图5。

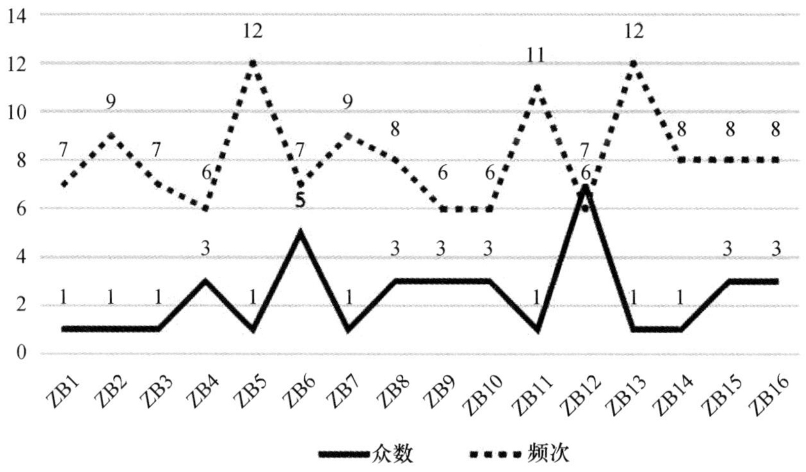

图5　项目保护实践评价得分（标准百分）低于40分的指标统计

统计结果表明，体育非遗保护效果较差的项目共同特征表现在以下几个方面：

（1）政府对该体育非遗保护项目经费资助不足。尤其是因自身项目特点而导致商业运作困难，无法通过商业运作获得收入的体育非遗项目，传承活动开展缺少经费保障和支持。

（2）传承人和传承组织的加速消失。目前，部分体育非遗代表性传承人和村里的青壮年群体常年在外打工，每年只有春节等少数时间返乡，这种现象严重影响了体育非遗项目在本地的传承与发展。

（3）非遗进校园无法落实。学校教育传承在非遗传承中发挥着重要的作用，将非遗引进学校、引进教材、引进课堂是传承和发展体育非遗的有效方式。然而，数据统计与实地考察发现，保护绩效较差的项目并没有在校园开展任何形式的传承活动，在校园传承方面也没有得到当地有关部门的政策支持和有效推进。

上述研究表明，促进体育非遗保护工作的具体举措应是：

（1）各级政府给予代表性传承人的津贴每年保证到账；

（2）当地政府重视传承组织的管理，支持传承人和传承群体开展专项技术培训，重视培养传承接班人以及传习组织，促使传承人和传承组织数量增多；

（3）重视完善体育非遗传习场所的建设，为体育非遗活动的开展提供充足的传承场地；

（4）对体育非遗的资料档案建设高度重视，采用多种途径拓展体育非遗的储存手段和方式，在乡文化站和县文化馆创建专题文化展示室、建设体育非遗主题展示馆、创建体育非遗独立网站，加大体育非遗传播力度和传播广度；

（5）积极开展校园非遗活动，学校教育传承在非遗传承中发挥着重要的作用，将非遗引进学校、引进教材、引进课堂是传承和发展体育非遗的有效方式。

五 结论与建议

（一）结论

1. 体育非遗综合评价指标体系由 3 个一级指标、8 个二级指标、39 个三级指标组成。在构建过程中，确定了包括价值评价、濒危评价和保护实践评价在内的 3 个指标体系的所有指标，其中价值评价包括 3 个二级指标，12 个三级指标；濒危评价包括 2 个二级指标，11 个三级指标；保护评价包括 3 个二级指标，16 个三级指标。

2. 本研究指标的构建基于田野调查的原始资料和我国体育非遗保护工作实践，从而避免了指标体系构建中的主观杜撰。同时，在指标构建的过程中，采用边设计、边验证、边修改、边完善的科学态度，多次听取基层非遗管理人员和传承人的建议，反复听取专家反馈意见，以确保综合评价体系的科学性。全部指标的重要性在两轮专家咨询之后得到一致认可。同时，为进一步确认该评价指标的可行性，本研究运用该评价体系对我国 99 个省级以上体育非遗项目进行实证研究，结果表明，该评价体系的各指标鉴别力较为理想，能够区分和鉴别不同类型体育非遗项目保护措施的优劣程度。各项评价指标在多个个案中反复论证，运用效果良好，具有一定的应用性和可行性。

3. 运用本研究构建的保护评价体系，对我国 99 个省级以上体育非遗保护实践进行了综合评价，将 16 项指标的综合得分划分为 5 个级别。得分级别结果表明，超过半数的体育非遗项目在进入代表性名录之后得到了有效保护，但仍有约 22% 的非遗项目没有得到相应的保护，处于较差水平之下，保护工作有待进一步改善。

4. 体育非物质文化遗产保护评价应用研究数据结果表明，保护工作效果“很好”和“较好”的非遗项目保护模式为“政府主导、传承群体和社会协力合作”的保护模式。保护工作效果“一般”的非遗项目保护模式为“政府主导、传承群体积极配合行动、社会部分参与”的保护模式；保护工作效果“较差”和“很差”的非遗项目保护模式为“政府主导、传承群体和社会动力不足”的保护模式。

5. 体育非物质文化遗产保护评价应用研究数据结果还表明，在调查总体中，体育非遗项目取得优秀保护效果的共同特征是传承津贴、传承人培训、建立档案、传承场所等方面的保护举措到位；体育非遗项目保护不力的共同特征是经费资助、商业与赞助、非遗进校园等方面保护缺位，有待加强相关举措。

（二）建议

目前，我国体育非遗保护工作中尚无完整的评价体系，希望相关非遗管理部门将本评价体系应用在体育非遗的申报、评审、保护、监控和考核等体育非遗保护工作。

1. 建议相关部门在进行非遗评审工作时，采纳本体系的价值评价指标，综合评判该项目是否有必要列入相应级别的非遗保护名录，使非遗名录的产生更加严谨、科学。同时，建议相关部门在制定保护措施前，采纳本评价体系的指标，认真判别项目濒危程度上的差异。对待不同的濒危级别，采取不同的措施，实施选择性保护，使有限的人力、财力等资源效益实现最大化。此外，为了避免“重申报、轻保护”现象的出现，建议相关部门将该评价体系应用到现已进入各级非遗名录中的体育非遗保护实践效果的实际评估中，客观评估各方面保护实践的优良差劣，准确把握该非遗项目的保护状态与绩效水平，科学、有效地利用“退出机制”，保证体育非遗保护工作落到实处。

2. 我国基层非遗管理者大多数是文化领域的人员，对体育非遗项目特殊性质的了解不足。由于在体育非遗保护工作的各个环节缺乏体育专业人士的参与，体育非遗保护非专业化现象严重。建议各级体育行政部门加强与文化部门的沟通，加大对体育非遗保护工作的重视，主动参与到体育非遗保护评审、政策制定和保护实践组织实施中去，进行专业指导与管理，从而提高体育类非遗的保护效率。建议各级体育主管部门组建体育非遗专家团队，主动参与到非遗调查、申报、评估、保护工作中，为正确的决策提供确实依据，为正确实施行政干预保护提供可行路径。

3. 非遗本身存在的形态多样性，决定了评价工作的复杂性。由于体育非遗种类繁多，不同类别的非遗项目之间往往存在较大的差异，建议对体育非遗项目进行评价时，应充分考虑不同种类体育非遗的特殊性。此外，我国非遗保护分国家、省、市和县 4 个级别名录，不同级别的体育非遗在政府支持力度、社会关注度和非遗生态空间等各个方面也存在着较大的差异。建议对不同级别的体育非遗项目进行评价时，应充分考虑保护工作的多层性特征。

非物质文化遗产信息资源分类

——以传统体育、游艺与杂技类为例*

李雨蒙**

摘　要：文章探究如何分类组织非物质文化遗产信息资源，以达到活态利用、传承和发展非物质文化遗产的目的。采用文献调研法和内容分析法，以传统体育、游艺与杂技类为例，一方面借鉴学界对非遗分类的研究成果以及分类法研究中相关类目的划分思路，从学科属性划分传统体育、游艺与杂技类非遗信息资源的二、三级类目；另一方面兼顾非遗数字采集规范，对传统体育、游艺与杂技类非遗国家级项目的信息描述进行分析与综合，构建类目复分表揭示该类非遗资源内容属性中所涉及的共性方面。从纵、横两个角度对传统体育、游艺与杂技类非遗信息资源进行分类组织，以期能够为非遗信息资源分类体系的构建提供可行的研究步骤和参考。

关键词：传统体育；游艺与杂技；非遗信息资源；分类体系；类目复分表

一　引言

非物质文化遗产（以下简称非遗）是中华民族民俗文化的瑰宝。随

---

* 原文刊于《图书馆论坛》2020 年第 2 期。

** 作者简介：李雨蒙，江西师范大学新闻与传播学院讲师。

着信息社会的发展，非遗逐渐在传承与保护、研究与利用的过程中积累了海量的信息资源，主要包括非遗本身及其活动中形成的各种媒介和形式的信息资源集合，通过文字、音像、电子信息、数据库等方式呈现。目前我国的非遗保护已过渡到“后申遗时代”[①]，对信息资源的数字化应用已成为提高非遗传承与保护水平的重要手段。而实现数字化保护的基础是对非遗信息资源进行科学分类，以便于资源整理以及信息采集等后续运用。在此过程中，一切非遗保护与利用工作都是围绕非遗项目数据为核心开展的。为了使非遗传承有序，首先需要解决各类非遗信息资源的分类组织问题。而目前在海量的非遗信息资源管理和应用过程中，并没有形成统一的分类标准，单个类别的非遗信息资源分类也无迹可寻。不同的分类方法致使资源得不到系统化整理、数据库没有统一的资源著录方式，影响了信息资源的共享与交换。由此可见，理论知识系统化的需要与宣传利用等实践的需要共同要求对非遗信息资源进行科学的分类研究。

传统体育、游艺与杂技类非遗涵括了民族体育与竞技、游艺及杂技表演、竞技表演多种形式。根据国务院在2006年公布的第一批国家级非遗名录[②]中的划分，杂技与竞技类属于十大类目之一，类目名称在2008年公布第二批国家级非遗名录[③]时变更为“传统体育、游艺与杂技”。目前传统体育、游艺与杂技类非遗项目在数量上相对不多，这一类非遗资源的大众认知度较之技艺类非遗相对较低。本文以传统体育、游艺与杂技类为例，探究如何合理有序地分类组织该类信息资源，实现活态利用与揭示及管理非遗的目的。

---

① 宋俊华、王明月：《我国非物质文化遗产数字化保护的现状与问题分析》，《文化遗产》2015年第6期。

② 国务院：《国务院关于公布第一批国家级非物质文化遗产名录的通知》（国发〔2006〕18号），http://www.gov.cn/zwgk/2006-06/02/content_297946.htm。

③ 国务院：《国务院关于公布第二批国家级非物质文化遗产名录和第一批国家级非物质文化遗产扩展项目名录的通知》（国发〔2008〕19号），http://www.gov.cn/zwgk/2008-06/14/content_1016331.htm。

二 研究对象与研究方法

（一）研究对象

传统体育、游艺与杂技类非遗涵括主题较其他类更为多样化，由于其中每一项主题的信息资源都具有海量多元、繁多冗杂的特性，因此，对传统体育、游艺与杂技类非遗信息资源的调研分析是一项庞大的工程。鉴于调研样本的权威性和描述的准确、规范性，本文以传统体育、游艺与杂技类国家级非遗项目为研究对象，选取中国艺术研究院主办的国家级非遗网站“中国非物质文化遗产网·中国非物质文化遗产数字博物馆”（以下简称“中国非遗网”）① 中传统体育、游艺与杂技类非遗国家级项目的描述展开分析与提炼。经统计，目前我国公布的十大类国家级非遗项目共4 批，总计 3154 个子项。其中，传统体育、游艺与杂技类共计125 个子项，在非遗国家级项目中所占比例最小，其国家级非遗项目情况汇总见表 1。所选取的研究数据基本涵盖我国在审的《非物质文化遗产数字化保护数字资源采集方案编制规范》（以下简称《规范》）② 中提出的传统体育、游艺与杂技类非遗项目的资源采集要求。

表 1 传统体育、游艺与杂技类国家级非遗项目汇总

批次	入选名录数量（项）	扩展名录数量（项）
第一批	19	0
第二批	52	0
第三批	31	0
第四批	23	0
总数	125	0

① 中国非物质文化遗产网：《国家级非物质文化遗产代表性项目名录》，http：//www. ihchina. cn/project. html？ tid = 6#target1。

② 文化部民族民间文艺发展中心：《关于文化行业标准〈非物质文化遗产数字化保护专业标准〉公开征求意见的通知》，http：//www. cefla. org/download/detail？ id = 219。

（二）研究方法

1. 文献调研法

首先采用文献调研法，梳理有关非遗及其信息资源分类的方法，以及传统体育、游艺与杂技类非遗相关的分类研究成果，借鉴我国最权威的分类法——《中国图书馆分类法（第五版）》（以下简称《中图法》）中相关类目的划分结构，目的是为该类信息资源提供可参考的分类思路，使这一类非遗信息资源的分类既不与传统分类法相割裂，又符合当前信息膨胀下数字化资源对分类的现实要求。

2. 内容分析法

采用内容分析法提炼传统体育、游艺与杂技类非遗国家级项目的关键词作为基础数据展开分析。首先根据“中国非遗网”网站中的项目描述对每一项非遗进行查阅和剖析，将有“描述意义”的关键词列入其中，关注与该类非遗的传承、保存、特征等方面相关的描述，并尽量按照原文表述来提炼关键词组，作为后续构建专类复分表的数据基础。收词范例如表2所示。

表2　　传统体育、游艺与杂技类非遗收词范例

一级类目	二级类目	三级类目（关键词的组合类目）	四级类目（关键词）	批次	链接
传统体育、游艺与杂技	天桥中幡	表演形式	金鸡独立，龙抬头，老虎撅尾，封侯挂印，苏秦背剑，太公钓鱼，擎一柱	第一批	http：//www. ihchina. cn/project_details/13776/
传统体育、游艺与杂技	天桥中幡	装饰物	彩釉，锦缎，响铃，小旗，流苏	第一批	http：//www. ihchina. cn/project_details/13776/
传统体育、游艺与杂技	天桥中幡	表演场合	朝佛、庆典等走会活动	第一批	http：//www. ihchina. cn/project_details/13776/

三　研究综述

在Web of Science核心集（1986—2019）、Elsevier Science Direct、EB-

SCOhost、CNKI 数据库中检索发现，国外针对非遗分类的关注较少，相关的研究多从元数据、本体等方向组织非遗资源，而国内对非遗分类的研究较为成熟，但对传统体育、游艺与杂技类非遗的相关研究较少，更没有针对其信息资源进行的分类研究。本文从文献检索结果及参考文献中梳理非遗及相关类目划分的思路，作为研究的基础。

（一）非遗及其信息资源分类

每一类非遗信息资源的分类都与非遗本身的分类密切相关。国家层面的分类体系中，应用最为广泛的是根据国务院公布的第二批国家级非遗名录①对非遗项目进行的十大类划分（亦称为“十分法”），其余代表性分类方法如《中国非物质文化遗产普查手册》（以下简称《手册》）② 中的“十六分法”、《中华人民共和国非物质文化遗产法》③ 中的“六分法”等，均由于未以非遗项目为中心，不便区分申报而并不常为各界所应用。

学术界对非遗分类的探讨中，Baykal④ 统计了联合国教科文组织官网上的非遗名录，将其归纳为十大类：科学、教育、工程及技术类，音乐与乐器类，语言及文学类，农场、农艺与食物类，艺术及技艺表现类，手工艺类，宗教文化类，社区活动类，生活文化类，运动竞技类。Dai 等⑤学者为揭示非遗所蕴涵知识的多个角度，依据非遗的特性以及信息处理技术，设计了非遗的知识分类体系，并在此基础上建构了非遗的知识模型。而我国学者已经打破长久以来以单线性⑥⑦划分非遗的思

---

① 国务院：《国务院关于公布第二批国家级非物质文化遗产名录和第一批国家级非物质文化遗产扩展项目名录的通知》（国发〔2008〕19 号），http：//www. gov. cn/zwgk/2008 －06/14/content_1016331. htm。

② 中国艺术研究院中国民族民间文化保护工程国家中心：《中国民族民间文化保护工程普查工作手册》，文化艺术出版社 2005 年版，第 19—22 页。

③ 全国人大常委会法制工作委员会行政法室：《非物质文化遗产法释义及实用指南》，中国民主法制出版社 2011 年版，第 1—2 页。

④ Baykal N，“A Quantitative Approach to Unesco's Intangible Cultural Heritage Lists：Criticism and Suggestions”，*Milli Folklor.*，2018，30（120）：102 －118.

⑤ Dai M，Wang M，Zhou D，Gu C，Tan G，Sun C.，“Research on the Knowledge Character and Classification of Intangible Cultural Heritage”，*Advanced Science Letters*，January 2012，5（1）：367 －370.

⑥ 王文章：《非物质文化遗产概论》，文化艺术出版社 2006 年版，第 319—320 页。

⑦ 向云驹：《人类口头和非物质遗产》，宁夏人民教育出版社 2014 年版，第 66—69 页。

维，对多层次分类体系进行探讨，拓宽了非遗及其信息资源的分类思路。杨红[①]关注了非遗项目在各大类中的均等化情况，依据表现形态及价值提出了以传统表演艺术、传统工艺美术、传统生产生活知识与技能、传统节庆与仪式为四大类并在其下细分至二级类目的双层四分法。黄永林等[②]认为应规避地域、民族、时间等标准，提出以本类别内部特征为依据的多层次分类思路。周耀林等[③]以批判地继承现有非遗分类为思路，提出从宏观上划分五个级别、中观以非遗项目为分类对象、微观上再行细分的“三层次分类法”，并使用了简便的标记制度标识层级。

针对非遗信息资源的分类研究包括：董永梅[④]从信息组织的角度阐述了类目之间的逻辑关系，以用户为中心，强调大众的认知和反馈，提出引入用户参与构建标签，结合传统分类法、网络前后端控制从而对非遗信息资源进行分类的思路。宋立堂[⑤]提出在非遗资料立档时按照“十分法”确定一级类目，并划分了各大类的所属小类，用年代和编号进行排列和著录。宋丽华等[⑥]认为有两种方案适用于解决非遗分类问题，其一借鉴我国传统权威的分类法构建主表及复分来揭示非遗特征，其二将非遗本体信息分为本体表现形式信息、本体特征信息、本体相关文化空间，构建三维一体的分类表述。刘向红[⑦]提出通过大众标注与专家分类相结合的方法，建构能够不断完善修正的非遗数字资源分类模型。屈健民[⑧]围绕用户需求进行分析，基于一定的文献保证原则和聚类方法，构建了第一层次为学科、级别、地域、民族、时间、传承人六个类别，并向下列类

---

① 杨红：《非物质文化遗产数字化研究》，社会科学文献出版社 2014 年版，第 123 页。

② 黄永林、王伟杰：《数字化传承视域下我国非物质文化遗产分类体系的重构》，《西南民族大学学报》2013 年第 8 期。

③ 周耀林、王咏梅、戴旸：《论我国非物质文化遗产分类方法的重构》，《汉江大学学报》2012 年第 2 期。

④ 董永梅：《非物质文化遗产资源分类探析》，《图书馆建设》2012 年第 9 期。

⑤ 宋立堂：《非物质文化遗产资料数据库的建设和研究》，《图书情报工作》2013 年 s1 期。

⑥ 宋丽华、董涛、李万社：《非物质文化遗产分类的问题解析与体系重构》，《国家图书馆学刊》2014 年第 3 期。

⑦ 刘向红：《基于用户协作的非物质文化遗产数字资源分类模式研究》，《现代情报》2017 年第 3 期。

⑧ 屈健民：《非物质文化遗产数字化保护与传承中的分类研究》，《图书馆界》2015 年第 1 期。

使得类别之间互相交叉从而形成四层次的分类体系。

（二）传统体育、游艺与杂技类非遗及其信息资源分类

在对传统体育、游艺与杂技类非遗的分类上，现有研究所描述的分类体系不同于“十分法”的最大特点是将“杂技”单独列类。代表性的分类观点有《手册》①，其中考量了各种艺术形式本身的构成以及在民俗文化中的重要地位，将传统体育、游艺与杂技拆分成民间杂技和游艺、传统体育与竞技两类。《非物质文化遗产概论》（以下简称《概论》）② 中的划分与《手册》类似，也认为杂技在生活中已成为一项重要的表演艺术形式，因此，在第一批国家级名录的划分基础上，将杂技单列成类，将竞技类扩充为传统武术、体育、竞技。再如，在《论非物质文化遗产的分类》（下文简称《论非遗分类》）③ 中，杂技同样被单独列出置于传统艺术类之下，而将武术、游戏与竞技三类放在一起组成传统健身类。细分结构对比如表 3 所示。

表 3　传统体育、游艺与杂技类非遗的不同划分方式

<table>
<tr><td>来源</td><td colspan="2">《手册》</td><td colspan="2">《概论》</td><td colspan="4">《论非遗分类》</td></tr>
<tr><td rowspan="2">相关类别</td><td rowspan="2">民间杂技</td><td rowspan="2">游艺、传统体育与竞技</td><td rowspan="2">杂技</td><td rowspan="2">传统武术、体育与竞技</td><td>传统艺术类</td><td colspan="3">传统健身类</td></tr>
<tr><td>杂技</td><td>武术</td><td>游戏</td><td>竞技</td></tr>
<tr><td rowspan="9">细分类目</td><td>杂技</td><td>室内游戏</td><td rowspan="9">——</td><td rowspan="9">——</td><td>杂技</td><td>武术</td><td>室内游戏</td><td>赛力竞技</td></tr>
<tr><td>魔术</td><td>庭院游戏</td><td>魔术</td><td rowspan="8">其他</td><td>庭院游戏</td><td>技巧竞技</td></tr>
<tr><td>马戏</td><td>智能游戏</td><td>马戏</td><td>智能游戏</td><td rowspan="7">其他</td></tr>
<tr><td>乔装戏</td><td>助兴游戏</td><td>乔装戏</td><td>助兴游戏</td></tr>
<tr><td>滑稽</td><td>博弈游戏</td><td>滑稽</td><td>博弈游戏</td></tr>
<tr><td rowspan="4">其他</td><td>赛力竞技</td><td rowspan="4">其他</td><td rowspan="4">其他</td></tr>
<tr><td>技巧竞赛</td></tr>
<tr><td>杂耍竞技</td></tr>
<tr><td>其他</td></tr>
</table>

---

① 中国艺术研究院中国民族民间文化保护工程国家中心：《中国民族民间文化保护工程普查工作手册》，文化艺术出版社 2005 年版，第 19—22 页。

② 王文章：《非物质文化遗产概论》，文化艺术出版社 2006 年版，第 319—320 页。

③ 张敏：《论非物质文化遗产的分类》，浙江大学硕士学位论文，2010 年，第 33—35 页。

目前直接探讨传统体育、游艺与杂技类非遗信息资源的分类研究较少。《规范》[①] 将该类资源划分为场地、器械（具）、服装、身体训练理论与方法、组织机构、代表拳种、代表武术器械、传统比试、武术名胜地、传统体育非遗项目内容、游艺非遗项目内容、代表作品、技艺、道具、演词、音乐、化妆、舞美灯光、场地形制和作品选例（节目）20 个元素。在《中图法》中，传统体育、游艺与杂技被分散列类。杂技被列在艺术类中，而体育中包括了武术、游戏等，竞技的概念则被分入各项运动之下，并未建立起相关的非遗联系，不便于对传统体育、游艺与杂技类非遗信息资源进行划归与整理。在数据库建设上，虽然大部分地区建立的非遗数字平台均设有传统体育、游艺与杂技这一类，但内容的描述详略不一，数据库建设的分类标准不一致，分类多依据申报流程如编号、项目名称、申报单位等形式特征划分而非以学科、内容属性为中心，不利于各类非遗的传播与保护。可见，当前并没有统一的非遗信息资源分类及著录标准，对传统体育、游艺与杂技类非遗信息资源的描述存在很大差异。由于没有专门的非遗分类法，各类非遗信息资源中的主题概念存在被分散列类的风险。

综上所述，这些研究为笔者实践非遗信息资源分类奠定了一定的理论基础，提出了借鉴图书分类的思路。由此，本文参考现有的分类成果，对传统体育、游艺与杂技类非遗的描述进行归纳分析，重新分类组织并揭示传统体育、游艺与杂技类非遗信息资源的内容，以期为研究部门、行政机构等各主体应用该类非遗信息资源提供便利。

四　传统体育、游艺与杂技类非遗信息资源分类构建

本文借鉴图书分类思路，参考非遗分类研究中类目划分的方法，兼顾对传统体育、游艺与杂技类数字信息采集的要求，结合传统体育、游艺与杂技类非遗国家级项目的关键词提炼与归纳，对该类非遗信息资源

---

① 文化部民族民间文艺发展中心：《关于文化行业标准〈非物质文化遗产数字化保护专业标准〉公开征求意见的通知》，http：//www. cefla. org/download/detail？ id = 219。

进行分类及类目复分探讨。

（一）分类逻辑

（1）从大类名称看，目前应用于数据库网站建设最广泛的是“十分法”。这一划分标准的特点是便于非遗的申报和工作。这也就证明了当前非遗的分类应用是偏向实用性的工作类别，而非学术类别。由于采纳率较高，使用时间较久，“十分法”已被使用非遗信息资源的各方主体所接受，因此，本文把这种划分作为各类非遗信息资源分类的起点。即确定一级类目名称为“传统体育、游艺与杂技”。

（2）由于目前围绕非遗项目产生的信息资源是非遗数字化保护的核心，因此在一级类目下划分二、三级类目时，主要按照实用性的原则，以非遗的项目为中心，以能够涵括各类非遗项目并为学界所认可的方式划归二级类目。这就要求二级类目下应以能够尽量完整覆盖所有非遗项目为原则，通过参考借鉴当前学界的研究及分类法成果进行划分。

（3）非遗具有复杂的内容属性，为满足专深细微的资源揭示需要，在划分出等级体系之后，需要进行横向的共性区分揭示。因此，需要对调研所得的数据进行概括和提炼，归纳出各类非遗信息资源的普遍性特征，并统一不同描述中表达相同意思的表述，以便构建可供各类非遗信息资源分类使用的类目复分表。

据此，本研究主要从宏观的纵向划分和微观的横向归纳两个逻辑方向展开分类实践。

（二）纵向划分

1. 二级类目

从宏观的等级划分来看，本文借鉴非遗学界、分类法中相关类目的划分思路，以学科属性为标准对传统体育、游艺与杂技类非遗进行下分。第一，由于杂技在中国历史发展的进程中成为了民俗文化重要的一项表演形式，且在分类法的划分中也可以看出，杂技已经和曲艺、戏剧并列为艺术表现的一种形式，因此将杂技单列成类；第二，由于在调研过程中发现与武术相关的项目较多，以项目为核心的划分需要突出重点涵括对象，此外，与武术相关的类目具有明显的为大众认可的共识性特征，因此，单列武术为一类；第三，依据竞技程度的不同，划分出民族形式体育和民族形式竞技两类，竞技性突出的项目划入民族形式竞技，反之划入民族形式体育，兼具体育与竞技性的、健身性质突出的算作民族体育项目；第四，民间游艺多指以消遣娱乐为主要目的的民俗活动，民间游艺和杂技的区别在于技巧性难度，游艺的文娱性质较强，杂技类的技巧性较强。为避免出现无法划分进上述 5 个类目的项目，设“其他”类以备非遗发展和分类使用。综上所述，二级分类框架如图 1 所示。

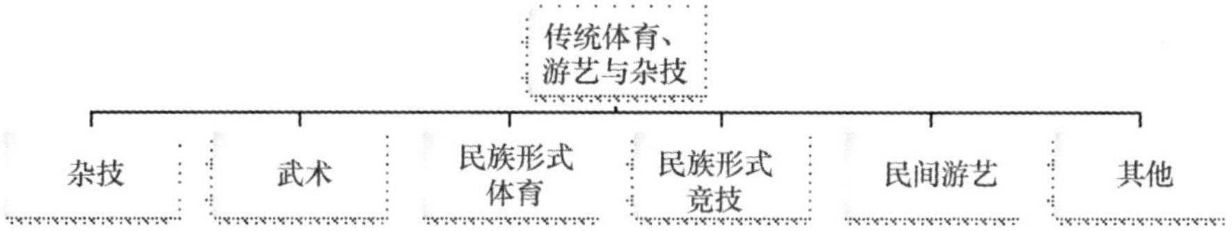

图 1　二级类目的划分

2. 三级类目

根据我国已有的四批国家级传统体育、游艺与杂技非遗名录项目的汇总情况，参考分类法的分类原则，按照表现形式的不同将非遗项目归纳进上述二级类目，通过辨析划归三级类目。具体分类如表 4 所示。

表 4　传统体育、游艺与杂技类非遗体系类目划分

二级类目	三级类目
杂技	吴桥杂技，聊城杂技，武汉杂技，天桥中幡，维吾尔族达瓦孜，中幡，戏法，建湖杂技，东北庄杂技，宁津杂技，马戏，翻九楼，调吊，苏桥飞叉会，高杆船技，口技，幻术，风火流星

续表

二级类目	三级类目
武术	少林功夫，武当武术，回族重刀武术，沧州武术，太极拳，邢台梅花拳，峨眉武术，红拳，八卦掌，鹰爪翻子拳，八极拳，心意拳，心意六合拳，五祖拳，查拳，螳螂拳，苌家拳，蔡李佛拳，通背缠拳，地术拳，佛汉拳，孙膑拳，梅花拳，形意拳，通背拳，精武武术，绵拳，咏春拳，梅山武术，岳家拳，拦手门，肘捶，撂石锁，徐家拳，戳脚，井冈山全堂狮灯，十八般武艺
民族形式体育	朝鲜族跳板、秋千，蒙古族搏克，蹴鞠，抖空竹，挠羊赛，传统箭术，赛马会，土族轮子秋，左各庄杆会，华佗五禽戏，掼牛，布鲁
民族形式竞技	达斡尔族传统曲棍球竞技，赛龙舟，天桥摔跤，摔跤，沙力搏尔式摔跤，马球，满族珍珠球，满族二贵摔跤，鄂温克抢枢，叼羊，蒙古族驼球
民间游艺	蒙古族象棋，宁德霍童线狮，线狮，围棋，象棋，迎罗汉，花毽
其他	沙河藤牌阵

除去根据自身具有明显的划分特征归类之外，对于不易确定的项目，主要根据内容属性来判断，摘录官网简介中的描述①，具体说明如下：（1）线狮是“提线木偶和地面舞狮相结合而产生的民间舞蹈艺术”，此类属休闲娱乐性质较强的民间舞蹈项目，因此放入民间游艺中；（2）挠羊赛之所以被分到传统体育而非竞技类，是由于其游戏规则简单且裁判权利较小，是一项群众体育项目，竞技性不强；（3）宁德霍童线狮兼具民俗游艺以及乔装杂技性质，既是一种游艺项目，也融合了杂技成分，与线狮相似，强调文娱性，因此划入民间游艺类；（4）风火流星是一门“融民间杂技与中华武术为一体的民间社火表演艺术”，虽表演套路与武术类相似，但是更多展现了杂技的表演形式——“使绳子两端的铁笼在空中由慢到快旋转起来，笼中火花四溅，火借风势，风助火威，形成各种各样的图案”，因此划入杂技类；（5）撂石锁，虽主要用

① 中国非物质文化遗产网：《国家级非物质文化遗产代表性项目名录》，http：//www. ih-china. cn/project. html？ tid =6#target1。

于健身，本质实为武术功法运动，故按照在民俗文化中的作用而划入武术类；（6）赛龙舟，是一项融合传统“祭龙仪式、舞龙舞狮游街、彩船游江、水中抢鸭子、放河灯、燃礼花和文艺表演”为一体的活动，但以比赛为主，根据主要属性，分入竞技类；（7）沙河藤牌阵，是一类“战场实战技击”项目，不属于上述五种项目，归入其他。

（三）横向划分

1. 复分表名称规范化

为从微观角度揭示传统体育、游艺与杂技类信息资源内容涉及的共性方面，对该类项目的描述进行关键词提取和复分表归纳。研究对象的各个类目描述在用词上各不相同，导致提取的词族及划归的关键词存在着互相交叉或重复情况。因此，在揭示传统体育、游艺与杂技类信息资源具体内容时首先需要对相似表述进行规范化。参考《规范》中的著录元素，以能够合理概括所出现的相关词族名称的表达方式作为统一命名，见表5。

表5　传统体育、游艺与杂技类非遗信息资源复分名称统一表

统一名称	相似描述
地域	流布地区，流行地区，现存地区，（重点）分布地区，产地，跳板流行地区，秋千流行地区，流传地区，传承地区，影响地区，威县梅花拳分布
道（器）具	表演道具，拳械，（相关）器械，拳械套路，器械套路，套路，仪式道具，表演辅助道具，兵械，兵器
技艺	表演技艺，技艺内容，划龙舟技艺，技术技巧，套路技巧，形体技巧，表演技巧/方式，花样，踢毽花样
动作	花样动作，解数踢球动作，动作名称，技术动作，表演动作，仪式动作，调吊动作，动作特点，拳种动作，摔跤动作，基本动作，肢体配合，表演姿态
类别	流派，门派，拳法风格，技术流派，峨眉拳门类，类型，类别，曲棍球种类，蒙古民族传统棋牌游戏种类，峨眉拳大类，峨眉拳拳类，对拆类，分类，特性制面拳法类型，基础五拳，掌型，摔跤式，威县梅花拳类型，模仿动物种类，花毽品种，种别，拳种，棋子种类

续表

统一名称	相似描述
形式	演出形式，表演形式，表现形式，组织形式，口头文艺形式，响声形式，武功锻炼层次和形式，开展形式，比赛形式，竞渡形式，曹门刀式，套式，标示
套路	拳械套路，表演套路，狮艺套路，内功练习套路
理论	术语，理法，拳理来源，拳理，理论基础，理论体系，拳谱，文化内涵，内涵
活动（内容）	表演活动，活动，习俗活动，民族传统项目，演出项目，基本内容
功法和技法	基本功法，练功方法，入门功法，主要技法，技法使用，技击手法，技法类型，藤牌阵法，基本掌法，基本步法，主要手法，拳法，练法，手法，身法，桩类练习法，掌法，桥法，槌（拳）法，腿法，步法，前把幡变换手法，后把幡变换手法，拳术，转掌功法，发声和运气规律，枪术，棍术，刀术，基本掌法，基本步法
场合	表演场合，举办场合
场地	比赛场地，举行场所，表演场地，举办场地
代表人物	高人义士，著名拳师，大师级拳师
团体（单位）	表演团队，举办单位，参与单位，参与者，十大家族，演出群体
形制	幡形制，制作材料，马球材料，车轱辘制作，狮身材料
作品	演出节目，传统节目，经典节目，武术经典作
民族	参与少数民族，少数民族，参与民族
时期	发展时期
时节	举行时节，举办时节，举行季节
体饰	装饰物，服饰
传承方式	传习方式
相关	相关行业

2. 专类复分表

将经过统一后的名称进行汇总后构建专类复分表，主要分为“属性相关”“行为艺术”“形体艺术”“人物相关”四个可用于共性区分的方向。

表 6 专类复分表

类别	细分
属性相关	别称
	地域
	类别
	民族
	时期
	理论
	相关
行为艺术	道（器）具
	场合
	作品
	场地
	形制
	时节
	传承方式
形体艺术	技艺
	动作
	形式
	套路
	功法和技法
	体饰
	活动（内容）
人物相关	代表人物
	团体（单位）
	传承人

3. 通用复分表

鉴于信息资源具有自身的形式特征，对非遗信息资源进行盘点，以《信息资源共享》[①] 教材中对信息资源的分类方法为框架，普查非遗信息资源的实际情况，将非遗信息资源的类型按照出版形式及载体，分为三

① 程焕文、潘燕桃主编：《信息资源共享》，高等教育出版社 2016 年版，第 2—6 页。

大类：纸质信息资源、数字信息资源以及非结构化信息资源。分别对各项资源进行搜索盘点，如表7中举例所示。

表7　　非遗信息资源盘点范例

一级名称	二级名称	三级名称	四级名称	非遗信息资源举例
数字信息资源	特色数字信息资源	门户网站	综合性门户网站	新浪网新闻——“非遗有范儿”是华夏非遗馆（中原馆）项目启动仪式
数字信息资源	特色数字信息资源	门户网站	专门门户网站	中国非物质文化遗产网·中国非物质文化遗产数字博物馆
数字信息资源	特色数字信息资源	门户网站	政府门户网站	广州市文化馆（广州市非物质文化遗产保护中心）

对盘点的信息资源进行归纳总结，以信息资源的属性及出版形式构建非遗信息资源通用复分表以供各类非遗信息资源在强调形式特征时使用，见表8。

表8　　非遗信息资源通用复分表

资源类型	涵括内容
非遗图书资源	单册书、多卷书、丛书、工具书、古籍等
非遗报刊论文资源	期刊、科研报告、科研论文、会议文献、学术论文等
非遗档案资源	纸质档案、电子档案、简牍档案等
非遗数据库	各类数据库、网络系统等
非遗特种载体资源	缩微、音频、视频、机读资料、多媒体资源等

综上，在应用传统体育、游艺与杂技类非遗信息资源分类体系进行资源类分时，可先按照信息资源的学科属性，分入至相应的二级或三级类目中，之后应用专类复分表，依据信息资源的主题内容向下细分，必要时，使用通用复分表标识该类信息资源的形式特征，即可完整揭示该类信息资源的多重脉络。

五 结语

由于传统体育、游艺与杂技类非遗在十个非遗大类中涵括的内容最为多样，对其信息资源的划分与概括要顾及多种表现形式较为困难。因此，本文以该类为例，参照了前人研究成果以及相关的分类思路，一方面利用图书分类思想对传统体育、游艺与杂技类非遗信息资源进行了学科属性的层级划分；另一方面通过关键词提炼和共性归纳构建类目复分表，揭示其信息资源的内容属性和形式特征，以期能够为传统体育、游艺与杂技类非遗信息资源的利用和保存提供分类基础。更为重要的是，期待可为整个非遗信息资源建立一个系统的分类体系提供可行的研究步骤和参考。限于篇幅原因，本文没有对分类体系的标记符号进行探讨。后续研究仍需不断搜集各类非遗的信息资源内容，完善非遗信息资源分类体系并探索标记制度的适用方式。

游艺民俗与艺术的起源*

张士闪**

摘　要：游艺民俗作为特定族群内的文化传承与艺术实践，既是群体情感的历时性“物化”形式，又是个体情感的承载框架与演示空间。采用“练习—游戏”的阐释框架对游艺民俗予以分析，可以发现：一方面，人类族群在日常生活实践中不断生成“集体意识”，并约定俗成为民俗传统；另一方面，抒发情感、弘扬生命乃人类固有之天性，充溢着人类自发性情感的民间游艺活动，代表着一种比较稳定、鲜活动态的社会力量。与受国家政治精神的直接影响而生成的“传统艺术”不同，游艺民俗在相当程度上依然保持着生活根性。

关键词：游艺；民俗；艺术起源

相对于民俗学中的物质民俗、社会民俗、信仰民俗等几大部类而言，游艺民俗由于贴近情感表达的原初形式而具有更浓烈的艺术性，并以杂艺娱戏为活动形式而广泛流行于地方社会。

游艺民俗作为特定族群内的文化传承与艺术实践，既是群体情感的历时性“物化”形式，又是个体情感的承载框架与演示空间。具体到每次民间游艺活动中的演示—观赏过程，都离不开民俗个体的自由发挥与同一文化族群的情感认同。对于游艺民俗的探讨，实际上已直接涉及艺术的本质、源起、创造、欣赏等艺术学方面的一些关键问题。

---

* 原文刊于《民间文化》1999 年第 2 期，收入本书时有较大改动。

** 作者简介：张士闪，山东大学儒学高等研究院民俗学研究所教授。

就其活动方式与具体内涵而论，游艺民俗确实更接近于日常生活状态，而不大像一种“艺术”。历史上，曾有许多人文学科（如各艺术门类）陆续从游艺民俗中分离出去独立发展起来，而它自身仍继续在民间传承流播着，作为一种闲暇时间的娱乐活动，活泼泼地存在于地方社会之中，大致保持着其浑厚拙朴的生活面相。尽管游艺民俗因显现的是“人皆有之”的自发性情感而不甚引人注意，但现代艺术学研究却不免要受其沾溉，借助于游艺民俗这类“活材料”的支持，使其研究显得更为丰厚可信。反过来说，倘若现代艺术学理论不能经受游艺民俗这一鲜活实践的检验，其价值便很值得怀疑。

在边缘学科纷纷兴起、科际整合成为一大趋势的今天，游艺民俗的研究显得独具价值，尤其是对于艺术学这类人文学科而言。比如，在艺术起源问题上，向来有摹仿说、劳动说、表现说、巫术说、性欲说、游戏说、原型说等理论，都曾各领风骚热闹过一阵子，尔后又都陷于长久的沉寂。因为人们细加探究后发现，各家说法如同循环论证、无穷嵌套的恶作剧把戏，上述理论大厦是建立在一块块不那么可靠的“主观设定”的基石上的，“主观设定”稍作变更，看似气势辉煌的大厦转瞬间便整个面目全非。如说艺术起源于巫术，等于在说人类早期的巫术仪式中有着大量的艺术因素或成分，甚至可以说这些巫术仪式就是最早的艺术，如果我们将原始艺术理解得更宽泛一些（比如承认艺术可以有原始巫术这样一种形态）的话。摹仿说乍听起来蛮有道理，原始艺术活动（包括许多现当代艺术）中确实存在着大量的摹仿现象，但人类早期的所有摹仿行为是否都是艺术活动，这种“艺术性摹仿”有着怎样的心理依据与形式规范等等，又都需一一“假定”。已有的关于艺术起源的各种说法概莫能外。看到从某单一理论难以阐释艺术起源问题，又有学者倾向于“多元说”，认为在艺术起源的初始阶段，极可能是上述多种因素综合促成的。这种解释试图面面俱到，但也只是与上述众说纷纭混乱局面的媾和，理论上没有什么新贡献。在上述各种说法中，除“劳动说”显得过于粗疏大而无当外，其余各种说法或偏重某一心理成分，或将艺术泛化于早期人类活动行为的某一层面，皆莫衷一是，令人无所适从。那么，我们对于艺术起源问题的探索，究竟是想得到什么呢?

德国美学家玛克斯·德索（Max Dessoir）认为，艺术起源的研究

“应该解决这样两个问题：第一，从什么地方的发源地以及什么时间的规律中各门艺术才得到进化？与这个问题相联的第二个问题是：第一次艺术活动发展的内部原因是什么？”① 国内学者郑元者将这一问题概括得更为明晰，“艺术起源问题在逻辑上包含以下三个方面：艺术何时（When）发生？艺术如何（How）发生？艺术何以（Why）发生？这三层问题，也就构成了艺术起源的三个问题层面，或者可以称之为艺术起源的问题环‘W1—H—W2’”②。自然，在过去相当长的时间里，人们一直想要弄清楚的，是世界上在什么时候什么地方产生了艺术？最理想的解决方法，当然是依赖考古学的杰出工作，确定地球上最早艺术产生的地点，它呈现一种什么状态，再运用人们所具有的尽可能全面的艺术学识，阐述远古人们的艺术创作动机是什么，外部世界提供了怎样的物质条件以至于使人们产生了这么一种对艺术的需要，而且能进一步指出艺术的创造者最初是在一种怎样的心理状态下创造出的这些艺术品。然而，这个问题的难度之大，足以使任何人放弃阐述它的任何企图。艺术的这个“起源地”是难以找到的，在相当长一段历史时期内甚至注定是无法找到的，考古学领域不断的历史发掘只是在缓慢地向这个“源头”移动。既然寻找绝对的源头现在基本上是不可能的，“起源”也就只能是个相对性的说法，只能是人们所能认识、感觉到的人类艺术起源的初始状态或尽可能的“最早”时间。

既然艺术起源的时间、状况、原因三个问题是相互联系着的，若论起三者在当下实际研究工作中的历史优先性，自应非“艺术如何发生”问题莫属。只有在这一问题上具有了较充分的知识，才能更好地回答“艺术何以发生”的问题。至于“艺术何时发生”的问题，则要等待考古学的长足发展与实质性突破，那时也还要依靠对“如何发生（以及具有怎样效果）才算艺术”这一问题的解决判定上。

尽管朱狄先生曾强调说，对艺术起源的最可靠、最有价值的探索是对原始人“实践”活动的一些特殊形式所作出的种种假设性探索。但退

① ［德］玛克斯·德索：《美学与艺术理论》，兰金仁译，中国社会科学出版社1987年版。

② 郑元者：《艺术起源序说——当代马克思主义人类学美学研究之一》，《民族艺术》1997年第1期。

而求其次，对现存一些原始族域的遗存“艺术”（有的仅仅是一种游艺活动，还未发展到“艺术”层次）进行考察分析，亦应具有同样的溯源性意义。格罗塞就认为，“艺术科学的研究不应该求助于历史或史前时代的研究，而应该从人种学人手。”[①] 英国美学家李斯托威尔则在《近代美学史评述》中审慎断言：“由于当代的一些原始民族是史前社会的唯一残存者，独一无二的证人，他们是进化发展突然受到阻碍所产生的结果，因此，在原始人类和史前人类的社会生活和艺术生活之间，就存在着一定的类似……这样，旧石器时代的自然主义，就重见于原始的狩猎民族的艺术之中；而新石器时代的几何学风格，又再度出现于原始的农耕民族的作品之中。”[②]

比如我们在山东一些地区进行考察时，发现有些偏远乡村地区至今仍流行着一种叫作“围囤”的民俗仪式。围囤，又称“打囤”“打灰囤”“围仓”等等，是在农历二月初二早晨，当家的男人或女人用草木灰在村外场院或自家庭院里撒成若干仓囤状的图案。“先用簸箕盛上草木灰，用一木棒轻敲其边沿，使灰徐徐落下，成一寸半的灰线，边打边走，围一圆圈，名为囤或仓，中间再放上少许五谷杂粮即成……招远和单县还在灰囤的外沿撒下梯子，含义是囤高粮满，预兆丰年，故有‘二月二，龙抬头；大囤尖，小囤流’之谚。”[③] 这一民俗仪式活动显然具有祈福禳灾、卜测年成的性质。村民在操持这一仪式时，就像日间锄地拔草一样自然从容，神情肃穆，其手法极为娴熟，其节奏不温不火，同时口中念念有词。外人看来似乎在随意游戏，而举手投足间却有着很好的艺术韵律，整个撒灰成线的过程及撒出的几何图案都极富美感。由此我们联想到，原始信仰与原始艺术之间的关系，可能远比我们想象得更为密切与和谐。许多原始艺术活动与巫术仪式是同构的关系，而过程中所呈现出的审美情趣或美感特征，可能只是人们在仪式的规定性程序中所作的些许即兴发挥及年深日久的积淀。遗憾的是，人类远古社会中的这类“艺术”行

---

① ［德］格罗塞：《艺术的起源》，蔡慕晖译，商务印书馆 1984 年版，第 17 页。

② ［英］李斯托威尔：《近代美学史评述》，蒋孔阳译，上海译文出版社 1980 年版，第 199—200 页。

③ 山东地方史志编纂委：《山东省志・民俗志》，山东人民出版社 1996 年版，第 374 页。

为转瞬即逝，所创造“艺术品”的寿命是如此短促，绝大多数都像“围囤”仪式所伴生的谷灰、“花供”祭仪用的面塑制品、“送火神”过程中的火花与呐喊等一样随生随灭，湮没无凭。这或许正是一些学者持“艺术起源问题不可解”的真正原因吧。

李怀荪在《从傩仪“搒瘟”到傩戏〈划干龙船〉》一文中，描绘了湘西南一种“送瘟神”的傩仪如何渐变成为一种“戏”的过程。按李文之介绍，傩仪“搒瘟”与傩戏《划干龙船》是有明显不同的：“傩仪‘搒瘟’大抵分为三个阶段：1. 巫师扎制草船，至神庙请神、行傩。2. 巫师偕乡人驾草船至村寨中游走，挨家挨户行傩‘搒瘟’。3. 巫师至溪河边作法，焚烧草船，任其漂去，以遣送瘟神。”“傩戏《划干龙船》，叙述巫师李法兴奉老君之命，前往某冲傩人家驱瘟的故事。全剧大抵分为四个部分：1. 李法兴行傩别家。系独角戏，情节在李法兴与鼓师及内场妻子的对白中推进。2. 李法兴划干龙船游乡。3. 李法兴路遇前往神庙求子的海氏三娘，与之调侃，李欲获取海氏敬神供品，为海氏所奚落。4. 李法兴路遇‘五瘟’的化身游家五娘，初不识（并上前调戏），后经鼓师指明方识破。李法兴行傩施法，将游家五娘从冲傩人家驱逐。”①

由此可看出，在由民间宗教活动（“搒瘟”傩仪）向艺术形态（傩戏）转化的过程中，傩者与观傩者的习惯约定起着重要的中介或保证过渡的作用。其中有三点值得注意：1. 游动的“香盘”（行傩器具）变成了固定的傩坛，尔后又一步步演变成演唱故事的戏台，这使得原始宗教的神坛，在观念的转化中，变作戏剧艺术的表演空间；2. 巫师班的掌教师，扮作剧中主人公——“搒瘟”的巫师李法兴，自身也就具有了双重性，“扮演”过程中的即兴发挥，其初始意义或许是为掩饰行傩时可能有的漏洞，后来则有取悦主家、招徕看客的意思，在地方社会的约定俗成中，巫师所扮演人物的种种可笑之处不仅无损他自身的法力、威严，而且因善于变化而变得亲切、可信；3. 以说唱道白表示情景转换，以木椅代替草船，将抽象的“五瘟”定性为一个绝色女子——游家五娘，以及李法兴与妻子的道别、与鼓师的对白、被海氏三娘奚落、对游氏五娘进行调戏等，这些与“驱瘟逐疫”主旨无关的余兴桥段，却为整个驱傩仪

① 李怀荪：《从傩仪“搒瘟”到傩戏〈划干龙船〉》，《民族艺术》1997 年第 1 期。

式增添了现场感染力。于是，原有宗教活动借世俗化而增加了艺术性，即兴游戏或游艺色彩的有意融入促使原有的宗教内容发生了艺术性的嬗变。

在此，行傩者与观傩者的“习惯约定”，是这一嬗变过程得以发生的前提条件。正是借助这种“习惯约定”，巫师可以在“驱瘟逐疫”的庄重仪式中有即兴发挥的空间，使得游戏或游艺因素逐渐渗透其间。其实，在类似的“习惯约定”（如瘟可驱、“火神”可敬而远之、“围囤”可丰产、巫师也有人之常情等）中，本身即具有世俗与神圣两个方面的功能预设与意义衍生。与“神灵”有关的神圣观念，乃是古代巫术和宗教的萌芽。但“巫术说”显然夸大了神圣观念在原始生活中的意义，以为“神灵”贯穿于原始初民的一切活动中。而实际情形却可能是，在原始社会时期，人们除“仪式信仰等属于神圣的领域之外，尚有实际活动与理性观念等通俗的世界”①。我们很容易想象——先民对于世俗与神圣不加分辨，认为都是浑然如一的客观实在——这其实是将先民的生活与文化大大简化了。即使是后人的“习惯约定”，其实也并非自由随想，而是建立在人类生活的总体性知识的积累之上，并与现实需求有关。只不过这种现实需求，乃是以当时人们的实用意识为基点——真正具有实用性的或被观念设想为具有实用性的——二者都被人们统归为现实需求之中。显然，那种将先民艺术活动分为原始世俗艺术与原始宗教艺术的做法，是无助于厘清艺术起源问题的。

这样，我们发现了“习惯约定”和“即兴游戏”在较原始的族群生活中所具有的神奇魔力，不仅在其宗教信仰活动领域，也在其日常生活领域。大凡不是十分违背“习惯约定”的“即兴游戏”，都是允许被吸纳进活动之中的；“即兴游戏”因素的逐渐积累，事实上形成了对于“习惯约定”的潜在调整或公然修改。比如伐木、扛木是先民的日常劳作活动，需要用声音、手势发出信号予以配合砍伐、起抬、行进、置放等动作，也许就可以解释在各原始部族那里，歌舞、音乐、哑剧等多位一体的“综合艺术”为什么总是最先流行。而分析这些“信号”与具体劳动结合

---

① ［英］马林诺夫斯基：《巫术、科学、宗教与神话》，李安宅译，上海文艺出版社 1987 年版，第 25 页。

的疏离程度，亦即“即兴游戏”掺入的情形，则使我们明晓各种劳动号子为何呈现出如此错落分明的艺术发育层次。陆地上的硪号、夯号总是花样翻新，艺术美感丰富，海洋号子则大致处于一种简单配合劳动节奏的原始阶段，乃至大多有号无词，也就不难理解了。

由着对“习惯约定”和“即兴游戏”的深入探讨，我们再看关于艺术起源的“游戏说”，感到有进一步评述的必要。当然，这并不是因为“游戏”作为具体行为事例在人类历史上发生较早，作为一种心理活动又在人类几乎所有的日常生活和精神层面中一以贯之，而是基于一个不可否认的事实：迄今为止，学界对于“游戏说”的批评是最乏力的。细察之，关于艺术起源的“游戏说”之受责难，主要来自两个方面：一是认为它偏重于从生物学、生理学的角度意义来看待艺术的起源，忽略了更为重要的社会原因，仅把艺术活动简单归之于人的混沌天性或“本能冲动”；二是批评它过分强调艺术与劳动的分离、艺术与功利的对立，具有一定片面性。显然，这种责难主要针对的是康德、席勒、斯宾塞等早期游戏论者。后起学者试图对此加以弥补与调和，于是又有了普列汉诺夫、鲁道夫·阿恩海姆等的“广义”游戏论者，与格罗塞的“修正”游戏论者。如果说普列汉诺夫是在“游戏”中补入“劳动”，阿恩海姆附加了“生活借用”，格罗塞则干脆另标“练习说”（比如“装演能特别增进技术精巧”等）。

在上述学者特别是格罗塞的论述中，隐寓着一个颇有意味的“练习—游戏”阐释框架，值得进一步阐发。显然，人们在反复进行的无数次生活劳动或仪式行为，可以视为自觉不自觉地不断因袭传统或变换方式的“练习”，而一些即兴游戏因素正是借“练习”之名逐渐附着其中，既便于生活劳动，也为娱己娱人。时日既久，从事什么活动，该伴有怎样的信号和游戏，便成为某一人类群体的“习惯约定”，尽管这种约定仍是初步的、不稳定的，仍可继续更改。当这些娱人的游戏活动与纯粹的宗教仪式、生活劳动有了一定的距离，而形成了自身独立的品格和形式，或许我们便有理由认定它已经是一种真正的艺术活动了。

显然，这一“练习—游戏”的阐释框架，或可对每一具体艺术活动的发生和原始艺术之起源给出较为合理的解释。首先，在这一阐释框架中，与艺术起源有关的诸多个人—社会、生理—心理、生活—文化等范畴皆可寓含其中；其次，“练习—游戏”是所有动物之基本冲动，低级动物亦多少具备，乃是人类普遍存在的一种生存本能与生命本性；最后，这一框架恰好说明，艺术不仅不与劳动对立，而正是劳动发展到一定阶段的产物，艺术可以说是人对日常生活行为的技巧提升与精神融入。由前述“送火神”“围囤”“掳瘟”傩仪以及诸多游艺民俗事例中可以看出，它们开始都是应生命生存本能之实用需要（或想象中认定的实用）而有目的的活动，之后在无数次的重复操作与练习中，“游戏”因素逐渐增多而发生一定的艺术性置换的。正是在年年岁岁人类生活的不断重复与变异中，人们受到这种趣味性的趋向所导引，顺循“习惯约定”，其审美意识得以出现并日益增强，并混融附着于“练习—游戏”的活动框架中。由此，歌舞乐画等多种艺术因素开始孕生着脱离生活实用而纯为审美活动的裂变。

应该相信，我们从目前在民间仍有丰富遗存且肌理清晰的游艺民俗入手，结合历史考古学的日益突出的成就，就会逐渐对艺术起源问题获得一个较为可靠的阐释。至少，从鲜活的民间游艺活动之视角，远眺原始艺术萌动时期的诸多文化背景，我们会有许多启悟：单调的劳作大约是“最枯燥的游戏”，只有当游艺精神注入其间，才会因附着了游戏情调而变得轻松一些；巫术是“严肃的游戏”，巫师在简陋祭坛上的嬉笑叱骂、庄重如仪甚或自残肌肤，与村落孩童游戏中“孩子王”的种种遭遇颇有相似；上古时期男女之间与性相关的各种活动如抢婚、决斗、投瓜、赠花、对歌、浴嬉等，这些形形色色的“性游戏”正反映了人类婚姻文明的演进过程与艺术化的渐进程度；艺术是“认真的游戏”，细看游戏中的孩童，他们在蹦蹦跳跳嬉耍扮玩中，有多少艺术创造的奇思妙想在闪烁明灭……游戏化作崇高，神圣变为平俗，随意转至永恒，悲壮衍生闹剧，这在人类历史上是多么正常，乃至屡见不鲜。而一部艺术起源发展史的悠悠历程，不也大致若此吗?

至此，通过对游艺民俗的个案分析，我们获得如下结论：在文明社会的上古时期或现今一些偏远地域的原始部族生活中，都曾演示或正在演示着这样的文明进程：一方面，人类族群的集体自发性情感在反复呈现中凝结为某种“集体意识”，这种“集体意识”内含社会意志，外显为群体行为规范，在族群社会的发展历史上不断约定俗成为民俗传统；另一方面，抒发情感、弘扬生命乃人类固有之天性，并顽强地渗透于人类生活之中，无论是日常生活劳动还是宗教仪式。其渗透方式既有强烈情感的汪洋恣肆，亦有即兴发挥的巧妙掺入，这便是民间游艺活动的由来和艺术产生的本源所在。在人类历史长河中，活泼泼的、充溢着人类自发性情感的民间游艺活动，代表着一种比较稳定、鲜活动态的社会力量。其中受国家政治精神的直接影响而发生变异“升华”的部分，往往因失去原有的生活语境而摇身一变为“传统艺术”，而游艺民俗则依然在相当程度上保持着其生活根性。

体育人类学视角下的苗族赛龙舟文化解析*

冉孟刚**

摘　要：文章以我国苗族赛龙舟文化为切入点，从体育人类学的角度对清水江流域苗族赛龙舟传统体育竞技活动进行分析。通过对苗族赛龙舟文化的历史渊源、龙舟制作过程中的工艺、风俗习惯、宗教信仰、社会秩序和赛龙舟的现状与未来的解析，从而了解该地域民族的传统体育文化特征，促进我国少数民族地区传统体育的发展。

关键词：体育人类学；苗族文化；赛龙舟

一　引言

我国民族传统体育是集民族特色、健身、娱乐为一体的体育活动，是不同民族或族群长期在特定生活环境及社会实践中所传承的体育文化，承载了不同地区的民族心理特征、宗教信仰、生活方式、风俗习惯以及社会秩序和规则等，竞技性、地域性、民族性特征明显，且项目多、区域分布较广，是我国各民族智慧的结晶，也是我国传统体育文化的重要组成部分。因此，从体育人类学的角度对贵州清水江流域施洞苗族地区赛龙舟的历史渊源、制造过程、禁忌文化、社会秩序等方面进行人类学

---

* 原文刊于《教育文化论坛》2015 年第 6 期。

** 作者简介：冉孟刚，贵州大学体育学院教授。

的解析，以我国苗族赛龙舟文化为切入点，发掘、探讨我国民族传统体育的文化内涵具有重要价值。

二　苗族赛龙舟文化的历史渊源

赛龙舟是中国一项典型的民族传统体育，也是贵州清水江流域非常流行的一种娱乐活动。贵州黔东南苗族同胞多依水而居，靠打渔、狩猎为生，舟和船是必不可少的交通工具，由于自然地理环境、社会历史发展和风俗习惯的差异，各少数民族形成了众多具有本民族特色的民族传统体育文化[①]。清水江流域的苗族居民因地处山区且临江而居，受自然条件和经济水平的限制，赛龙舟便成了这个区域主要的传统体育活动。

"独木龙舟节"在黔东南清水江流域，用苗语被称为"恰仰翁"[②]，又名"娄翁"[③]，有的村寨称之为"弄翁囊"，直译是"过下龙节"[④]。在该地域，赛龙舟是苗族人民集健身、娱乐、宗教、信仰、图腾、民俗及文艺于一体的传统体育活动，苗族风情韵味十足。在清乾隆庚戌年成书的《镇远府志》里记载："苗人于五月二十五日作龙舟戏，形制诡异，以大树挖槽为舟，两树合并而成，舟极长，约四五丈，可载三四十人，皆站立划桨，险极。是日，男妇极其粉饰……"[⑤] 清水江流域的龙舟文化，是该流域民族特色文化展演的一个载体，是当地苗族人民生活不可或缺的重要传统节日，代表了这个地方特有的民族特征和文化内涵。按照苗年历法，每年会在农历五月二十四至二十七日举行一次声势浩大的龙舟比赛，以文化古镇施洞为中心，周围600多平方公里的清水江流域村寨为

---

① 栾桂芝：《对中国少数民族传统体育文化的再认识》，《中南民族大学学报》2003年第2期。

② "恰仰翁"：划龙舟。

③ "娄翁"：吃龙肉。当地关于龙舟的传说故事中，清水江流域周围的多个寨子分别把一条龙的不同身体部位以及五脏六腑进行划分，都要沾一点龙的灵气，以此来保佑寨子风调雨顺，祥和安康。

④ "过下龙节"的"下"（nangl）：即是"下方"，为苗族远古先民居住过的遥远的东方，指清水江苗族龙舟节这一古俗已在下方形成，并非当地的苗族独创。

⑤ 《中国少数民族社会历史调查资料丛刊》修订编辑委员会：《苗族社会历史调查1》，民族出版社2009年版，第215页。

对象。当地民众民族热情高涨，以最饱满的激情共同向世人演绎清水江流域的苗族特色文化，其规模盛大，闻名遐迩，吸引了众多的国内外游客。

民族传统体育的起源形式多种多样，但却是集生存、宗教、信仰、自然、神灵于一体的文化产物。从赛龙舟的历史渊源中可以看出：龙被人们赋予了灵性，是人们祈福庇佑的载体，是宗教或巫术的超自然力量的寄托，通过赛龙舟能够为区域带来祥和安康，满足人们的精神需求，而且具备娱乐的功效。随着我国民族传统体育事业的发展，作为非物质文化遗产的赛龙舟，于2010年广州亚运会正式成为体育比赛项目，把我国民族传统体育事业推升至新的高度。

三　苗族龙舟制作过程中的工艺及风俗习惯

龙舟的制造是一个神圣而复杂的过程，尤其是对当地苗族人民而言，不仅对工艺要求精益求精，而且在制作过程承载了很多民族文化。龙舟不同部位选择的木材很有考究，龙身由三根高大的树干组成，做成龙身要把它们捆绑起来，中间挖成槽形。柳木具有极强的韧性和张力，易于雕刻，是龙头和龙颈最佳选择。对杉木和柳木的选择，要精挑细选，一般要求这些树生长高大挺直，枝叶繁茂，从未被雷击过。如果本地区没有合适的木材，得花高价到外地去购买，必须保证龙舟的质量。做龙头的柳木在本地容易找到，如果看中了某一家的柳树，主人同意最好，否则就要偷偷地去砍，这在当地是默许的。即使主人发现也不会太责怪，事后偷砍者定要备些礼物作为赔罪和酬谢，礼物有一篮糯米饭、一壶酒、一只公鸡等。

苗族地区崇尚自然，信奉万物有灵论。砍树过程也体现了当地的民族文化，即做任何事情都要遵循一定的文化秩序和规则。首先在砍伐之前要请巫师选择一个黄道吉日，只有好的日子才能够保障龙舟的制作顺利完成；其次，砍伐时要鸣锣烧香祷祝，由鼓主①家准备一些糯米饭、一

① “鼓主”：一般为年龄较大、在划龙舟中主要负责击鼓的长者，要求这位长者德高望重，身体健康。

只活公鸡、一只雄鸭、一块刀头肉、一尺青布、一绺丝线和生麻、一壶酒以及香、纸等，交给砍树人带去敬树神，请山神、树神受献，然后由一个知古规古礼、富贵双全的老人向树祈祷；再次，这些准备工作做完后，由一名事先选好的“有福之人”① 先在树上砍一斧，然后大家才开始砍树，在砍树中，树着地的方向也很有说法，一般尽量使树梢倒向东方②，这样才算吉利；最后，树砍好运回途中，沿途亲友都要用酒迎接，赠送鸭、鹅，还要把一匹长约一丈的红缎系在龙树上，大家互相唱祝贺歌。运到寨子时，全寨男女老少用酒、肉、绸缎来迎接，欢呼着：“龙来啦，龙来啦!”气氛非常热烈，这时鼓主家要设宴为砍树人洗尘③。

这些树运到寨子后，同样要选定吉日才能够制作龙舟，龙舟和龙头要同时开工。这个程序同样有一系列的秩序规则在里面。首先，要备一只白公鸡、香、纸等礼品敬保护神，求他保护龙舟制作顺利成功。其次，请木匠师傅发墨④，丈量尺寸，然后才能够由氏族和寨上青壮年男子按照尺寸制作龙舟。在这个阶段，也有禁忌，木匠师傅的家庭之中不能出现孕妇，因为当地人认为做大事的时候遇到孕妇是十分不吉利的事情。师傅对龙舟设计也很有讲究，船体是菱形，每只龙舟均由三只挖成槽形的独木船并排捆扎成三合一的母子龙舟组成。中间的是母船，两旁是子船，母船长 21—24 米，前部衔接龙头处离水面 0. 9 米高，尾部围长 1. 28 米，宽约 0. 7 米⑤。独木龙舟的中间隔成六个舱，里面可存放节日时亲友赠送的家畜、家禽等礼物，还有鼓主家给舵手们准备的午餐等。两侧的两只子船较小，长约 15 米，宽约 0. 5 米，是桡手们站立用桡的地方。龙头置于母船前端，长 3—4 米，直径约 0. 3 米，具体大小视舟身而定。龙头上雕有角、耳、鼻、眼、腮、胡须等。龙颈下部刳空洞，再以小木板封住洞口，便成逆鳞状⑥。颈背刻龙鳞，涂着金、红、黄、绿、白各种颜色，并嵌上小玻璃片，使龙闪光生辉。龙眼珠嵌上小镜片，使其炯炯有神。

① “有福之人”：父母双全，儿女俱在，不续弦的中年男子。
② “东方”：苗族迁徙前的老家。
③ “洗尘”：洗去砍树时候的劳累，酬谢他们。
④ “发墨”：开始设计龙舟，由最受尊敬技术较高的师傅来完成。
⑤ 数据引自台江县文化局，下同。
⑥ 据说若不掏空，船龙将与水龙相斗；实则掏空后可减轻船头的重量，有利竞渡。

龙嘴里有一个活动的珠子，嘴下悬吊一个红绣球，龙头昂扬朝天，栩栩如生。最具有特色的是，龙头两边安上一对弯弯的大小牛角。因为苗族人认为龙有“水龙”和“旱龙”之分，而在旱地“牛”就是龙的替身，整条龙舟气势昂然，威严壮观；再次，龙舟做好后，要在龙舟身上写着祝福的字样“风调雨顺，国泰民安”。最后，这些都初具规模后，木匠师傅要严格审查并进行加工修整，同时还要在龙舟上刷一层桐油漆，提高光滑和美观度。

龙舟树木的选择、砍伐和制作整个过程都是义务的无偿劳动，只有雕匠师傅最后才能得到一篮糯米饭、一只红公鸡和一壶酒作为答谢。龙舟造成后，还要祭祀和庆祝一番，再拉至清水江中试划一次。周边寨上各户凑钱购酒办菜举办欢宴，唱歌跳舞表示庆贺，最后把龙身抬到龙船棚里停放，把龙头抬到本届鼓主家保存，待到龙舟节举行隆重的祭祀仪式后，才放入清水江练习和正式划行竞赛。在整个过程中都体现了苗族民族传统文化的秩序和规则，此外还体现了苗族人民团结一致，对民族文化的保护和热爱之情。

四　苗族龙舟制作过程中的宗教信仰

著名人类学家马林诺夫斯基从功能主义出发，提出了礼物的“互惠原则”，他拒绝对礼物交换过程的单纯描述，而是着重理解交换过程下面的动机及感受。通过分析“库拉圈”①，他认为交换的每一个细节，都受到一套传统规则和习俗的制约与管理，库拉圈的某些活动还伴随着复杂的巫术仪式和公开仪式②。在清水江流域龙舟制作的过程中，同样体现了人与人、人与自然、人与神灵之间的交换与互惠原则。这种原则是在苗族特定的生境中所体现的，当地人对神灵、对自然的崇拜无不体现在整个制作龙舟的过程当中。

① 马林诺夫斯基在《西太平洋上的航海者》中描述：当地人通过交换臂镯和项链在库拉伙伴之间进行顺时针和逆时针交换的过程，这个交换的区域被称为库拉圈。

② ［英］布罗尼斯拉夫·马林诺夫斯基：《西太平洋上的航海者》，张云江译，九州出版社2007年版，第157—179页。

在砍树之前要由当地人请先生算吉日，随后准备一些糯米饭、一只活公鸡、一只雄鸭、一块刀头肉等，衣食住行都要为神灵准备好，以此来祭拜树神，祈求它的原谅。因为龙舟的制作要破坏自然，给自然界带来损失，而自然具有灵性和超能量，生活在当地的苗族人民认为这种超自然与他们的日常生活息息相关，要尊敬并且对其顶礼膜拜，只有这样，大自然中的各界神灵才能够庇佑这一方水土的民众。苗族通过礼物作为祭品来换取神灵的宽恕和保佑，以此达到龙舟制作圆满成功的意愿。这种赠予神灵的有形祭品礼物和神灵无形礼物的庇佑，二者之间形成了交换的互惠原则，尽管这种互惠是建立在人们的想象当中，但它在理论上是被看作成立的。

在砍树归途中，全寨男女老少出动为砍树的好汉举酒相迎，互唱祝歌，此外还要赠送鸭、鹅等物品，最后由鼓主设宴为砍树人洗尘。苗族地区人与人之间的互惠与合作体现了当地优良的民族传统文化，从体育人类学的角度看，这种文化是区域民族心理素质和人文关怀的重要体现，在特定的场域当中凸显了这个地方的文化特质。这些砍树和装运龙树的人用自己的辛勤劳动换来了大家的爱戴，使他们赢得了在民众中的声誉，获得了民族感与个人自豪感，尤其是鼓主的盛情款待，更加肯定了他们作为子民在龙舟制作中的价值。

在龙舟制作中所表现出来的选择吉日、祈祷、祭拜、禁忌等民族文化，也是目前体育人类学关注的文化之一。龙舟树木的砍伐、龙舟的制作、龙舟的试划以及最后的龙舟比赛，都伴随一连串的仪式文化。当地人拿米、酒、肉等祭品多次对神灵进行祭拜，民间对不吉利事物的规避和忌讳，在一定程度上反映了清水江流域苗族的宗教信仰文化。爱弥尔·涂尔干在《宗教生活的基本形式》中指出了宗教在集体意识形成中的重要过程，认为宗教与社会是互动的，社会是本原，宗教是社会的表象，它根源于社会实在。[①] 龙舟制作中对宗教的信仰反映了当地人对神灵的崇拜，而这些神灵都与他们的生活密切相关。他们通过供奉祭品与神界沟通，把人类社会的文化理念应用到神界，认为神灵的世界和人的社

① ［法］爱弥尔·涂尔干：《宗教生活的基本形式》，渠敬东等译，上海人民出版社 2006 年版。

会一样，存在交换与互惠。

拉德克利夫·布朗继涂尔干之后从社会学角度研究，认为宗教的作用在于对社会的内聚力使社会得以延续，并认为宗教的形式可以间接地反映社会结构（社会关系网络）的基本形式。制作龙舟过程中，能够反映大家对民族文化的热爱之情和民族内团结一致的文化核心力量。在整个过程中几乎是没有报酬的义务服务，但大家仍旧不辞辛苦，分工协作，共同把龙舟打造完成。民族的信仰文化指引着当地人团结一致、奋斗不息，当地人也用自己的行动来践行着这种信仰文化的神圣性。“宗教是社会构成中的一个基本组成部分，宗教的形式与社会结构的形式基本相应。”[①] 当地人的宗教信仰文化和生活理念，长期影响这个区域的社会观和价值观。

五　苗族龙舟制作过程中的社会秩序

任何社会都需要秩序来维护，一个没有秩序的社会便无法正常运行。陈国钧在《苗寨中的乡规》[②] 中认为：苗族的社会秩序与风俗是紧密相关的，许多的风俗习惯，社会认为与团体生存有密切的关系，必须加以维护，就会逐渐演绎成具体的法律。在简单的农村中，彼此的关系，大都是直接的，社会活动的范围亦比较狭窄，所以无需周密的法律条例来束缚他们。他们所遵守奉行的只有简单的惯例。这些惯例虽不具法律的根据，但的确是一种社会契约，且有实际制约的力量。这些条例有时尽可与当时政府所颁布的法律发生冲突或矛盾，但人们是绝对服从的[③]。在龙舟制作过程中，从树的砍伐一直到赛龙舟的整个过程被安排得井然有序，男女老少，大家尽职尽责，分工配合，十分默契，保障了整个龙舟制作过程的正常进行。

功能是整体内部的部分活动对整体活动所做的贡献，一切文化现象

① ［英］拉德克利夫·布朗：《原始社会的结构与功能》，潘蛟等译，中央民族大学出版社1999年版，第182页。

② 陈国钧：《苗寨中的乡规》，吴泽霖、陈国钧等著：《贵州苗夷社会研究》，民族出版社2004年版。

③ 庄孔韶：《人类学概论》，中国人民大学出版社2006年版，第56—58页。

都具有特定的功能。无论是整个社会还是社会中的某个社区，都是一个功能统一体。构成这个整体的各部分相互配合、协调一致，研究时只有找到各部分的功能，才可以了解它的意义。[①] 在制作过程中，砍树前要先看日子，然后祭拜树神，其次由选好的“有福之人”先砍，随后才轮到其他人。在制造龙舟的过程中同样要先看日子，祭拜，雕刻时要由师傅先做，然后才是其他人。在制造龙舟时除了有程序上的时间顺序外，还反映了苗族地区“先尊后卑”的社会秩序。那些德高望重或者工艺高超的师傅，在清水江苗族社区长期的社会生活中，得到了大家的认可和肯定，他们是一种身份、权力、技术的象征，被赋予了文化的符号和内涵，是当地视域下荣誉和身份的象征。

正是通过对龙舟制作中秩序的分析，可以折射出整个区域社会生活的各个方面。清水江流域用其特有的民族文化来维护整个区域社会的运作，这种社会秩序和规则不是简单的对外来文化的一种回应和冲击，而是在利用自身的民族传统文化适应整个中国社会秩序的发展。

六　苗族赛龙舟的现状与未来

清水江流域的苗族赛龙舟文化，不仅是一项传统的体育竞技项目，也是当地苗族的一种“活态文化”，承载了苗族人民太多的厚重历史与丰富的文化内涵，它的神圣性和重要性根植于历代苗族的内心。随着社会发展和外来文化的进入，尤其是旅游业的发展带动了民族旅游和乡村旅游，在政府的文化推广和旅游经济的诱惑下，该区域原本一年一次的龙舟节，已不局限龙舟“出龙”的次数，更多地侧重于体育赛事和地区之间文化的竞技。

彭兆荣在《旅游人类学》中围绕旅游的“真实性”进行详细探讨，并把旅游的真实性归纳为“客观性真实”“建构性真实”“存在性真实”三个方面。[②] 可见，过去该区域为了自身民族发展所举办的赛龙舟文化活动，是一种“客观性的真实”，而今在现代社会政治、经济以及文化影响

---

① 吴泽霖、陈国钧等：《贵州苗夷社会研究》，民族出版社 2003 年版，第 144 页。

② 彭兆荣：《旅游人类学》，民族出版社 2004 年版，第 159 页。

下的赛龙舟是一种“建构性的真实”，而这种“真实”其间夹杂着更多的伪真实，与民族的原始文化理念和习俗有所偏差，并有渐行渐远的趋势。

政府的引导和旅游事业的发展，是影响清水江流域民族传统体育——赛龙舟文化的重要原因，但并不是最核心的原因。追根溯源，应从本民族自身找起，近年当地人对龙舟文化的重视程度有所下降，尤其是年轻人外出工作，接触到外来的文化，使得对本民族文化兴趣有所减弱，造成当地龙舟文化的传承和发展出现了断层和脱节现象。在弘扬和发展传统民族体育的社会，政府部门应该充分重视和发展地域文化，提高其在社会中的知名度和美誉度，但这并不代表提倡在政绩观和经济效益的刺激下，置民族文化于不顾而盲目发展龙舟文化，恰恰应该遵循社会发展规律和文化的区域性特点，为民族传统体育的发展提供一条稳健的可持续生态发展路线，唯有这样才能够在促进民族传统体育文化的同时，也维护好清水江赛龙舟特有的文化。

现代杂技的审美意蕴*

高　伟**

摘　要：杂技是我国历史最悠久的传统艺术之一，它伴随时代变迁而历久弥新。文章结合改革开放新时期以来杂技的创新创作，评说了杂技随着时代进步、社会发展所进行的艺术实践，并阐述其在不同时期呈现出的不同审美意蕴，进而阐明杂技创作的审美追求。

关键词：杂技；审美；审美意蕴；杂技评论

追求现代杂技节目的审美意蕴，已成为杂技创作者的共同向往。

自改革开放以来，随着时代进步、社会发展、文化审美的多元变化和审美水平的提高，杂技经历了“显技”“融艺于技”“由艺臻境”三个不同的审美层面，呈现出不同的审美意蕴和精神蕴涵。

一　显技：彰显本体技艺中的哲思

“显技”是中国杂技的传统。杂技诞生之时，即以“技”彰显于人。杂技是追求身体自由意志并与自然世界和谐相处的一种创造。几千年来，不论是在宫廷还是在民间，“技”的革新与提高都是杂技生命延续的前提，因此，“技”被杂技人视为杂技的立命之本，“显技”成为杂技表演的第一要素。20 世纪 70 年代末，我国进入改革开放年代，国门打开，杂

* 原文刊于《中国文艺评论》2019 年第 5 期。

** 作者简介：高伟，中国杂技家协会《杂技与魔术》杂志社主编。

技率先走向世界，正是中国杂技传统“技”的“险”“难”高度，令中国杂技在国际演艺市场和重大赛场备受青睐。1980 年，我国杂技就进入了国际商业演出市场，尤其是在西方一些发达国家的演出，其鲜明的民族特色、高超的杂技技巧，令那里的观众对来自东方中国的杂技艺术欣赏有加。1981 年，广州杂技团的《三人顶碗》《滚杯》代表我国首次参加世界两大著名赛场之一的法国巴黎“明日”世界杂技节的比赛，一举获得了最高奖“法兰西共和国总统奖”、金奖和“夏洛特市长奖”，之后，我国杂技连年在该赛场夺冠；在另一大著名赛场——有着马戏界“奥林匹克”之称的蒙特卡洛国际马戏节，1983 年武汉杂技团的《顶碗》代表我国参赛，第一次夺得“金小丑”奖，之后中国杂技也是连年夺得金银大奖。国际马戏赛场不断摘金夺银，令我们欣喜不已。市场与赛场的双重需要，使当时我国杂技人把对“技”的追求放到了首要地位。

从杂技自身发展和审美来看，这是符合杂技发展规律和艺术审美的。首先，杂技的终极目的是对身体极限的挑战与开发。“技”是杂技的本体，也是杂技生命的本源。“技”既是人驾驭自身，也是人驾驭物，可以说“技”的创新过程就是人对自然界各种物体驾驭能力不断提升的过程，是人体能力的艺术表现，因此它是推动杂技发展的原动力。其次，杂技在诞生之初，既有游戏、祭祀、表演的功能，更在本质上具有哲学的意涵。杂技对极限动作追求的背后反映着人类对自身、对生命及对自然世界的认识，它的“超然”物象，契合了中国文化传统美学当中“天人合一”的审美境界。“天人合一”讲的是人与自然世界的和谐交融（这里包括本然的人体），这时人就达到了“物我两忘”的境界，进入“超然”“超越”的审美意识。对于杂技艺术发展，从客观来说，杂技追求“技”的不断超越，既是超越身体，也是超越自然的一种努力；从审美来说，“技”的超越既是杂技人向往自由精神，不自觉地进入到了“物我两忘”的境界，也是“天人合一”意识的觉醒。它指引观众从“有我之境”转向“无我之境”，传达了“物我两忘”“超然世外”的理想追求。所以，“显技”既是传播的需要，更是提升杂技的哲理与审美的内在追求。

二 融艺于技：兼及内外走向艺术审美

然而，进入改革开放年代，社会文化环境变化很快，多元的文化观念、文化思潮、文化形态引导着人们的文化消费观念不断分化与改变。审美活动自然要追随社会文化环境的变化而变化。不同的时代孕育出不同的审美文化和独特的审美形态。20 世纪 90 年代末，从现代舞台呈现以及从观赏者角度，杂技仅有“技”已经远远不能满足这个时代文化生活的需要。因为杂技蕴含的哲学高度，需要以一种纯粹的心态与眼光来观照才能够领悟，我们不能要求所有观众都有足够的哲学修养，对杂技有深度的审美。同时，虽然“作为艺术的杂技的杂技性，就在于杂技的表演性，杂技表演性是构成杂技之所以为艺术的根本性所在。所以，在某种意义上说，杂技的表演性也就是杂技的艺术性”①，“显技”的过程也是杂技作为艺术显现其艺术特质的过程，但是现在观众走进剧场不仅需要获得视觉与听觉的快感，还要得到主题解读的释然，或者享受观演带来的审美心理的满足。所以在“技”的前提下，杂技节目还要好看，有艺术的美感，令人产生审美愉悦。因此，舞美、音乐、灯光和舞蹈、戏曲等多种艺术成分加入进来；随着舞台技术、数字技术的进步，LED、新媒体技术等也逐渐成为舞美的重要手段。原广州军区战士杂技团的《东方天鹅——芭蕾对手顶》，杂技技巧与芭蕾融合于无形的高妙与优美，其艺术美感撼人心魄；中国杂技团有限公司的《俏花旦——集体空竹》，京剧元素、戏剧化的服装和音乐等的加入，使普通的空竹节目具有了艺术的韵味和意味。上述两个节目也因此成为了杂技史上的经典。广州市杂技艺术剧院的《竹韵——升降软钢丝》取自杂技剧《笑傲江湖》，背景 LED 屏上青翠的竹林随风摆荡，前景中，一位侠士在升降软钢丝上苦练技艺，端坐竹林一隅的一位仙女抚琴自弹，节目营造出一幅仙风侠骨的艺术画境。

不仅如此，杂技创作者为适应新时代审美的要求，在作品中追求主

① 蓝凡：《杂技：一门挑战“不可能”的艺术的哲学维度》，《中国艺术报》2012 年 3 月 21 日。

题内涵的表达，寻求技巧之外的意义呈现，这样的节目带有内容和情境，是一种有审美意味的形式。比如河北吴桥杂技艺术学校的《童梦·独轮车技》讲述了两个孩子克服困难、坚持不懈学习杂技的故事，节目中的一系列原创高难动作技巧，结合两个孩子学习的场景再现，表现了他们实现梦想的过程。内蒙古民族艺术剧院杂技团的《五人高车踢碗》，运用马头琴、蒙古长调风格的音乐，LED 屏映出的大草原、蒙古包，演员身上的蒙古族服装等艺术元素，营造出内蒙古大草原的场景。在这种氛围下，观众通过“高车踢碗”这种形式欣赏到了蒙古族特有的文化内容。杂技《蹬人》是一个集体节目，通过人蹬人、人摞人、搭人梯的技巧形式，可以表现出集体力量和勇者无惧、勇攀高峰的精神风貌。山东济南市杂技团的《勇者无惧——蹬人》，就是以杂技“蹬人”的技巧形式和其蕴含的精神指向，塑造出人民军队中特种兵战士的英雄形象。

现代杂技还有一类作品不满足于单纯的情景再现，它要在短短的几分钟时间里，创造出一种叙事情境，或讲一个故事，或设置一个带有戏剧性的情景，或塑造形象。比如，甘肃省杂技团的《彩陶情——顶坛》讲述了父母和小男孩一家三口其乐融融，一起耍玩坛子的家庭生活片段。节目营造出的叙事情境，生活气息浓厚，温馨感人。武汉杂技团的《技炫黄包车》，以黄包车作为城市元素的代表，描绘出老汉口的城市风貌；老爷爷带着孙女徜徉其间，两代人两种心境，他们各自体会着旧时风景带来的回忆或感慨。河北省杂技团的《搏回蓝天——女子集体车技》以巨大蓝绸在舞台上的起伏和急促的音乐节奏制造出疾风暴雨中的大海场景，演员扮演成海燕的形象、娴熟运用自行车车技的技巧穿梭在狂涛巨澜之间，象征海燕与大海勇敢搏斗。

上面提到的种种创作手法和风格已成为我国现代杂技创作的主潮。其特点是，在杂技技巧演绎的形式当中更强调其内在的审美意味，即把“技”的表演发展成为一种具有文化意义的肢体语言，并在技巧语言的含义之外，创作者通过舞美、灯光、音乐、服装等手段的烘托，完成了作品的外在“形式”，作品蕴含的审美意味，观众在审美过程中得以获得。

“融艺于技”的审美追求，在大型杂技作品创作上也得到体现，杂技的新品种“杂技主题晚会”由此诞生了，这是杂技创作者为适应时代要求、观众审美品位的提升以及演出市场对大型杂技作品的需要，主动对其进行艺术化处理的尝试。代表性作品是1994年原成都军区战旗杂技团在团长李西宁主持下创排的主题晚会《金色西南风》，它也是我国改革开放新时期第一部杂技主题晚会。该晚会“以杂技技巧为骨，以民族风情为魂”，通过具有我国西南少数民族地区色彩的舞美、音乐、服装的艺术展现，表现了西南少数民族地区的风情和文化。晚会打破了原来的杂技晚会没有主题引领、只是技巧展示的编排形式，它对技巧动作的运用、外部的造型、结构的安排以及音乐、舞美、道具等的设计，都用晚会主题贯穿起来，使它们不仅具有舞台形式的美感，更有民族地区文化涵义的表达，构成了整台晚会的艺术审美和意境。《金色西南风》开启了“杂技主题晚会”这一新的表现形态，将杂技作品的审美提到了一个新的高度，更是引领了我国后来的大型杂技晚会创作走向。

杂技因其多种艺术元素和手段的加入，在提高了杂技的视听审美的同时，技与艺的融合也使得“技”的哲理内涵在“艺”的烘托下得到张扬。

“融艺于技”，这是时代的要求，也是杂技发展的必然。杂技从美学意义上的“美”转向了与一般意义上的美并存，由自我完善转向自我与他者（观赏者）同在，通过他者的接受与欣赏反刍自身，达到自我、他者与自然世界的和谐共鸣。

美学意义上的美，不同于自然生活中的本然样态，并且不对自然生活中的本然样态进行美丑判断，而是以超然的心理、纯粹的眼光来看待事物本身，不含有任何功利目的。而一般意义上的美，是生活中的日常眼光观察世界所发现的美，通常含有比较多的其他成分，比如功利的、有目的的、概念化的等等。杂技的特殊性就在于它要超越这两种美，并在自身达到统一。在改革开放新时期，这种创作追求得到加强。“技”的创新，含有美学意义上的美的本然“意象”，但作为普通观众通常不能充分意会“融艺于技”的过程，将这种“意象”通过多种艺术手段呈现于舞台，使观众能够感知，杂技向艺术审美迈进了一步。

三　由艺臻境：杂技走向“形而上”

“融艺于技”，是杂技迈入现代艺术行列的重要一步，但不是终止的一步，创作者还在继续前行，他们更要在精神上和形态上使杂技符合现代艺术的审美意蕴。比如，在“融艺于技”的探索过程中，创作者们逐渐地、自觉地以中华传统美学精神丰富作品内涵，提升作品的美学品质，其中，“意境”就是创作者共同营造的对象。

“意境”是中国传统艺术实践的经验总结与中国艺术美学精神的提炼，也是中国艺术精神的一个重要内容。“意境”在唐代时已经成为一个美学范畴，“意与境会”“境生于象外”就是唐代对于“意境”内涵的归纳和总结，后世关于“意境”的论述基本都围绕这个规定进行。无论是唐代司空图的“思与境偕”、清末王国维的“意与境浑”还是现当代宗白华的“‘情’与‘景’（意象）的结晶品”，讲的都是意境的基本美学特征：“意与境会”“情景交融”，即“意”与“境”二者的浑然融彻。

现代杂技艺术作品很重视“情景交融”的呈现，力图通过“融艺于技”和杂技本体技艺的创新，将形式与意蕴融合，寓意于象，追求象外之韵，创造出独具杂技特色的意境之美、蕴蓄之美。比如获得中国杂技金菊奖第十次全国杂技比赛优秀作品奖的中国杂技团有限公司的《九级浪——杆技》，在三维道具（演员表演使用的三根长杆，象征船上的桅杆）与演员共同演绎下，展现出一幅海员与海浪搏击的场景。风平浪静、扬帆远航的开场，先给观众营造出人与海的和谐氛围。但是暴风雨的突然来临打破了这个宁静。LED 屏映现出的汹涌波涛一浪高过一浪，仿佛天塌地陷，而海员驾驭的船只随着海浪时而被拱到浪尖，时而被抛到浪底。配合着海浪与音乐的旋律，舞台上三维长杆道具的竖起、倾倒、翻转的运动与演员翻腾、爬杆、跑酷的运动此起彼伏，在动荡变换的三根长杆之间，演员表演出高水平的杆技动作技巧，表达了海员不畏巨浪、英勇拼搏的精神气质。节目大起大落、大开大合，气势磅礴，人的生命力量和顽强精神与海浪凶猛、狂暴的力量融为一体，呈现出“雄浑”“刚健”的艺术境界。

同样获得中国杂技金菊奖第十次全国杂技比赛优秀作品奖的上海杂技团的《舞空竹》则展现出另一幅图景。节目的音乐来自于舞台上女演员弹奏的琵琶，琵琶声营造出具有东方情愫的氛围。在琵琶声中，男演员舞动起空竹，空竹的演绎传达出青年男子的心境。琵琶声渐渐弱了，舞台上只有空竹的鸣响，“万籁此俱寂，但闻‘空竹’响”。悠悠的空竹声将观众带入一个空灵的世界。在节目的这一瞬间，观者可以感受到人生的美好和爱情的永恒。随着节目的推进，男女演员被空竹绳逐渐拉近，空竹在男女演员手中绳子的牵动下回旋往复，象征着二人心灵的交流。最终在空竹绳的牵引下，二人走到了一起，共同舞动空竹，传达出二人相携相守的意绪。节目别具风韵，通过一条绳线、一个空竹的环绕，在中国传统文化语境下，平静、恬淡地表现出男女青年之间含蓄、委婉交往的情状，永恒的爱情主题在空灵的美感中得到表现。编导通过舞台与演员高度情景化、意象化的呈现，营造出“淡雅、含蓄”的带有浓郁东方色彩和中国风格的意境。也因此，该节目获得第34届法国巴黎“明日”世界杂技节金奖。

中国杂技团有限公司的《TOUCH——奇遇之旅》则将我们带入颇有现代和后现代风格的艺术境界。这是一部杂技剧作品，它讲的是一位少年来到未来世界，路过一座公园，与逝去年代中的曾经的杂技舞台相遇，由此，他经历了一场信任、死亡、希望和爱的生命体验。在剧中，杂技技巧是创作者表达主题意旨的载体：《绸吊》传达了情与爱的含义；《软钢丝》上“角色”的进与退演绎着生命之途的抉择；《柔术》中两位演员穿同样服装把“角色”一分为二，象征着“本我”与“自我”的心灵对话。而舞台上以棕灰色为主色调的后现代极简场景，引领观众将视线集中于“角色”，冷静地观看着“他”所遇到的一切。

中国杂技团有限公司赋予该剧一个新名称“新杂艺”，这是着眼于节目形态和杂技的表现方式，是对杂技舞台新形态的探索。但其实作品的主题内涵和创作手法才是它的创新之处。在该剧中，故事只是个躯壳，杂技是外化于形的主题意旨的表达，“角色”才是创作者重点塑造的，它的重要性大于故事本身。“角色”是被创作者赋予了观念与哲理的艺术形象，是创作者内在心意的寄托物，也可以叫作“审美意象”，创作者就是借助“他”勾连起整部剧的“心理意象”和隐喻，以传达对人生、命运以及世界的哲理性思考。“境生于象外”，使得该剧具有了审美层面的多义性，每位观众都可以根据自己的生活体验对该剧做出不同解读。这是该剧的意义和价值，也是该剧与其他杂技剧本质的区别。因此把它称为“杂技意象剧”较为恰当。该剧的出现，标志着我国杂技作品的创作开始走向形而上的层面。“形而上者谓之道”（《周易·系辞》）①，杂技更接近了艺术的本质，正如宗白华先生指出的：“‘道’具象于生活，礼乐制度。道尤表象于‘艺’。灿烂的‘艺’赋予‘道’以形象和生命，‘道’给予‘艺’以深度与灵魂。”②

“由艺臻境”，现代杂技进入到艺术的审美境界，而作品中所具有的中华文化美学精神正是在创作者孜孜以求的艺术创造中得以显现。习近平总书记在文艺工作座谈会上的重要讲话中指出：“我们要结合新的时代条件传承和弘扬中华优秀传统文化，传承和弘扬中华美学精神。中华美学讲求托物言志、寓理于情，讲求言简意赅、凝练节制，讲求形神兼备、意境深远，强调知、情、意、行相统一。我们要坚守中华文化立场、传承中华文化基因，展现中华审美风范。”③

现代杂技艺术正是在传承与弘扬中延续历史，延续几千年遗存下来的杂技艺术传统基因，并在坚守中发展，在发展中提高，而无论是文化思想、美学精神的当代传承还是传统杂技艺术的现代转化，都是在新时代新语境下的一种文化实践，它赋予杂技以现代意义、现代价值和中华文化美学精神。这正是现代杂技审美意蕴之所在。

---

① 《周易·系辞上传》第十二章。

② 宗白华：《艺境》，北京大学出版社 1987 年版，第 159 页。

③ 《习近平〈在文艺工作座谈会上的讲话〉》，人民出版社 2015 年版，第 26 页。

西藏古代杂技价值与传承研究*

罗帅呈　丁玲辉**

摘　要：文章认为西藏古代杂技作为藏民族文化的重要内容，凝结体现了藏民族的文化价值、民风民俗、宗教信仰、审美观念、民族精神和藏族人民对生命价值的执着追求。遗憾的是寺庙壁画中描绘的杂技未能传承下来，更缺乏系统的研究与开发，为此本文在探讨西藏古代杂技的价值基础上，就如何加强西藏古代杂技的挖掘整理与开发研究，激活西藏古代杂技本身所蕴含的文化特质，使西藏古代杂技传承下来，为西藏民族文化研究提供一个新的视角。

关键词：西藏古代；杂技；价值；传承

西藏杂技有着悠久的历史，可以上溯到史前时期，吐蕃王朝时期至清代获得了较大的发展。西藏古代杂技是在汉藏文化交流及与邻近各民族文化的交往中，兼收并蓄中原等地区的杂技和其他艺术门类的形式和内容基础上，与西藏古代哲学、艺术、民俗、宗教、体育相互融合，形成的独特的艺术形式。藏文古籍《智者喜宴》《拔协》《萨迦世系史》《颇罗鼐传》等中记载了杂技表演的形式和内容，阿里古格东嘎石窟壁画、山南桑耶寺壁画描绘有西藏古代艺人在节日庆典、桑耶寺建成庆典表演精彩的爬竿、绳技、斗象、马术、舞马、倒立、悬垂、平衡、硬气

---

* 原文刊于《西南民族大学学报》（人文社会科学版）2017 年第 12 期。

** 作者简介：罗帅呈，南昌工学院体育学院副教授；丁玲辉，西藏大学中国藏学研究所教授，南昌工学院兼职教授。

功、牦牛舞、叠罗汉、舞狮、力士承力、飞天等技艺。虽然寺庙壁画中描绘的杂技过去了一千多年，但这些栩栩如生、精彩绝伦的技艺仍带给我们紧张刺激的观赏体验。西藏古代杂技扎根于藏民族的风俗、宗教信仰，表演的载体是节日庆典和宗教祭祀，是满足大众精神需要的歌场竞技娱乐文化，在西藏文化中占有重要的地位。[①] 这些精湛的杂技技艺消失了，留下了一个未解之谜。本文拟为西藏民族文化研究提供新视角，充分认识西藏古代杂技的价值，彰显藏民族文化的精髓。

一　西藏古代杂技的价值

西藏古代杂技早在5000年前的新石器时期就萌生了。史前时期，藏族先民为了制造石器工具，为了在狩猎中猎取动物，跨越高山、渡过河流，泅水、攀爬、绳技、投掷、射箭等就成为人们必须要掌握的技能。为提高这些技能，人们在狩猎后聚集在一起，进行投矛、耍刀、抛石头、射箭竞技，或进行跑步、摔跤、舞蹈、秋千等娱乐活动。吐蕃时期至清代时期，汉藏文化的交融，与周边各民族间的广泛交往，不仅使藏族文化获得了长足的发展，而且刺激了西藏古代娱乐文化向多样化发展，也为杂技艺术的发展提供了必要的条件，寺庙宗教舞蹈和杂技百戏广泛开展，民间有淳朴的游乐活动，从事杂技艺术和体育的人才辈出，使杂技成为节日庆典、寺庙宗教祈祷不可或缺的表演艺术。后来西藏古代的杂技艺术不断借鉴内地杂技艺术和其他艺术门类的表演程式，内容不断丰富，形式更为多样，真实反映了古代藏民族的精神风貌、审美情趣和娱乐需求，形成了独树一帜的民族文化艺术现象，在西藏民族文化中独具特色。

（一）文化价值

文化作为精神文明和物质文明的总和，狭义上专指语言、艺术、文学及一切意识形态在内的精神产品。关于文化的界定，英国人类学家泰

---

① 丁玲辉、阿旺晋美：《西藏杂技艺术产生与发展探讨》，《西藏大学学报》2012 年第 3 期。

勒在《原始文化》中指出："文化是多层次、多方面内容的整体，它包括知识、艺术、法律、信仰、伦理道德、风俗等。"① 文化通过面向大众的文化产品、文化活动呈现出来。西藏古代的文化产品、文化活动丰富多彩，文化底蕴深厚，在西藏高原这片神奇的土壤中孕育出了藏文文字、文学、藏戏、唐卡、雕塑、建筑、面具、民间工艺、服饰、藏医藏药、宗教、歌舞、杂技百戏、传统体育等。本文探讨的西藏古代杂技的娱乐含义远远超过当时人们出于强身健体的范畴，已是融杂技、舞蹈、武艺、传统体育、说唱各种形体表演为一体的艺术，以一种特有的文化符号、艺术形式广泛渗透到西藏古代社会文化的诸多方面，是多彩藏文化的一个象征。西藏杂技表演技艺高超，造型优美，刚柔相济，是极富民族文化特色的艺术，让人们感受到一种别样的雪域风情与底蕴深厚的文化价值。

1. 是"礼乐"文化的体现。中国古代把文化作为一种礼乐制度教化百姓，"礼"与道德、教养相联系，负责规范人的行为，"乐"是指音乐，负责调和人的性情，人的喜怒哀乐之情，可以在乐声中化解。"礼乐"的目的在于教化，诱导人向善，让社会处于平和状态之中。中国古代把杂技百戏融入"礼乐"之中，如春秋战国时代，群雄角逐、竞相养士、诸士善技是春秋战国时代的特点，以杂技艺术见长的门客和武士以一技之长辅助主人，创造出一些轰轰烈烈的事业。汉代杂技奇技的异巧，场面盛大的演出，使四方来客大为惊叹，达到了汉武帝吸引西域诸国结好汉室，共同对付强敌匈奴的外交政治目的。由于受儒家文化的影响，西藏古代杂技与汉地杂技有着极为相似的方面。松赞干布统治时期为寻求治邦安民的方略，极力倡导博采众纳，崇尚佛法，仰慕汉风，注重用礼乐教化百姓。② 松赞干布在文成公主帮助下革新了吐蕃的典章制度，以"德礼"为政教之本，在佛教"十善法"的基础上制订了《神教十善法》，③ 他命令大臣与贵族子弟诚心诚意地学习汉族文化，研读文成公主带来的诗书，还派遣贵族子弟到长安入国学，学习诗书礼乐，不断推动"礼乐"

① 杨士宏：《吐蕃法律的文化渊源》，《中国藏学》2003 年第 2 期。
② 杨士宏：《吐蕃法律的文化渊源》，《中国藏学》2003 年第 2 期。
③ 杨士宏：《吐蕃法律的文化渊源》，《中国藏学》2003 年第 2 期。

文化的发展，使藏族文化与中华民族的主体文化——汉文化形成了密切的关系。松赞干布统治时期除革新吐蕃的典章制度、“德礼为政”外，也是乐舞发展的最好时期,[①] 歌舞、诗文、百戏杂技都有了相当充分的发展。[②] 吐蕃的礼舞、宗教舞、牦牛舞、法鼓舞、狮子舞成为吐蕃文化的标志性符号。人们借助符号的运用得以学习与传播。藏史《拔协》记载：在桑耶寺举办的季节性贡奉仪式上，“围墙外面四周，全体吐蕃百姓盛装佩饰，携带供品，载歌载舞，欢乐而舞”[③]。“乐”舞不仅对抒发人的感情、娱乐身心、规范行为起到了积极的作用，而且也反映了“乐”舞、杂技艺术创造者的思想观念和价值。与“礼乐”文化紧密相关的西藏古代杂技艺术来源于生活实践，成为人们主要的文化娱乐活动，丰富了人们的精神文化生活。因此，无论何种文化艺术，不管其是否受到人们的喜爱，服务大众才能体现出文化的价值功能，这是个最为朴实的观点，这就是文化“价值”论。[④] 广大群众是文化建设的主体，如果文化艺术不能服务大众，就不会具备其应有的价值功能。文化艺术的价值意义还在于成为群体或社会共有的感知和认知，文化艺术只有在与大众的交流中，才具有存在的价值，杂技艺术也是如此。[⑤] 一个民族的文化艺术价值观还体现在物质载体上，它借助符号的运用得以学习与传承，涵盖着受众群体的喜好与群体所感知的娱乐价值。西藏古代杂技作为民族的文化艺术，是借助人体符号为表现形式传承发展起来的，包含了与高原自然环境、民风民俗相适应的民间文化艺术，受到藏族群众的普遍认可。其认可的基础建立在藏民族的宗教信仰、民风民俗、神话传说、舞蹈、藏戏、传统体育等方面，这使其成为节日庆典与宗教仪式表演的重要形式，并从民间登上大雅之堂，深受大众的喜爱，如古格壁画“庆典图”就是这一

---

① 杨向东、李悦平：《“吐蕃乐舞”：吐蕃文化的代表性符号》，《青海民族研究》2013 年第 2 期。

② 杨向东、王丹：《“吐蕃乐舞”中的民间说唱及杂艺百技》，《青海社会科学》2013 年第 1 期。

③ （吐番）拔塞囊著：《拔协》，佟锦华、黄布凡译注，四川民族出版社 1990 年版，第 57 页。

④ 转引自费孝通：《从马林诺斯基老师学习文化论的体会——社会文化人类学讲演集》，天津人民出版社 1997 年版，第 23 页。

⑤ 刘云德：《文化论纲——一个社会学的视野》，中国展望出版社 1988 年版，第 54 页。

形式的典型。西藏古代杂技艺术从产生初始就体现了服务人的价值，并与传统体育、藏戏等融为一体成为大众的艺术文化。当西藏古代的杂技艺术发展到一定程度时，它的行为模式和精神内涵得到群体或社会的感知，逐渐成为一种特殊的文化现象而得以存在和发展，成为藏民族生活中一种独具特色的娱乐文化形态。

2. 体现“人的本质力量”，具有观赏的文化价值。西藏古代杂技与其他绚丽多姿的藏民族文化样式相比，它的形式十分奇特：它以人自身的体型变化为对象，以行为表现者自身与观者之间的双重心身为目的，通过二者的重合获取以藏民族文化为核心的功效。西藏古代杂技艺术的行为涵义及造型艺术中，以竿、梯、绳、桌、刀等生活用具和劳动工具为道具，显示了西藏杂技与劳动生活的紧密关系，生活气息十分浓厚。如绘制于明武宗正德元年（1506 年）的山南扎囊县境内的桑耶寺大殿回廊壁画[①]以宽广的画面、严谨的构图、健劲有力的线条和富丽的色彩，描绘了一场人物众多、动势流畅、造型活泼、技艺超绝的百戏杂技、传统体育表演场景。据《西藏的魅力》记载，自回廊大门向右，壁画的第一段是《武士比武图》。画面中有 3 排武士在比武：上排是击拳、摔跤、举重者，中排是赛马人，下排是赛跑者。47 名武士动作各异，16 匹骏马高大威武，裁判人员或静或动或俯首注视或仰面观望，栩栩如生。第二段是以桑耶寺为中心的群众画面，描绘了一组民间杂技表演，项目有攀竿、攀索、倒立、马技、气功、俯卧钢刀、舞狮、象戏等，活灵活现。[②] 其技法和造型在西藏的壁画史上都是罕见的。桑耶寺虽历经自始建于公元 799 年以来一千多年的历史，[③] 但我们在壁画前注目，众艺人栩栩如生、淋漓尽致的表演，仍给我们身临其境的非凡感觉，令人置身于心旷神怡的境界中。在西藏历史上，由于战争的重要性，几乎从吐蕃时期到清朝时期都很重视军事训练与教育。吐蕃时期经常发生战争，由于那时候武器尚不发达，士兵的强健身躯成为决定战争成败的重要因素，因而重视对兵

① 杨士宏：《吐蕃法律的文化渊源》，《中国藏学》2003 年第 2 期。

② 邓利剑：《古格王朝时期阿里壁画“力士”形象研究》，西藏大学硕士研究生学位论文，2010 年。

③ 邓侃主编：《西藏的魅力》，成都出版社 1994 年版，第 38 页。

士的武技与骑射的技能训练。后来城邦之间为了尽可能地避免战争，就举办各种杂技表演、体育竞赛，身体强健、四肢发达健硕的大力士和杂技表演、体育竞赛的获胜者成为人们崇拜的对象，逐渐成为寺庙僧侣和民间百姓喜闻乐见的娱乐方式。

3. 赋予了西藏古代民族文化新的内涵。西藏古代杂技艺术作为风格特异的民族文化形态，在悠久的藏民族文化源流中有着自己的发展足迹。分析西藏杂技艺术的发端，其中有远自史前藏族先民早期的杂技艺术的行为现象，吐蕃时期至清朝时期，宫廷宗教舞蹈和乐舞广泛开展，民间淳朴的杂要游乐活动也普遍存在，杂要表演和体育人才也出现了。自吐蕃始至清朝时期，在与内地政治经济和文化交往的同时，大力借鉴内地杂技艺术元素，并将其与藏戏、热巴、牦牛舞、狮舞和传统体育融合，[①]内容不断丰富，形式更为多样。从西藏寺庙壁画中对杂技表演的形象描绘，我们可以探寻到西藏传统杂技艺术从初始到完整形成的清晰轨迹。壁画是宗教、文学、戏剧、舞蹈、体育和民俗文化历史学的源泉，建构了一个真实的藏族史的档案库。壁画以视觉图像艺术反映历史上藏民族的情感与思想，还留给我们能够与那个时代的人们彼此进行感情交流，获得美好娱乐的享受。如桑耶寺的《藏族史画》带有淳朴浓厚的生活情调和民俗色彩，较为全面地反映了古代藏族人民生产劳动、战争、佛事活动、建筑场面、藏戏、乐舞、体育竞技、杂技百戏等情景，尤其是其中描绘的精彩绝伦的杂技艺术与传统体育，具有鲜明的民族气派和特色，是其他民族文化艺术中不多见的，赋予了西藏古代民族文化新的内涵。

4. 具有深刻的文化内涵主题。西藏古代的杂技艺术，不像现在舞台上进行的杂技表演，而是一种广场化的表演形式，通过艺人设置的表演主题，把具有藏族文化与汉地文化特点的内容融入杂技表演中。如气功老手用两把钢刀支撑着腹部、安然无恙地平伸手足，俯卧在刀尖之上。[②]竿技则为百尺竿头，一个演员俯卧在竿端，竿下有一惊恐万状的演员与

---

① 毕卫忠：《西藏古代杂技与藏族传统体育相互融合的探讨》，《西藏大学学报》2016 年第 1 期。

② 邓侃主编：《西藏的魅力》，成都出版社 1994 年版，第 35 页。

之呼应，形象生动。[1] 为体现杂技表演主题，烘托气氛，还有一些群众表演乐舞，尤其是一位弹琵琶的乐舞仕女，微斜的动态和她那柔软舞动的手势，似乎使人听到了弦音，为杂技表演增色不少。[2] 这种表演由“技艺文化”向“内容文化”转变，使杂技的“技”与“艺”有机统一起来，在惊险与刺激的技巧表演中呈现出富有深刻的文化内涵主题，通过艺术化的表演，把力量、技巧、情感释放出来。杂技艺人用通俗的身体语言抒情、叙事，讲述藏民族征服西藏高原的故事。

5. 体现了藏民族的智慧性创造。西藏古代杂技在精神上除了原始思维、宗教的神秘性动因之外，更来自于人的智慧性创造。吐蕃善于博采众家之长而融会贯通，“唐人的艺术手法、西域的艺术花朵汇集到吐蕃艺术家的手中就构成崭新的艺术时尚”[3]。我们透过山南桑耶寺杂技壁画看到，吐蕃杂技的各种节目已成系列，如壁画中的竿技节目，完整地再现了古代杂技艺人在高竿上表演杂耍的情景：表演者着藏式服装外套半臂，有的上身裸露，白裤藏靴，攀援作戏，在晃动的高竿上，时而攀登，时而平衡，时而倒立，动作惊险。参与竿技技艺的表演者有 20 多人，艺人们在竖直的竿子上端和下端的表演相当精彩，把力量、技巧和智慧融为一体，玩出了新高度。[4] 西藏非遗办阿旺旦增研究员说，桑耶寺壁画中的竿技表演者在竖直竿的上端和下端的受力与压力符合“牛顿第二定律”，这是古代藏民族智慧的结晶。这种智慧的高度结合就是在空间的融合、多种艺术叠加后的融合，而融合之关键在于高竿上的艺人表演技艺与技韵的智慧，正因为有技味的智慧，才使众艺人的竿技表演回味无穷，这在中国古代杂技艺术中也是不多见的。具有智慧的竿技表演，不仅打开了西藏古代杂技创作的一扇窗，还推开了西藏民族艺术创新的一道门，并对西藏古代杂技的发展起到了积极的推动作用。

（二）社会价值

西藏古代杂技艺术与藏民族社会生活紧密相关，以其显著的特征满

---

① 邓侃主编：《西藏的魅力》，成都出版社 1994 年版，第 387 页。
② 邓侃主编：《西藏的魅力》，成都出版社 1994 年版，第 38 页。
③ 邓侃主编：《西藏的魅力》，成都出版社 1994 年版，第 38 页。
④ 王尧：《吐蕃文化》，吉林教育出版社 1989 年版，第 204 页。

足社会大众精神文化与娱乐活动的需要。社会性需求是杂技艺术创作的源泉，杂技是否受到人们的关注，是体现杂技社会价值的重要方面。马林诺斯基在《文化论》中认为："文化艺术是包括一套工具及一套风俗——人体的或心灵的习惯，它们都是直接地或间接地满足人类社会生活的需要。"[①] 西藏古代杂技的社会价值就是"直接地或间接地满足人类社会生活需要"。西藏古代从事杂技表演者大多来自社会阶层的民间艺人或寺庙僧人，观众则为广大的藏族群众。吐蕃时期杂技艺术在逐渐形成和成长的过程中，为适应社会大众、寺庙僧人娱乐的需要，各种杂技内容不断增多，表演技艺不断提高，如桑耶寺开光典礼上，杂技与传统体育表演很精彩，人们穿着华丽的民族服饰舞蹈，戴着面具戏狮、戏牦牛、戏象，"日复一日无间断""全体王之属民欢乐得身不由己"。[②] 在阿里古格遗址，乐舞壁画被描绘得欢乐无比，舞狮、猴戏、马戏、吹奏、鼓舞、宣舞、技巧表演很精彩。[③] 杂技艺术在满足社会大众精神文化与娱乐活动的需要中扮演了重要角色。一方面，由于吐蕃至清朝时期经济文化的发展，另一方面，周边各民族文化通过唐蕃古道、茶马古道和丝绸之路传入西藏，不断推进了藏族文化的发展。公元781年开始，吐蕃对沙洲、敦煌一带进行了近70年的统治，在吐蕃丰富敦煌文化的过程中，敦煌与汉地文化对吐蕃文化也影响深刻，[④] 其间，吐蕃参与敦煌文化创造，在与汉族和各民族交往的过程中，汉地杂技艺术对吐蕃杂技的影响较大。[⑤] 清朝时，清政府进一步加强了对西藏的有效施政，派清兵驻藏，这是清朝政府在西藏地方行使主权的一项重要举措，维护了国家统一。[⑥] 为提高驻藏士兵的战斗力，清政府要求驻藏士兵加强习武，主要开展"以旗兵习练攀云梯、投矛术、剑术、棍术、马步射、骑马射箭、鞭刀、鸟枪等技艺

---

① 费孝通：《从马林诺斯基老师学习文化论的体会——社会文化人类学讲演集》，天津人民出版社1997年版，第23页。

② 巴卧·祖拉陈瓦：《贤者喜宴——吐蕃史译注》，黄颢、周润年译，中央民族大学出版社2010年版，第171—172页。

③ 新华社：《考古学有新发现——杂技曾在藏区广泛流传》，《西藏体育》1998年第1期。

④ 孙林：《汉藏史学的交流以及敦煌学术传统与吐蕃史学的关系》，《西藏民族学院学报》2004年第4期。

⑤ 黄灏：《〈贤者喜宴〉译注［八］》，《西藏民族学院学报》1982年第3期。

⑥ 冯智：《清代拉萨札什城兵营历史考略》，《西藏大学学报》2006年第1期。

操练，以提高战斗技能”[①]。其中的一些军队体育操练项目后来成为西藏民间的传统体育和杂技技艺，被艺术家绘制在布达拉宫壁画中。《清稗类钞·技勇类》载，清朝时的爬绳是民间的主要习俗，技艺出色者受到达赖喇嘛的赏赐。[②] 当时，杂技与民族舞蹈、传统体育相融合，渗入社会生活的方方面面，吸引了广大群众参加到比赛或表演中，盛况空前，达官贵族、寺庙僧人、夷民百姓趋之若鹜，“情有所动、心有所感”。清朝时期，不少文人到西藏考察民风民俗，用诗歌或游记对西藏民间的杂技作了记述，如项应莲的《西昭竹枝词》描述了“飞绳戏”的精彩场面，周霭联的《西藏纪游》则记述了民间“百戏技艺”活动。

（三）审美价值

对于人体的健美、力量、速度和灵巧基本素质的追求和赞美，各民族几乎是共通的。古希腊人们崇拜健美与超群体力者，在我国民间，人们普遍追求超绝的技巧与健美的力量，杂技艺术就集中了灵巧与柔韧、健美与力量的外在与内在美。[③] 西藏古代杂技造型优美，表达细腻，刚柔相济的阳刚与健美，让人既能感受杂技高难技巧的险峻之美，又能品味杂技艺人营造的玄虚幻景与意境，传达出一种积极向上、顽强拼搏的精神。无论是桑耶寺壁画还是古格壁画中描绘的杂技艺术，均以表现藏民族生活的地域环境、民俗风情为基本格调，在杂技表演中则运用了藏民族文化元素，具有独特的形象性、浓烈的感染性、唯美新颖性的审美特征。为凸显杂技的审美特征，西藏古代艺人用充满生机活力的热情，在借鉴汉地杂技表演风格的同时，使其与西藏文化、藏传佛教、地域环境和民俗风情相结合，创作出合乎藏民族文化特色的杂技作品，既源于生活又高于生活，从而形成了不同于别的民族的杂技艺术的审美情趣，[④] 以满足欣赏者精神上的愉悦与艺术享受。如古格壁画中的力士，桑耶寺壁画中的“竿技”等百戏技艺，不仅是人体文化的展现，而且是力量、技

---

① 陈燮章、索文清、陈乃文：《藏族史料集》，四川民族出版社 1993 年版，第 159 页。

② 转引自胡小明、陈华编《体育人类学》，高等教育出版社 2005 年版，第 104 页。

③ 刘峻骧：《试论中国杂技艺术的源流》，《社会科学战线》1980 年第 2 期。

④ 丁玲辉、阿旺晋美：《西藏杂技艺术产生与发展探讨》，《西藏大学学报》2012 年第 3 期。

巧、心理、能力、动律等美的显示。如山南桑耶寺、阿里古格壁画中表演的爬高竿、叠罗汉、舞狮等杂技艺术，十分注重审美对杂技艺术的要求，使人体动态连续呈现，通过动态人体的空间位移和空间分布，来强化杂技审美更深层次上的表现形式，桑耶寺杂技中的“高难度”“惊险性”的“竿技”表演，[①] 演绎了“人与自然”和谐相处的美好愿望，使内容和形式达到完美的统一，使西藏古代杂技既有文化内涵，又有独具美感的元素，最大程度满足了观众的欣赏需求。阿里古格遗址壁画中的“杂技百戏”则以展示“大力士”的阳刚与健美为主要内容，在东嘎1号窟顶所描绘的各种具有艺术特征的承柱力士，其显著的特点为赤裸上身，下身着短裤，头发呈波浪式的小卷发，肌肉发达，孔武有力，分别作承柱、倒立、顶瓶等动作，大力士们表现出超人的力量，体现了柔术与硬功、力量与技巧、活力和动感的审美特征。藏戏喜剧表演中丑角插科打诨的疯魔闹剧式的诙谐幽默等技巧，[②] “热巴舞”中的矮子步、蹲转、蹦子、虎跳、倒立走，以及刀术、气功等难度较高的技巧，扣人心弦，[③] 给予民众以精神生活的寄托，在人们心中留下了技巧美的印象。

（四）生存价值

西藏古代杂技艺术的生存价值与藏族人民所处的高原自然环境有着相关性。吐蕃至清朝时期，西藏的自然环境比今天更为恶劣，但人们不因高原的荒漠、环境的恶劣失去生活的信心，而是努力地去追求现实中他们认为的理想人生，寻找抒发自己的情感的最佳娱乐方式，这种娱乐方式是为了适应恶劣环境的“生存意识”。桑耶寺壁画描绘的杂技百戏表演场景，古格庆典壁画中气氛热烈的舞狮场面，给我们的启示为：西藏古代杂技的功利目的就是纯粹的娱乐，人们开展这些娱乐活动的目的是为了表述内心的欲望的祈求，体现生存价值的娱乐需求。为了生存的娱乐则为心有所感，情有所动，便引吭高歌，顿足而舞，“是世俗生命的沉

---

① 边发吉、周大明：《杂技概论》，北京大学出版社2007年版，第59页。

② 刘志群：《试论藏戏艺术保护与传承工程的意义价值及其实施方案构想》，《西藏艺术研究》2004年第1期。

③ 拉巴卓玛：《探析藏东热巴与本教文化之关系》，《西藏艺术研究》2012年第2期。

醉与欢欣，为了适应当时文化生活贫乏的自述和放纵，是为了生存的‘宣泄性’方式”①。杂技艺术与藏民族的其他艺术能够在社会中存在，展现超凡的力量、技巧和智慧，展现人类对大自然和自身超越的能力，并在竞争中得到生存发展。② 杂技展示超人技巧的身体表演，包括徒手的柔术和各种手技，如桑耶寺壁画中的“竿技”“绳技”“履卧钢刀”等，险中求稳、动中求静，不仅需要表演者有冷静的头脑、高超的技艺与千百次的刻苦训练，其准确的技巧和千锤百炼的硬功夫还表现了人类在战胜险阻中的超越精神。总之，西藏杂技艺术是在藏民族文化母体中孕育发展起来的，它凝聚着创作者的情感，带着泥土芬芳群体的休闲娱乐方式，记录着芸芸众生的悲欢离合，伴随着藏民族不断适应西藏高原环境而生存前行。

二、西藏古代杂技传承的思考

（一）研究缺失的思考

通过文献研究发现，目前国内外学术界对于西藏民族艺术中的研究主要集中在藏戏、音乐、美术等方面，基本没有学者对西藏古代杂技的形式、文化内涵进行研究。对具有悠久历史的西藏杂技的研究尚处于弱势，杂技艺术研究资料与成果匮乏，杂技的形式和内容被封闭在藏文史料和寺院壁画中，更没有传承下来，变成了史料或壁画里无法复原的遗迹。虽然今天在日喀则扯休乡流行的“恰勘踏旭”中，尚能看到桑耶寺壁画描绘的“绳技”遗迹，但观者大多为当地农牧民，城市居民很难看到这种具有民俗特点的竞技表演，由于受现代传媒与现代文化的影响，年轻人失去了对“恰勘踏旭”的兴趣，传承遇到了前所未有的危机。

（二）置于西藏文化大图像中认识的思考

我们在进行国家社科基金项目“西藏寺院壁画中古代体育的源流及其发展形态研究”中，到西藏山南桑耶寺、阿里古格遗址对壁画进行了

---

① 仪平策：《中国审美文化史》，山东画报出版社 2002 年版，第 13—31 页。

② 王毅：《中国民间艺术论》，山西教育出版社 2000 年版，第 48 页。

考察，当时的考察重点是壁画中的传统体育图像，当我们在梳理传统体育图像中发现了唯美与高难度动作相融合的杂技这一独特的艺术。研究发现，西藏古代杂技与传统体育是在同一地域环境与文化背景下发展起来的，共同构成了西藏文化大图像，是古代藏族人民健身、休闲娱乐的主要内容。由于寺庙的封闭性，藏文古籍的尘封性，我们也只了解到西藏古代杂技局部的现象，西藏古代杂技到底还有哪些内容和形式，仍不被人们所知。因此，只有全面了解西藏古代杂技的过去，才能更好地了知这一独特艺术的文化内涵。虽然从藏史文献很难看到全面记载杂技的相关内容，但山南桑耶寺一层回廊一幅全景的传统体育与杂技壁画图像拓宽了我们的研究视野，这幅图像形象地展示了古代西藏最为系统、完整的传统体育与杂技艺术，是西藏民族文化中不可多得的珍品，是藏族人民对中华民族文化的贡献。山南桑耶寺乌孜大殿杂技壁画，描绘了“全体吐蕃百姓盛装佩饰，携带供品，载歌载舞”的热烈景况，[①] 杂耍艺人着藏式服装在高竿、云梯、软绳、案桌上进行竿技、绳技、倒立、技巧、“履卧钢刀”等精彩的表演。还有头顶七根紫檀木梁奔跑表演的，有在身上燃火进行魔术表演的，有牵着梅花鹿进行拟兽舞表演的，有在七匹骆驼上挥舞刀剑表演的。[②] 尤其是在藏式案桌上壮汉腹部承力于两把寒光锋刃的钢刀上的表演是中国古代杂技不多见的，现代杂技也难以达到此水平，西藏古代杂技的发展与藏民族对外来文化的兼收并蓄有着极大的关系，在吐蕃时期和吐蕃以后，西藏同周边地区尤其是同中原地区在政治、经济和文化上的交往进一步扩大。唐文成公主、金城公主进藏，儒学典籍、精神入吐蕃，艺人到吐蕃传授工巧技艺、歌舞、杂技等，[③] 对西藏文化的发展产生了重大的影响。因此，分析桑耶寺及古格遗址壁画中的杂技图像，不难发现古代藏族人民在吸收新文化的过程中，不断注入本民族的文化精魂，对来自中原地区的杂技艺术进行选择和取舍，在改造融合中融入藏族文化元素，使其成为独树一帜的杂技艺术。史书记

---

① 拔塞囊著：《拔协》，佟锦华、黄布凡译注，四川民族出版社 1990 年版，第 57 页。

② 拔塞囊著：《拔协》，佟锦华、黄布凡译注，四川民族出版社 1990 年版，第 57 页。

③ 丁玲辉、阿旺晋美：《西藏杂技艺术产生与发展探讨》，《西藏大学学报》2012 年第 3 期。

载，吐蕃人于7世纪中期之后至9世纪40年代间，曾两度统治西域，吐蕃文化于西域曾扮演一种强势文化的角色，其影响西域文化之深不言而喻。吐蕃乐舞之传入龟兹并对之产生影响当在吐蕃政权统治西域时较有可能发生。[①] 公元822年，唐朝使臣刘元鼎出使吐蕃，吐蕃举行文艺表演以示欢迎，并“饭举酒行，乐奏《秦王破阵》曲，其中杂曲、百技”[②]。大家跳起幸福欢乐舞，人人歌唱，群马驰骋，百鸟齐鸣。[③] 从这一层面来说，把西藏古代杂技置于西藏文化大图像中予以认识有重要意义。

（三）加强传承的思考

西藏古代杂技是藏族人民在特定的历史与地理文化等条件下形成的一种民族艺术，是一种文化实践活动。西藏古代杂技与藏民族的生活习俗、宗教信仰有着密切的联系，杂技是从生产实践、宗教祭祀、部落战争等活动中演变而来，与传统体育、藏戏、民族舞蹈相互融合，是民族智慧、民族精神和力量的集中展现，被赋予了不同的内涵和特征；在西藏古代社会文化与大众的娱乐中起到了积极的作用，丰富了人们的文化生活，增强人的体质与技能技巧；增强了民俗节庆、休闲娱乐的内容，增进了民族认同与社会和谐，是民族个性、民族审美习惯“鲜活”的显现；是健身功能、娱乐功能、教育功能、交际功能等的体现。千百年来它在民间流传，时断时续，在散乱的史籍、岩画与壁画等中时隐时现；有的与藏戏、民族舞蹈、传统体育相互融合，具有不同的内涵和特征；有的至今仍在乡间存在着，成为民间娱乐活动的内容，如日喀则休扯乡的“恰勘踏旭”（强竿）、“藏戏”与“热巴”中的杂要；有的随社会的变迁和掌握杂技艺人的过世或重视不够而失传。因此，要从保护优秀民族文化的高度认识西藏杂技的价值，对西藏古代杂技艺术进行系统的梳理，把具有藏民族文化特色的杂技艺术挖掘、整理、开发出来，在开发中匡正扶持，融入西藏文化发展与繁荣之中，使西藏古代杂技艺术得到传承，成为中华民族文化的共同财富。

---

① 黎国韬：《竹竿子与西藏传统乐舞关系试探》，《西藏研究》2009年第2期。

② 冯智：《西藏文物见证汉藏文化交流》，《西藏大学学报》2009年第1期。

③ 刘志群：《藏戏与藏俗》，西藏人民出版社2000年版，第27—28页。

三 余论

西藏古代杂技作为民族文化的重要内容，植根于民族文化的土壤，凝结体现了藏民族的文化价值、民风民俗、地域情感、宗教信仰、审美观念和民族精神。西藏古代杂技以宗教性、世俗性、神圣性与娱乐性于民间流传，表现出宗教与世俗互融统一的特征。历史上为庆祝西藏第一座寺院桑耶寺建成，典礼上除载歌载舞外，杂技、赛马、抱石头、摔跤等为主要的娱乐内容。古格庆典则以马戏、舞狮、乐舞等为表演形式。西藏古代杂技造型之精美，不仅显现出藏民族传统文化的风骨与韵致，还充满着浓浓的民间气息，更让我们看到古代藏族人民的精神世界以及他们通过丰富多彩的娱乐文化提升生命价值的执着追求，充分表征了古代藏族人民的艺术情怀。但遗憾的是，寺庙壁画中描绘的古代杂技艺术未能传承下来，更缺乏系统的研究与开发。因此，本文力图为西藏民族文化研究提供一个新视角，充分认识西藏古代杂技的价值，加强西藏古代杂技的挖掘、整理与开发研究，激活西藏古代杂技本身所蕴含的文化特质，将其根植于藏民族本源文化中独特的地域视觉识别符号和形体美学提取出来，作为支撑开发西藏民间艺术设计创意的核心本源，再通过现代生活审美观念的注入，设计出具有现代意义的、可以适应现代文化市场需求的、可以推进传统文化传播传承的现代表演艺术。如在实景剧《文成公主》中附加杂技表演相关内容，使大众对西藏古代杂技有深入的认知，彰显中华民族文化的精髓。

政治空间压缩与杂技传统的建构
——基于杂技艺人“化外之民”形成与发展历程的考察*

王立芳**

摘　要：多年来国家层面对杂技的保护走的是精英化路径，而大型舞台杂技的辉煌却不能带动杂技的整体复兴。自宋代伊始直到新中国成立之前，杂技所处政治空间不断被压缩，作为传承主体的民间从业者成功开拓出乡土空间与江湖空间，杂技艺人逐渐成为“化外之民”。然而，在此双重空间中形成一套民间运作机制，使杂技在民间社会充满活力。基于此，当代中国杂技复兴的关键在于以乡土认同为依托，构建新的空间语境下的民间运作机制。

关键词：杂技；化外之民；空间压缩；制度环境

非物质文化遗产保护已经引起各界的高度重视。从目前的研究来看，学者较为注重对宏观理念与方法的探究，较少关注具体的活态民俗；较多关注当下不容乐观的个案，较少关注传承较好的民俗案例；较多探究民俗艺术形式的变化，较少关注传承主体的多元性及其运作方式。而后者却是文化传承的关键。非物质文化遗产传承人保护制度是国家层面欲通过“供养”传承人的方式实现保护非物质文化遗产的重要举措，然而

---

* 原文刊于《民族艺术》2016 年第 5 期。

** 作者简介：王立芳，石家庄铁道大学马克思主义学院副教授。

此举必定因覆盖面有限而难以惠及多数草根传承者。更为积极的保护策略是近年来文化部和教育部门合作通过学校教育、职业教育以及社会教育等多种方式，希望建立有效传承机制的努力，然而结果也是收效甚微，“一些传习活动流于表面，培训、进校园等活动无有效的持续机制，并未对技艺的传承起到实质性的帮助。高等院校或职业学校所开设的非物质文化遗产相关专业在学科设置、教学方面也存在大量的问题，无法培育出合格的技艺传承人”①。因此，需要从理论和实践两个层面去探索更为积极且可推而广之的有效途径。

延绵两千多年的杂技，近年以非物质文化遗产一员的姿态重新出现在公众面前。杂技与许多濒临灭绝的传统文化不同，今天依然保持着旺盛的生命力，不断在国内外重要赛事摘金夺银，是演艺行业中为国家创收的重要一员。然而近距离审视之后发现，杂技发展面临种种瓶颈，如艺术形式单一、招生难、民办团体大量解体等等。看似悖论的现象却直指当下中国杂技的要害。多年来，国家层面对杂技的保护走的是精英化路径，以歌舞为模板发展舞台杂技，杂技在艺术体系中地位得到显著提高，然而，杂技本是草根，娱乐性是杂技生存之本，悠久的传承史很大程度上源于民间运作的传统。自宋代以来杂技所处政治空间不断被压缩，直到新中国成立前杂技主要活动始终在民间，传承主体在与政治空间的博弈中形成一套民间运作机制，民间活力是杂技得以传承至今且依然在国际杂坛有一席之地的关键。传承主体在实际中如何运作，何以让杂技在政治空间不断压缩的背景下得以蓬勃发展，对这个问题的探讨事关杂技发展方向。

一 政治功用与价值认同：政治空间不断被压缩的决定性因素

伦敦大学经济与社会史教授埃里克·霍布斯鲍姆（Eric Hobsbawm）指出：“那些表面看来或者声称是古老的‘传统’，其起源的时间往往是

---

① 陈平：《中国非物质文化遗产发展报告（2015）》，社会科学文献出版社 2015 年版，第 60 页。

相当晚近的，而且有时是被发明出来的。”[①] 历史上杂技艺人被视为下九流、化外之民，但是并非在整个历史长河中都是如此，而是在不利的政治空间中开拓民间市场的过程中逐渐形成的。在杂技的发展历程中政治空间是影响最大的生存空间，然而政治空间是不稳定的，它受到很多因素的左右。政治空间的变换又影响着杂技的发展形态。

杂技起源于人类的生产劳动和战争，成为真正意义上的娱乐活动始于中国历史上第一个民族国家秦王朝。秦始皇建立大一统政权后，将原来分散在各国的民间艺人集中到秦宫廷，包括杂技在内的游艺项目被赋予了一个统一的名称“角抵”。秦始皇提倡角抵的直接原因是“销兵”，被解除武装的原六国士兵被迫解甲归田，为防止他们造反，秦始皇通过自上而下地推行角抵引导士兵将习武行为转移到竞技表演“角抵”上。也就是说，从成为纯粹娱乐活动开始，杂技就与政治有着密切的关系。在杂技发展历程中，政治对杂技的发展起着重要的影响。笔者将政治空间分为 3 个阶段，秦汉至唐代，宋代，元代至新中国成立前。

第一阶段，秦汉至唐代。

从秦代开始，“角抵”成为宫廷娱乐方式，如此后它受到很多最高统治者的喜爱，如秦二世、汉景帝、汉文帝、唐玄宗等，现有历史资料不乏秦汉至唐代君主和重臣喜爱杂技的记载。作为一项娱乐活动，在封建专制政权下，满足统治层的享乐心理是杂技受重视的首要原因。杂技常常是重大节庆活动的必备项目。唐玄宗的生日庆典“千秋节”上有一个杂技表演项目“舞马四百蹄”，“玄宗又尝以马百匹，盛饰分左右，施三重榻，舞倾杯数十曲。壮士举榻，马不动”。[②] 100 匹装饰华丽的马，不仅能随着音乐的节奏舞动，而且还能用嘴衔起酒杯向唐玄宗跪拜敬酒。规模盛大的杂技演出，彰显了封建帝王至高无上的地位。

汉唐二代外事活动频繁，以肢体动作为主，以展现险、奇为目的的杂技常常登上外交展演平台。汉武帝于公元前 108 年在长安设名为“酒池肉林”的盛大宴会宴请前来朝贡的西域使者，期间举行声势浩大的

---

① ［英］埃里克·霍布斯鲍姆、特伦斯·兰杰著：《传统的发明》，顾杭、庞冠群译，译林出版社 2004 年版，第 1 页。

② 《新唐书·礼乐志》。

"大角抵"演出。"于是大角抵，出奇戏诸怪物，多聚观者，行赏赐，酒池肉林，令外国客遍观各仓库府之积，见汉之大，倾骇之。及加其眩者之工，而角抵奇戏岁增变，其盛益兴自此始。"① 汉武帝将角抵演出与宴请、炫耀财富共同作为展现国力强大的手段，从而成功实现了震慑异邦的政治功用。这段资料还说明此次外交成功有力地推动了杂技的发展。

这个阶段杂技成就的取得主要来自官方推动，杂技因满足统治层的心理需求与承担的外交职能，迎来了良好的发展机遇，一批批杂技艺人得享官方俸禄，成为职业杂技人。杂技水平提升突出表现为规模盛大的宫廷杂技项目被大批生产了出来。同时管理杂技的专门机构出现和不断改良，至唐玄宗开元二年（714 年），教坊成为中书省下的一个独立衙门。这个阶段不断有因最高统治者罢黜杂技使优秀的杂技艺人成批流入民间的情况，最高统治者出于猎奇心理也会诏令民间杂技艺人入宫演出。官方杂技与民间杂技形成良性互动，推动了杂技的整体发展。

第二阶段，宋代。

宋代是杂技发展的分水岭。宋代商品经济发展使杂技朝向平民化发展之时，恰是程朱理学逐渐取得正统地位的关键时期，二者两极化的发展方向，终使杂技发展方向定向为民间。

宋代商品经济繁荣，市民阶层对文化娱乐的需求，推动了民间杂技市场的形成与发展，杂技专业性越来越强，杂技项目首次拥有专门性称谓"杂手艺""踢弄"等，杂技艺人则被称为"百戏踢弄家"。杂技政治性功能大为降低，娱乐性功能大幅增加，短小精悍的杂技节目风格迅速发展，民间杂技成为雅俗共赏、君民皆宜的娱乐活动。宋代三元②观灯和赐酺等活动，常常采取统治者与百姓同时观赏的联欢形式。从宋仁宗开始，最高统治者及其后妃常常在元宵节晚上登上宣德门"御楼观灯"。不同社会阶层因共同观演达到精神的共鸣，缩小了等级差别。对于统治阶层来说，共同观赏是展示与民同乐、维护对内统治的重要载体，因此在宋代前期和中期，杂技处于较为宽松的政治空间。

然而，随着程朱理学的兴起，礼乐教化逐渐被强化。早在北宋前期

① 《史记·大宛列传》。

② 三元，即农历正月十五上元节、七月十五中元节和十月十五下元节。

在宫廷礼乐中展开一场“治世之音”与“非治世之音”的争论。“礼乐道丧久矣！故宋之乐屡变，而卒无不一定不易之论……诸儒朱熹蔡元定辈出，乃相与讲明制作之本原……然当时乐府奏言，乐之诸宫调不正，皆俚俗所传……末俗渐靡之弊，愈不容言矣。”① 这场争论的结果是认为“俚俗”艺术造成“乐之诸宫调不正”。只是此时抨击尚止于艺术范围，然而到南宋中期，抨击上升到有碍社会风化和社会秩序层面。宋仁宗嘉祐七年（1062 年）正月，起居舍人同知谏院司马光上《论上元令妇人相扑状》谏禁：“右臣窃闻：今月十八日，圣驾御宣德门，召诸色艺人，令各进技艺，赐与银绢，内有妇人相扑，亦被赏赉。臣愚，窃以宣德门者，国家之象阙，所以垂宪度、布号令也。今上有天子之尊，下有万民之众，后妃侍旁，命妇纵观，而是妇人臝戏于前，殆非所以隆礼法、示四方也。”② 司马光认为，妇女裸身相扑是有悖礼仪的行为，不适宜出现在宣德门这样象征国家威严的场所，且观众既包括“天子”与“后妃”，又有“万民”，这样的行为有伤风化。宋代统治层主张“乐与政通”，礼教与乐教互补，同为修齐治平的要义，作为俗文化的杂技因与正统价值认同不符而遭到排斥。随着程朱理学被奉为官方哲学，杂技的制度生存环境明显恶化，教坊司在南宋绍兴三十一年（1161 年）被撤销。宫廷杂技艺人被迫流入民间，开拓民间市场成为杂技艺人的集体诉求。

第三阶段，元代之后。

元代后，杂技处于越来越不利的政治空间。

元清两代，在少数民族统治层维护政治安全的主题下，一方面蒙满杂技因其承载着加强民族集体记忆和凝聚民族力量的职能而备受重视，另一方面汉族杂技的政治生存空间不断被压缩。

元清两代，来自北方游牧民族的统治层擅长骑射，因此马术在这两个时代都备受重视，成为宫廷杂技的主要组成部分。元代每年举行“那达慕”赛马盛会，清代“木兰秋狝”盛典备受重视，马术被定为清廷国俗。文化习俗是生活样式的反映，当马背上的民族离开大草原并且入主

① 《宋史·乐志》。

② （宋）司马光：《论上元令妇人相扑状》，（明）黄淮、杨士奇：《历代名臣奏议》第三册卷一百九十四，上海古籍出版社 1989 年版，第 2540 页。

中原之后，逐渐接受汉文化。此时，为了加强民族集体记忆和凝聚民族力量，国家层面急需一个载体，马术正是在这个意义上得到国家政权扶持的。

元清政权为防止汉人反抗，在强化蒙满少数民族习武习俗的同时严禁汉人尚武。两代均颁布过一系列打压民间杂技艺人的政令。《元史·刑法志》规定，“诸汉人持兵器者禁之……诸民间子弟不务生业，辄于城市坊镇演唱词话，教习杂戏，聚众淫谑，并禁治之……诸弃本逐末，习用角抵之戏，学攻刺之术者，师弟子并杖七十七。”① 杂技在元代被定性为不务正业的行为遭到查禁，练习也不被许可。著名杂技之乡河北省吴桥县，由于临近京津重地，限制尤为严格，大批艺人被杀、被迁徙、被卖为奴。元代杂技再也不像宋代那样大量见于正史。杂技被称为“杂把式”，杂技艺人被称为“耍杂把式”的，这一称谓可见杂技地位的低微。由于生存空间小，一些杂技品类濒于消亡。看似无大忌的杂技文活、动物戏生存下来。清代，雍正通谕各省，严禁学习拳棒，他认为，与竞技有关的民间从业者“多系游手好闲、不务正业之流”，是社会不安定隐患，“人果谨遵国法，为善良，尚廉耻，则盗贼之风尽息，而斗讼之累自消”。② 康熙五十一年（1712 年），“将走马卖解、踩索之人，尽行查拿安插，并定文武失察处分之例甚严，而游手之徒，并为敛迹矣”③。统治阶级把杂技艺人定性为“游手之徒”，对其严查严打。康熙帝在全国禁止杂技演出，令杂技艺人改行。

再有，明清封建体制逐步僵化，外事活动越来越少，明末的闭关锁国政策更使杂技彻底失去了外交展演功用。而明代开始，戏剧成功地占领了宫廷娱乐展演舞台，成为满足统治阶层享乐的主要工具。相较杂技，戏剧表现手法更加丰富，在音乐、化妆等手段辅助下，融唱、演为一体，具有情感表达细腻的优势，一部《牡丹亭》将爱情的情感表达得跌宕起伏，易于唤起观众的情感共鸣。在戏剧的冲击下，宫廷杂技衰落了，不仅没有汉唐时期规模宏大的宫廷杂技班子，而且连两宋时期元宵节那样

① 《元史》卷一，四《刑法志》。

② 《清世宗实录》卷六十三，雍正五年十一月庚辰条。

③ （清）刘廷玑：《在园杂志》卷四。

规模较大的杂技演出活动也不多见了。

近代是中国社会大变革时代，内忧外患的政局下杂技艺人日益贫困化，杂技文化落后了。近代杂技艺人生存艰难，杂技市场常因战争和政治局势的变化而发展剧烈变化，市场的存废可在一朝一夕即改变。不断增加的赔款、外债使老百姓日益贫困化，受众的贫困化造成市场进一步萎缩，而从业者的贫困化则导致杂技艺术更新缓慢。杂技艺人的街头演出活动还常常因破坏社会秩序而受到限制。“耍拳弄棍，走索盘缸，江湖卖艺之流虽片长薄技，亦有可观。月之初二，苏阊外湖田有卖艺者舞弄双刀，观者数百，环集如堵。”拥堵推搡中一个儿童被碰伤，当地官府“只令地保”将卖艺人“驱逐出境，不准逗留”。[①] 与此同时，西方文明在军事的掩护下对古老的农耕文明展开全方位的“进攻”，明末以来的闭关锁国政策被彻底打破，通商口岸吸引了大量外国马戏团和魔术团，进一步冲击了传统杂技市场。抗日战争期间，沦陷区几乎无法进行正常演出活动，期间太平洋战争爆发后海路受阻，个体杂技艺人辛苦开辟的海外市场被迫中断。有着上千年历史的杂技文化在近代无可争辩地落后了。

可见，对于杂技而言，政治空间表现为何种形态关键取决于两个因素，政治功用与价值认同。无论汉唐时期的节庆展演与招待外国使节的展演仪式、宋代的三元观灯仪式，还是元清两代统治阶层对蒙满杂技的重视与对汉族杂技的限制，目的都是巩固国家政权与建立安定的社会秩序。而娱乐表演项目能够具有政治功用，最重要的要素是其承载的价值认同是否与国家主流价值认同一致，共同的价值理念是得到统治阶层重视的前提。从这个意义上讲，宋代杂技是矛盾的。一方面，宋代杂技承载着明显的政治功用，受到统治层的重视，频繁出现在大规模的节庆展演中；另一方面，因程朱理学的兴起并逐渐成为国家主流价值认同，礼教逐步强化，而杂技日益平民化，杂技终被打上“低俗”的标签，从此难登大雅之堂。政治功用的逐渐丧失与价值取向日益与正统相左，政治空间遂越来越小，杂技艺人不得不在“去政治化”的语境下开拓新的生存空间。

---

① 《申报》1881年2月12日。

二　杂技在乡土空间与江湖空间中形成民间运作机制

在政治空间不断被压缩的背景下，个体不得不开拓新的生存空间。民间社会与政治空间博弈的结果是逐渐形成一套民间运作机制。

（一）生存空间压缩与个体的感知

宋代杂技市场化运作的一个结果是出现相对固定的室内游乐场所——“勾栏瓦舍”①，元代之后占据主流杂技市场的是形式更加灵活的“行香走会”、跑马卖解及撂地演出。“行香走会”，指在庙会的掩饰下卖艺谋生；跑马卖解，指杂技班子长年累月地串村随地演出；而撂地演出，则指在城市街巷空地上较为固定的地方卖艺，北京的天桥、南京夫子庙、天津的三不管、扬州的虹桥等，均是撂地较为活跃的场所。宋代的勾栏瓦舍与近代的天桥市场都是杂技艺人难得的相对固定的演出空间。然而勾栏瓦舍的受众主要是市民阶层，活跃于勾栏瓦舍的杂技艺人中的佼佼者还可能被征召入宫，享教坊供奉，从而获得安定的生活与优越的物质待遇。而天桥却是杂八地，岳永逸称天桥是一个“含有文化情感和情绪的、与人的地位、等级、身份等互动并影响人对社会分类的地域概念与思维符合，”他认为天桥被格式化为“贱、脏、穷”三大特征。② 从勾栏瓦舍到天桥市场的变化恰恰是政治空间压缩导致个人生存空间被压缩，杂技艺人社会地位不断下降的表现。

对于个体而言，对政治空间压缩的感知来自于官方一道道禁令和官吏的驱赶下，原有的存在于都市的公开演出空间越来越少，官宦富户的

---

① 北宋后半叶，日益壮大起来的市民阶层对文化娱乐提出了新的要求，不再满足于站在露天地里随机观看流浪艺人的表演，经济水平的提高使他们有条件寻求更好更高的娱乐消费，“勾栏瓦舍”这种室内相对固定的游乐演出场所应运而生。“瓦舍”，又称“瓦市”“瓦”，是城市中的大小娱乐市场，以百戏业为主，兼营其他商业活动。一个瓦舍内有若干个演出场地，称“勾栏”。勾栏的收费方法，有入场前先收费的，但是更多的是表演过程中零星向观众求取，没有收费标准，给多给少随观众的意愿，观众不给钱的情况也很常见，这种收费方式一直流传到近代，成为江湖卖艺的艺人常用办法。

② 岳永逸：《空间、自我与社会——天桥街头艺人的生成与系谱》，中央编译出版社 2007 年版，第 20—21 页。

庇护也越来越难，相对稳定优越的生存空间逐步丧失。在交通不便、信息不畅的时代，国家触角具有显著的有限性，乡村地区，特别是远离中心城市的边远地区是封建统治的薄弱地带。于是杂技艺人进行了演出地域转换，由都市向乡村、由富庶区域向穷乡僻壤迁移。同时，不少杂技艺人隐藏在其他行业之中，常见的有“巾”行（算命、占卜、看风水等）和“皮”行（行医卖药的游方郎中）等。作艺场所由城市繁华的公开场所转向人员混杂的庙会，以躲避官吏的驱赶和搜捕。可见，杂技艺人成功地利用了制度的漏洞与官府管理的疏漏。政治空间不断延伸着其暴力的下行作用力，导致杂技艺人重新为生存空间界定边界。

（二）杂技艺人的双重生存空间

空间转向使杂技艺人对陌生市场的开辟常态化，从而增加了不可预知的风险性，乡土空间与江湖空间作为应对策略由此产生。

1. 乡土空间

由于缺乏历史记载，宋代以前民间杂技艺人生存状况难以展开探讨，宋代民间杂技的繁荣才使民间杂技艺人的情况见诸相关文献记载。宋代开始出现以家庭为单位，农忙种地、农闲外出演出的季节性外出作艺的“村落百戏”人，只是在束缚严格、流动遭到严禁的封建制度中期尚不普遍，随着封建社会关系的松动，半农半艺式杂技艺人群体不断扩大，到了近代后发展为主流。这些民间杂技艺人虽然常年流浪在外，貌似离开故土，其实无论在经济上还是情感认同上均未脱离家乡，乡土空间是杂技艺人最重要的生存空间。

传统中国社会脱离农民身份的途径非常有限，最常见的是科举取士和商人，而在重农轻商的社会里商人往往很难在完全意义上走出土地。杂技艺人外出演出，行话叫“出生意”，他们有时也自称“生意人”。但是对于绝大多数民间杂技艺人来说，农业活动仍是家庭经济基础，艺人家庭与普通农民家庭一样耕种土地。历史上农业生产力水平较低，仅凭农业生产时常难以维持家庭生计，所以人们选择农闲时节或者遇到自然灾害农业歉收时外出从艺。这可从以下说法——不少家庭选择部分或单个家庭成员加入杂技班的原因是“出去一个人，家里少了一张嘴”中得到证明。而且为了保证土地收益，相当多艺人家庭将部分家庭成员留在家中，并且农忙时在外演出的艺人中的部分成员或者全部成员回乡务农。同时，杂技技艺本身及流动作业的活动方式均对年龄要求较高，尤其是女性，所以很多人选择年长后回乡务农，回归农民身份。此外，一个证明杂技艺人没有脱离农民身份的标志是，杂技艺人演出收益的去向，历史资料不乏杂技艺人致富后在家乡购买田宅土地的记载，这说明“落叶归根”的思想在杂技艺人心目中根深蒂固。从上述分析可以看出，杂技艺人虽然以获取金钱为目标离开熟悉的故土进入陌生空间，但是空间距离并没有割断他们与故土家乡的关系，他们实质上从未真正意义上脱离农民身份，他们始终生活在乡土空间之中。

处于乡土空间中的杂技艺人，在组织形态与传承模式上具有明显的地缘与血缘特征。费孝通说，在中国基层社会结构中，存在着以“关系”和“伦理”为基石的“差序格局”，亦即“个人”往往是通过“关系”网络来确定自身的位置。[①] 杂技艺人外出作艺往往结伴而行，其组织形态突出表现为围绕家庭和家族结成一个紧密的地缘联合体。杂技团和杂技班一般由家庭成员、亲属关系和同乡关系组成。每个杂技团和杂技班都有一两个核心人物，若是两个核心人物必定是夫妻、父子（女）、兄弟（妹）关系，核心人物肩负演出、管理、传授技艺与同外界交流等多重使命。杂技团和杂技班内部结构由核心人物确定，往往是以之为圆心，由家庭成员、亲属关系和同乡关系依次扩散开去。关系是决定个体在组织内部位置的关键，以技艺传承为例，师徒传承与家传是流动性群体的主要传承模式，核心人物在教授技艺时对待自己的子侄与仅为同乡关系的徒弟是有所区分的，有些技艺是绝不外传的，杂技界流传着“教会徒弟，饿死师傅”的俗语。这样的组织形态使技艺风格保持了鲜明的地域性和家族性特征，也更加证明了乡土空间的存在。

2. 江湖空间

杂技艺人流动演出，处处躲避官吏，常常身处江湖空间。江湖使杂技艺人经历了再社会化，江湖习性内化到个体身上。

20 世纪 20 年代第一次国共合作期间，时任中国国民党中央宣传部代理部长的毛泽东曾经说过一句后来成为经典的话：“谁是我们的敌人？谁

① 费孝通：《费孝通文集》，第 5 卷，群言出版社 1999 年版，第 335—339 页。

是我们的朋友？这个问题是革命的首要问题！”这句经典论断佐证了在不利的政治空间识别同道中人的重要性。在江湖社会这个隐蔽性极强的社会，尤为重要。作为一种隐语，“春典”是同行相互识别、竞技与交流的行话，同时也是遇到危险时同伴之间交流的密语。同行相遇争抢撂地场所时，杂技界流行着通过比春典决定胜负方法，如若不知对方发问的隐语所指，则被视为“道行”不深，必须甘拜下风，主动离开。春典应用频率最高之处却是对抗官吏，行走江湖如遇官吏搜捕或者撂地演出时发觉有官吏即将靠近，通过隐语交流通知同伴快逃或者用何种方法脱身。“宁舍十吊钱，不把艺来传。宁给一锭金，不给一句春”，这句流传至今的民间俗语从一个侧面证明春典对杂技艺人生存的重要性。

江湖社会是一个化外社会，具有一套与正统截然不同的规则，官方律例和农民的行为准则在这里是失语的。杨双印等总结了吴桥杂技艺人的江湖特征：语言豪爽、行为仗义、生活大方、遵守江湖规矩。在江湖空间，关系和信用是基本准则，而“语言豪爽”和“行为仗义”是陌生人社会取得他人信任、获得声誉的常用策略，所以《水浒传》中水泊梁山的好汉们无一不把“义气”作为第一要义，杂技艺人这两个行为特征恰恰是在江湖社会“够朋友”的关系建构的过程中习得的。在江湖空间必须遵守江湖规矩，杨双印等总结吴桥杂技艺人遵守的江湖规矩有：不欺师灭祖、不偷不摸、不抢不骗等十大规矩；占地演出时需遵守的地域规矩；魔术节目“掐活儿、上托儿”（安装道具机关），外人不准在场，更不准偷看，否则被视为“把人家门子”，是犯演出规矩；艺人培训徒弟时，外人须躲开，责打徒弟时，别人不准多言，更不准拦挡等等。[①] 这些江湖规矩内化为杂技艺人的价值认同与行为准则，使杂技艺人在一定程度上褪去了许多农民特征。“生活大方”完全不是农民的消费理念，传统中国社会农民是异常节俭的，这是典型的“江湖”空间对杂技艺人农民式生活准则的占领。杂技艺人融入江湖社会的同时一步步远离正统，逐渐成为化外之民。

---

① 杨双印：《吴桥杂技》，花山文艺出版社 2003 年版，第 369—371 页。

（三）对作为生存资本的身体的征用

身体是杂技艺人最重要的生存资本。在不利政治空间中，因生计所迫不得已卖艺的个体，在江湖空间游走的活动方式，共同决定演出设备简单廉价，杂技艺人唯有苦练基本功、变身体潜能为生存资本。由于缺乏科学指导、身体存在不当利用的问题，近代“这些趋于绝对贫困化的农民，从事杂技卖艺的经营，除了自身刻苦提高技艺，甚至采用自残的办法练就绝活外，再也拿不出任何资金进行投入提高节目质量”。[①] 卢沟桥事变之后，“北京各演出场所的演出逐渐衰落。艺人为了活命不得不演出《吊小辫》《油锤贯顶》《腹上开石》《骷髅跳舞》等残忍恐怖的节目。”[②] 笔者在吴桥杂技大世界曾经访谈过一位老艺人，老艺人的绝活儿是吞宝剑，把一把真正的宝剑从口腔一直插下去，剑的部分完全延伸到人的身体里，表演结束后老艺人为了展示宝剑的真实性，还用剑头刺破尖利物品。这是一项危险性极高的杂技项目，老艺人的两个子女都从事杂技行业，令老人感伤的是子女无人愿意继承他的手艺。实际上，诸如此类以损害身体健康为代价的绝活儿，目前纷纷面临后继无人的尴尬局面。对这些杂技进行数字化保护是最好的选择，不必强求继承下去。我们要继承的是作为艺术门类的杂技艺术，而不是单个杂技项目。

身体的征用，使杂技艺人具有常人不具有的特殊技能，拥有高超武艺、身怀绝技的他们在社会运动中扮演着重要的角色。政治空间的压缩造成杂技艺人对官府和封建制度的仇恨心理悄悄滋长，而生活在社会底层的经历，使他们对等级差异和社会不公感触较深，最终借助“造反”宣泄出来。封建制度下，普通民众缺乏表达利益的正当途径，才使非正常途径的造反成为常用策略。而杂技艺人身体的特殊性，不受政府管束、遵循江湖准则的特性，使他们易得到农民运动领袖的青睐和拉拢。因此，常有杂技艺人参加农民起义的记载，比如明末起义军中就不乏杂技艺人。有的杂技艺人甚至成为起义军首领，比如明代蒲台起义军中的唐赛儿，

---

① 史仲文：《中国艺术史》（杂技卷），河北人民出版社 2006 年版，第 542 页。

② 北京市地方志编纂委员会：《北京志·文化艺术卷》之《音乐志·舞蹈志·杂技志》，北京出版社 2002 年版，第 503 页。

李自成起义军中的红娘子、张献忠，清代白莲教起义军中的王聪儿，王伦起义军中的乌三娘等。因明末农民起义军中多有杂技艺人，清初对杂技艺人特别歧视。如此恶性循环进一步将杂技定格在民间。

（四）惯习和经济诱惑的共同结果

法国社会学家皮埃尔·布迪厄（Pierre Bourdieu）在《教育、社会和文化中的再生产》一书中，用文化再生产理论分析资本主义的文化制度如何在人们的观念里制造出维护现存社会制度的意识，从而使得现存的社会结构和权力关系被保持下来，即被再生产出来。他说，文化再生产是一个既有冲突也有矛盾的个人和制度的关系网络。被再生产的，不是一成不变的体系，而是在既定时空之内各种文化力量相互作用的结果。① 为了说明文化如何经历再生产，布迪厄引入“惯习”这一概念，以解释学生的自我期待与现实能为他们提供的实际机会之间的一致性关系。他认为学生自我选择教育的机会和成功的概率表面上是一种个人的选择与期待，实际上这种期待并非他个人所有，是他所属的群体共有的，是在长期的社会经验中形成的，并代代相传、习以为常不易改变。

当从艺经由乡土空间的运作成为一个特定区域的集体意识之后，“惯习”在人们从艺选择的作出中的作用是不可低估的。然而，布迪厄的分析中忽视了经济因素。经济诱因对于挣扎在生死线上的贫苦农民同样重要。历史上农民生活是苦的，特别是遇到天灾人祸，生活常常难以为继。杂技艺人从艺往往是为了生存不得已而为之，岳永逸在解释天桥艺人学艺动因时说，“人穷了当街卖艺”②，这句话同样适用于杂技艺人。

杂技有两个突出的特点，使其非常适合在生存线上挣扎的普通农民。一方面，杂技“杂”的特点决定其学艺成功率很高，不论身高、身材、长相等身体条件如何的人，几乎都可以找到适合自己学习的杂技门类，这一特点使杂技符合了大众需求，为普通人学艺、从艺创造了条件。在

---

① 宗晓莲：《布迪厄文化再生产理论对文化变迁研究的意义——以旅游背景开发下的民族文化变迁研究为例》，《广西民族学院学报》（哲学社会科学版）2002 年第 2 期。

② 岳永逸：《空间、自我与社会——天桥街头艺人的生成与系谱》，中央编译出版社 2007 年版，第 38 页。

访谈中，老艺人说，只要想学杂技，就一定可以干这一行，他还强调学杂技，最主要的就是努力，其他的是次要的。更证明了对学艺者基本条件的要求低。[①] 而且，学艺周期短，短则几个月即可演出。另一方面，杂技演出设备简单，杂技界流传“穷杂技、富魔术”的说法，与魔术演出道具至为重要不同，杂技演出道具简单易携带，几个碗、一个坛子、一把刀就可以表演，这使得前期经济投入较少。

除了学艺成本低、成功率高之外，杂技还具有极大的成功诱惑。宋代勾栏瓦舍的杂技艺人中的成功者可入选教坊享宫廷俸禄，宋代及之后的朝代，优秀的民间杂技艺人得到官宦富户的豢养则更加常见。近代的成功诱惑则表现在发家致富上。吴桥县沟店铺乡的孙龙庄村人孙福有成立“中华国术大马戏团”后的1929年，从香港到越南西贡，演出40天，收入20万大洋。孙福有回到家乡，为交不起租、还不起债、难以过年的穷苦人家散发钱财。他的中华国术大马戏团规模庞大，有近百名杂技演员，3辆摩托车开路，孙福有本人则坐着小轿车，另有4辆卡车装老虎、狮子等动物以进行表演，由第二位妻子茄莉组织一个二十多人组成的西洋乐队为演出伴奏，为家乡人义演了十多天。这样的声势无疑震撼了在生死线挣扎的穷苦农民。于是，希望加入中华国术马戏团的人们蜂拥而至。对于处于苦难之中的农民而言，与解决温饱同样重要的是精神希望，民间俗语“有奔头”即指对人生方向的追求，可见，孙福有们的成功让贫苦农民看到了“发财”希望。

基于此，笔者认为，惯习说在解释历史上杂技文化传统的再生产中具有有限性，惯习说足以解释当地人为何选择杂技而不是其他，但是不能解释为何只有贫苦农民才选择杂技，尤其是无法解释国家经济发展、社会整体生活水平提高后的今天，杂技在杂技之乡吸引力的显著下降。可见，借西方理论解释中国现象的时候，需要充分考察其适用的语境。历史上杂技文化传统的再生产是惯习和经济诱因共同起作用的结果。

---

① 2008年6月29日杂技老艺人LGQ家，笔者与LGQ所做的访谈。

三 结论及展望

（一）继承传统

文化是曾经的生活样式。杂技文化传统是杂技艺人在与生存环境作斗争的过程中创造出来的，凝聚着一个群体乃至一个民族的集体记忆。继承传统，是提升文化自觉自信的必由之路。

中国杂技屡屡在重大国际赛场上摘金夺银，赢得了“世界杂技金牌储藏国”的美誉，是我国文化产品中最有国际市场前景的文化品种之一，开展对外商演已成为中国杂技发展的一大特点。它得以在不同国度、不同文化情境中传播，关键在于认同。共同的认同是不同文化情境中的人们接受他者文化的核心。不论在什么样的文化环境，人们都在思索人体的极限并寻求挑战身体极限的方式，竞技体育如此，吉尼斯世界纪录也是如此。中国杂技以人的身体为主要载体，对语言的依赖小，可以穿越文化的屏障、政治的壁垒。人们关注挑战，更关注不同文化环境下的人如何挑战、何以挑战，过多的相似性也会因破坏其独特性而失去魅力。这是为什么杂技艺人能走遍大江南北、乃至世界各地，并迅速得到广泛认同的根本原因。因此，无论声电技术、舞台设计、艺术形式等如何成功应用于杂技，中国杂技的立身之本不可荒废，必须继承下去。

（二）回归传统

以身体开发为特色的杂技传统是民间运作的结果，这种运作模式在新中国成立之初淡出人们视野。1949 年之后，国家层面对杂技进行了全方位的改革，民间从艺不被许可，所有的民办杂技团体和杂技班都被纳入体制，反“右倾”和“文化大革命”期间大部分杂技艺人更是被下放农村。“文化大革命”期间，被视为社会主义毒草的杂技几乎失去展演空间。改革开放后，杂技之乡重新形成的从艺潮才使中断近 30 年的民间运作模式得以复苏。然而，时过境迁，面临产生巨大变化的生存空间，特别是截然不同的政治空间，民间杂技从业者有些不知所措，至今尚未调试形成适应新的生存空间的合理的民间运作机制。《中国非物质文化遗产发展报告（2015）》一书称目前杂技界“大量杂技团体解体，游艺项目特色减弱”[①]，这样的现象是当今杂技缺乏活力造成的。近年来新闻媒体对各杂技之乡招收杂技学童难、门槛不断降低的报道也是明证。杂技辉煌的背后隐藏着杂技这一地方性知识在地方社会缺乏对个体吸引力的问题，这是极其危险的信号，必须引起高度重视。

多年来，国家保护和鼓励杂技发展的一系列举措，遵循的是精英化路径，宏大叙事风格的舞台演出与以高科技手段作为武装的大规模杂技剧成为各大杂技团发展方向，这一方向固然重要，但是不应该作为唯一的方向。反而动辄宇宙、太空的杂技剧并不受国内观众的认可，杂技市场存在“墙内开花墙外香”、国际市场红火而国内需求严重不足的问题。解决的关键在于重建民间运作机制。历史上杂技艺人依托乡土认同、游走在江湖空间的民间运作模式使杂技充满活力。

杂技传统的保持很大程度上源于民间社会成功地开拓出乡土空间和江湖空间。杂技艺人以家庭和家族为核心形成一个紧密的地缘联合体，既保持了技艺的稳定性又加速了群体的规模化发展。杂技艺人性格特征与行为准则的“去农民化”使其成功融入江湖社会，而得到江湖社会的庇佑，几乎是封建制度下躲避官方的唯一选择。

概而言之，杂技艺人应对政治空间压缩的策略是成功的，尤其是鸦片战争之后，抓住内忧外患下统治阶层对内管理松弛之机扩大从艺规模，河北与山东交界的吴桥、聊城以及湖北荆门等地近代的从艺潮就是在这样的政治背景下迅速发展壮大的。杂技文化在民间社会与政治空间压缩的博弈中不断演进，这一发展历程使杂技文化在民间社会充满活力。历史上杂技地域分布广泛，演出灵活，贴近人民的生活，形成了内容丰富、品种多样、形式多元的“接地气”的杂技节目。撂地和圈棚演出演员和观众有着充分的互动，而近年在杂技精英化发展路径下形成主导风格的舞台演出却使杂技演出由立体变为平面，无形中拉大了演员和观众之间的距离。杂技靠挑战身体极限赢得观众，可是却因技能特殊造成与观众的心理距离，历史上杂技艺人早就注意到不能单纯靠技艺赢得观众，“卖口儿”就是在这种情况下产生的，所以杂技界有“三分艺，七分口儿”

---

① 陈平：《中国非物质文化遗产发展报告（2015）》，社会科学文献出版社 2015 年版，第 94 页。

的说法。在撂地表演中，杂技艺人常常通过卖口儿的辅助使受众产生精神共鸣，增强体验感。非物质文化遗产代表性传承人王保合最拿手的绝活儿是“三仙归洞”，这是近代撂地演出中常见的节目，借用语言交流与渲染，激发观众的好奇心和参与兴趣是他成功的关键。而当今卖口儿几乎不为年轻从艺者所知，这是杂技发展中的一大缺憾。此外，不少杂技节目因不适宜舞台演出而退出历史舞台。

因此，杂技源于民间，植根民间，适应新的土壤，重建民间运作机制符合杂技发展规律。而重建的关键是乡土空间。上文提到文化部和教育部门通过学校教育、职业教育以及社会教育等多种方式建立有效传承机制一事，出现问题的根源在于着力对象选择出现偏差。应该将着力点放到杂技之乡，尤其需要将政策惠及对象放到民间杂技从业者和学艺者身上。在杂技之乡，重建民众对杂技的认同是民间机制重建的关键。

（三）超越传统

杂技当前所处的政治空间是历史上从来没有过的良好状态。新中国成立后，国家在提高杂技在艺术领域中的地位和杂技从业者的社会地位方面开展了一系列变革。改革开放后，社会主义市场经济机制的建立和发展，使杂技在艺术成就、从业者数量、组织形态、传承方式、海内外影响力等方面，均实现重大历史突破。这样的政治空间，为杂技带来前所未有的发展环境。杂技从业者应该抓住千载难逢的机遇，加快自我调整步伐，超越传统，实现历史突破。

首先，江湖空间随着社会主义制度的建立已经消失，需要在新的政治空间中建构与流动作艺相适宜的新空间。历史上杂技艺人以江湖规矩为群体价值认同和行为准则是政治空间压缩下不得已而为之，当今，杂技界需要在主流价值引领下重构群体价值认同，在制度遵守与市场机制下重构行为准则。

其次，重构乡土认同的同时，打破乡土空间的边界，扩大招生范围，解决杂技生源严重不足的现状。社会整体进步造成杂技的潜在生源下降。一方面，耕种技术的发展和人们抵御自然灾害的能力的显著提高，使自然环境不再是促使人们从艺的重要推力。另一方面，封建制度下农民除了种地之外，社会并没有给他们提供多少谋生手段，这才迫使吴桥贫苦农民选择杂技，而当今社会给人们提供了多元职业选择。因此，杂技在杂技之乡渐渐失去独有的优势。笔者曾经在吴桥调研时发现，目前在杂技之乡，吴桥已经开始形成“来自传统杂技之乡的学艺者依然是杂技后备人才的主力”、同时“来源地在扩大，人员构成趋于多样化”① 的生源特点。这一发展态势是好的，值得在各地杂技之乡推广。

最后，借鉴科学管理与现代教育理念，改变杂技传统中不科学之处，提升对文化知识教育的重视度，使杂技运作机制适应时代需求。当今社会，杂技学童在学艺时，人身安全成为首要因素。传统杂技传授遵从“功夫皆从棒底出”的准则，缺乏科学方法，不了解人的身体结构，盲目对学生延长训练时间，这种教学方法在当今时代遭遇了挑战。由于杂技理论研究严重滞后，适合现代社会的科学培养方法仍在探索之中。借鉴现代体育、舞蹈等相关门类的经验，加快建立新的培养体系是重中之重。同时，杂技界急需加大对文化知识的重视度。当今社会是信息与知识的社会，缺乏文化知识，不仅制约杂技艺术的发展，对杂技从业者生活及再就业也会带来障碍，民办杂技学校文化课程没有受到足够的重视，个别学校甚至形同虚设的现象必须加以改变。

总之，精英化与民间化是杂技发展两条并行不悖的路径，汉唐盛世均表现为代表官方路径的宫廷杂技与民间杂技良性互动。历史经验告诉我们，当下将精英进行“一刀切”式的保护方式是有违民间艺术发展规律的。当然，一种文化传统断裂了近 30 年，重构尚需假以时日。继承身体开发的杂技传统，在走精英化发展路径的同时要回归民间运作机制，拓展乡土空间的边界，在制度许可与市场规则下构建新的“江湖”空间，超越杂技“去政治化”的底层运作传统，以迎接杂技发展的辉煌明天。

---

① 王立芳：《吴桥杂技后备人才现状与非物质文化遗产保护》，《河北学刊》2009 年第 1 期。

珠　算

《数术记遗》珠算思想的宇宙视野*

韩　英　韩品玉**

摘　要：《数术记遗》一书中首次出现“珠算”一词，并对珠算展开论述。文章将《数术记遗》放置于历史条件中，考察其学理渊源。《数术记遗》有着浓厚的易学知识背景，其珠算思想是《易经》原理的反映与运用。《数术记遗》的珠算论和珠算思想所反映出的宇宙视野也具有数理和人文两重含义，珠算不仅是普通的算术工具，还能够管控四季、天地和人，反映出天人合一的思想。

关键词：《数术记遗》；珠算；宇宙视野

《数术记遗》传本作“汉徐岳撰”，书中以徐岳与他的老师刘洪问答的形式，介绍了14种计算方法，“珠算”一名即现于此书中。此书创建的珠算理论对后世影响很大。本文就其珠算持论的含义、《易》学渊源和学理视野，略陈如下。

一　《数术记遗》珠算论的双重含义

《数术记遗》对珠算的记载是这样的：

---

* 原文刊于《齐鲁珠坛》2015年第4期。

** 作者简介：韩英，山东师范大学审计处高级会计师；韩品玉，山东师范大学古籍整理所副研究员。

珠算，控带四时，经纬三才。①

这即是《数术记遗》的珠算论。在中国文献史上，“珠算”一词首次在这里出现，也是第一次有人对珠算进行专门论述。6 世纪中叶，北周数学家甄鸾注释了这段文字：

刻板为三分，其上下二分，以停游珠，中间一分，以定算位。位各五珠，上一珠与下四珠色别。其上别色之珠当五，其下四珠，珠各当一。至下四珠所领，故云“控带四时”。其珠游于三分之中，故云“经纬三才”也。②

甄鸾注解的前半部分，是对珠算构成和计算原理的解释，即使今人看来也较为明了，但对“控带四时”“经纬三才”的阐发，理解起来就不那么简单了。

“控带四时，经纬三才”，虽出于一部数学著作，但从其语言传承模式上来看，却更接近笔记小说《西京杂记》中的语句：

司马相如为《上林》《子虚》赋，意思萧散，不复与外事相关，控引天地，错综古今。③

《数术记遗》中的“控带四时，经纬三才”与《西京杂记》中的“控引天地，错综古今”，虽然一指珠算数术，一指辞赋创作，指称对象时空倒置，但在词义、句式、修辞和直陈对象方面还是颇为相通的；它们都极富民族文化表达特性，“只有在华夏这片土地上才会诞生”④。

---

① 转引自李培业《〈数术记遗〉释译与研究》，中国财政经济出版社 2007 年版，第 44 页。

② 转引自李培业《〈数术记遗〉释译与研究》，中国财政经济出版社 2007 年版，第 44 页。

③ （晋）葛洪：《西京杂记·百日成赋》，中华书局 1985 年版，第 12 页。

④ 韩品玉：《新时期中国珠算文化发展启示》，《山东师范大学学报》（自然科学版）2014 年第 3 期。

"控带"与"控引"，意思接近，都有控制、管控的含义。

前后句互文，"经纬"与"控带"语义也相近，还带有组织、管理的意思。《左传·昭公二十九年》："夫晋国将守唐叔之所守法度，以经纬其民。"①

各自看来，"控带"与"控引""经纬""错综"还是有语义差别的，但在特定的语境中，文意大体一致，并且它们所带宾语可以兼指时间、空间。除以上"控带"与"控引"的例子外，再如清代姚鼐《扬雄〈太玄〉目录序》："于是作《易》以教世，错综万端，经纬人事。"② 这里的"错综"指空间，与《西京杂记》中的时间宾语判然有别。

至此，结合甄鸾的作注，我们就能解读《数术记遗》珠算论的语意了：

珠算，上面的一颗算珠，能管控下面的四颗算珠，游动在刻板三部分上的算珠，尽在运控之中。

不过，这只是对《数术记遗》珠算文字数理含义的解释。《数术记遗》的珠算论，还有其不可不知的人文释义：

珠算，能够管控一年四季，还能运控天地人。

这种人文论的解读，出于文面意义的自然生成。"四时"，指四季。"三才"，指天、地、人。这在先秦典籍中多有记载，无须胪列例证。

当代著名珠算史专家李培业，在释译"至下四珠所领，故云'控带四时'"时说："喻四珠为四时春、夏、秋、冬。"③ 他也认定"三才"系由"刻板为三分"中的"三分"而来。

由珠算中的"四珠"联想到"四时"，由"三分"联想到"三才"，在今天看来似乎有些唐突，但从当时人们文化认知的角度出发，这种看法却自有其立足之理。这就需要我们将《数术记遗》的珠算思想放到当时的历史条件下，具体考察其萌发的学理渊源。

---

① 冀昀主编、(春秋) 左丘明著：《左传》(下)，线装书局2007年版，第626页。

② 王镇远：《姚鼐文选》，黄山书社1986年版，第248页。

③ 转引自李培业：《〈数术记遗〉释译与研究》，中国财政经济出版社2007年版，第44页。

二 《数术记遗》珠算人文论的《易》学渊源

《数术记遗》中有浓郁的《易》学情结和深厚的《易》学知识。这从其十四种计算方法的命名就可见一斑。

> 其一积算，其一太一，其一两仪，其一三才，其一五行，其一八卦，其一九宫，其一运筹，其一了知，其一成数，其一把头，其一龟算，其一珠算，其一计数。[①]

在针对珠算的专论中，包括“四时”和“三才”知识。

《易》的宇宙生成论告诉人们，太极生两仪，两仪生四象。四象在不同的领域，会指向不同的物象；当指向时序的时候，四象就代表着四时，即四季。

“是以立天之道，曰阴与阳；立地之道，曰柔与刚；立人之道，曰仁与义。兼三才而两之，故《易》六画而成卦。”[②] 由此，天地人共同组成了三才。在《易》学思维中，三才是继太极和两仪而生的化育万物的因素，是天人合一思想的象征。

根据甄鸾的解释，当时的珠算每档五颗算珠，上面一颗，当五；下面四颗，一就是一。上面一颗算珠似乎能统领下面四颗，故为“控带四时”。珠算有一底板，它一分为三。上下两部分，用来存放游珠，中间一部分确定算位。所有的算珠都可以在这三部分游动，所以叫“经纬三才”。

也许我们今天看来，“控带四时”叫做“控带四珠”更写实，“经纬三才”称为“经纬三分”更妥帖。但当《数术记遗》作者用《易经》眼光来审视珠算的时候，他认为分别称“控带四时”和“经纬三才”，不仅写实和妥帖，同时更为蕴藉，还把珠算隐喻的深层涵义表达出来了，使

---

① 转引自李培业《〈数术记遗〉释译与研究》，中国财政经济出版社 2007 年版，第 28 页。

② 转引自林之满《周易全解》，黑龙江科学技术出版社 2013 年版，第 143 页。

珠算平添了最为强大的理论基础。

“控带四时”和“经纬三才”，都是以具象化的思维方式为基础加以抽象表达的。《数术记遗》借助于时序、天地人事中的数字，以实现对自然万物和人间诸事的一种认知，进而力图实现一种支配。

《数术记遗》的珠算思想，从某种意义上讲，就是《易经》原理在珠算思想和算具上的折射、反映和运用。《易传·系辞上》说：“天尊地卑，乾坤定矣”；表现在珠算上，横梁将算盘分为上下两区，一颗上珠当五颗下珠。《系辞上》又说：“动静有常，刚柔断矣”；珠算运算动静结合，当拨珠时就拨，刚柔相济，临机决断。《系辞上》还讲：“变化者，进退之象也”；珠算的运作，基本是算珠在算盘上进进退退、上上下下的运算操作。

三 《数术记遗》珠算思想的宇宙视野

如上所述，《数术记遗》的珠算论有数理和人文两重含义。这里，我们要讨论的《数术记遗》珠算思想的宇宙视野，兼及数理和人文两种范畴。

宇宙视野，指人们在久远广大的时空背景中思考认识事物所形成的眼界。古人认为，四方上下为“宇”，古往今来为“宙”。宇宙视野不同于视力对物质的占有，而是知识、想象力和心灵所向、所及的时空。

宇宙视野存在于社会科学和自然科学两大领域。

庄子通过逍遥游境界的构建，表达了超脱万物、绝对自由的精神追求。刘勰在《文心雕龙》中谈作家“仰观吐曜，俯察含章”的视野。嵇康在《赠秀才入军》里抒发“俯仰自得，游心太玄”的情怀。陆机描摹出作家创作过程中心灵的视域：“精骛八极，心游万仞”，“观古今于须臾，抚四海于一瞬”。李白飞扬的想象力和诗意的宇宙境界，则不时出现在他的诗篇中：

> 吾将囊括大块，浩然与溟涬同科。(《日出入行》)
> 大鹏一日同风起，扶摇直上九万里。(《上李邕》)
> 黄河之水天上来，奔流到海不复回。(《将进酒》)

自然科学家又何尝能离得开宇宙视野？商高是中国第一位记载在史册上的数学家，他在回答周公问数时说，虽然没有可登天的台阶，大地也不能一尺一尺地去丈量，但是可以根据圆形和方形的数学原理将其距离计算出来。张衡在其天文学著作《灵宪》中说："未之或知者，宇宙之谓也。宇之表无极，宙之端无穷。"① 刘徽如没有"观阴阳之割裂，总算术之根源"的心志，又怎能撰写出意蕴深邃、彪炳后世的《九章算术注》和《海岛算经》？

《数术记遗》珠算思想的宇宙视野，就总体而言，是属于自然科学领域的。其主要特点在于以下几个方面。

（一）宇宙审视的宏远性

在《数术记遗》中，小小的算盘却能"控带四时，经纬三才"。字数有限，但小中见大，辞微旨远，寄绵远于锱铢之中，寓宏阔于咫尺之间。

《数术记遗》对珠算作出数理价值的判断，不会使我们感到意外，但它对珠算作出的人文方面的评判，对我们来说毕竟是一个非常有震撼的断言。我们以为，《数术记遗》对珠算作出如此之高的论断，不外出于以下三方面的考量：其一，珠算的实际计算功能，功能越强，评价越高；其二，在创制珠算上的投入，投入越大，评估越高；其三，潜力预测，即使当时珠算尚未大行其道，但只要符合社会发展的需要，算具具有相当的应用性，富于潜力，《数术记遗》也对其赞誉有加。

1800 多年的发展史中，珠算通过计算的路径成为中国和各国人民独一的无可替代的生产力，在经济领域，在社会活动中，展示了科技的巨大能量。这充分证明《数术记遗》的预言并不为过。但究竟是哪些因素，或者是哪一方面为主的因素使《数术记遗》道出了珠算的真谛，这就不是遽然能说清楚的了。

（二）双重含义的内联性

《数术记遗》珠算论的两重含义，每一重的含义都是独立的；同时两重含义之间又有内联性。

---

① 转引自吴大江《现代宇宙学》，清华大学出版社 2013 年版，第 9 页。

"控带四时"，本指上珠带动算盘下方的四珠，因算盘四季都可使用，所以，自然地过渡到管控四季问题上了。并且，以"控带四时"带出控制四珠。《数术记遗》推导出这一步，与当时人们跟四季关系的密切程度分不开。

东汉后期，四季对于人们来说，已不像先秦《易经》产生时期那么玄冥。随着生产力的提高，人们掌握了更加先进的农耕工具和生活用具，对四季与农事、手工业的关系也有了更加进步和科学的理解，多了几分理性成分。

按照时令节气，田庄主要安排各种谷物、蔬菜、果木、药材和其他经济作物的种植收获，如正月菑田粪畴，九月治场圃、涂囷仓，十月储藏五谷，十二月合耦田器、养耕牛等。此外，还有修治水利、住宅，养蚕、纺织、织染、食品加工、酿造、制药等手工副业生产。①

"经纬三才"，本指对算盘上三部分算珠的运作，但由于珠算应用涉及上至天体星象、下到大地丈量，再到人间计量交换的广阔空间，关系到国计民生，《数术记遗》便弃用了"经纬三分"一类的表层表达，采用了更具哲理性、象征性的表述。

（三）珠算探究的科学性

《数术记遗》所记载的珠算探究，本身就是对科学的探究。对珠算探究的态度，就是对科学探究的态度。

《数术记遗》之前，在古人探索世界的过程中产生过形形色色的世界观。比如说，以盘古开天辟地说为代表的客观唯心主义观，以孟子"万物皆备于我"为代表的主观唯心主义观，以荀子"阴阳说""五行说"为代表的古代朴素唯物主义观。《数术记遗》始终从科学研究的实际出发，得出自己的研究结论，而不受各种非科学世界观的影响。

《数术记遗》的珠算思想表现出天人合一的和谐性。春夏秋冬、天地自然和诸项人事的计算，尽在珠算的"控带""经纬"之中。看似四季、天地和人都被珠算异化了，但情况并非如此，因为珠算的操控者毕竟是人。在《数术记遗》奠基和创新的珠算世界里，人和自然就是这么奇妙

① 叶朗等：《中国文化导读》，生活·读书·新知三联书店 2007 年版，第 243 页。

而和谐地融为一体。

四 余论

《数术记遗》的珠算理论，发凡数术，高屋建瓴；破空而来，囊括宇宙。这种非凡的持论高度和不俗的气势告诉我们，当时显现在《数术记遗》中的珠算，已经相当成熟。清纪昀诸学人认定《数术记遗》断非汉代之作，当是北周注家甄鸾之伪作。实则不然，通观《数术记遗》之理论阐发，毫无因循引申借鉴之痕迹，其语境、词汇一如汉风，绝无北朝之习尚！故纪氏之说只是一种推断论而已。

中国文化瑰宝珠算的申遗之路和复兴之路*

罗见今**

摘　要：文章引用有关资料、文件和照片，简述珠算史的研究，并回顾珠算申遗的经过，讨论今后振兴珠算的努力方向。

关键词：中国珠算；联合国教科文组织；人类非物质文化遗产代表作名录；珠心算；传承人代表

联合国教科文组织（UNESCO）保护非物质文化遗产（The Safeguarding of the Intangible Cultural Heritage）政府间委员会第八次会议于2013年12月4日在阿塞拜疆首都巴库市通过决议，正式将中国珠算项目列入教科文组织人类非物质文化遗产代表作名录。这首先是我国文化界、财政界、珠算界多年努力争取的目标，也是数学史界、数学教育界和数学界协力联合攻关的结果。各方面长期为之奋斗的梦想终于实现，它凝聚了关心发展传统文化的广大民众的共同期望。至此，中国列入此名录的非遗共有30项，世界其他各国无出其右。人们奔走相告，欢欣鼓舞，由衷感到高兴，表示热烈祝贺。

2013年12月23日上午，中国珠算心算协会（以下简称中珠协）在北京中国会计学院简朴的多功能厅召开庆祝珠算申遗成功的座谈会，首

---

* 原文刊于《高等数学研究》2014年第3期。

** 作者简介：罗见今，内蒙古师范大学科学技术史研究院教授。

先由中珠协副会长苏金秀介绍申遗经过，人大常委会原副委员长顾秀莲、教育部原副部长柳斌、财政部原副部长迟海滨讲话，财政部王保安副部长书面发言；随后我国政府申遗工作组专家朝戈金[①]、巴莫曲布嫫[②]讲话，工作组长、文化部外联局张玲局长做总结发言，并提出申遗后几年内必须抓紧做好的工作。接着，与会代表发言，人人热情洋溢，不胜欣喜。

本文引用巴库会议的有关文件，简述珠算史的研究，回顾笔者所知珠算申遗的经过，讨论今后振兴珠算的努力方向。本文不是总结或计划，只是一些记录和笔者兴奋之余的感受，希望与学数学的朋友们分享珠算申遗成功的快乐。

一 中国数学史中的珠算史研究

“算盘”在英语里称作 abacus，《牛津英汉词典》对 abacus 的解释是：“frame with beads or balls sliding on wires, for teaching numbers to children, or (still in the East) for calculating”（译文：算盘，木框内有球或珠可在细杆上滑动，用以教儿童算术，或仍用于东方作为算具者）。在东西方人员交流中、在计算工具史的研究中，珠算已经成为中国历史文化的象征之一。

什么是“中国珠算”？我们高兴地看到，教科文组织颁发的证书中，出现了一个新词“Chinese Zhusuan”，其中“珠算”是汉语拼音，定义是“knowledge and practices of mathematical calculation through the abacus”，即“运用算盘进行数学计算的知识与实践”。为了使世界各国的人们更清晰而准确地理解“中国珠算”，这是张玲组长用英语给出的新定义。

珠算是我国传统数学文化中的瑰宝。在计算机问世近七十年的今天，老的计算工具纷纷淡出历史舞台，惟有珠算一枝独秀，国内外不少人仍在用它，显示出其顽强的生命力。

---

① 朝戈金，男，蒙古族。中国社会科学院民族文学研究所研究员、所长，口头传统研究中心主任，中国民俗学会理事长，联合国教科文组织认定非物质文化遗产项目评审专家。

② 巴莫曲布嫫，女，彝族。中国社会科学院民族文学研究所研究员，民族文学理论研究室主任，口头传统研究中心执行主任，文化部外联局非物质文化遗产专家组成员，联合国教科文组织保护非物质文化遗产领域专家。

算盘能在中国产生，离不开其数学特点和社会应用背景，并理所当然地获得世界公认。

打算盘之所以能够做到“心到、口到、手到”，三者配合、运珠如飞，首先是由于算盘硬件结构合理，设计具有科学性；加以珠算口诀（软件）具有程序性，使得打算盘操作具有机械性，真所谓得之于心，出自于口，应之于手，准确、简便、快捷，不仅可以做四则运算，还可以解方程，甚至在20世纪60年代我国研制两弹一星时由于无计算机，还借助于加长算盘进行高位计算。它简单实用，自古流传至今，弥足珍贵，显示了我们祖先超前的智慧。

中世纪以来，世界商业活动的计算量大增，由于没有简便的计算工具，需要靠心算、笔算，速度慢、易于出错，成为商业发展的瓶颈。而在中国，心灵手巧的先人早就应用算盘，大宗贸易计算一挥而就，城乡账簿往来驾轻就熟，极大地促进了经济的繁荣。算盘找到了巨大的市场，珠算技术长足发展，向世界许多国家传播，创造了珠算的辉煌时代。

英国《独立报》2007年评选出101款改变世界的新发明，排在第1位的是“算盘，公元190年，中国东汉”（据上海《新闻晨报》2008年报道）；《印度时报》2007年11月19日推出“改变世界的50项发明”，排在第1位的是“算盘（公元190年）：使用算盘的最早记录是大约公元190年在中国”。[①] 2013年11月美国《大西洋月刊》选出“改变人类历史进程的50大发明”，把珠算与中国四大发明都列出来[②]，现在，珠算被看作是中国古代第五大发明。这是珠算被世界认可的三条有力证据，绝不是任何其他国家能够取代的。

从历史上看，3000年前的西周墓葬中出土一种陶丸，数学史家李培业先生提出“西周陶丸为早期算具，西周已有原始珠算”。东汉徐岳所著《数术记遗》（190年）由数学家甄鸾（535年前后）作注。该书中记载：当时流行十四种算法，除“计数”为心算外，其余十三种均有计算工具，

---

① 参见《珠算获得的国际评价》，《上海珠算心算》2008年第1期。

② 《改变人类历史进程的50大发明》，[美]《大西洋月刊》2013年第11期（提前出版），《参考消息》2013年10月31日。

其中首次出现“珠算”。2002 年李先生设计了“古算十三品”的算具模型，引人注目，内蒙古师范大学展览馆计算工具室中就有陈列。

唐代创始算盘，中唐使用有樑穿档算盘促成了第一次算法高潮。宋元时代算盘在国内普及，明清时代在汉字文化圈地区和亚洲一些国家普及。王文素《算学宝鉴》（1524）是现存中国首部珠算书。16 世纪中叶开始，算盘、算法和程大位（1533—1606）的珠算著作《算法统宗》（1592）传入南亚和日本，为数学发展引入了转变的动力，促成了和算的诞生、计算技能的提高和近代商业的兴盛。一个典型的例子是：被誉为日本近代实业之父的涩泽荣一将成功之道归纳为“论语和算盘”[①]。至今算盘在日本现代化社会生活中仍占有一席之地。

20 世纪上半叶我国对珠算史的研究多有著述。最早的一篇是 1915 年的《算盘之今昔辨》[②]；还有李俨的《珠算制度考》[③]，钱宝琮的《中国珠算之起源》[④]，严敦杰的《珠盘杂考》[⑤]《算盘探源》[⑥]《筹算算盘论》[⑦] 和《张炳浚山居咏和与算盘史料》[⑧] 等。此后，有关珠算理论、珠算史、珠算通典[⑨]、珠算的应用、珠算与数学教育、三算教学、珠心算教育[⑩]等的研究论著层出不穷。

二 与贬低珠算观点的争论

在社会上、教育界甚至学术界内，存在彻底否定珠算的倾向，认为

① 张诚：《孔子与孔庙在日本的特殊地位》，《参考消息》2013 年 12 月 10 日。

② 倪羲抱：《无斋漫录：算盘之今昔辨》，《国学》1915 年第 1 期。

③ 李俨：《珠算制度考》，《燕京学报》1931 年第 10 期。

④ 钱宝琮：《中国珠算之起源》，钱永红编：《一代学人钱宝琮》，浙江大学出版社 2008 年版。

⑤ 严敦杰：《珠盘杂考》，《新世界》1939 年第 8 期、第 9 期。

⑥ 严敦杰：《算盘探源》，《东方杂志》1944 年第 2 期。

⑦ 严敦杰：《筹算算盘论》，《东方杂志》1946 年第 15 期。

⑧ 严敦杰：《张炳浚山居咏和与算盘史料》，《中央日报》1946 年 6 月 11 日第 5 版。

⑨ 李培业、华印椿主编：《中华珠算大辞典》，安徽教育出版社 1990 年版。李培业、铃木久男主编：《世界珠算通典》，陕西人民出版社 1996 年版。

⑩ 中国珠算心算协会编：《珠心算教育——开发儿童智力潜能的奥秘》，经济科学出版社 2013 年版。

计算机和算盘是不相容的，不应让珠算再成为儿童学习的负担，自从中算被西算取代，作为传统数学的产物，珠算也应退出历史舞台等等。这些观点不无偏颇之处。

近代数学的发展经历了从有限到无限、从离散到连续、从常量到变量的飞跃，逐步形成了现代数学的庞大体系。1945 年计算机发明，尽管它的速度很快，但其构造特点是运算只能进行有限次、不能承受无限次运算的要求，连续的问题必须转化为离散的形式，于是 20 世纪 50 年代以来现代离散数学崛起，数学作为计算机科学的基础在新的条件下向离散、有限、常量回归，现在离散数学已经成为所有计算机系学生的必修课。

毫无疑问，现代数学是人类科学发展的最高成就之一，西方数学的贡献促进了它的历史形成。一二百年来，从外部来看，东方传统数学已让位于西方数学，但作为东方数学重要特征的归纳性、实用性、计算性、机械化、程序性、算法倾向等已经融汇于现代数学之中。把传统数学与现代数学对立起来只是形式上的看法，并未深入到数学的内涵。历史上数学成就有多种来源，应避免西方中心论的影响。

国际上每四年召开一次世界科学大会，1999 年在布达佩斯，几千位科学家聚首一堂，商讨新世纪全世界科学发展大计。这次大会在《科学和利用科学知识宣言》里庄严宣告："所有的文化都能贡献具有普遍价值的科学知识。"[①]"作为认识世界和了解世界重要手段的传统知识和民间知识，现在可以并且在历史上曾经对科学技术作出重要的贡献；必须保存、保护、研究和发扬这种文化遗产和实际经验知识。"[②]

这一宣言的精神同联合国教科文组织倡导保护非物质文化遗产的思想完全一致。现代化在全世界取得了胜利，学习现代科学是非常重要的，但并无必要以牺牲传统知识和民间知识为前提，认为两者水火不容只是对两者都不清楚造成的错觉，或者是思想方法出现了问题。

---

① 1999 年世界科学大会（布达佩斯）文件，《科学和利用科学知识宣言·序言》第 1 条，《科学为二十一世纪服务　一项新任务》，联合国教科文组织科学项目国际合作处，2000 年，中译本第 7 页，http：//www. unesco. org/science/wcs/。

② 1999 年世界科学大会（布达佩斯）文件，《科学和利用科学知识宣言·序言》第 26 条，《科学为二十一世纪服务　一项新任务》，联合国教科文组织科学项目国际合作处，2000 年，中译本第 10 页。

历史是割不断的，珠算传承历来受到国家领导人、学者、广大财政工作者、珠算工作者和民众的关心和支持。周恩来总理在1972年10月14日会见华裔美籍物理学家、诺贝尔奖获得者李政道博士时，当李博士说“中国在计算方面应该比谁都先进，中国的算盘是最古老的计算机”时，周总理就指示我们：“不要把算盘丢掉！”[①] 1977年9月，邓小平同志在一项批示中也明确指示：“不要把算盘丢掉，交科学院、财政部研办。”[②] 根据这一批示，在当年经济非常困难的情况下，组织成立了中国珠算协会，引领全国珠算界，做出了重要成绩。

数学家们也十分关心珠算的发展。2006年3月4日，吴文俊院士就珠算理论研究问题提出了指导性的建议，他在一封信中指出：“我记得冯康先生说过的一句话：珠算是打不倒的。我十分同意这一点。珠算有它的优越之处，有不少地方仍要用它，比其他任何（计算）工具都方便，因此是打不倒的。”“珠算与筹算都是中国在科学文化上的伟大贡献，它们的历史功绩应当充分肯定，而且它的某些扩充如所谓‘珠心算’之类也值得重视。”“珠算（以及筹算及其他）的历史研究，自然应该重视而值得深入下去。”[③]

我国的实际情况是，珠算具有深厚的历史文化背景，它不仅存在于史书的记载、博物馆的展品之中，而且过去和现在数以百万计的学童都曾经或正在学习珠算；大量公私单位的财会人员都曾经或仍在使用算盘，甚至比大、中、小学的数学教师加起来都多，这在其他国家是看不到的。珠心算学校在国内外迅速发展，受到家长、教师和社会人士的关心和支持。30多个国家和地区已经成立了学术组织——国际珠算心算联合会。珠算的发展与教育改革息息相关，从优化数学教育资源、开发儿童脑潜能来看，算盘作为教学和学习用具，结构简单、算法明确、操作方便、过程直观、计算快捷，在识数和四则运算教学阶段，应用算盘优点不少。

当然，珠算文化与计算机技术在不同领域里发挥作用，两者不能同

---

① 《遵循民族的、科学的、大众的发展方向　大力弘扬珠算文化》，“弘扬中华珠算文化”会议主题文件，2006年5月15日。

② 中国珠算协会三算教学专业委员会、浙江省三算教学研究师资培训中心编：《珠心算教学与研究》2007年第26期。

③ 罗见今：《吴文俊院士关心珠算事业的发展》，《内蒙古师范大学学报》2009年第5期。

日而语；在数学高度发展、计算机广泛应用、电子商务迅速普及的今天，应认清发展主流，适当评价珠算的价值和意义也是很有必要的。吴文俊指出，“珠算不管在某些方面有它的独到优越之处，但终究具有很大的局限性”①，这是全面认识珠算的必要前提。

总之，我们面临的问题，是传统文化与现代化的冲突，和中医、西医间的矛盾、传统知识技能与现代科学技术的对立同出一辙。传统文化一方面要继承、发展，一方面受到自身历史特点的限制。怎样在两者之间找到一个平衡点或连接点，是一项十分困难的历史任务。

珠算申遗成功，是珠算事业发展的里程碑事件，为今后珠算的发展开辟了康庄大道。

三 珠算申遗取得可喜成果

从2005年初开始，珠算界、财政界、数学史界、数学教育界、数学界进行了前所未有的联合②，在上海珠心算协会理事长张德和的主持下，张奠宙（华东师大数学教育研究所，数学与数学教育）、罗见今（内蒙古师大科学史系，数学史）、周卫（上海教科院）、宋旭辉（《上海教育》杂志社）、刘芹英（财政部中珠协）、陆萍（上海珠心算协会）共同商讨发展珠算的问题。以后几方面的人员一同参加国际国内学术会议，形成了关系密切的学术共同体。前后几届数学史分会的理事长、副理事长和一批数学史学者、青年博士、硕士参加了有关活动和研究。全国和上海珠算心算协会的领导人也积极主动和数学史界联络，交流研究成果。中国珠算心算协会理事长迟海滨（财政部原常务副部长，中国会计学会理事长、国际珠算心算协会理事长）把他主持的儿童珠心算心理测试项目著作《珠心算教育与少儿智力开发》③ 赠送给吴文俊。

这次力量的整合在随后两年的珠算申遗的工作中起到了重要作用。

---

① 罗见今：《吴文俊院士关心珠算事业的发展》，《内蒙古师范大学学报》2009年第5期。

② 张奠宙：《珠算进入2011年版〈数学课程标准〉的参与经过》，《珠算与珠心算》2012年第3期。

③ 迟海滨主编：《珠心算教育与少儿智力开发：全国珠心算教育对比实验测试优秀成果选编》，经济科学出版社2006年版。

张奠宙、张德和联手于2006年5月14—15日在上海召开“弘扬中华珠算文化”研讨会，主题文件强调：珠算是中华传统数学文化中的瑰宝，一项影响深远的非物质文化遗产。在计算机技术蓬勃发展的今天，珠算依然具有其生命力。“珠心算”教学的出现，更是珠算文化的一项创新发展，具有开发儿童智力潜能的功能和作用。我们要认识、保护、继承和弘扬珠算文化，共同克服某种轻视珠算的民族虚无倾向。

这次会议形成的共识中包括：珠算是中华文明对人类所作的重大贡献。计算机技术与珠算文化在不同领域里发挥作用，并行于世；算盘依然有存在价值，并继续产生国际影响。“珠心算”是现代珠算文化的创新发展，发扬中华珠算文化需要进行学术研究。提倡数学教育、心理学、脑科学以及珠心算方面的专家和教师一起合作研究，并进一步提高珠心算教学质量。

会议明确提出了珠算是“一项影响深远的非物质文化遗产”。笔者认为，这次会议和中珠协召开的几次会议确定了珠算理论研究的大方向和建立了联合申遗的平台，是珠算事业发展的重要一步。各方面的注意力开始向珠算申遗集中。

联合国教科文组织关于“人类非物质文化遗产”的定义是：“各族人民世代相承的、与群众生活密切相关的各种传统文化表现形式（如民俗活动、表演艺术、传统知识和技能，以及与之相关的器具、实物、手工制品等）和文化空间”。

“珠算”是中国各族人民至迟自2世纪末（190年）以来世代相传的、与群众生活密切相关的一种传统文化表现形式，包括：（1）传统的珠算算法知识；（2）打算盘的技能；（3）手工制品——算盘；（4）1800年来珠算在计算教学和商业应用中所形成的、独特的文化空间；（5）珠算在数学史中的地位，在近代商业繁荣和数学教育中的重要价值。因此，“中国珠算文化”完全符合上述定义。

随着珠心算事业在国内外迅速发展，迟海滨出面担任国际珠心算协会、国内珠算心算协会的理事长后，争取人类非物质文化遗产的工作被提上议事日程。

财政部于2007年初批准成立了以迟海滨为组长的工作小组，编制成《申报书》和《永远的珠算》10分钟录像。2008年2月28日，在北京举行了“申报联合国人类非物质文化遗产代表作名录第一次专家会议”，中国珠算被列为其中一项，这次会议研究如何落实申报的问题。初战告捷，同年珠算申遗获准，国务院2008年6月7日国发〔2008〕19号文件将珠算列入第二批国家级非物质文化遗产名录。

联合国申遗是一个系统工程，要求有很高的水平，珠算界和数学史界义不容辞，责无旁贷。我们认为，如果珠算申遗落在别国后面，或者让珠算传承在这一代断掉，将上对不起祖宗，下对不起后代。2008年2月23日笔者代表数学史方面为珠算申遗提出七点建议：

（1）深入学习研究联合国教科文组织批准世界非物质文化遗产的原则、标准、程序。

（2）须掌握至少3—5例国内外向联合国教科文组织申请世界非物质文化遗产的成功案例。

（3）按联合国要求和我国珠算文化的实际，协会和专家组编写工作方案和申报大纲。

（4）由中国珠协发动，搜集国内外与此次申报有关的史料、报道、实物，甄选使用。

（5）经协会和专家组编写申报文件，发给有关学界征求意见，多次修改，直至定稿。

（6）由专业翻译将全部申报材料译成标准的英文，需要时附以中日法德俄文的副本。

（7）积极配合、协调国家向联合国申报的责任单位的有关官员，提供申报所需支持。

张德和向有关方面提交了上述七点建议。

2009年初，在财政部、文化部的领导下，经批准，中珠协又启动了中国珠算向联合国教科文组织申报人类非物质文化遗产代表作名录工作，经过半年的艰苦努力，做好了文本起草、录像片、照片、地图等制作，经专家评审，9月8日宣布中国珠算等15项为上报初选项目，19日终审，“中国珠算”终获批准，9月25日中珠协将全部申报材料报送文化部外联局。①

---

① 中国珠算心算协会，中珠〔2008〕15号文件。

道路是曲折的，在申报组全体官员和专家的努力下，经过4年的艰苦工作、两次申报，“中国珠算”项目终于被列入人类非物质文化遗产代表作名录。第一次未通过的项目第二次通过，这在教科文组织召开保护非物质文化遗产政府间委员会的历届会议中是罕见的。

珠算既是历史的，又是现实的；既是文化的，又是科学的；既是民族的，又是大众的，具有深广的社会基础，在今后必将发挥更大的国际影响。

四 申遗成功是珠算复兴的开端

2013年2月4日，当联合国教科文组织总干事伊琳娜·博科娃宣布决定之后，中国代表团成员之一、中国珠算传承人代表刘芹英表态：

> 我谨代表传承人群体、珠算及珠心算教师和教练师，对委员会决议表示感谢。我们将致力于中国珠算的实践和保护，通过与职业学校、中小学及幼儿园合作，在各教育实验区和实验点传授珠算、珠心算知识和实践技能，发现和培养年轻人才，确保珠算的代际传承。

事实上，这就是向联合国教科文组织政府间委员会第八次会议的全体与会者做出的郑重承诺，也是向我国民众和国际上做出的郑重承诺：宣布今后在珠算、珠心算方面由传承人群体、珠算及珠心算教师和教练师传授珠算、珠心算知识和实践技能。这是振兴珠算的大方向。

在中国珠算传承人代表发言中，“发现和培养年轻人才，确保珠算的代际传承”非常重要。笔者应邀参加了12月23日召开的庆祝珠算申遗成功座谈会，在发言中提出的建议主要是：今后争取在财会院校、数学教育、数学史的学科点招收研究珠算发展的研究生，可招硕士，甚至博士。培养高级人才是我国珠算事业理论研究后继有人的重要措施；今天的条件，保证他们的工作应当是没有问题的。“确保珠算的代际传承”，的确是有历史眼光的要求。

中国珠算申遗成功了，今后的任务更加艰巨，中珠协等单位会提出全面的发展规划。珠算是中华文化的有机组成部分，能够体现国家软实力，不仅在国内和汉字文化圈国家珠心算有大量工作要做，它早已走向世界，可以预见，我们即将迎来珠心算教育发展的新时期。

其　他

满族民间叙事中的生态认知与哲学意蕴

——《岫岩满族三老人故事》解读*

江　帆**

摘　要：满族民间故事是满族民众在与自然和社会的多维度对话中建构并传承的，蕴含着独特而深厚的文化内涵，折射着满族民众对区域历史和自然生境的生态认知与生存体验。辽东满族民间故事，是辽东满族在生存实践中积累起来的文化财富，对于与区域生境抗争的满族生存史有近乎全景式的展演，是北方民族生命意识的艺术展现与诗化歌颂，其以一种无形的张力，彰显着满族不同支系族群的文化个性。对其进一步解读发现，这些叙事还内隐着辽东满族特有的生态思维与生态哲学思想，这些观念与思想，在辽东满族日常生活实践中具有实际的指导意义。

关键词：辽东满族；民间故事；生态思维；生态哲学

辽宁是我国满族人口最多的省份，辽宁的满族人口占全国满族人口的50%以上，主要分布在辽宁东部的岫岩、宽甸、凤城、本溪、桓仁、清原、新宾、抚顺、开原、铁岭、沈阳东陵区等地区。其中，岫岩、新宾、清原、本溪、桓仁、宽甸六县为满族自治县。辽宁东部地区地处长白山余脉，俗称“东山里”。这里群峦环抱，风光旖旎，是一片自然资源

---

* 原文刊于《民族文学研究》2004 年第 1 期，收入本书时有修改。

** 作者简介：江帆，辽宁大学文学院教授。

富集与人文内涵深厚的热土。世代生活在辽宁东部山区的广大满族民众，不仅创造了本民族辉煌的历史，也创造了丰富多彩、蔚为大观的民间叙事文学。联合国教科文组织《保护非物质文化遗产公约》将非物质文化遗产类型划分为5大类，其中“有关自然界和宇宙的知识和实践”是列项之一。2008年6月，在文化部公布的第二批国家级非物质文化遗产名录中，辽宁省申报的“满族民间故事”成功入选，被列为国家级非物质文化遗产保护对象。

辽东满族民间故事是辽东满族民众的历史记忆，是辽东区域满族社会史、氏族史、家庭史的浓缩与剪影，也是满族精神、文化、智慧、审美的艺术载体。这些口头叙事作品多与居处在辽东特定地理、自然生境中的族群生产、生活密切关联，折射着满族民众的生态思维与文化观念，以及在特定生境中形成的生态哲学。本文拟以辽宁东部山区岫岩县著名的“满族三老人故事家”——李马氏、李成明、佟凤乙讲述的故事为对象，解读辽东满族民间故事中的生态思维，剖析此中含蕴的生态观念，旨在通过这一视角，揭示区域生态环境对民间口头叙事创作与传承的制约与影响。

一　辽东满族民间故事生成与传承的自然生态背景

口头叙事作为一种文艺习俗，遍及世界上所有的人类群体，延伸于从古至今的整个人类历史进程之中。有考古发现证实，口头叙事早在远古时期就已经出现，对远古人类来说，口头叙事不仅满足娱乐的需求，更是他们驱逐睡魔、随时提防野兽袭击的有效手段。① 可以说，口头叙事在发生伊始，即与人类对自然生态环境的生存适应密切关联。

在生产力低下的古代社会，人类为了生存，必须同大自然进行艰苦的斗争。严酷的生存环境，艰辛、繁重的生产劳动，使得人们分外渴求精神上的慰藉与劳作后身心的放松，尤其是对于传统社会中大多数不识字或识字不多的各民族民众来说，口头叙事在其生存劳作中的调剂作用越来越突出，成为人们消除疲劳、调适情绪的主要娱乐活动。由于“闲

① ［英］福斯特：《小说面面观》，苏炳文译，花城出版社1984年版，第23页。

暇生活”受制于劳动的事实，我国各民族的口头叙事在展开的时间和空间方面，无不带有鲜明的区域生态特点。

以满族的口头叙事来看，在叙事文本的创作与传承方面，都明显带有满族世居的我国东北区域的自然生境与资源条件特点。满族是在素有“白山黑水”之称的我国东北地区崛起的一个民族。在数千年的社会历史进程中，满族民众一直生活在被人称为“绝域”的白山黑水，世代以渔猎、畜牧和农耕为生。我国东北地区属寒温带气候，吉林北部和黑龙江省属于高寒地区。东北地区的气候特点是寒冷，干燥，无霜期短，冬季漫长，一年中冬季长达半年之久。在如此严酷的自然生境中生存，满族民众创作与传承的口头叙事作品，不仅蕴含着独特而深厚的文化内涵，表现出满民族强烈的民族意识和尚武崇文的民族精神；同时，也折射着满族民众对社会历史和自然生境的许多独特认识与切身感悟。从满族三老人故事家讲述的300余则故事来看，各种接近原始的、古老的生态意识与生态观念，在满族口头叙事中，都有具体而又生动的体现，同时，对于与“绝域”生境抗争的满民族生存历史，也有近乎全景式的展演。

与关内其他区域相比较，我国东北地区的开发历史较为晚近。直到20世纪初，东北地区广袤的乡村多数还处于空旷和闭塞的状态，满目荒凉和贫穷。在满族三老人故事家生活的辽东偏僻山乡，人们在生产和生活的某些方面，甚至还停留在现代文明前的状态。在乡村社会的精神生活层面，各种原始性的文化因素也异常活跃。三位满族老人讲述的许多故事，都向我们透露出这样的信息。如1914年出生于辽东岫岩县城西北的满族李氏族居地李家堡子的李成明，她讲述的地方风物传说《哭儿石》，是这样开头的：

在我出生的李家堡子，不远处是哈达碑，那儿有个背阴砬子。小的时候听人说早先年砬子里有很多金银财宝。有一年从南方来了一个探宝人，见这砬子就舍不得走了。他一边左转右转地围着看，一边暗自称赞：宝山，宝山！那时候人口不像现在这样多，要是来个生人，就像一阵风似的，不一会儿工夫十里八村都传遍了。①

故事家的这段开篇语，给我们两点提示：其一，在故事家的童年时代，也即20世纪初，辽东山乡的生存环境还是十分空旷、荒凉的，乃至一个村里来个生人，很快就会惊动上下连屯、十里八村；其二，故事家生活的村落由于地处偏远，山高林密，交通闭塞，在相当长的一个历史阶段里，村民基本处于一种近乎原始的生存状态中，人们对栖居地周边的山水等自然景物普遍怀有一种虔诚的神秘感，寄托着许多荒诞的幻梦。从三老人讲述的300余则故事来看，情节大都取材于满族传统的狩猎、农耕生活，带有切近现实生活的特点。但在叙事情节的推演上，这些作品又多表现为借助某种“超人间”、超自然的神奇力量来处理人类与自然的关系，情节多是以变形、禁忌、魔术、感应、咒语、灵魂不死等古老观念为基础构建的。可以说，满族口头叙事作品的内容，是在一种人类与自然的多维度对话中建构的，抒发和表达的是满族民众渴望征服自然、改造自然的理想与愿望。

满族口头叙事在传承上也带有鲜明的区域生态特点。在现代化传媒尚未产生的传统社会里，为了打发漫长的冬季以及其他闲暇时间，调剂单调贫乏的日常生活，满族民间形成了多种娱乐性的民俗，这些民俗活动多是在庭院和居室内进行的，如踢毽子、抓嘎拉哈、唱蹦蹦戏、驴皮影，以及说书、讲故事等。在冬季的长夜里，满族民众喜欢围坐在火盆旁听书讲故事，尤其是情节曲折生动的长篇故事。满族三老人故事家的采录者曾记述了满族民间故事传承活动的时空生态特点：

冬季是农闲季节，寒夜又那样漫长，于是，躺在温暖的炕头上，或围坐在火盆旁，嘴里吧嗒着旱烟袋，也许手里纳着鞋底等活计，手不闲，嘴也不闲地讲述着。夏季挂锄季节，夜晚坐在大树底下，或在庭院里，以此来消磨暑天的酷热。秋后扒苞米或扒蚕茧，需要人手多，讲故事会吸引来劳动帮手，还会忘记了疲劳……这就是三位故事家的传承人讲授故事的大体时间和地点。就是在这样的民俗

① 张其卓、董明整理：《满族三老人故事集》，春风文艺出版社1984年版，第75页。

活动中，生活在岫岩的民间故事讲述家们，一代一代地沿着祖承线路，把民间故事这一宝贵财富传承下来的。①

满族民间故事活动特色的形成，除了民族历史、社会文化等背景因素外，主要与满族居处的自然生态环境有关。三老人的采录者对东北满族民间故事活动以及农耕民众闲暇生活的描绘，具有一定的典型性，基本道出了满族民间故事创作与传承在时间与空间上的生态背景及其特点。

二 辽东满族民间故事中的生态思维

从文化发生学的角度来看，民间故事文本是人类的行为和思维对其所直观感知的生活世界的一种构形。只有人类的行为和所处的生态时空背景相互作用，相互阐释，才能产生叙事文本的意义。民间故事文本中展现的自然景观以及生活图景，体现的是一种文化的行为体系，因此，叙事的文本空间也可视为现实生活空间的缩影。“存在决定意识”，满族民众世世代代生存在东北区域，这一自然生境中的各种生态因子，必然成为他们构建叙事作品内容的主要材料，因而投射其中的生态思维也是显见的。

以满族神话为例，神话是人类最早产生的精神创作活动，是人类最初的文学，表现的是人类对自然界最初的认识。原始人类的生产力十分低下，在千变万化的自然界面前，原始初民无能为力，风、雨、雷、电、洪水、猛兽时时威胁着人类的生存。由于当时人们的认识水平有限，对于这些自然现象既无法认识，也无法改造；对于日落月出、昼夜演替、四季轮回、动物、植物的生长习性等更是无法理解。而这些自然现象与自然物却每天都伴随着他们，于是，原始人类只能从自身入手去认识体外的那个光怪陆离的自然界了。满族神话便体现着满族先民的这种生态认知。在满族先民看来，天地间的万事万物与人类一样都是有生命的，在这些自然物的背后，都有一个神在支配着，“万物有灵论”也由此而

① 张其卓、董明整理：《满族三老人故事集》，春风文艺出版社 1984 年版，第 589 页。

生。满族三老人故事家在《人的来历》《太阳和月亮的来历》《海伦格格补天》《神农婆与百谷仙姑》《天为什么下雪》等神话中对支配世间万物的神灵的由来的解释，对这些神灵事迹的说明，以及幻想出来的种种关于众神的故事，反映的便是满族先民对人与自然关系的这种最初认识，同时，这些神话也从某一侧面对人类的文化史作了折光式的映现。如李成明讲述的《神农婆与百谷仙姑》①，便是一则关于神农的叙事神话，解释的是自然界中五谷的来历。这一神话以原始性的思维及充满谐趣的情节，解释了人类最初对五谷的辨识，以及人类最初掌握五谷耕作的艰辛。神农是我国最早从“猎人时代”步入“农人时代”的文化创始英雄，满族的这则神话反映了农业开始发明时的艰辛，向我们透露出农耕在北方民族兴起阶段的某些有关自然生态与人文活动的信息。

在满族三老人讲述的故事中，表现人类与自然生态关系的作品占有相当大的比重，满族民众投射此中的生态思维也十分生动。比较突出的是许多故事都借助一些神奇的幻想，突出“人为万物之灵”，表现人类在自然界压力面前克敌制胜、无坚不摧的豪迈气概。一些故事中的水怪、石怪、山妖、旱魔、毒龙、怪兽等凶恶形象，其实都是满族民众生存环境中那些危害人类的自然界异己力量的化身。故事中，主人公或是直接同它们进行艰苦卓绝的斗争，或是历尽千辛万苦寻取某种宝物，凭借着宝物的神力，镇伏或消除了这些威胁人类生存的祸害。其中一些故事是以农耕村落的生态环境为背景，反映满族民众如何战胜灾魔、开展生产、寻求幸福生活等内容，曲折地表现了满族民众渴求提高生产力、征服自然、改善生存环境的心路历程。如“枣核儿子”“蛤蟆儿子”等的形象塑造，便折射着满族民众在大自然的种种压力面前，希冀自身能够变得更加强大，以与各种自然力量抗衡的潜在意识与理想。这些故事之所以在满族民间久传不衰，主要即在于故事的深层隐含着人类渴望征服自然的强烈愿望。

还有一些作品着重表现了满族民众如何勇揭自然奥秘，在辽东山区发展柞蚕生产，甚至为此不惜牺牲性命的开拓进取历程。这类故事主要有《放蚕姑娘》《依西和蚕姑》《姑嫂石》等。值得注意的是，一些故事

① 张其卓、董明整理：《满族三老人故事集》，春风文艺出版社1984年版，第7页。

在表现满族民众不惜一切代价解开自然界的奥秘，以趋利避害加以利用的同时，又都设置有主人公因泄露天机而遭受到惩罚的程式化情节，此类情节可谓从另一个侧面表现出满族民众对大自然奥秘所持有的神秘与崇拜的复杂情感。

满族口头叙事中还常常嵌有某些动物、植物甚至无生物帮助人类改善生存环境的情节与母题，这是满族民间故事呈现出的又一生态特色。在满族三老人讲述的故事中，帮助人类的动物、植物或无生物，多为北方区域生境中常见的花草树木，山区、林区的飞禽走兽，以及辽东地区特有的地下矿藏等。这些动物、植物或无生物，与满族民众同处在一个食物链或生态链上，与人们的生产、生活有密切的关联。满族民众不仅谙熟这些植物、动物的生长、生活习性，也与他们赖以生存的这些自然资源有着深厚的感情。在满族民间故事中，山水虫鸟、风花雪月，以及自然界其他美好的事物，往往都和故事中的人物连在一起，相映生辉，使得自然和人类变得同样美好而富有灵性。故事家常用这样的口吻进行讲述：

> 那荷包上绣的鸟能展翅飞，小鹿撒腿跑，花草能闻到香味，鱼虾能在水里游动。①

这里列举的这种对自然界景观的发现、对客观事物和人类感情的描述，在三老人故事家的叙事中随处可见。在对自然界图景的色彩感应上，满族女性叙事者尤比男性敏感和独具慧眼，如女故事家李成明在其讲述的《笊篱姑姑》② 中，绣花女接连换了六身衣服，六种色彩的裙子上佩戴着六种同样颜色的野花，色彩的丰富令人眼花缭乱，使人不能不感叹满族女性对大自然色彩的发现有多么丰富，她们对色彩的感觉捕捉得又是多么准确。

在满族民间故事中，对于帮助人类的动物形象，叙事者常常将它们拟人化处理，叙述起来语气十分亲切。以李马氏讲述的一则狐故事为例，

---

① 张其卓、董明整理：《满族三老人故事集》，春风文艺出版社 1984 年版，第 53 页。

② 张其卓、董明整理：《满族三老人故事集》，春风文艺出版社 1984 年版，第 92 页。

她是这样描述一个可爱的小狐精的：

> 有一个牛车伙，一边赶着一挂牛车一边卖呆，见一块高粱地里有个东西影影绰绰。细一看，是一个小媳妇，穿得花胡溜梢。只见那小媳妇巴掌一拍，嘴里说："来来来"，一只野鸡"嘎嘎"一声就到了她跟前。她把野鸡抓住顺地一骨碌，滚了一身高粱叶子。那野鸡变成个小孩子，高粱叶变成了小棉被儿，把孩子一包，往怀里一抱，这天就快黑了。小媳妇扭达扭达出了高粱地，顺大道走下去了。
>
> 《老板儿捉狐狸》

满族民众用纯朴的语言直率地抒发心声，常常即兴地将映入眼帘的自然物、自然现象引入叙事中。当然，讲述者首先是被大自然中的景物或事物所触动，引发出心中的其他联想与感受，由此才能把内在的这种感情贴切地外化为可感的形象。

还有一些叙事作品是以自然界中的动物或其他自然物来喻征人类社会的阶级关系，表现阶级社会的矛盾冲突与斗争；或者借自然界中的动物争斗、弱肉强食，来影射人类社会生活。在这类满族民间故事中，吃人的动物、精怪主要为罴狐精、豺狼、老虎等，体现出因区域生态环境及动物分布特点不同而有别于南方区域的特点。这类故事在以象征的形式表达了社会民众在阶级较量与斗争中积累的经验和教训的同时，也间接地反映出满族民众对区域环境的生态认知及其生态思维，带有明显的区域文化特点。

三　辽东满族民间故事中的生态哲学意蕴

满族民间故事生动而又形象地表达了满族民众对东北地域的天文、地理、气象、水文、生物及无生物等自然界万物生态、习性、变化的细致观察和生存体验，是满族民众在对自然征候的长期观察实践中积累起来的文化财富，隐含着丰富的生态哲学意蕴，在满族民众的日常生活中具有实际的指导意义。

德国哲学家卡西尔认为："像所有其它符号形式一样，艺术并不是对一个现成的即予的实在的单纯复写。它是导向对事物和人类生活得出客观见解的途径之一。它不是对实在的摹仿，而是对实在的发现。"① 我们知道，此在与彼岸是哲学家思考的两大命题，也是文学作品表现的两大主题。此在是世俗生活的抽象表达，是人们关注现实、关注存在的思考；彼岸是形而上的追求，意指人类的精神趋向，理想的归宿。满族民间故事的文本意义可以界定为两大符码，一是对此在意义的关注，即对人类生存图式的展露；二是对彼岸世界的寻觅，即通过对人类的文化心理的揭示和展示，来寻求一种超越生命本体的精神托寄。

在满族民间故事文本中，对此在意义的关注只是文本叙事的一个部分。满族民众对生活的关注是从现实的存在意义开始的。如果说满族民间故事融入了满族民众对东北区域独特的生态观察和体验，体现了口头叙事文学的某种区域生态特色的话，那么，这也仅是文学作品表层特征的一部分。在满族叙事作品中，深蕴着满族民众在区域生境中生成的对自然界与人生的种种看法，渗透着他们的生态观念与人生哲学，这才是文学作品隐藏的文化内涵，也是满族民间故事文本意义指涉的"彼岸"。

身处关外恶劣的自然生存环境和落后的经济生产条件，满族民众在漫长而又艰难的生存抗争中，铸就了崇尚勇武、彪悍粗犷、豪爽不驯的性格。这种北方民族固有的蛮土意识、坚韧不拔的开拓精神，以及淳朴、憨厚的心理气质都不可避免地浸染到他们的精神活动中。满族民间故事作品都或多或少地蕴含有一种关东区域的文化精神，具有一种独特的"关东"韵味。在这种文化韵味的背后，折现着满族民众在特有生境中形成的某些独特的生态哲学。

以辽东地区的满族民间文化来看，辽东满族主要是清代实行屯垦戍边时从吉林、黑龙江两地调拨来的"八旗"兵民，他们定居的辽东地区处于长白山支脉上。历史上，辽东山区人烟稀少，山林草莽密布，野生动植物资源异常丰厚，这为迁徙此地的满族民众从事传统的渔猎生产以及农耕提供了得天独厚的自然条件。但是，犹如一柄双刃剑，山林的密

① ［德］恩斯特·卡西尔：《人论》，甘阳译，上海译文出版社1986年版，第182页。

布阻隔，也造成满族居处地的极端闭塞，这在很大程度上限制和束缚了族群的发展。辽东满族在此地已定居十几代人，区域性小生境既维系着族群民众的生计，也给他们精神上带来许多困惑，使得他们对滋养生命的这方水土怀有深厚而又复杂的情感。如在辽东的满族山乡，有关山门、石岭怎样才能打开，山里人怎样才能走出山外的传说，在民间流传甚广，有多种讲述文本。这些文本都以一种无形的张力，诉说着山区民众在生存实践中形成的某种人生思考。仅以佟凤乙讲述的辽东风物传说《桂花岭》为例，讲述者在开篇便这样描述：

> 岫岩城南九十里，有个桂花岭。桂花岭下有个沟筒子，沟两旁的山叫石门山。沟口两边的悬崖脸对脸儿，就像两扇大石门。这石门只有一挂大车那么宽，是沟里的山民进沟出沟的唯一通道。收集的山货野果，要从这里送出去；需要的布匹、粮食、食盐，要从这里运进来……不知哪一年，沟筒子两旁的石砬子忽然长了起来，越长越快。山民们十分惊慌。因为一旦长到把石门堵死，山民们就要被饿死、冻死，被狼虫虎豹吃掉，埋葬在深山老林里面。山民们都很着急，又没有办法，有人说驴马粪的烟能熏得山石不长，可不管怎么熏，山石还是长……①

不难看出，这则传说是在隐喻地表达满族民众在封闭的地理生境中承受的巨大精神压力，以及他们渴望打破封闭、实现与外部世界交流的强烈愿望。当然，在满族民间故事中，更多的作品是以一种“恋乡情结”来表述乡土民众的生态哲学的。在三老人故事家的故事中，有许多情节都与叙事者家乡的山水风物有所关联，叙事者将许多故事原有设置的模糊空间，都转换成了实在的现实生活空间。或者为原本素朴的家园山水景观，赋予了丰富的艺术想象，在叙事中进行一种艺术性的提升。如《三放人花》《柳树讷讷》《桦树姑娘》《胡大哥》《包海尼雅和梅花鹿姑娘》等文本，讲述的本是人类如何对自然界中的动物、植物或其他异类给予了怜惜、关爱和救助，因而获得了回报的故事。众所周知，这类故

---

① 张其卓、董明整理：《满族三老人故事集》，春风文艺出版社 1984 年版，第 437 页。

事多属世界性的童话类型，在世界上其他民族的流布中，童话主人公的行为空间都是模糊的和不固定的。但在满族民间故事中，讲述者都自觉或不自觉地将故事主人公的行为空间进行了固定化处理，将情节统统设置在辽东山区，使这类童话平添了许多传说的味道，教化的功能也有了具体的指向，从而大大增强了这类叙事的可信性与说服力。显然，满族民间故事者是对这类童话文本进行了某种重构，将故事情节及人物的命运与他们栖息、生存的辽东区域生态环境直接联系了起来，意在通过这种更能调动听众的情节与场景，有效地昭示他们抱守的生态哲学，向世人发出保护环境的生存警示：对于依靠自然资源为生的人类来说，破坏了自己的生存家园，就意味着自掘坟墓！从满族民间故事对文本的这种处理中，我们可以体察出我国传统文化所倡行的“天人合一”、人类与自然相生相谐等生态哲学对满族民众思想的浸润，感受到满族民众对生态环境的深切关注。

弗莱认为：“作家的叙述乃是他的线性运动，它的寓意才是作品形式完成后的整体。”[①] 满族民间故事以独特的生态意味与丰富的文化内涵对人类生命意识进行了艺术展现与诗化歌颂，作品的指涉意义是丰富的。虽然这些叙事作品的情节是虚构的，叙事的手段是传统的，但是，此中隐含的某些精神指向却是现代的，是充满理性的，体现着对人类与生态关系的思考，以及人类对“彼岸”的精神追求。尽管一些作品中闪现的生态认知与思维是浪漫与幻想的，甚至是很幼稚的，但是仅就这些叙事作品昭示的人与自然的关系是互相依存、不可分离的这一思考来看，便极具现实意义，包含着古朴而又清新的人生哲理。

以上，我们对辽东满族民间故事中的生态思维与哲学意蕴进行了初步探讨，因篇幅所限，许多思考还远远未及展开。世界上不同民族对各自所处自然生境的文化认知，对不同区域自然资源利用的文化经验，形构了异彩纷呈的人类文化类型。人类社会发展到今天，人类的生产、生活在很大程度上仍然要依赖于具体的自然环境与条件。在前工业社会里，

---

① ［加］诺思洛普·弗莱：《诺思洛普·弗莱文论选集》，吴持哲编译，中国社会科学出版社 1997 年版，第 88 页。

由世界上不同民族创造的文化经验，有相当一部分是以口头叙事的形式传播和传承的。在我国，口头叙事活动至今仍在许多民族民间存在着，在民众日常生活中发挥着一定的功能。站在民间文艺学研究的“现在时”立场，在对民间口头叙事的深入研究中，笔者认为有必要引入生态人类学的视角，结合故事文本存活的背景环境，对区域性生态环境与资源条件进行理性审视，廓清自然生境对不同族群的口头叙事创作与传承的种种制约与影响。唯有如此，才能从文化的根部形态来把握自然生境与人类精神产品之间的深刻关联。

遗产化与神话主义：红河哈尼梯田遗产地的神话重述[*]

张　多[**]

摘　要：2013 年“红河哈尼梯田文化景观”被列入世界遗产名录，标志着有关“哈尼梯田”的遗产化和知识生产迎来高潮。在持续 30 年的遗产化进程中，哈尼族口承神话的传承方式发生了剧烈变迁，歌手演唱的起源叙事被重述为族群的遗产。在哈尼梯田遗产地核心区，遗产旅游的发展使得神话成为可资挪用的资源。传统的“哈巴”演唱渐渐走出仪式语境，转而在神话主义的逻辑下改变其叙事场域，而这种变迁背后实际上体现了哈尼族有关自然界和宇宙的知识和实践。

关键词：神话主义；哈尼族；遗产化；有关自然界和宇宙的知识和实践

元阳县是滇南哀牢山区腹地的一个哈尼族聚居区。随着“世界文化遗产”“非物质文化遗产”等评选、保护工作的推进，这个经济欠发达的小地方转而成为炙手可热的“云南旅游新方向”，其文化生态发生了巨大改变。元阳哈尼族是一个有着深厚口头传统积淀的族群，有关宇宙起源、人类起源的神话叙事是其口头传统的核心。在哈尼族的传统文化语境中，这些有关自然和宇宙知识的传承有赖于祭司“摩批”在各类仪式场域演

---

* 原文刊于《民俗研究》2017 年第 6 期，收入本书时做了一定程度的改订。

** 作者简介：张多，云南大学文学院副教授。

唱的“哈巴”[①]。“哈尼哈巴”在2008年被列入国家级非物质文化遗产项目名录。

哈尼族的口承神话在面对剧烈的遗产化过程中，主要表现出口头叙事的符号化、传承场域的公共化和讲述策略调整等变化。遗产化（heritagization）是遗产学的重要概念，意为将“过去”——值得珍视的、具有选择性的过去——的文化遗存，通过官方部门评定为“遗产”的方式，对遗产进行规划、保护和利用的过程。[②]红河哈尼梯田的特殊之处在于，它身兼若干个世界级、国家级的文化遗产头衔，其遗产化程度之深在中国颇为少见。在深度遗产化的情况下，哈尼族的口承神话出现了被挪用和重述的现象。这种现象被杨利慧教授概括为“神话主义”（Mythologism）。神话主义强调神话被从原本的文化语境中抽取出来，在新的语境中为不同观众而展现，并被赋予新的功能和意义。神话主义并不限于文艺创作，广泛存在于现当代社会的诸多领域。[③]神话主义的运作机制是民间文化遗产化实践的重要手段。本文将探讨在遗产化的语境中，哈尼族神话被挪用与重述，从而建构新的神话遗产的过程。

一　遗产语境：哈尼族神话传统参与遗产化的过程

在哈尼族的文化观念中，并没有“神话”的文类概念，但是神话观念却渗透在哈尼族有关自然界和宇宙的知识和实践中。哈尼族神话传统被演唱、讲述、实践的时机主要是岁时仪式（如新年、昂玛突节）、人生

① 哈巴（xa^{33} pa^{31}）是哈尼族仪式语境中由歌手口头演唱的古典文化集成。

② “遗产化”概念的相关研究，参见 Barbara Kirshenblatt - Gimblett，*Destination Culture*: *Tourism*, *Museums*, *and Heritage*, Berkeley, Los Angeles and London, University of California Press, 1998；John Urry, *Consuming Places*, London：Routledge, 1995；才津祐美子：『世界遺産「白川郷」の近代：〈民なるもの〉の「文化遺産」化をめぐる言説と実践の諸相』，博士論文，大阪大学2004年；燕海鸣：《从社会学视角思考“遗产化”问题》，《中国文物报》2011年8月30日；Haiming Yan, *World Heritage in China*: *Universal Discourse and National Culture*, Ph. Dthesis. University of Virginia, 2012；刘晓春：《文化本真性：从本质论到建构论——“遗产主义”时代的观念启蒙》，《民俗研究》2013年第4期等。

③ 杨利慧：《遗产旅游语境中的神话主义——以导游词底本与导游的叙事表演为中心》，《民俗研究》2014年第1期；杨利慧：《民俗生命的循环：神话与神话主义的互动》，《民俗研究》2017年第6期。

礼仪（如丧礼）和某些非周期性仪式（如驱邪）。而祭司“摩批”、民间歌手则是传承古典知识的主要群体，他们在仪式中演唱的“哈巴”正是以神话为核心的口头传统。在传统山地稻作农业的生活中，神话在这些有关自然和宇宙知识的仪式实践中得以重复和强化。这些仪式关乎梯田稻作的维持，因此，当遗产化运动将水稻梯田纳入人类共享的文化遗产时，其附带的后果就是哈尼族的神话、仪式和信仰不得不面临新的调整。而非物质文化遗产评选的跟进，则使神话传播越出了社区和族群的边界，走向国家化和全球化。

红河哈尼梯田主要分布于云南红河哈尼族彝族自治州的元阳、绿春、红河、金平四个县。其中以元阳县的梯田最为集中。20 世纪 90 年代，民族学家、农学家发现哈尼族的稻作文化是森林、村落、稻田、水系相协调的生态体系，是可持续农业文明的典型代表。哈尼族基于对哀牢山区自然环境的认知而提炼出的一套稻作文化系统，是这种稻作农业的重要保障。因此，“哈尼梯田”逐渐被学术界塑造为一个显著的文化符号，相继被列入地方政府和国家层面着力宣传的文化名片。尤其在旅游文化的发展过程中，哈尼族稻作民俗文化的符号生产非常突出。

红河哈尼梯田近十年来的文化变迁集中体现在遗产化进程中。从世界文化遗产到农业文化遗产，从文物保护单位到非物质文化遗产，哈尼梯田在十年时间里汇集了众多身份。下表是红河州哈尼族农业民俗遗产化的项目列表：

表 1　　哈尼族文化遗产化的项目列表

项目	头衔	时间	评审机构
红河哈尼梯田	国家湿地公园	2007 年 11 月 15 日	国家林业局
红河哈尼稻作梯田系统	全球重要农业文化遗产（保护试点）	2010 年 6 月	联合国粮农组织
红河哈尼稻作梯田系统	中国重要农业文化遗产	2013 年 5 月	农业部
红河哈尼梯田文化景观	世界文化景观遗产	2013 年 6 月 22 日	联合国教科文组织
红河哈尼梯田	全国重点文物保护单位	2013 年 11 月	国家文物局
哈尼族多声部民歌（红河州）	第一批国家级非物质文化遗产保护名录	2006 年 5 月 20 日	文化部

续表

项目	头衔	时间	评审机构
四季生产调（元阳县）	第一批国家级非物质文化遗产保护名录	2006年5月20日	文化部
哈尼哈巴（元阳县）	第二批国家级非物质文化遗产保护名录	2008年6月7日	文化部
乐作舞（红河县）	第二批国家级非物质文化遗产保护名录	2008年6月7日	文化部
棕扇舞（元江县）	第三批国家级非物质文化遗产保护名录	2011年5月23日	文化部
洛奇洛耶与扎斯扎依（墨江县）	第三批国家级非物质文化遗产保护名录	2011年5月23日	文化部
祭寨神林（元阳县）	第三批国家级非物质文化遗产保护名录	2011年5月23日	文化部
铓鼓舞（建水县）	第四批国家级非物质文化遗产保护名录	2014年12月3日	文化部
红河元阳哈尼梯田	国家AAAA级旅游景区（正在申请5A）	2014年7月	国家旅游局
红河县撒玛坝梯田	国家AA级旅游景区	2013年5月	国家旅游局
普洱景迈山古茶园	“中国世界文化遗产预备名单”	2013年	国家文物局
红河哈尼梯田水利系统	西班牙萨拉戈萨世界博览会中国馆展示项目	2008年6—9月	国际博览局
红河哈尼梯田稻作文化（哈尼族古歌）	意大利米兰世界博览会中国馆展示项目	2015年5—10月	国际博览局

备注：1. 本表未包含国家级以下的项目，从省级到州市级的非物质文化遗产项目数量还有很多。2. 本表未包含文化生态保护区、文化艺术之乡等项目。3. 时间截至2016年1月。

联合国教科文组织倡导的“世界遗产”和“非物质文化遗产”保护项目，代表了当前全球化条件下文化多样性保护的努力。而联合国粮农组织倡导的“全球重要农业文化遗产”保护项目，则代表了全球生态变化条件下农业可持续发展的努力。这几个全球性遗产化实践，都有相应的国家层面遗产化措施。在这些遗产化操作中，哈尼族的神话不仅直接是国家级非物质文化遗产项目（哈尼哈巴），更是维系文化景观和农业文化遗产的文化根基。基于笔者的田野调查，神话观对梯田稻作的维系作用主要体现为文化观念的规约。

首先，宇宙起源神话所代表的宇宙观和世界观，是维系村落秩序与生产秩序的重要文化依据。例如在补天地神话中，天神号召众神用牛补天地，牛眼变成日月、牛骨变成山峦、牛牛肉做成土壤、牛毛变成稻谷。哈尼族每年六月的苦扎扎节，都要宰牛，用牛祭祀天神，并且全村各户平分牛肉。苦扎扎是水稻种植收割前的重要节日，而用牛祭祀天神、祭祀磨球桩，暗含着希望稻谷丰产的祈愿。因此，天地起源、修补天地的神话秩序被年复一年的杀牛祭祀活动实践着，从而构成水稻梯田生产节律、秩序的保障。在《保护非物质文化遗产公约》中，“有关自然界和宇宙的知识和实践”是构成非遗定义的一环。[①]

再次，人类起源神话是哈尼族人生观、价值观的重要基础，对集体认同的建立有重要作用。例如人祖神话中，人类与神的家谱相连，创世天神俄玛是人类、动物、大小神祇共同的祖先。每年春天的昂玛突节，村落都要隆重祭祀寨神林，林中的一棵神树则是天神、祖先、寨神的象征。上一年新生儿需要在昂玛突期间在寨神林中举行诞生礼。只有受到天神与祖先认可，方能成为村落的正式成员。这种人生礼仪制度使得村落认同得到强化，从而保障了复杂的梯田水利、稻作生产劳动的集体配合。

再次，哈尼族的文化起源神话，奠定了群体对人与环境关系的思想基础，这是哀牢山区哈尼族在特殊的亚热带山地条件下，认知环境和顺应环境的重要前提。例如，元阳县摩批朱小和讲述的稻种起源神话说，所有农作物的籽种都是从祖先（文化英雄）塔坡的竹筒中倒出来的，而竹筒还生出了矿物和动物。在丧礼起源神话中，竹子还是亡人返回祖灵的媒介。因此竹子在哈尼族文化中寄托者英雄祖先的创造力和生命力。哈尼族凡新建村寨，都必须在村寨四周栽种高大的龙竹。竹子成为优良的建材、日用品材料和燃料，从而避免了砍伐树木。

哈尼梯田被评选为世界文化遗产的主要优势，是其精密的农林业和

---

① 联合国教科文组织：《保护非物质文化遗产公约》2016 年订正本，巴黎。

水分配体系，通过独特的社会宗教文化体系得以加强，彰显了人与环境互动的一种重要模式。可见，神话作为族群文化中攸关存亡的重大观念，直接影响到文化活动的结果。遗产化运动表面上评选的是“景观”“农业”和“口头传统”，但这些都触及到群体的宇宙观、世界观和人生观。因此，在红河哈尼梯田遗产化的初期阶段，哈尼族口承神话是被动地参与到遗产化运动中的。但是在后遗产时代，口承神话内蕴的文化能量却日益显现出族群的自我文化塑造力。

此外需要注意，梯田水稻农业本身的“生态智慧”也是其国家化、国际化的重要资本。早在2008年，哈尼梯田就作为西班牙萨拉戈萨世界博览会中国馆的重要展示项目，得以代表国家走向世界。本次世博会的主题是“水与可持续发展”，哈尼梯田无疑是极为切题的。遗产化伴随着文化越出社区边界进而展示自身，这是当代文化生产的重要途径。在这个过程中，民族传统文化，尤其是神话、传说、故事、歌谣、表演艺术等被裹挟进遗产化浪潮，但却在文化变迁进程中扮演着积极角色。

二　遗产旅游：新神话符号建构的逻辑

2014年夏天，我到梯田遗产地核心区元阳县新街镇进行调查。这时哈尼梯田景区已经完全建好，土锅寨成为景区入口。而土锅寨、全福庄、坝达、胜村、多依树、硐浦寨一线原来的县乡道路也被设计改造为旅游环线。原本能够自由进出的道路变为凭票进入的景区，这与人类学家三浦惠子论述的柬埔寨吴哥窟的“遗产的公园化”① 非常类似。以新街镇为核心的这一带梯田，现在的新身份是“世界文化遗产”。

红河哈尼梯田“遗产地”的范围主要是哀牢山中段东北坡，遗产区与缓冲区共461.04平方公里。核心区就是元阳县的坝达、多依树、老虎嘴集中连片梯田区域，也即景区范围。多依树、坝达、老虎嘴、箐口四个梯田片区也成为“四大景点”。景区环线道路将四大小景点、民俗村等全部串联起来，沿途设有统一的路牌，大小景点设有统一的介绍栏。

① ［日］三浦惠子：《遗产旅游的光与影——以世界遗产吴哥窟为例》，［日］山下晋司编：《旅游文化学》，孙浩、伍乐平译，云南大学出版社2012年版，第161—168页。

大鱼塘村位于旅游环线边，村落房屋错落，因此被选作民俗村。在村口竖着一块大型“大鱼塘民俗村”介绍栏，栏目分为“大鱼塘村扶贫概况”和大鱼塘村旅游地图。“扶贫概况”上显示这个自然村有101户366人。旁边的“旅游地图”上列出了咪谷家、山神水、祭祀房、祭田神、祭水神、开心梯田等景点。在日本民俗学家岩本通弥看来：“文化遗产化、或称文化资源化，是在‘珍视文化’这一堂皇冠冕的招牌下，且在更多的场合是以顺应居民的要求为名义进行的。”① “扶贫”和“旅游地图”的并置展示看似随意，实则彰显了民俗旅游的社区参与。民俗旅游村本身就是社区主动参与到旅游活动的产物，“扶贫”话语则展示了国家的在场。

民俗村的展示策略，大量挪用了神话传统的元素。比如村里的“山神水”景点，是位于主干道边的一处公共水井。井边木牌介绍说：“哈尼人认为万物有灵，水是神灵给予的生命之血液，而森林和大山是水的家，只有注重保护森林、大山及其一草一石，才有清澈甘甜自然的水。此井水来自大山深处原始森林里，无污染纯生态，喝了这样的水，能健胃养颜，幸福长寿。”在哈尼族的原本生活中，水井只有在“昂玛突”（即国家级非遗项目“祭寨神林”）仪式中祭水神时才体现出其神圣性，而这块标识“发明”出了“万物有灵”“纯生态”“健胃养颜”“幸福养颜”的“传统”，也建构了一个“神灵给予的生命之血液”的神话叙事。实际上在哈尼族神话传统中，水是创始之初就存在的“原始之水”，并不是神创造的，这处旅游讲解牌的叙事显然是为了迎合城市游客的浪漫主义需求。哈尼族神话观念中具有神圣灵性的自然物是很有限的，“万物有灵”这个人类学术语在这里被塑造为现代知识话语，向游客展示一种“原始自然”的异文化。

在大鱼塘村西边的另一处水井，标牌换成了“祭水神”。这里确实是“昂玛突”祭祀水神的地点。标识文字如是说：“举行祭祀活动时要用一只公鸡和一只母鸡，并用篾片编织一只篾箩筛样大的螃蟹，用竹竿挑着插在泉水边作为水神的象征。”显然，“山神水”是在昂玛突祭祀水神基

① ［日］岩本通弥：《围绕民间信仰的文化遗产化的悖论——以日本的事例为中心》，吕珍珍译，《文化遗产》2010年第2期。

础上“再创造”的符号，也迎合了游客祈福纳吉的心理。笔者在现场看到若干游客争相饮用“山神水”。“解说”是旅游活动中重要的环节，而在民俗村中，解说常常求助于神话传统。但是解说神话的结果往往是神话主义式的。原本在仪式语境下的神话观被挪用到现代科学观的语境中。那么，这样的神话主义挪用是否失掉了神话传统的本真性（authenticity）？

追求“本真性”在旅游活动中并不是一个负面、无意义的话题。本迪克斯（Regina Bendix）认为：“传统在现实中是清晰的，其参与者做出界定时并不需要像学者们察觉到的那样，担心一个节庆或艺术片段是‘本真的’或者‘伪造的’的问题。他们会达成自己想要达成的表现形式。‘传统的发明’（Inventing Traditions）不是反常的事情，反而是一种法则，它尤其适用于对工业化和后工业化的‘国家—地方’的研究，以揭示广泛的跨文化交往。”① 尽管“山神水”景点的神圣叙事并非完全意义上的哈尼族传统，但其在遗产旅游语境中的显在，仍旧达成了交流实践和文化表达。无论是旅游公司、学者、游客还是村民，都借助这样一个神话主义的神圣叙事达成了理解，完成了民俗文化的多向流动（传播）。当然，这个神话叙事实践的背后还有“非物质文化遗产”与作为“神圣旅程”② 的旅游活动之间双重作用的隐性逻辑。富有经验的游客大多可以识别出这些神话主义现象的“非本真性”，但是他们依然可以通过这些“神话主义产品”获得度假中的跨文化体验。也就是说，对传统知识资源的现代化利用，并不妨碍哈尼人实践其对自然界和宇宙的知识。

在山神水对面是咪谷③家，门楣上赫然挂着“哈尼饮食文化传承中心”的匾额。门边墙上挂着“游客定点接待户”的牌子，并用5个竹簸箕写着“欢迎您品尝”的大字。实际上这就是一家营业的餐厅，但因为“咪谷”和“传承中心”而显得特别，暗含着享用圣餐的体验。餐厅的菜

---

① Regina Bendix，“Tourism and Culture Displays：Inventing Traditions for Whom?” *Journal of American Folklore*，1989（102）.

② ［美］纳尔逊·格雷伯恩：《旅游：神圣的旅程》，［美］瓦伦·L. 史密斯主编：《东道主与游客——旅游人类学研究》，张晓萍、何昌邑等译，云南大学出版社2007年版，第22—25页。

③ “咪谷”是哈尼族村落负责祭天、祭神的公共祭司，往往由德高望重、和合顺遂之人担任。

单包括梯田螺、梯田红米、梯田鸭蛋、锣锅饭、炸竹虫等“特色”菜品。餐厅包间装修成哈尼族蘑菇房草屋风格。文化遗产的管理者和经营者在精心打造“景观”的同时，还不忘宣示社区参与的成果。包间内张贴着县文体局印制的《哈尼饮食文化传承中心前言》，明确提及：“本传承中心就是结合哈尼梯田申遗，挖掘哈尼传统饮食习俗而建立的。”农家的生活现场同时作为民俗文化的展示台，被赋予了营销、消费和观光游览的功能。餐厅的餐具是由“元阳梯田餐具消毒配送中心”配送，工业流水线上的餐具放大了隐藏在“传承中心”后面的现代生产活动。咪谷是公共祭祀的主持人，在仪式中象征着天神、祖灵。这个饮食中心将咪谷身份的神圣性挪用到消费现场，从而完成对餐饮消费的神话主义包装。

大鱼塘村里还有若干神话主义式的展示。比如磨秋场[①]地砖上的白鹇图案，被标榜成哈尼族的“图腾崇拜”。磨秋桩立在场地上，表征着苦扎扎节日祭磨秋、天神惩罚人类的神话叙事和身体实践。昂玛突祭祀的必经之路名为“昂玛干玛”，头人常走的道路名为“索爬干玛”，摩批招魂和丧礼送魂的道路名为“苏拉干玛”。（哈尼语是“干玛”“道路”之意。）道路交织的村落空间因为仪式和神话叙事具有了神圣性，让游客能够时刻感受到哈尼族神话的在场，即使眼前的场地空空如也。

建构主义是遗产学研究的重要出发点，也契合民俗学建构论的观点。菅丰认为，“传统”“民俗”“遗产”等都是社会建构物，是被人为想象和创造出来的东西，并不具有连接过去的“连绵的”及“本质的”意义。其意义是被围绕着我们的政治、经济以及社会所建构出来的。[②] 但元阳的调查显示出更多的信息。神话叙事在民俗文化“再创造”的时候，被用于确证“传统”的权威性，功能上接近马林诺夫斯基（Bronislaw Malinowski）所言的“宪章”（charter）[③]。但这种权威叙事的约束对象却是游

① 磨秋是一种旋转秋千，磨秋场是哈尼族“苦扎扎”节日祭祀天神、撵磨秋、荡秋千的场所。

② ［日］菅丰：《日本现代民俗学的“第三条路”——文化保护政策、民俗学主义及公共民俗学》，陈志勤译，《民俗研究》2011 年第 2 期。

③ ［英］马林诺夫斯基（B. Malinovski）：《神话在生活中的作用》，见［美］阿兰·邓迪斯（Alan Dundes）编、朝戈金等译《西方神话学读本》（Sacred Narrative: Readings in the Theory of Myth），广西师范大学出版社 2006 年版，第 244 页。

客，已非哈尼稻农。神话在这里被用作遗产化和遗产旅游的本真性的确证。神圣的地点、道路、道具、建筑、名称、标识被统摄在村落地图和标牌叙事中，为外来游客迅速勾画村落的民俗画面，让民俗尤其是神话潜移默化地进入了文化表达的逻辑。更重要的是，只注重梯田景观视觉体验的旅游有不可持续的缺陷，而遗产地的经营者迫切希望借助哈尼族的活态民俗文化来弥补缺陷。

遗产的建构是系统工程，各种名目的“遗产”在其中各有角色。燕海鸣认为：“‘遗产化’的过程实质上是知识话语在遗产领域的介入过程，这样的话语不仅通过设立标准达到选择‘正确’的遗产的目的，更通过话语方式介入到遗产叙事的建构之中。通过对遗产所呈现的历史、文化、艺术内涵的阐释并将这样的阐释整合至标准体系之中，权威遗产话语甚至可以重新构建遗产的文化记忆。”① 对哈尼梯田来说，不论是“非物质文化遗产”与“文化景观遗产”，都需要哈尼族有关自然界和宇宙的知识作为理论支撑。神话作为一种结构性起源叙事，潜移默化地参与到遗产化进程中，它不仅为遗产地社区提供表述资源，更将哈尼梯田塑造成为现代化、全球化规训之下的文明景观。

三 神话主义：遗产地的文本生产、商标和神话重述

相比大鱼塘、箐口村，全福庄虽然也在旅游环线边，但是村落庞大，人口和建筑密集，暂未进行旅游开发，但已经有部分村民在大路边建房开旅馆。全福庄是元阳县较为著名的村落，梯田规模大、研究者到访较多。全福庄村的 LSR② 是我的报道人。

LSR 家有一间很大的书房，藏书尤以民间文学搜集整理为多。这与 LSR 本行有关。他是民间文学“三套集成”哈尼族部分的主要搜集整理、翻译者。这些搜集整理的作品集大都和哈尼哈巴尤其是神话有关。几乎每位到 LSR 家的学者，都翻看过这些源于“哈巴”的神话文本。尤其是

---

① 燕海鸣：《从社会学视角思考“遗产化”问题》，《中国文物报》2011 年 8 月 30 日。

② 考虑到民俗学田野伦理原则，本文对该名报道人采取匿名措施。

《窝果策尼果》《哈尼阿培聪坡坡》《都玛简收》等鸿篇巨制。他家这些文本化的神话叙事无疑成为哈尼族“神话”表达的重要载体。户晓辉认为“人为搜集整理的理想文本形式同样是民间文学体裁叙事行为的一种表演”①。文本化的口承神话显然是知识生产的产物，但是LSR家的神话文本，在文本的原生地和搜集者家中为受众营造了独特的阅读体验。当印刷厂生产的神话文本又回到它的原生地时，神话文本、神话讲述、神话仪式、神话景点得以重新在其原生地交织，塑造着全福庄新的神话世界。这种神话主义的魔力正是遗产化渗入文化内部，又从文化内部获得新生的真实写照。

LSR兼通哈尼族、汉族语言文化。因此他在“哈尼哈巴”神话、史诗的翻译解释工作中扮演着无可替代的角色。他带我在村落四处调查，为我讲解。显然他已经将哈尼族民间文学进行了全面吸收消化，并完成了可向族群内外“表演”的知识生产。一切传统似乎因为来自社区内部的知识分子而变得传承有序，在这种情况下，我的调查似乎“显得多余”。

但我还是从中找到了社区变化的标志，也是梯田核心区“神话主义”知识生产最明显的例子——神话商标。在景区，哈尼族服饰中的日月牌图案被挪用为旅游公司商标。日月牌是哈尼族少女服饰的一种银饰，悬挂于胸前，圆盘上面有鱼、蛙、螃蟹、鸟四种动物图案。四种动物都是哈尼族口承神话中重要的神话意象。鱼神“密乌艾西艾玛”是创世神祇，位于神谱顶端，② 蛙是始祖神，螃蟹是水神，鸟是口头叙事中神祇。四种动物排列在银牌中，圆银牌本身又象征日月。这种服饰的核心意义既象征生命力和丰产，又是女性护身的祥物。

在景区，这种神话银牌已被设计为商标形象识别系统（LOGO type），大量出现在建筑彩绘、标牌、路标、票券等处。这个商标的意象是典型的神话主义逻辑，内中蕴含着哈尼梯田稻作文化的顶层观念，确实不失为极佳的标志符号。但在哈尼族现实民俗生活中，这个银牌仅仅是服饰

---

① 户晓辉：《民间文学的自由叙事》，社会科学文献出版社2014年版，第106页。

② 张多：《神话意象的遮蔽与显现——以哈尼族鱼创世神话为中心》，云南大学硕士论文，2014年。

银饰，并不是显著的文化符号，甚至今天已经少见。

不出所料，这个符号正是 LSR 的设计。他曾担任旅游公司的顾问，景区的文化展示大多出自他手。可见，神话知识生产已经和旅游业的推进融合。本民族知识分子，尤其是深刻理解神话传统与梯田文化关系的 LSR，自觉地将典型神话意象转化为新的神话商标符号。一个与育龄女性有关且表征神话叙事的饰物，演变为面向游客的民族神话符号，完成了神话主义的话语转换。这也表明“遗产是一种在当下求助于过去的文化生产的新方式”①。

相比旅游化、公园化、遗产化对梯田文化的知识生产而言，8 月 1 号我拜访朱小和先生的情形显得十分不同。朱小和是名满哀牢山的哈尼族著名摩批歌手，被誉为“摩批哈腊”（摩批中的老虎）。② 他唱的《窝果策尼果》和《哈尼阿培聪坡坡》可谓哈尼族口头传统的“双璧”。朱小和对哈尼族口头传统的古典知识非常渊博，现在又有“国家级非遗传承人”的头衔。但实际上，身为哈尼族山区的“歌王”，朱小和身上的“国家级非遗传承人”头衔对他而言无非是农民身份之外的一个额外角色。我请他讲讲哈巴里有关造天造地的神话，他就在席间讲唱起来。

……

朱：密乌艾西艾玛，是，它最先在那个水里边生存了以后，它的那个划道道的翅膀，那个鳍了嘛。左鳍刷了一下以后，天就亮啦。然后，右鳍甩过以后地就明啦。还有一个是金柱，这个手像这样拿起来看（竖起五指），也是，这个手指头也能看清楚啦。

朱：（越发抑扬顿挫，进入兴奋的表演状态）那个地一样的脊背上，竖起那个金柱来以后，天神就上天啦。然后从这里开始就，其他那些事物就一步一步产生啦。

张：竖起金色的柱子？

朱：唔，金子做的柱子。然后那些神就顺着爬到天上。就产生

① Barbara Kirshenblatt - Gimblett , *Destination Culture*: *Tourism*, *Museums*, *and Heritage*, Berkeley, Los Angeles and London: University of California Press, 1998, pp. 149 - 150.

② 史军超:《哈尼族文学史》，云南民族出版社 1998 年版，第 838 页。

了天神啦。么就，那些神顺着那个金柱爬到天上以后，他们就在那协商啦。上面的几个说，那个世界上没有人，也不会在（注：云南方言“生存”之意），但是谁去领导那些人呢？第一个产生的是“pil”（注：祭司），第二个产生的是工匠，第三个产生的是“zyuq”（注：头人），就是官了嘛。没有这三种能人是不会在世上生存的。

……[1]

朱小和一直讲了将近一小时，这一次讲述实践展现了神话传统在歌手的表演中，具有极强的语境适应力。而这种应变能力的基础是口头传统的内在稳定性。朱小和讲的“天地万物起源”的内容，和同出他口的经典文本如“三套集成”中的宇宙起源神话叙事相比，核心母题变化不大。杨利慧指出，尽管“语境”研究成为新的时尚，但不能忽视在口承神话传承过程中，其核心母题往往变化很小。[2] 朱小和头脑中的神话知识库浩如烟海，但是他的每一次演唱和讲述，都是基于有限的核心性母题来作为基本叙述架构。在他的神话表演实践中，核心性母题的稳定性与语言艺术的创造性比较突出。

朱小和几十年来为“三套集成”、各类“神话故事选”讲述的神话，情节、词汇与结构花样繁多，但金鱼娘“密乌艾西艾玛”造出神界、天神在鱼脊背上打天柱地梁、三种能人诞生等母题与这次讲述是一致的。这也是《窝果策尼果》的《烟本霍本》诗章的核心母题。这样的稳定性透露出哈尼族摩批“口头传统”的规则性，尤其是“创世神话”的部分，在摩批头脑中的“语料库”是神圣且稳定的。但是，朱小和“这一次”讲述又是生动且独一的，他既是对我（访问者）讲述，也是对多年的合作者 LSR 讲述。在这一个不同寻常的语境中，朱小和一边喝酒、一边抽水烟筒、一边讲述；LSR 和我一边讨论、一边记录。面对听众的异质性

---

① 朱小和讲述，LSR 翻译，张多记录整理，2014 年 8 月 1 日，云南省红河哈尼族彝族自治州元阳县攀枝花乡硐浦寨。

② 杨利慧：《语境的效度与限度——对三个社区的神话传统研究的总结与反思》，《民俗研究》2012 年第 3 期。

（heterogeneous）[①]，朱小和对此表现出自然和适应，将一次作为展示自己交流能力（communicative competence）的表演（performance）[②] 在饭桌上自然而然地完成了。歌手能够娴熟地运用口头传统的表演框架来应对新生语境，这不同于杨利慧所界定的“神话主义”。虽然神话表演的语境改变了、听众也改变了，但是神话讲述所依托的交流框架仍然延续了哈尼哈巴的传统。这显示出新语境中神话的重述与挪用有着多样的形式。

LSR 与朱小和都在遗产化的语境中设法对本土知识进行表述的更新。朱小和无论是 20 世纪 60 年代在禁止“迷信”的情形下靠头脑记忆哈巴，还是 20 世纪 80 年代在宾馆里为民间文学搜集者唱哈巴；无论是为研究者讲哈巴故事，还是面对摄像机录制哈巴，他的知识表述总是分毫不乱。尽管他所掌握的口头传统浩如烟海，但他的“表述策略”却非常清晰，取舍变化间能够适应仪式演唱、应邀演唱、讲述、录像、录音、采访、直播等等种种媒介形式。进一步说，地方知识分子未尝没有在利用遗产化的契机进行媒介更新和自我知识生产。LSR 则擅于运用现代知识话语对神话传统进行重述，甚至主动在神话传统中提炼现代文化符号。这些都是“遗产化”这只“看不见的手”所导引的结果，人类小群体的知识不再为其独享，转而成为“全球化”和“文化多样性”的成员。因此，现代神话学除了要关注像 LSR 生产神话符号这样的典型神话主义现象，也应当关注像朱小和这样基于传统法则进行神话重述的过渡现象。

四 结论

红河哈尼梯田遗产化的历程，深刻表明遗产化在全世界的推进已成为不可逆的进程，这是人类迈向信息社会和文化命运共同体的必然结果。面对遗产化、全球化的新语境，哈尼族神话传统依旧拥有强大的生命力。一方面，老歌手的表述策略展现了从神话传统到神话主义的过渡形式；

---

① Ruth Finnegan, *Oral Traditions and the Verbal Arts: A Guide to Research Practices*, London and New York: Routledge, 1992, p. 94.

② ［美］理查德·鲍曼：《作为表演的口头艺术》，杨利慧、安德明译，广西师范大学出版社 2008 年版，第 12 页。

另一方面，新知识分子也在努力提炼神话符号。遗产化的核心追求并不是文化在原有群体内保持原样不变，而是在遗产化框架下的合理发展。歌手、地方知识分子不断对神话传统进行媒介更新的努力，增强了口头传统面向未来传承的适应力。对红河哈尼梯田社区来说，新生的神话主义现象正是神话传统适应新的表演语境的产物，是遗产化机制与神话主义逻辑合力的结果。

遗产化的文化政治实践并不是单向的，一方面它塑造了遗产地，另一方面地方知识分子也抓住了遗产化运动的契机进行本土知识更新。总的来说，哈尼族的神话传统不再是孤立的文化注脚，也并不是行将消失的文化，而成为文化政治的显在符号和重要角色。新生的神话主义现象表明，哈尼族神话叙事在遗产化进程中非但没有终结，反而显示出强大的适应性和生命力。只要找到神话传统在发展中变异的尺度、分寸，就能够在遗产化运动的实践中找到保护口承神话的平衡点。像口承神话这样的口头传统在文化遗产保护的全球话语中，并不总是失声的沉默者，反而在参与中呈现出自身的文化逻辑。

彝族民间林木崇拜及其生态意义

——以峨山彝族自治县为例*

黄龙光　白永芳**

摘　要：彝族民间林木崇拜习俗，出于林木在彝人生产生活中的实用功能，源于彝族古老的以祖灵崇拜为核心的原始宗教信仰。彝族林木崇拜的内涵丰富，涉及的林木、林地种类繁多，它们自古受严格而神圣的民间规约保护，具有很强的生态保护意义。在当代社会变迁的语境下，有效传承少数民族林木崇拜的文化传统，将其与相关法律法规相对接，可推进边疆少数民族生态和谐社会的建设。

关键词：彝族；林木崇拜；生态意义

在联合国教科文组织2003年通过的《保护非物质文化遗产公约》中，将非物质文化遗产类型分为5类，其中“有关自然界和宇宙的知识和实践”类颇显神秘，不易理解。在中国国务院2005年《国家级非物质文化遗产代表作申报评定暂行办法》中，将非物质文化遗产范围扩大到包括文化空间在内的6个方面，将“有关自然界和宇宙的知识和实践类”表述修改为“有关自然界和宇宙的民间传统知识和实践”，大同小异。在

* 原文刊于《西南民族大学学报》（人文社会科学版）2013年第2期，收入本书时经过相应修改。

** 作者简介：黄龙光，《云南师范大学学报》（哲学社会科学版）副主编；白永芳，原云南大学民族研究院副教授。

非物质文化遗产项目的具体申报操作中，分为民间文学、传统音乐、传统舞蹈、传统戏剧、曲艺、传统体育、游艺与杂技、传统美术、传统技艺、传统医药、民俗等10类，其中，与自然、宇宙知识和实践关系密切的传统医药类，先后认定了四批共137项国家级非物质文化遗产代表性项目。当然，神话、古歌等民间文学，以及传统技艺、民俗等也涉及人类有关自然和宇宙的观念与实践，它是人与自然、人与宇宙之间共生关系的相关观念、知识与实践。

彝族作为中国西南地区大杂居、小聚居的一个山地民族，彝区高山耸立、森林茂密、江河纵横、坝子密布，是长江中下游地区重要的生态屏障。千百年来，彝族人民适应自然，创造并传承着一系列独特的地方性知识，包括关于水生世界的创世神话（古歌），“有林才有水”的林木崇拜习俗，以及神药两解的民间医药知识等。其中，川滇黔桂四省（区）彝区至今普遍盛行林木崇拜，作为一类典型的有关自然和宇宙的非物质文化遗产，作为人与自然、人与宇宙共同体关系主义研究的重要内容，不论从非物质文化遗产保护来看，还是从人与自然生态关系修复视之，亟需加强这方面的学术研究。

一　峨山彝族自治县自然人文生境

“峨山”，彝语地名，意为“长有竹子的山川平坝”，地处滇中腹地，位于东经101°52′—102°37′、北纬24°1′—24°32′之间，东接玉溪市红塔区，东南与通海县交界，南与石屏县接壤，西南与新平县山水相连，西北与双柏县隔江相望，北与易门县相通，东北与晋宁县毗连。

据史籍记载，峨山在先秦时期属于古滇国辖地，西汉元封二年（公元前109年），属益州郡胜休县地（一说俞元县）。三国蜀汉建兴三年（255年），属兴古郡胜休县。隋朝时期属南宁州总管府。唐初属南宁州绛县地，后属南诏通海都督府。唐南诏末年（880年），设嶍峨部，是三十七部蛮之一。宋大理国时期隶属秀山郡。元宪宗六年（1256年）设嶍峨千户，辖怕念、俄爽、塔甸、洒冲甸四个百户所。元世祖至元十三年（1276年），改嶍峨千户为嶍峨州，隶临安路，领竾川、平甸二县。明洪武十五年（1382年），嶍峨首设流官。清顺治十六年（1660年），嶍峨土官禄益（彝族）、王扬祖归顺，授世职。康熙四年（1665 年），土官禄益、王扬祖附宁州禄昌贤反清失败，从此“改土归流”。民国十八年（1929 年）直属云南省政府。次年，嶍峨县改称峨山县。1949 年，峨山县临时人民政府成立。1951 年成立了峨山民族自治县，1954 年改为“峨山县彝族自治区”。1956 年改为“峨山彝族自治县”。

峨山属高原地貌，丘陵、河谷、平坝与高山相间，整个地形像一个三角形，地势东南低，西北高。峨山气候立体特征明显，属于亚热带半湿润凉冬高原季风气候区，年均气温 13℃～20.7℃，全年无霜期达 267 天，年平均日照射 2244.8 小时，年平均降雨量 934.6 毫米。峨山山区广阔，植物种群多样，森林资源丰富。森林覆盖率为 55.8%，主要树种有云南松、华山松、栗、油衫、旱冬瓜等，名贵树种有香樟、红椿等，果木树种有桃树、梨树、板栗、核桃等，还发现国家一级保护植物桫椤树蕨。境内峰峦叠翠，林海苍苍，江水奔流，景物繁茂。峨山县境内现分布有纳苏、聂苏、山苏三个彝族支系，总人口 8 万多人。其中，纳苏和聂苏话差别较小，山苏话差别较大，不能互通。但山苏人基本都能讲纳苏话，纳苏话为境内彝族通用语。在族源神话史诗与谱牒中，三个支系皆源自共同的彝族始祖阿朴笃慕①，普遍笃信以祖先崇拜为核心的原始宗教。

据峨山彝文史诗《洪水泛滥》记载，阿朴笃慕即打制木箱漂浮，才安全躲过了远古那场旷世洪荒成为人祖。流传在双柏、峨山县彝族古歌《祭树神》唱到：“树神是两个，守生莫另移。树神高处站，祭日来吃喝。站在山梁上，不要被火烧。你在高处好，大火烧不到。叶落雪片压，雪树闪银光。叶落同草枯，你使土地肥。地肥瓜果鲜，地肥山花艳。你保大青山，铺绿又盖红。”② 林木崇拜是彝族民间最为重要和普遍的信仰情结，对于世居山区、半山区的彝族人来说，具有重要的现实生态意义。

---

① 阿朴笃慕，也译阿朴独姆，即今川、滇、黔、桂四省区彝族古代共祖阿普笃慕，曾主持大型祭祖分支大典——六祖分支。

② 云南省民间文学集成编辑办公室：《彝族歌谣集成》，云南民族出版社 1986 年版，第 88 页。

二 彝族民间林木崇拜的内涵

彝族林木崇拜，属典型的自然崇拜。当地彝族崇拜的林木种类繁多，涉及林地面积广阔，它们既因特定实用功能尊享崇拜，更因其特有的原始宗教信仰而受尊崇，林木崇拜自然而然嵌入彝人日常生产、生活中。当地彝族崇拜的林木及林地，主要有以下几类：

（一）咪嘎哈[1]神林

彝族村落民居群，往往背靠大山，沿山坡缓缓梯次展开。村背后的山被称为咪嘎哈神林，受全村人严格维护。神林中树木以常绿栗柴、椎栗、榕树等为主。虽无成文规定，但其“口头法”的规训强制力和约束力非常强。严禁人们随意出入咪嘎哈神林，捡拾枯枝、落叶，铲掘山草灰、腐殖土，更不允许砍伐林木。村组各自组织咪嘎哈祭祀仪式，均设有自己的咪嘎林和咪嘎树。

咪嘎哈祭祀场严禁女性进入和参与祭祀，一般将其选在宽阔地域。当地人认为“山有山神，树有树神”，特别是老树和古树，不允许随意砍伐。毕摩和寨老们，选择树径较大、树干高挺标直、枝叶茂密常绿乔木为咪嘎树祭祀。一旦选定，除自然枯老朽败，否则不再更改。人们在祭期为其除草洒水，隆重举行祭祀，全村顶礼膜拜。以咪嘎树为中心的整个咪嘎神林，成为一个环保圈。过去全村统一管理的一个大型咪嘎神林，现分解为地理上连接、管理上独立的若干小型咪嘎神林，在文化上因咪嘎哈祭祀紧密粘结起来，成为管理更加严密的一个大环保圈。地域范围没有减少一分一厘，管理分而治之但又文化统一。咪嘎树和咪嘎神林，就这样“纲举目张”，有效维护着村寨。

咪嘎神林，不仅以关乎全村福祉为条件，禁止人们进山砍伐和铲掘。

---

① 咪嘎哈，当地彝语，每年农历二月第一个属牛日举寨进行的大型节祭活动。祭祀多神格咪嘎哈神，求子、祈丰为主要目的。咪嘎哈神林，作为咪嘎哈祭祀的神圣仪式空间，自古就受到古老神秘的禁忌严格保护。

塔甸村还广泛流传着大黑蛇[1]盘踞咪嘎神林的传说，据说谁见到该巨大的蟒蛇，非死即病，让人“听而却步”。村民会不厌其烦地讲述，谁何时进山割草，见到该修炼成魔长有雄冠的巨蛇后，惊吓过度突然病发而亡，或莫名上吊自杀等。集体神圣祭祀，加上巨蛇传说，一直充当着咪嘎神林的保护性神圣叙事。从实用功能的角度进行简单分析，村背后山脊是村里的“靠山”，建村选址要预防泥石流，地势坡度不宜过大，要有森林密布，地势和植被相互粘结后，有效防止山体滑坡等自然灾害。同时，可循环大气，涵养水源，从而调节整个村落生态系统。

（二）风水林

当地人认为，一个完整的寨子，应有清晰的地理界标。寨子范围以前、后两道寨门为主要界标外，同时以风水树、风水阁为次界标，圈定成村寨地域范围。一旦立下寨门和风水树，这个范围内人、畜、家居等万物自然受天地神、祖灵、寨神保护。风水林养护在村背后山坡上，其实也是水源林。水源和风水得到保证，在当地村民眼中紧密结合在一起，涵养水源在外，维护风水在内，实际功能和文化象征二合一，千百年来自然而行。风水林地域覆盖范围要远远大于咪嘎神林，咪嘎神林只是其中最核心的部分。风水林中的林木种类，主要以常绿乔木和杂木为主，少有松树。乔木主要是质地较硬的椎栗树、水冬瓜树、黄柴木、杉树、野玉兰、榕树与五眼果树等，还有其他的一些黑果灌木、杂草丛等。事实上风水林涵盖了整个咪嘎神林，在村头和村尾两头以风水树为界标，风水林和咪嘎神林界域，就像两个同心圆嵌套在一起，层叠相交。

2008 年 12 月的某一天，村里 SSM 认为寨尾自家承包地旁近五十多年树龄的五眼睛果树，一来遮阳影响地里庄稼生长，二来可将其作为烤烟柴来烧，于是就锯倒了该树四椏枝中最大的两椏。当即有人告到组里，组里随即召开村民大会协商如何惩罚事宜。很多人一听到该五眼睛果树被锯倒，义愤填膺。老人们说这棵树是风水林东南向的界树，对整个风水林至关重要。彝族禁忌随便砍古树、老树，人们认为古树、老树有树

---

① 大黑蛇，其实是眼镜王蛇。当地人对眼镜王蛇的畏惧，几乎到了谈蛇色变的程度。一旦在山林中遭遇大黑蛇，必须草扎一条大黑蛇，用绳子系好，待天黑后送出寨尾，意为驱蛇魂。

精树神，会怪罪下来。特别是对人有恩的果树绝不许砍伐，否则必遭罪。直到现在，很多人上山出工路过树底，会去捡拾五眼睛果吃，酸酸的开胃生津。老人们现场严厉训斥道："你也是读过几年书的人，也到化念'学习'（早年S曾在化念监狱接受劳改）过几年，怎么会砍这棵风水树?!"老人们坚决要罚款5000元。后由于其家穷，最后本着以教育为目的原则，罚了2000元。其三子有意见，主事的老人说："如果这样的话，一分钱也不用出了，你只要把我们的树像以前一样好好养活起来就行了！你像发羊癫疯一样，老得糊涂了吧，人家小孩子们常来树底下拾果子吃呢，你怎么敢砍这棵风水树?!"① 虽然当地现代社会群体凝聚和社会团结在平日里显示不出来，但一旦事关全寨整体利益，特别是涉及有关民族传统文化，寨老们的权威和群体的力量，即可与现代国家政治力量一道，成为维护村落最有影响力的双轨管理制度。

（三）山神树

当地彝族山神树的概念有两层含义，一是村落群体共有的山神，当属原始采集—狩猎生计方式的遗俗；二是各个家族祖坟山神树，属个体的而非群体的山神树，其护佑指向单独家族和家庭。

1. 集体山神树

当地俗语说："山神老爷不开口，老虎豹子不吃人"。山神主管山川草木、溪流箐谷以及飞禽走兽。山神往往住在深山里，祭祀时以一棵躯干笔直、枝叶茂密的栗树或榕树为象征物。山神祭祀彝语称为"本佐索"，一般在农历正月初一属虎日进行。人们在一年之首即组织祭祀山神，主要目的是祈求山神保佑进山狩猎的人们不受伤害，保证猎取足够多的飞禽走兽以供食用。直到现在，大西普杰黑村彝族山苏人，每年均举村进行两次山神祭祀。据老人们讲，直到20世纪60年代，村里山神树下，仅扛猎获麂子的木棒，就垒砌起近一人高的柴堆。人们不仅在正月初一和第一个属虎日祭祀山神，但凡猎获麂子等均要扛到山神树下酬谢，当场割下猎物舌头、耳朵敬献山神，用油脂抹在祭坛与树干上，之后就

① 被访谈人：MH，男，彝族，峨山大西普杰黑村第一个大学生，访谈时间：2011年3月16日，地点：普杰黑村。

地炊爨集体共食。女人和孩子们的份儿由参加围猎、祭祀的男人们捎回。狩猎一般群体围猎，采取共产、共享即“见者有份”制度，凡参与狩猎甚至帮助指路等都被邀请参加飨宴。正月初一和农历二月虎日的祭祀，往往选用大红公鸡一只作为牺牲，由祭师带着助手等进行。祭祀后，男人们要现场模拟古时狩猎仪式，手持木棍等在祭场山上左右踏地、来回奔跑，象征围猎。可见，山神与猎神在这里合二为一了，它是一个复合神。虽现在彝区自然生态大不如前，枪支也被收缴，狩猎几乎已完全退出了人们的日常生活，但作为一个曾经的山地狩猎民族，“靠山吃山”的思维传统，对于定居农耕的彝民依然具有重要意义。山神，不仅看护着彝族村寨的山林水土生态，承载着彝民古老的采集—狩猎历史记忆，同时也从心理上满足人们对风调雨顺、五谷丰登、六畜兴旺的延伸性诉求。

2. 坟场山神树

如果说，集体山神崇拜是一个整体的观念及其实践，那么坟场山神崇拜完全是一个狭隘的信仰及其实践，因为它所指向的是单一家族或家庭，家族和家族之间的山神甚至还有排他性，各管各的，互不侵犯。

彝族坟场立拜山神习俗，可能受明、清汉式土葬习俗影响。坟场山神树，人们一般选云南松、油松、沙松、牛筋果树等为主，如难寻林木，也有选巨石为山神的。一般由祭师来选定，要宰公鸡敬献举行山神树选定仪式，树下设搭接呈直角的两块石头作祭坛，上撒青松毛以供奉酒、茶、饭各三盅。现在，人们新立墓碑时，请石匠打制一块山神碑，立在树下定位。上有“山神之位”字样，有简单的线刻男性山神像。每年不论是清明扫墓，还是农历十月上坟请祖灵尝新米，祭祖先前必先祭山神，否则据说祖灵不敢、不能享祭。不论谁家的山神树，一般认为都有家族山神附在其上，日夜守护家族墓地。所以，忌砍、忌碰山神树，不小心误砍、误碰了山神树，都会对砍者带来非病即灾的折磨，非得请祭师举行相应仪式禳解。大西普杰黑村彝族山苏人对坟场山神，也恪守不砍、不碰的禁忌。十年前，有人曾误砍了一棵粗壮茂密的山神树，准备做盖房木料，第二天该男子就莫名发疯，常昼夜离家出走，全村人举火把到处寻找，最后在后山找到该男子。后来将背回家的木料全部丢弃，找巫师在山神树前宰鸡禳解，男子才渐渐恢复正常。被丢弃村头的整堆山神树木料，从此直到腐烂风干也无人敢碰，人们经过此地时都行色匆匆。①

（四）祭龙树

彝族俗尚祭龙，“祭龙，夷民视为祈福避荒之要典，十室之邑皆奉行之。每逢春秋两季，择辰日就密林中认一大树为神，束松枝其上，处设香醴并牛羊豕各一，夷众各新冠服向树叩头。朝夕即会食林中，大烹滔肉，尽欢而散。所祭的树名祭龙树，枝叶不许折伐，以触神怒。男女有恙，即向这树祷祈，绝不医药，谓树神我佑而病自愈矣”②。这是民国初，峨山籍画家董贯之三十幅古滇风俗图中对夷民祭龙习俗的描述。

彝族民间祭龙习俗一直持续至今。彝族崇拜龙，不仅因龙神司雨水，管农作丰沛，更重要的是，彝族认为“人祖水中出”，自视为“龙族”。这也是彝族传统水文化的一大特点。祭龙树一般选龙潭或泉眼旁的榕树、椎栗树、水冬青等树种，这些树种不仅可涵养水分，同时四季常青，欣欣向荣。过去，春秋两季皆祭龙，现仅在农历二月子或辰日祭祀。隆重的祭龙仪式须敬献牛羊豕各一，简单的用一只公鸡即可。祭祀以全村为单位，仅限男性到场。但龙神之神佑则被认为福泽全村男女老幼。祭龙树关乎举村雨水福祉，所以受到严格的保护，其枝叶“不许折伐，以触神怒”。

（五）“求名”树

彝族认为古树、老树、大树经年累月遮天蔽日，能够通天地，具有灵性，绝不能随意砍伐。对于彝人来说，这些古老高大的树木，是旺盛生命力和充沛生殖力的象征。所以，咪嘎哈树、祭龙树和山神树，都选高大标直的常绿大树作为神树象征，因它们高耸入天，人们认为祭祀时神灵们将顺着树干下来享祭。这些树木在彝人日常生产、生活中，受到

---

① 被访谈人：WYM，男，彝族，1966年生，塔甸村五组农民，家就住在离树约五十米左右的村尾。访谈时间：2009年1月27日，访谈地点：塔甸五组。

② 董贯之：《古滇土人图志》。转引自《峨山县文史资料选辑（第三辑）》（内部资料）1990年。

格外重视和严格保护。

凡是家里小孩体弱多病，请巫师卜算需求名后，人们往往会找一棵古树“认干爹”，向“树干爹”讨要一个吉名，意为成为古树的孩子，就带有了古树滋生的长寿与旺盛的生命力。求名仪式，需用一只公鸡敬献，意为与古树结为父与子的“血缘关系”。塔甸大寨三组就有一位三十多岁L姓女子，因小时体弱多病，父母带着她到村背后一棵高大椎栗树前，打卦求得“结果妹”的吉名，后果然好养。[①] 树底下备有用石块搭建的简易祭坛，任何人经过树下就清楚该树的身份，也就不敢僭越妄为。因为当地人认为，“求名树”既然可赐福于人，当然也可对其不敬的人带来灾祸。

（六）雷击树

当地每年7、8、9月属于雨季，雷雨天气频繁，每每会有高大林木被雷击、雷劈。当地彝语“雷击”，意为“天打”。在彝人的观念中，天神是惩恶扬善的至高道德审判神。如子女对老人不孝顺、虐待老人，他们认为就会被雷劈。这样的观念和话语，不是口头说说而已，对他们而言，天神平日高高在上审视着地上的人界。只要一旦发生了雷击人事件，往往被人们将其与不孝联系上，“不孝遭雷劈”的训诫和规劝，就会更加神秘和惊悚。

一旦某棵树被雷击后，当地人笃信这棵树就已不再是纯粹自然的树了，因其附有雷神而被神化，而雷神是神圣不可侵犯的。当地人对雷击树的心理畏惧和恐慌程度远远超出我们的想象，他们甚至认为，体弱多病者若从雷击树下经过，也会被雷神摄魂导致更加体弱多病，往往要请巫师叫魂还身才能禳解。简单的要在房顶或家门口举行叫魂仪式，复杂的必到雷击树下诚心叫魂，所供奉的牺牲简单的是一枚煮鸡蛋，复杂的必宰公鸡敬献。一些林木被雷击后，人们觉得雷神附在其上，所以即使该树是香樟、红椿木等名贵树木，即使家里再怎么缺乏木料，也绝没有人胆敢去砍伐、使用该雷击树材。如是五眼果树，秋冬季即使结满了累

---

① 被访谈人：HZL，女，彝族，1944年生，峨山塔甸大寨农民。访谈时间：2011年7月28日，地点：塔甸大寨三组。

累果实，也没人敢去捡食。所以在彝区，往往会看到那些遭雷劈而半死、枯死的林木，孤零零就地直到老死、腐朽。

（七）野果树

山野果树，因为可以充饥果腹，也被禁止砍伐。老人们都说过去饥荒时，山野果是最好的充饥物。当地山野果树主要包括野桃、樱桃、山里果（山楂）、多依树、棠梨果树、梅子、杨梅树、橄榄树等等。山里果、多依树、橄榄树、杨梅树等本身还有药用价值，所以倍加保护。其实，山野果树是人工驯化栽培果树的前身，是人类早期采集时代对农耕生产的一大贡献。即使在食物充足的今天，人们也会采摘野果作为水果、零食等。同时，禁伐山野果树，也是对历史上驯化野果历史的模糊记忆，是人类早期采集生产的遗留，虽果实不再被作为主食，但万一将来饥荒来临，其重要意义又会彰显出来，属于一种民间自然储备机制。更重要的是，当地人通过禁伐山野果树的禁忌，不仅要限制规约实际的乱砍滥伐行为，同时要传达一个道德寓意：靠野果充饥的历史不可忘记。这是当地人做人的原则和人格要求，否则就是大逆不道。所以，禁伐山野果树的禁忌，深层次的是道德说教，具有理性规范社会的作用。

（八）泉源树

彝区大大小小的自然泉源，是其重要的生产和生活用水来源。彝族世代迁徙择居，首先考虑要有充沛的泉源，然后才能依水而居。据长期生活经验，彝族祖祖辈辈发现，往往在山箐和密林深处，育有汩汩的山泉溪涧。一旦发现有泉源就将其养护起来，周围林木瞬即被认定为水源林而受到人们的保护。因为他们认为，没有树木就没有水，水必须由树木来涵养。这些树木往往以榕树等杂木为主，四季常青。缺水的彝族村寨，往往还会以民间规约的方式进行勒石立碑，严禁破坏和砍伐泉源处水源林木。一旦发生破坏和砍伐等违禁的情况，立刻就会有举报，同时寨老们马上召集起来共同商议给予相应处罚。

平时，老人们也会自发在泉源处栽些柳树、柏树、龙竹，其主要目的就是涵养水源，以持续保有汩汩水源。彝族史诗《梅葛》中，洪水过后柳树因助天神找到人种（葫芦），“天神好喜欢，封赠小柳树，‘小柳树是好树，等到人种找到了，人烟旺起来，倒栽你栽活，顺栽你栽活’。”① 柳树喜阴，养水涵水，每年清明家家户户须插柳驱邪，故柳树是最受欢迎的泉源树之一。水源是从事旱地杂粮种植的彝族重要的生产生活依靠。这些人工栽种的树木，也不分是谁家的，权当作公益林木。没人胆敢以任何目的去砍伐和破坏。所以，有经验的人在彝区行走山路，只要远远看见路边有密集的柳树、柏树等围拢，那儿肯定就有山间甘甜的泉水。过路人可一边在树底下歇息乘凉，一边用旁边备好的竹筒，舀清凉甘甜的泉水解渴。

（九）竹子

竹子种类很多，在峨山彝族的竹子分类识别体系中，他们称为“漠”的金竹才是真正的竹子。而可制水烟筒的龙竹等则被称为“窝”，与竹子是不同的概念。当地彝人严禁在房屋周围种植金竹，也不许随意带回家，完全源于彝族对金竹图腾崇拜的文化记忆。现峨山大西彝族山苏人祝姓和沐姓，源自其图腾“纹”（山竹）与“咩”（一种灌木）。②

峨山彝文史诗《洪水泛滥》记载：“天边悬崖下，赤地石崖边，只剩一独人，旁有竹和麻，起源是这样，竹根当饭吃，尖刀草上坐。从古那时起，祭奠去世人，用木做神主，竹篾当作针，竹节做心装，丝线做绳绕，孝布做衣裳，祭奠人来到。”③ 彝祖阿朴笃慕在洪水过后，“竹根当饭吃”，才不至于挨饿。彝族民间老人过世时，必用马樱花木雕制神主供奉，“竹篾当作针，竹节做心装”。这一切皆因祖先阿朴笃慕与竹之间的亲缘—恩泽关系，以至于使金竹成为一种民族图腾进行崇拜。于是，彝人在其现实生产生活中，制定了相应的金竹禁忌。

同时，彝族民间丧仪上，毕摩必手拄金竹棍，摇铃诵经书：“灵祖灵途中，要柱金竹棍。不拄金竹棍，魂魄难见祖……人死拄金竹，才能看祖灵……见祖灵途中，金竹莫忘带。身带金竹棍，见狗就打狗，见狼

---

① 云南省民族民间文学楚雄调查队：《梅葛》，云南人民出版社 2009 年版，第 41 页。

② 峨山县人民政府：《峨山彝族志》，云南民族出版社 2001 年版，第 41 页。

③ 云南省少数民族古籍整理办公室：《洪水泛滥》，云南民族出版社 1987 年版，第 42 页。

就打狼，见妖就打妖。身带金竹棍，路途无险阻。爬山山不高，渡河水不深。爬崖当梯搭，过江当船划；饿了当饭吃，渴了当水喝。寻祖道路上，若是天黑了，金竹似月亮，照亮你路途。寻宗道路上，若是天下雨，金竹似雨伞，保护你行程。”[①] 以此，亡魂才能顺利回归祖界，以庇后世。

（十）秃杉树

自明洪武十五年，滇中南彝区开始实施“改土归流”。因在文化上被认为火葬“野蛮非人道”，逐渐推行土葬。彝族对于秃杉树的崇拜，出于其土葬对棺木的需求。同时，因秃杉树板材价值颇高，成为财富的象征。在民间，彝族老人到了五六十岁，就会操心准备自己“百年之日”的寿材。在所有的棺木材料中，红椿木被认为是最上等的，它质地坚硬耐腐蚀防潮湿。但红椿木数量稀少，基本都是野生原始林木，现受国家有关法律保护。秃杉树却早已被驯化种植，质地也较硬，相对耐腐防潮。相反，彝区满山遍野的松树和沙椤树，因其密度小，木质疏松，被人们弃用制作棺木。所以，彝人往往在自家林地边种植秃杉树，一来以备制棺，二来他日成材可出售获银。

三　彝族民间林木崇拜的生态意义

彝族原始宗教，是其林木崇拜的精神源头和逻辑起点。在万物有灵论支持下，彝族认为自然界一草一木，与人自身一样，都拥有灵魂和生命，这是一种自然与人平等的观念。“当某种文化里直接来自共同祖先群体的血缘群体，诸如，血缘家族、双系家族、家庭、氏族等，生者和死者之间便构成了重要的联系，即在血缘群体成员和其祖先群体之间出现了一种社会关系。”[②] 作为一个逐水草而居的迁徙民族，彝族固有崇拜祖

---

① 云南省少数民族古籍整理办公室：《查诗拉书》，云南民族出版社 1987 年版，第 40—45 页。

② ［美］奥特拜因著：《比较文化分析》，章智源、张敦安译，河南人民出版社 1990 年版，第 185 页。

先的宗教情结，这种追溯族源历史和保持自身根骨的独特情结，其根深蒂固程度是其他民族难以想象的。从彝区严格的林木禁伐制度，足见祖先图腾禁忌之神圣，他们被视为先祖与后代间的血缘纽带。彝族以祖先崇拜为核心的原始宗教，不仅是林木崇拜文化的源头，更是其有效传承的保障机制。彝族神圣的林木崇敬和严格的保护习俗，以不成文法的惯制力约束和管制着每一名族群成员，并以神圣祖训名义进行劝诫，属于一种有效的柔性文化规约。

彝族民间林木崇拜，借助各种神圣的祭祀仪式，以民族内部制度化的强制力规约着彝区大小村落社群及个体成员，不仅起着保护自然生态的现实功能，同时发挥着社会道德训诫的精神规约作用。林木作为山地彝区重要生产、生活资源，当地人起屋建房、婚丧嫁娶以及烧柴制具都少不了。林木是自然生态系统中最重要的一部分，通过彝族民众集体惯常式习俗的保护，从而有效地维护了当地整个自然生态系统平衡。彝族林地资源养护、水环境维护以及泥石流防治，首先都指向林木的整体保育和涵养。根据千百年来的生产生活经验，他们深谙世居山区及半山区一旦林木不保，水资源匮乏、泥石流灾害频繁等自然灾难就会不断袭扰，所以，以祖先的名义进行圣劝与规约。这是调整人与自然关系的一种文化策略，不仅践行着人与自然和谐的理念，同时蕴藏彝人的生存智慧。时至今日，我们应辩证地看待少数民族原始宗教文化现象，不能像过去那样进行简单武断的干涉，不应一律斥之为迷信和神鬼论，它有其产生、发展和消亡的规律。对此，学界应本着实事求是的态度进行全面研究，思考如何扬长避短，发挥其合理的生态保护作用。

因 20 世纪 60 年代“破四旧”运动和 1978 年改革开放，随着家庭联产承包责任制的开始，生产的集体单位权威性逐步消解，代之以个体家庭为生产、生活为单位的重要性则日益凸显，彝族民间林木崇拜亦受到了一定程度的冲击。特别是在商业化急速发展的今天，彝区对林业资源的过度开发，导致祖先圣训规约在某种程度上，正面临着种种诸如“林烟矛盾”等严峻而现实的考验。彝区的生态系统，也因事实上存在的乱砍滥伐、违法开垦、无止境的矿业开发，变得愈加脆弱。一方面，水资源遭受生产和生活污染和浪费；另一方面，在一些地区出现水环境的恶化和水资源的匮乏。如何积极有效地传承彝族传统林木崇拜文化，积极引导其与国家、地方相关法律法规对接起来，相得益彰地进行林业和水资源保护，维护民族地区的生态系统平衡，推进边疆民族地区社会经济可持续发展，构建边疆少数民族生态和谐社会，是一个严峻而又极具现实意义的课题。

后　　记

《非物质文化遗产学术精粹》丛书，主要是按照联合国教科文组织《保护非物质文化遗产公约》（2003，以下简称《公约》）中的分类体系来分卷编纂的。2019 年底，我和同事们商议启动该项事宜时，觉得其中最难把握的类属之一便是“有关自然界和宇宙的知识和实践”。

在《公约》中，非物质文化遗产（以下简称为非遗）被划分为五大领域（domains）：1. 口头传统和表现形式，包括作为非物质文化遗产媒介的语言；2. 表演艺术；3. 社会实践、仪式、节庆活动；4. 有关自然界和宇宙的知识和实践；5. 传统手工艺。[①] 事实上，这一分类体系内部存在着诸多交叠，因为许多非遗项目都关涉多个领域，正因如此，在各缔约国提交的申请文书中，不少项目的领域归属都是多重的，例如 2016 年被列入“优秀实践名册”的克罗地亚 Batana 生态博物馆项目，便同时属于上述五类。[②] 在我看来，这五类中，“有关自然界和宇宙的知识和实践”最为宽泛，与其他各类交叠最多：说到底，非遗的根本性质之一便是“在各社区和群体适应周围环境以及与自然和历史的互动中，被不断地再创造”的，[③] 因此，归根结底，可以说几乎所有非遗项目都可在某种程度上归属于“有关自然界和宇宙的知识和实践”。在本书中，刘锡诚先生也

---

① 联合国教科文组织：《保护非物质文化遗产公约·基本文件》（2018 年版），法国巴黎，2018 年，中文版，第 5 页，https：//ich. unesco. org，查阅日期：2021 年 10 月 6 日。

② 联合国教科文组织官方网站：https：//ich. unesco. org/en/BSP/community - project - of - safeguarding - the - living - culture - of - rovinj - rovigno - the - batana - ecomuseum - 01098，查阅日期：2021 年 10 月 6 日。

③ 联合国教科文组织：《保护非物质文化遗产公约·基本文件》（2018 年版），法国巴黎，2018 年，中文版，第 5 页，https：//ich. unesco. org，查阅日期：2021 年 10 月 6 日。

认为，有关自然界和宇宙的知识和实践是祖先留给我们的丰富而珍贵的民间知识，包括天象、农耕、田猎、游牧 、航海 、历算、风水、强身、祖先崇拜及民俗仪礼等多方面的知识；[①] 叶春生先生认为中医药、针灸、气功等等也包括在内[②]，亦可由此得见此类知识和实践涉及范畴的广泛了。

大约是由于《公约》的分类体系有些宏阔，且与本土惯常的分类和用语不同，中国的非遗分类采用了与自身学术研究传统和公共文化实践更相衔接、且更易于被社会所理解和接受的体系。例如《中华人民共和国非物质文化遗产法》中将非遗分为六大类：1. 传统口头文学以及作为其载体的语言；2. 传统美术、书法、音乐、舞蹈、戏剧、曲艺和杂技；3. 传统技艺、医药和历法；4. 传统礼仪、节庆等民俗；5. 传统体育和游艺；6. 其他非物质文化遗产。[③] 而“国家级非物质文化遗产代表性项目名录”则将非遗划分为十大门类：民间文学，传统音乐，传统舞蹈，传统戏剧，曲艺，传统体育、游艺与杂技，传统美术，传统技艺，传统医药，民俗。[④] 在上述分类中，均没有明确划分出“有关自然界和宇宙的知识和实践”这一类。

由于《公约》的分类体系中“有关自然界和宇宙的知识和实践”范畴过于宽泛，而中国本土的分类体系中又缺乏此项，这不仅在两个分类体系的衔接上造成了抵牾（本书所收刘锡诚和叶春生两先生的文章对此有诸多讨论），造成了国内学界和保护实践中对该非遗类属的关注明显薄弱（刘锡诚先生便认为：中国非遗保护理念中存在着“忽视或轻视有关自然和宇宙的知识等领域的非物质文化遗产”，这是“狭窄的、多少有些

---

① 刘锡诚：《转变理念正当时——有关文化理念的再思考》，参见本书。

② 叶春生：《民俗学视角的“斯诺命题”——“关于自然界和宇宙的知识和实践”的阐释》，参见本书。

③ 《中华人民共和国非物质文化遗产法》，见中国非物质文化遗产网 · 中国非物质文化遗产数字博物馆官方网站，http://www.ihchina.cn/zhengce_details/11569，查阅日期：2021 年 10 月 2 日。

④ “国家级非物质文化遗产代表性项目名录”，见中国非物质文化遗产网 · 中国非物质文化遗产数字博物馆官方网站，http://www.ihchina.cn/project#target1，查阅日期：2021 年 10 月 2 日。

误谬的文化理念”，需要纠正和转变[①]），也为本集的编纂带来了不小的困难：如何既广泛体现中国人世代相传的有关自然界和宇宙的知识和实践以及学人的相关研究，但又不与其他探讨口头传统、表演艺术、社会实践及仪式节庆活动、传统手工艺的各分卷相重复，成为本卷编纂时的主要挑战。

经过反复思索以及与同人的商议，最终本卷的编选依据了如下原则：

第一，以明确列入联合国教科文组织非遗名录并被划定为“有关自然界和宇宙的知识和实践”类属的中国项目为主线，同时将教科文组织的非遗分类法与中国本土的分类体系适当融合。目前，我国列入教科文组织《人类非物质文化遗产代表作名录》（以下简称《代表作名录》）的相关项目共有六项，分别是：中医针灸（2010 年）、中国珠算——运用算盘进行数学计算的知识与实践（2013 年）、二十四节气——中国人通过观察太阳周年运动而形成的时间知识体系及其实践（2016 年）、藏医药浴法——中国藏族有关生命健康和疾病防治的知识与实践（2018 年）、太极拳（2020 年）、送王船——有关人与海洋可持续联系的仪式及相关实践（2020 年）。[②] 它们都是中国人数千年来形成的关于人与自然、宇宙关系的传统认识和实践，蕴含着中国人的生存智慧和深厚文化内涵。本卷以这些非遗项目为统领，将涉猎内容适当扩充到了本土分类体系中的节气与历法、传统医药以及传统体育、游艺与杂技等。从我们梳理的情况看，学界和非遗保护机构对上述非遗项目的研究状况十分不均衡，其中对二十四节气的探讨相对较多，而从非遗视角考察其他项目的则明显不足，有的非遗项目目前可见的、揭示其中有关自然界和宇宙的知识和实践特质的成果仅有概述性报道，学术研讨急待加强。需要说明的是，本卷自 2019 年启动编纂，2020 年上半年选编工作基本完成，其中已包括了对于太极拳的研究，但是未能收录于 2020 年底列入《代表作名录》的送王船

---

① 刘锡诚：《转变理念正当时——有关文化理念的再思考》，参见本书。

② “中国入选联合国教科文组织非物质文化遗产名录（名册）项目”，见中国非物质文化遗产网·中国非物质文化遗产数字博物馆官方网站，http：//www. ihchina. cn/chinadirectory. html，查阅日期：2021 年 10 月 2 日。

相关研究。①

第二，阐释性理论研究与非遗保护实践成果兼容。在每个专题中，尽可能既包括揭示其中蕴含的有关自然界和宇宙的知识和实践以及哲学、审美等意蕴的学术研究或概述性报道（不一定均从非遗保护的视角）——例如对风水的民俗学阐释、对中医针灸与“气”的关系的探讨、对传统武术中包蕴的宇宙观的思索等，也包括探讨其非遗保护理念、方法、遗产化过程以及保护中存在问题的论文，如二十四节气的活态传承、传统医药类非遗的保护与发展、体育类非遗综合评价体系的建构与应用等。

第三，为展示有关自然界和宇宙的知识和实践事实上涵盖更广泛的非遗门类，本卷在“其他”类中适当收入了江帆、张多以及黄龙光和白永芳撰写的三篇论文，分别涉及满族民间故事中的生态认知和哲学意蕴、红河哈尼人在梯田稻作农业遗产化过程中经历的传统神话的变迁，以及峨山彝族人对于林木的民间信仰。

最终，本卷辑录了相关论文 33 篇，按探讨主题分为了六个部分：理论性探讨；节气与立法；传统医药；传统体育、游艺与杂技；珠算；其他。由于牵涉范围较广，相关成果来自多个学科领域，包括民间文学、民俗学、人类学、医学、体育学、艺术学、数学以及天文历法研究等。所探讨的内容有的涉及列入各类非遗名录的具体项目，有的事象（例如峨山彝族的林木崇拜）目前虽未被列入名录，却反映了民众对于自然界和宇宙的观察、总结和实践，因此也是本卷不可或缺的部分。

希望本书能在一定程度上展示中国民众世代相传的有关自然界和宇宙的丰富知识和实践，展现中国学术界在这一领域取得的一些重要研究成果，进而充实并推进国内相关研究和保护实践，也为国际范围内这一特定非遗门类的保护提供中国的视角与经验。

需要说明的是，由于本书篇幅有限，我们的学术视野和水平也有较

---

① 就我们梳理的资料看，目前学界对于送王船的研究多集中在信仰与仪式领域，其中较有代表性的比如毛伟的《闽台王爷信仰的人类学解读》（《宗教学研究》2010 年第 2 期）、朱鹏的《宗教人类学视野下送王船仪式研究》（《红河学院学报》2021 年第 5 期）等，而从非遗保护视角切入这一领域的研究成果很少。

大局限，因此本书的收录难免挂一漏万。诸多不足之处，尚请方家批评指正。

最后，衷心感谢本书所有的作者们，感谢他们的慷慨授权，由于他们卓有见地的阐释和保护实践，使中国人千百年来形成并传承的有关自然界和宇宙的深刻知识、深厚智慧和丰富文化内涵得以彰显和弘扬。阅读本书使我深受裨益。在本书选编的过程中，我指导的研究生和博士后付出了大量劳动，孙伟伟、贾志杰、包桂兰、霍志刚、张淇源、龙玫、宋嘉琪、袁依萌、高可等，不仅积极协助我查找资料、遴选论文、联络作者，还对文稿进行了反复核查和校对。北京高校高精尖学科“文化遗产与文化传播”项目的学术主管丁红美女士细心而负责地帮助我审校了稿件。中国社会科学出版社的张林女士为本套丛书以及本卷的出版付出了诸多辛劳。在此一并致谢！

杨利慧

2021 年 10 月于北京师范大学